U0516586

聶石樵文集

第 二 卷

魏晉南北朝文學史

中 華 書 局

目　録

自 序

《先秦兩漢文學史》稿出版之後，聽到學術界一些反映，受到朋友和同志們的鼓勵，我繼續撰寫魏晉南北朝部分。因爲是統一的一部書，所以在指導思想和編寫體例等方面都是一致的。即運用唯物史觀，遵循"辨章學術、考鏡源流"之修史原則，對文學史現象和發展過程進行考察、分析和評價。具體地力求做到以下諸方面：首先是博采群書，鈎沉古史，收集盡可能多的歷史文獻資料，加以排比整理，作必要、詳盡的考證，辨僞存真，不囿於成說，提出己見，作爲論述問題之基礎；其次，重視文學源流的探討，對各種文學體裁之産生、發展、演變，認真地進行考察，在不同文體範疇之內，分別論述作家和作品，以求清晰地表現出不同文體在不同歷史時期之發展綫索和脈絡；其三，采取以史證詩之方法，用歷史事實和文化背景闡釋各代詩歌和其他類型作品之內容。文學是社會生活和歷史時代之反映，用歷史事實、文化背景才能揭示出詩歌深刻之內涵；其四，銓評文學現象和作家、作品，着眼於其在文學發展過程中之地位和作用，即具有史的觀念，所謂"史識"，這是修撰史書的靈魂，也是本書稿希求貫注的，因爲惟有卓越之史識，才能正確地總結出一個時代文學興衰之原因。

書稿撰寫既成，不禁徘徊躊躇，究竟自己編寫的意圖貫徹得怎樣？工作完成得如何？"文章千古事，得失寸心知。"（杜甫《偶題》）我卻相反，此時此際，完全沒有底數，是非只有待專家、讀者的批評了。然則，其中自有自己的艱辛和樂趣，自有自己的情感和心血，總之，盡心力焉而已。作爲一名教師，除了教書之外，別無他能，只能做些伏案工作，以真誠於自己的職守自勵，並無其他非分之想，如名、利等等。杜甫有云："千秋萬世名，寂寞身後事。"身後之名，豈能彌補生前之寂寞？ 有什麽用？ 澹泊人生，唯在蕭瑟、寂寞中求寄托、尋樂趣。知我者其在圖文鳥跡間乎！

　　秋露如珠，秋月如珪，明月白露，光陰往來。

一九九六年仲秋之夜

第一章　漢末魏晉南北朝文學
形成之社會環境

　　漢末迄南北朝約四百年之歷史，時間很長，然就其社會政治、經濟結構看，基本上是一個體系，即封建門閥士族制度占支配地位。這種制度滋長於漢末，發展於魏、晉，而凝固於晉、宋之間。歷朝之政權即建立在這般世家大族的經濟結構之上。在此基礎上形成之文學，也是一個系統，即自東漢文學與儒學分途之後，文人士子皆有意爲文，追求形式之美，因而各種文體勃興，至於六朝便形成辭藻華贍、用事繁富、講求對偶、聲律和諧之文風。此類文學既繼承和發展了漢代文學專業化之創作成就，又開啓了唐代文學繁榮之盛況，是承漢啓唐之過渡。以下數節具體論述形成這種過渡時期之文學的諸因素。

第一節　士族制度之確立

　　士族制度之產生，淵源於東漢末年對官吏的推舉與徵辟。按《漢書》卷二十《古今人表》，將古今人物分爲九等，即以品第論人。這並非出於班固之主觀臆斷，而是當時社會思想之反映。如《史記》卷一百零九《李將軍列傳》即稱李蔡"爲人在下中"。班固不過是應時而作，意在爲人們樹立一種品評人物之標準。

　　東漢時之選舉，除了爲外戚、宦官所干預之外，主要是以鄉閭評議爲根據，而這種評議乃由名士所主持。經過名士品評之人物，

上達朝廷,可以仕進和升遷。如《後漢書》卷九十七《黨錮列傳·杜密傳》記載:

> 後密去官還家,每謁守令,多所陳託。同郡劉勝,亦自蜀郡告歸鄉里,閉門掃軌,無所干及。太守王昱謂密曰:"劉季陵清高士,公卿多舉之者。"密知昱激己,對曰:"劉勝位大夫,見禮上賓,而知善不薦,聞惡無言,隱情惜己,自同寒蟬,此罪人也。今志義力行之賢,而密達之;違道失節之士,而密糾之,使明府賞刑得中,令問休揚,不亦萬分之一乎?"

杜密是當時與李膺齊名之名士,經他臧否之人物,決定朝廷之任免。可見名士品評人物之重要性。又《後漢書》卷九十八《郭太傳》李賢注引謝承書云:

> 泰(即太)之所名,人品乃定。先言後驗,衆皆服之。

同書同卷《許劭傳》云:

> 少峻名節,好人倫,……故天下之拔士者,咸稱許、郭。……初劭與靖(劭之從兄)俱有高名,好共覈論鄉黨人物,每月輒更其品題,故汝南俗有月旦評焉。

這般名士出口便成定論,決定一個人一生功名之成敗。郭太、許劭名望很高,評論對象遍及全國,連曹操也求許劭品評,以提高自己之地位。當時之士人皆好利祿,企圖在政治上取得成功,便多依附於名士,希望獲得良好之評語,如此則進可以入仕,退也不失爲名流。而名士爲了擴大自己的勢力,提高自己的聲望,也極願意廣行結交。士人之成名既在於此,成名之後更需要擴大影響,因此便相互標榜,結成與宦官相對抗之世家大族集團,並終於演成黨錮之禍。《後漢書》卷九十七《黨錮列傳·序》云:

逮桓靈之間，主荒政謬，國命委於閹寺，士子羞與爲伍，故匹夫抗憤，處士横議，遂乃激揚名聲，互相題拂，品覈公卿，裁量執政，倖（李賢注"狠也"）直之風，於斯行矣。

這種"倖直之風"，更擴展到一州一郡，汝南月旦評便是一例。到東漢末年，經過黄巾起義，士人流移，朝廷選舉無法再依據鄉閭之品評，便自本鄉中選擇極負聲望，并熟識士人行動之人主持評定，九品中正制遂應時而生。《晉書》卷三十六《衛瓘傳》記載：

魏氏承顛覆之運，起喪亂之後，人士流移，考詳無地，故立九品之制，粗具一時選用之本耳。

到魏文帝時即有吏部尚書陳群沿襲《漢書》古今人表之法，立九品中正之制。《太平御覽》卷二百一十四引《晉陽秋》云：

陳群爲吏部尚書，制九品格，登用皆由中正考之簿册，然後授任。

這種九品官人法，於州郡皆置中正，定其選，乃由朝廷設官吏以批評。這是漢末之私人批評發展到魏季之官家批評，即把士族内部按族望、門閥高低分配權力之習慣制度化。這就促進了士族制度之形成與鞏固。

到了六朝這種九品官人法產生了流弊，即成爲世家大族維護自己權力之工具。其時，中正官皆爲世族所把持，其所推舉亦皆世家子弟，凡列在下等者，仕進受阻，升遷艱難。西晉之初，形成世族獨占上品之格局。這種現象，史籍記載很多，兹一朝代舉一人之言論爲例，如《晉書》卷四十五《劉毅傳》記載其陳九品有八損疏云：

今立中正，定九品，高下任意，榮辱在手，操人主之威福，奪天朝之權勢，愛憎決於心，情僞由於己，……是以上品無寒門，下品無世族。

《宋書》卷九十四《恩倖傳序》沈約云：

> 魏、晉以來，以貴役賤，士庶之科，較然有辨。

《文獻通考》卷二十八《選舉一》記載齊梁時裴子野云：

> 降及季年，專稱閥閱，自是三公之子，傲九棘（即九卿）之家，黄散之孫，蔑令長之室。

這都説明自魏立九品中正，歷晉至南北朝，沿襲不變，施行已久，遂形成一種士族與非士族之等級制度。

士族與非士族間之界限十分嚴格，士族除了憑藉法律保障自己之統治地位外，還特別講究身份，重視家譜，門第不同，連通婚都不可能。如《文選》卷四十沈約《奏彈王源》云：

> 自宋氏失御，禮教雕衰，衣冠之族，日失其序，姻婭淪雜，罔計廝庶，販鬻祖曾，以爲賈道，明目腆顔，曾無愧畏，……志士聞而傷心，舊老爲之嘆息。……風聞東海王源，嫁女與富陽滿氏，……源頻叨諸府戎禁，豫班通徹，而託姻結好，唯利是求，玷辱流輩，莫斯爲甚。

他認爲王源"有六卿之胄，納女於管庫之人"，是"蔑祖辱親，於事爲甚"。認爲當"免源所居官，禁錮終身"。可見這種等級制度嚴厲到何種程度了。其後，唐人對這段歷史看得更清楚，《新唐書》卷一百九十九《儒學傳·柳冲傳》記載柳芳之論云：

> 魏氏立九品，置中正，尊世胄，卑寒士，權歸右姓已。其州大中正、主簿、郡中正、功曹，皆取著姓士族爲之，以定門胄，品藻人物。晉宋因之，始尚姓已。然其別貴賤、分士庶，不可易

也。……人無所守，則士族削；士族削，則國從而衰。

高門士族便是如此形成的。南遷之北方大族以王、謝、袁、蕭爲高，南方大族以朱、張、顧、陸爲大。其餘各士族皆依門第之高低分配權力，分毫不能僭越。六朝帝室屢次更易，而士族制度不變，說明士族地位之穩固。

高門士族在政治上取得支配地位，便志滿意得，過着縱慾放蕩、奢侈享樂之生活。《列子・楊朱》篇所記當即這般士族生活之實録。如云：

> 太古之人，知生之暫來，知死之暫往，故從心而動，不違自然所好，當身之娛，非所去也，故不爲名所勸；從性而游，不逆萬物所好，死後之名，非所取也，故不爲刑所及。名譽先後，年命多少，非所量也。萬物所異者生也，所同者死也。生則有賢愚貴賤，是所異也；死則有臭腐消滅，是所同也。……十年亦死，百年亦死，仁聖亦死，凶愚亦死，生則堯舜，死則腐骨；生則桀紂，死則腐骨；腐骨一矣，孰知其異？且趣當生，奚遑死後？……晏平仲問養生於管夷吾，管夷吾曰：……恣耳之所欲聽，恣目之所欲視，恣鼻之所欲向，恣口之所欲言，恣體之所欲安，恣意之所欲行。……去廢（張湛注：大也）虐之主，熙熙（張湛注：縱情欲也）然以俟死。一日、一月、一年、十年，吾所謂養。拘此廢虐之主，録而不舍，戚戚然以至久生，百年、千年、萬年，非吾所謂養。

他們認爲人皆有死，生命是短暫的，凡情慾之所需，都應當及時縱慾，盡情享受，無須顧慮死後。如果情慾受到拘束，即使活到百年、千年、萬年，又有什麼意義呢？張湛對此下了明確的注釋：“任情極性，窮歡盡娛，雖近期促年，且得盡當生之樂也。”又注云：“惜名拘禮,內懷於矜懼憂苦以至死者,長年遲期,非所貴也。"《列子》一書,雖爲晉人僞作,然其中所記不僅限於晉代,而可以看作是整個六朝士族生活態度和思想情調之反映。這種生活態度和思想情調傾注於文學創作上便產生了偏重形式之詞采繁縟、格調浮靡、語言妍麗之文風。

第二節　學術思想之衝突

魏晉南北朝時期,學術思想發生了很大的變化,這種變化表現爲不同學派之矛盾與衝突。其影響於文學者至爲深廣。爲了明瞭其始末,還應當從東漢談起。

東漢一代在思想上、政治上都是極端黑暗之時期,當時帝位屢易,皇帝多年幼無知,太后無能,以致外戚或宦官專權。與這種政治環境相適應,即崇尚儒學。儒學是東漢主要之上層建築,據《後漢書》記載,當時太學內有學生三萬餘人,可謂盛之極矣。這類儒學實際可分三派,即今文經學、古文經學和讖緯之學。原始經學本有魯學與齊學之分,魯學主復古,齊學主合時,至漢代,齊學即演變爲今文經學,魯學演變爲古文經學。讖緯是一種預言,源出巫師與方士,至漢代用以解經,成爲讖緯之學。此三派各有特點:今文經學工在章句,支離蔓衍,穿鑿附會,極其煩瑣;古文經學重典章制度,訓詁名物,瑣碎寡要;讖緯之學造作神話怪説,以迎合世務,傳播妖言,迷惑民衆。這三派全無獨立之思想可言,可以説整個東漢一代思想界一片烏烟瘴氣,完全爲神學之迷霧所籠罩着。

在這種黑暗、腐朽之思想、政治氣氛壓力下,有志之士起而反抗。王充即衝破古文經學之藩籬,著《論衡》一書,以嶄新的思想與朝廷支持下的妖言邪説進行堅決的鬥爭。他明言其寫作目的云：“《論衡》篇以百數，亦一言也，曰：疾虛妄。”(《佚文篇》)又云：“是故《論衡》之造也，起衆書并失實，虛妄之言勝真美也。”(《對作篇》)所謂虛妄之言，即指儒經中之僞書和讖緯。《論衡》全書都貫徹着對儒學，特別是讖緯之學之批判。他“考論虛實”之精神在東漢思想界放射着智慧的光芒！

到東漢末年，道家刑名之學接踵而興，如《三國志·魏志》卷十六《杜畿附子恕傳》云：

> 今之學者師商、韓而上法術，競以儒家爲迂闊，不周世用。

當時政治上之重要人物如曹操、諸葛亮等都尚刑名法術之學，如《晉書》卷四十七《傅玄傳》記載玄上晉武帝疏云：

> 近者魏武好法術，而天下貴刑名。

《文心雕龍》卷四《論説篇》亦云：

> 魏之初霸，術兼名法。

又《三國志·蜀志》卷五《諸葛亮傳》記載其《出師表》云：

> 宫中府中，俱爲一體，陟罰臧否，不宜異同。

即主張執法嚴明，賞罰公平，不應偏私，“使内外異法也”。《三國志·吳志》卷十三《陸遜傳》記載：

> 南陽謝景善、劉廙之先刑後禮之論。

劉廙所著《政論》，今有八篇，見《群書治要》卷四十七，所論皆注重綜核名實。以上事實都説明漢末到三國時代之政要人物皆崇尚道家刑名法術之學，這對漢代之腐朽儒學是一種衝擊，是對當時虛妄之哲學思想的反抗。

至魏之後半期，即正始時代，司馬氏集團專權。這個集團凶惡、陰險、猜忌、殘忍，他們用殺戮的手段殄滅異己，也以殺戮的手段挾制其同夥。因此，當時一般士人都有榮辱失據，生死無常之感，在精神上專注於對頹廢、虛無之追求，在生活上縱情於苟且放蕩之享受。在這種政治背景下，道家虛無之學進一步發達起來。當時道家學說，即玄學之興起，可分兩個階段：

第一階段爲王弼、何晏。此一階段是由儒家初步演變爲道家者，其所講之内容仍以儒學爲主，道學爲輔，可稱爲消極派。例如王弼撰《周易注》《易略例》，何晏撰《周易私記》《周易講説》（二書皆佚）、《論語集解》，皆以老莊玄理釋《周易》與儒家經典，對漢代儒學是一種突破，但其所講主要還是儒學。如《世説新語》上卷《文學》篇記載：

> 王輔嗣弱冠詣裴徽，徽問曰：“夫無者，誠萬物之所資，聖人莫肯致言，而老子申之無已，何邪？”弼曰：“聖人體無，無又不可以訓，故言必及有；老、莊未免於有，恒訓其所不足。”

這是正始時期詰辯析理之形式，王弼對裴徽所講者爲《易》學，是借《易經》訓説本體與認識之關係。又同篇記載：

> 何叔平注《老子》，始成，詣王輔嗣。見王《注》精奇，迺神伏曰：“若斯人，可與論天人之際矣！”因以所注爲《道德二論》。

何晏所講是從《易·繫辭·上傳》“一陰一陽謂之道，繼之者善也，成之者性也”借用來的。繼善成性，是《易》之經訓專家研究之最高範疇，何晏以王弼可與論此，其意在贊揚王弼訓説《易經》已得其精髓。然細按王解猶離不開儒學。

第二階段爲嵇康、阮籍。此一階段離儒學已遠，其所講之内容主要是道學，儒學極少，其攻擊儒學之禮法最爲激烈。可稱爲激進派，如嵇康在《難張遼叔自然好學論》(見《嵇中散集》卷八)中説：

> 今若以明堂爲丙舍，以誦諷爲鬼語，以六經爲蕪穢，以仁義爲臭(臭也)腐，覩文籍則目瞧(目冥也)，脩揖讓則變傴(僂也)，襲章服則轉筋(筋也)，譚禮典則齒齲(齒蠹也)，於是兼而棄之，與萬物爲更始，則吾子雖好學不倦，猶將闕焉；則向之不學，未必爲長夜，六經未必爲太陽也。

他以禮堂爲側室，以讀經爲鬼話，以六經爲穢物，以仁義爲腐臭，認爲一切禮法皆有害人體，應當全部拋棄，不學並非即長夜，六經也並非即太陽。他既反對儒家之禮法，也反對儒家之經典。阮籍《大人先生傳》(見《阮嗣宗集》卷上)集中攻擊禮法之士説：

> 且汝獨不見夫虱之處於褌之中乎！逃於深縫，匿乎壞絮，自以爲吉宅也。行不敢離縫際，動不敢出褌襠，自以爲得繩墨也。饑則嚙人，自以爲無窮食也。然炎丘火流，焦邑滅都，群虱死於褌中而不能出。汝君子之處寰區之内，亦何異夫虱之處褌中乎？

他把倡導禮法之"君子"，比作褌襠中之虱子，這般人口談仁義道德，内心卻貪婪、陰險，認爲"汝君子之禮法，誠天下殘賊亂危死亡之術耳"。可見嵇康、阮籍之思想具有剛性，比王弼、何晏更前進一步。

總之，正始時期興起之道家思想有反抗時代之意義，是反抗時代之思想。它衝破漢末腐朽儒學之桎梏，使思想界得到解放。

至西晉武帝，統一了吳、蜀，國土擴大了，社會相對安定。一般士族都過着極端富裕之生活，他們安而忘危，存而忘亡，肆無忌憚地縱慾放蕩，並以清談來表現其志滿意得之心境，因此東漢以來興起之道家思想便演變爲以道學爲内容之清談派了。這般清談家多爲中朝名士，其代表爲王戎、王衍，他們立論以“無”爲本，使整個士族在“無”的影響下，過着腐朽、享樂之生活。此外，郭象也極負盛名，王衍説：“聽象語如懸河瀉水，注而不竭。”（《晉書》卷五十《郭象傳》）可見其辯才之高妙。裴頠著《崇有論》，以儒家之禮法，反對清談家之虛無放蕩，被王衍等人所擊敗，玄學之威力可見一斑。然此時之清談，與嵇、阮所講論之有反抗時代意義者不同，而完全是一種對享樂生活之追求。至西晉後半期，清談派又分兩類：一者以談表現，專以清談爲務；二者以文表現，專以撰文爲事。以文表現者皆富貴子弟，除了作文章之外，別無他能，然由於其專心爲文，也促進了文章之發展，又由於其別無他能，西晉滅亡時，他們也隨之消逝，爲時代所淘汰。

　　至東晉，清談進一步發展，清談者所追求卻發生了變化，西晉所談爲求縱慾享樂，此時所談則爲頹廢厭世。這種頹廢厭世之心理，老莊思想已經不能滿足其要求，於是“小乘”佛學發展起來。“小乘”佛學自東晉至南北朝最爲發達，如梁釋惠皎作《高僧傳》，列舉南北朝高僧二百五十七人，附見二百三十九人，高僧如此之多，一般僧徒便可想而知了。“小乘”佛學講因果報應，講空無，清談家講虛無，旨趣相投，玄學自然與佛學相結合。當時儒學以“禮”、“法”起而反抗，終不敵玄、佛兩派聯合之攻擊。東晉玄學家鑽研佛理，比西晉更普遍深入，他們在哲學上采取佛理，在文學上也玄佛並用。宋檀道鸞《續晉陽秋》卷二云：

　　　　正始中，王弼、何晏好莊子玄勝之談，而世遂貴焉。至過江，佛理尤盛，故郭璞五言會合道家之言而韻之。許詢及太原孫綽轉相祖尚，又加以三世之辭，而風騷之體盡矣。詢、綽並爲一時文宗，自此作者悉體之。

王弼、何晏始創玄學，東晉佛理尤爲盛行，許詢、孫綽作文辭，玄言之外又加佛語，他們皆爲當時文宗，因此造成文學界玄佛結合之風尚。

這種情況到了齊梁時期又發生變化，即儒學與佛學聯合以攻道。其原因在於儒學講等次、貴賤，固利於朝廷；佛學講果報，富者布施，以求來生得善報，在精神上得到安慰，又其大興土木，建造佛寺，平民因此可以得到工作，解決了生活問題（如劉勰即一貧士，憑藉多年在佛寺內工作，以維持生計），如此則貴賤之間的矛盾得以緩和，亦有利於朝廷。儒與佛皆在有利於朝廷的基礎上結合起來。而道家此時卻流爲道士，信奉神仙，一派妖妄之言，故儒、佛聯合以攻之。這些論辯和鬥爭，產生了許多六朝之哲學論文，如梁釋僧佑之《弘明集》即此類文章之結集。

以上所述東晉時道與佛聯合以攻儒，齊梁時儒與佛聯合以攻道，其論辯之核心問題是神滅論與神不滅論。佛與道都相信神不滅，儒對鬼神持不可知論，但在反對有鬼論之主張時，卻持無鬼論觀點。天監三年（公元五〇四年）梁武帝宣布佛教爲國教，范縝於天監六年（公元五〇七年）作《神滅論》（見《梁書》卷四十八《范縝傳》）論證物質乃實際之存在，精神爲附生之物，肉體是本體，精神是肉體發揮之作用，猶如刀之鋒利是刀所發揮之作用然，無刀即無鋒利，無肉體精神即隨之泯滅。並指出這種所謂國教，足以禍國殃民。如云：

>　　或問予曰："子云神滅，何以知其滅也？"答曰："神即形也，形即神也。是以形存則神存，形謝則神滅也。……"問曰："知此神滅有何利用邪？"答曰："浮屠害政，桑門蠹俗，風驚霧起，馳蕩不休，吾哀其弊，思拯其溺。夫竭財以赴僧，破產以趨佛，而不恤親戚，不憐窮匱者何？良由厚我之情深，濟物之意

淺。是以圭撮涉於貧友，吝情動於顏色；千鍾委於富僧，歡意
暢於容髮。豈不以僧有多稌之期，友無遺秉之報？務施闕於
周急，歸德必於在己。又惑以茫昧之言，懼以阿鼻之苦，誘以
虛誕之辭，欣以兜率之樂，故捨逢掖，襲橫衣，廢俎豆，列缾鉢，
家家棄其親愛，人人絕其嗣續。致使兵挫於行間，吏空於官
府，粟罄於惰游，貨殫於泥木。所以姦宄弗勝，頌聲尚擁，惟此
之故。其流莫已，其病無限。若陶甄稟於自然，森羅均於獨
化；忽焉自有，怳爾而無，來也不禦，去也不追，乘夫天理，各安
其性，小人甘其壟畝，君子保其恬素。耕而食，食不可窮也。
蠶而衣，衣不可盡也。下有餘以奉其上，上無爲以待其下。可
以全生，可以匡國，可以霸君，用此道也。

他指出佛教於政爲害，於俗爲蠹，於思想爲欺騙，於經濟爲惰游，於
國防爲虛弱，於倫理爲棄親絕嗣等，總之，國家之貧困，人民之苦
難，以及一切社會弊端，皆緣於神不滅論。最終還是耕田吃飯，養
蠶穿衣，才是人生之真正事業。范縝"辯摧衆口，日服千人"，給予
佛教以致命打擊。

　　至於北朝，反佛鬥爭在范縝前後也都存在，北朝所講佛學與南
朝不同，南朝講"小乘"，北朝講"大乘"，注重講經，比南朝之講因
果報應要好。自魏太武帝時道士寇謙之革新天師道之後，道佛兩
教即互相攻擊，儒攻佛不攻道，其間發生過兩次滅佛、一次滅道之
鬥爭，鬥爭形勢之劇烈遠勝於南朝。然而佛教滅而復興，并未被
禁絕。

　　要之，東漢末至南北朝時期，佛、儒、道三家之爭論比漢代今古
文經之爭，其規模更廣大，論旨更深入。他們互相爭論，也互相吸
收，其中除去某些迷信成分之外，對我國思想界是一種開拓和豐

富,其影響於文學創作者不僅在形式,更重要的在內容,不同時期都出現不同的變化。

第三節　聲律之産生

聲律是屬於文學本身之要素,其産生直接影響文學之成就。六朝文學多重聲律,因此我們有必要廓清聲律演進之跡,以見其對文學發展所起的重要作用。從歷史實際考察,我們認爲聲律之演進可分三個時期,即自魏曹植起爲聲律之萌芽期,至齊沈約爲聲律研究之完成期,梁庾信爲聲律研究之成熟期。

現在先探討四聲是怎樣産生的。一般的説法,四聲爲沈約所創造。其實不然,四聲自有其來源。我們認爲四聲應是在漢代隨佛教之輸入以俱來,漢代已種其因,迨齊沈約始集其大成。沈約是在聲律隨佛教傳入的基礎上匯集而成,並非憑空創造。

佛教何時傳入中國? 或謂在西漢末年,但史無明文記載,見於史籍明確記載者在東漢初年。如《後漢書》卷七十二《楚王英傳》云:

> 英少時,好游俠,交通賓客,晚節更喜黃老學,爲浮屠齋戒祭祀。永平八年,詔令天下死罪者皆入縑贖。英遣郎中令奉黃縑白紈三十匹詣國相。曰:"託在蕃輔,過惡累積,歡喜大恩,奉送縑帛,以贖愆罪。"國相以聞。詔報曰:"楚王誦黃老之微言,尚浮屠之仁祠,潔齋三月,與神爲誓,何嫌何疑,當有悔吝? 其還贖以助伊蒲塞(即優婆塞)桑門(即沙門)之盛饌!"因以班示諸國中傅。

這是見於正史中最早關於佛教傳入中國之記載。楚王劉英乃光武之子,其信仰浮屠之教在明帝永平八年,從明帝給楚王英之詔令中,可以説明當時佛教已經得到朝廷之認可與支持。至東漢末年,桓、靈之際,佛教更發達起來了。《後漢書》卷七《桓帝紀》"論"云:

> 前史(指《東觀記》)稱桓帝好音樂,善琴笙,飾芳林而考濯龍之宫,設華蓋以祠浮圖老子,斯將所謂聽於神乎?

當時貴爲天子之桓帝也信仰佛教,在宫中設立黄老、浮屠之祠,佛教流傳之廣,聲勢之大可以概見。

佛教既於東漢初年傳入中國,於漢末更發達,那麽聲律如何傳來? 我以爲這與佛教宣傳教義密切相關。佛教要宣傳教義,首先要把佛經翻譯成中國文字,其次爲使人們容易記憶,也就有必要把教義編成合於音樂之曲辭。按桓帝時始有譯經工作,當時之譯者爲安息僧侶安世高,他不但譯經,而且到處宣傳教義。佛教徒宣傳教義方法之一即"梵唄"之歌唱,梁釋慧皎《高僧傳》卷十三《經師》記載:

> 天竺國俗甚重文製,其宫商體韻,以入絃爲善。

《經師》又記載:

> 昔諸天讚唄,皆以韻入絃管。

《經師》又記載:

> 始有陳思王曹植,深愛音律,屬意經音,既通般遮之瑞響,又感魚山之神製。删治《瑞應本起》,以爲學者之宗。傳聲則三千有餘,在契(一契如今之一支曲子)則四十有二。

曹植有感於僧侶之讚唱,始依梵聲創作梵唄。所以《經師》又云:

> 原夫梵唄之起,亦肇自陳思。

這種合於韻之贊唱影響於我國的文學創作者極大，使當時的文人作詩爲文也多務求用韻，最先運用聲律入詩者爲曹植。如其《贈白馬王彪》之五云：

> 孤魂翔故域，靈柩寄京師。

又其《情詩》云：

> 游魚潛綠水，翔鳥薄天飛。
> 始出嚴霜結，今來白露晞。

其中"靈"、"翔"爲平聲，然皆在詩句中聲律要求不嚴之第一字和第三字。因此整個詩句平仄都極其調協。這種調協之平仄，乃受佛教梵唄影響之結果。

此外，韻書之出現，也能説明問題。韻書是爲作詩撰文之需要而編寫的，並非如今人爲研究音韻而編寫。魏時李登始作《聲類》十卷(已佚)，以五聲命字。説明當時寫文章已有此需要。同時孫炎作《爾雅音義》，創立反切。爲了配合佛經轉讀之需要，於是把單奇之漢字，適應重複之梵音，便利用二字反切之法注音，使聲音之辨析更趨精密。文人士子依據和摹擬轉讀佛經之聲，分別定爲平、上、去聲，合入聲計之適成四聲。陳寅恪《四聲三問》説：佛徒轉讀經典時，依聲之高下，分爲三階；中國文士據此三階，定中國字讀音爲平、上、去、入之四聲。因爲："宮、商、角、徵、羽五聲者，中國傳統之理論也。……平、上、去、入四聲者，西域輸入之技術也。……乃摹擬西域傳經之方法，以供中國行文之用。"(《清華學報》九卷二期)於是開後世四聲之漸。

到了晉朝，陸機作《文賦》(見《文選》卷十七)，其中有云：

> 暨音聲之迭代，若五色之相宣。……謬玄黃之袟叙，故淟
> 涊而不鮮。

意謂一句中平仄聲相代替，猶五色相宣而成錦綉，平仄失宜若錦綉之玄黃謬叙，因此淟涊垢濁而不鮮明。這明顯講的是文章中之聲律。説明陸機已經注意到同聲相應、異音相從之問題。據杜甫《醉歌行》"陸機二十作《文賦》"，那末《文賦》是陸機早年所作，約當西晉初年，可以證明晉初爲文已講究聲律了，不過還不太精密。又《世説新語》卷下《排調》記載：

> 荀鳴鶴、陸士龍二人未相識，俱會張茂先坐。張令共語。
> 以其並有大才，可勿作常語。陸舉手曰："雲間陸士龍。"荀答
> 曰："日下荀鳴鶴。"……張乃撫掌大笑。

這是當時品藻人物社會風氣之反映，其中不僅對偶工整，平仄也完全合律。又晉呂靜作《韻集》五卷，以宮、商、角、徵、羽分類，初具四聲之形。足見當時聲律之需要更加廣泛。但這只是萌芽，還不太明顯，至宋即更明顯了。

宋范曄《獄中與甥姪書》(見《宋書》卷六十九《范曄傳》)云：

> 性別宮商，識清濁，斯自然也。觀古今文人，多不全了此
> 處。縱有會此者，不必從根本中來。言之皆有實證，非爲空
> 談。年少中謝莊最有其分，手筆差易，不拘韻故也。

范曄所謂之"根本"，即方法。他以能獨得聲律之方法自矜，生平未曾向他人道，臨死時才隱約地訴諸甥姪。那么聲律之方法在宋代尚未公開，至齊始正式佈之於衆。

齊沈約在《謝靈運傳論》(《宋書》卷六十七《謝靈運傳》)中云：

> 若夫敷衽論心，商榷前藻，工拙之數，如有可言。夫五色相宣，八音協暢，由乎玄黃律呂，各適物宜。欲使宮羽相變，低昂互節，若前有浮聲，後須切響。一簡之內，音韻盡殊；兩句之中，輕重悉異。妙達此旨，始可言文。

沈約謂爲文之妙旨在"宮羽（平仄）相變，低昂互節"，"一簡之內，音韻盡殊；兩句之中，輕重悉異"。他以此衡量前人之作，認爲古人所作有合乎聲律之句法，但都不是自覺地掌握調聲之術，只有他才了解聲律之奧秘。

《南史》卷四十八《陸厥傳》記載沈約答陸厥書進一步闡述自己的觀點：

> 宮商之聲有五，文字之別累萬。以累萬之繁，配五聲之約，高下低昂，非思力所學，又非止若斯而已。十字之文，顛倒相配；字不過十，巧歷已不能盡，何況復過此者乎？……自古辭人，豈不知宮羽之殊，商徵之別？雖知五音之異，而其中參差變動，所昧實多。故鄙意所謂"此秘未覩"者也。以此而推，則知前世文士便未悟此處。

沈約認爲古人對字音之高下低昂有所瞭解，但對"其中參差變動，所昧實多"，他們並不能掌握其中之方法，不能正確地分析成千上萬文字之音韻聲調，而將字音之分析運用於寫作，因而出現"美惡妍嫝"，"頓相乖反"之情況，只有他能得其三昧。

齊梁時對聲律之研究更加深入，著述很多，最主要者有周彥倫之《四聲切韻》、沈約之《四聲譜》。沈約經過匯集、研究創四聲八病（平頭、上尾、蜂腰、鶴膝、大韻、小韻、旁紐、正紐）說，大爲當時文人所遵用。《梁書》卷四十九《庾肩吾傳》云：

> 齊永明中，文士王融、謝朓、沈約文章始用四聲，以爲新

變。至是轉拘聲韻,彌尚麗靡,復踰於往時。

沈約等人以四聲作詩文,被稱爲"新變"。這種新體詩正迎合了南朝文人徵奇好新之心理,因而廣被文壇,引起很大之反響。鍾嶸《詩品序》云:

> 王元長創其首,謝朓、沈約揚其波,三賢或貴公子孫,幼有文辯。於是士流景慕,務爲精密,襞積細微,專相陵架。

從此,人們作詩爲文,紛紛然斤斤計較於是否合乎聲律,并互爭短長。故這是聲律研究之完成期。

　　聲律至沈約雖然已經完成,但還不能自然地運用於寫作,迨梁庾信始能在寫作上運用自如,所以到庾信聲律研究達到完全成熟期。

　　對聲律研究由粗疏到精密之過程,同時也是文學上不斷吸收並運用梵聲之過程。由於聲律研究之精密,在文學創作上對律調的要求就更嚴格了。漢末至南朝是聲律之產生、發展期,同時也是文學上由古體演變爲律體之轉變期,在這一轉變過程中,梵聲所起的作用是很大的。

　　永明聲律説之基本精神符合漢語語音之特點,它對當時及後世詩文之發展産生了巨大影響,這説明它是有生命力的。

第四節　文、筆、言之區分

　　魏晉六朝時期,由於文學成爲文人之專業,則他們的鑽研、創作尤精,文體從而繁興起來,加之聲律説之產生,因此有"文"與"筆"之分。這是治中國文學史者之共同認識。但是,我們認爲當時不僅有"文"、"筆"之分,還應當有"言"一類。試分別論述如下:

《南史》卷三十三《范曄傳》記載：

> 常謂情志所託，故當以意爲主，以文傳意。以意爲主，則其旨必見。以文傳意，則其辭不流。然後抽其芬芳，振其金石耳。觀古今文人，多不全了此處。年少中，謝莊最有其分。手筆差易，於文不拘韻故也。

范曄所謂"手筆"不拘韻，則與"筆"相對之"文"，自然拘韻了。這說明他與謝莊都以有韻者爲"文"，無韻者爲"筆"。這是文、筆界說之濫觴。又梁元帝蕭繹《金樓子》卷四《立言》云：

> 古人之學者有二，今人之學者有四。夫子門徒，轉相師受，通聖人之經者謂之儒。屈原宋玉枚乘長卿之徒，止於辭賦，則謂之文。今之儒博窮子史，但能識其事，不能通其理者，謂之學。至如不便爲詩如閻纂，善爲章奏如伯松，若此之流，汎謂之筆。吟咏風謠，流連哀思者，謂之文。

蕭繹認爲章奏之類是爲"筆"，風謠之類是爲"文"。章奏無韻，風謠有韻。他的觀點與范曄完全一致。又《文心雕龍》卷九《總術》云：

> 今之常言，有文有筆，以爲無韻者筆也，有韻者文也。

則逕直道出了文、筆之區別在有韻與無韻。至清代阮元更發揮了以上諸說法，如《揅經室三集》卷二《文言說》云：

> 爲文章者，不務協音以成韻，修辭以達遠，使人易誦易記，而惟以單行之語，縱橫恣肆，動輒千言萬字，不知此乃古人所謂直言之言，論難之語，非言之有文者也，非孔子所謂文也。《文言》數百字，幾於句句用韻。……不但多用韻，抑且多用偶。……凡偶，皆文也。於物兩色相偶而交錯之，乃得名曰

文，文即象其形也。

他推演了六朝人之説，認爲"文"不但要有韻，而且應當對偶，并以《易·乾·文言》爲例證。此外，他在其《挈經室集》中之《梁昭明太子文選序後》、《文韻説》、《與友人論古文書》、《四六叢話序》、《學海堂文筆策對》諸文，都論述到文與筆之區别，觀點與《文言説》相同。近代劉申叔《中古文學史·文筆之區别》從《文心雕龍》篇目之編次，看到劉勰對文與筆的看法。如云：

> 更即《雕龍》篇次言之，由第六迄於第十五，以《明詩》、《樂府》、《詮賦》、《頌贊》、《祝盟》、《銘箴》、《誄碑》、《哀弔》、《雜文》、《諧隱》諸篇相次，是均有韻之文也。由第十六迄於第二十五，以《史傳》、《諸子》、《論説》、《詔策》、《檄移》、《封禪》、《章表》、《奏啓》、《議對》、《書記》諸篇相次，是均無韻之筆也。此非《雕龍》隱區文筆二體之驗乎？

他認爲劉勰將有韻者之篇目編爲一個系列，將無韻者之篇目編爲另一個系列，編次不亂，即隱含着劉勰對文與筆這兩種文體之認識。劉申叔之用心可謂深細，也確是辨析出了劉勰對文與筆之見解。那么，我們可以概括出南北朝時期文與筆之區别，即有韻之作謂之"文"，無韻之作謂之"筆"。

"文"與"筆"之界説既明，我們再探討"言"。《文心雕龍·總術》云：

> 顏延年以爲"筆之爲體，言之文也；經典則言而非筆，傳記則筆而非言"。

顏延之明確提出"文"與"筆"之外，還有"言"。黃侃《〈文心雕龍〉札記》云："顏延年之説，今不知所出，宜在所著之《庭誥》中。……

顏氏之分言筆，蓋與文筆不同，故云'筆之爲體，言之文也'。此文謂有文采。經典質實，故云非筆；傳記廣博，故云非言。"顏延之所論述者爲"筆"，他認爲"筆"也應當有文采，所謂"言之文也"，如他所著之《庭誥》。至於"言"，應當"質實"，猶阮元所謂之"單行之語"、"直言之言"（《文言説》），毫無文飾，如經典之類。顏延之之説法，還可以從唐代日本僧人空海所撰之《文鏡秘府論》（古鈔本）中得到補充，如云：

> 在於文章，皆須對屬。其不對者，止得一處二處有之。若以不對爲常，則非復文章。

末二句原注云："若常不對，則與俗之言無異。"其所謂"俗之言"，即以通俗語言寫作，也即毫無文飾之"言"，所謂"質實"也。《文鏡秘府論》在當時是一部重要的作文秘訣之書，其見解與顏延之大致相同，很值得重視。那麽，我們可以得出結論，南北朝文體應當分爲"文"、"筆"、"言"三類，具體如：

文——包括五言詩、樂府及一切有韻之文。

筆——包括駢文、四六文，即稍加文飾之文。

言——與通俗語言極接近之散文，如姚察、蘇綽之散文。

這三類，基本上可以涵蓋南北朝時期之文體。其對後代文體之發展影響很大，如姚察、蘇綽之散文，即唐代古文運動之先導。

總起來看，正是士族門閥之確立及其縱慾放蕩、奢侈享樂之生活情調，學術思想之矛盾衝突及其不同的政治傾向，聲律之産生與演進及其爲當時文人所重視等，形成了漢末魏晉南北朝文學辭藻華麗、用事繁富、聲律和諧之文風。

第二章　詩歌一

縱觀此期詩歌之發展，可分爲兩個階段，即建安、正始、西晉、東晉是一個階段，宋、齊、梁、陳、隋是另一個階段。五言詩是這一時期之主要文學形式。本節先論述第一階段。

五言詩在兩漢時期已經成熟，格調也比較高遠，但還未達到輝煌擴大之境界。其後經過一段時期之演變與發展，至建安、黃初、正始諸文士相繼創作，才形成華麗、對偶之文風，並獨霸詩壇，成爲一個時代文學之代表。

這種華麗、對偶文風之形成，並非肇自建安，而是開端於東漢靈帝之時。靈帝本是個昏君，但在文學藝術方面卻是個主張變革者。據《後漢書》卷六十下《蔡邕傳》記載：

> 初帝（靈帝）好學，自造《皇羲篇》（字書，因伏羲造八卦，故稱）五十章，因引諸生能爲文賦者。本頗以經學相招，後諸爲尺牘及工書鳥篆者，皆加引召，遂至數十人。侍中祭酒樂松、賈護，多引無行趣勢之徒，并待制鴻都門下，憙陳方俗閭里小事，帝甚悅之，待以不次之位。

靈帝招集辭賦家、小説家、書法家、繪畫家數十人居鴻都門下，按才能高低行賞，并任之以高官。這種做法，遭到保守派楊賜、蔡邕之反對，楊賜申斥這般人是"群小"、"驩兜共工"，蔡邕則斥之爲"才之小者"，是"俳優"。靈帝不顧保守派之反對，堅決執行其變革主

張。結果促進了文學向形式美的趨向發展,對偶、華麗之文因之産
生。見於當時記載者,如《後漢書》卷八十四《楊賜傳》云:

> 熹平元年,青蛇見御坐,帝(靈帝)以問賜。賜上封事曰:
> "臣聞和氣致祥,乖氣致災,休徵則五福應,咎徵則六極至。夫
> 善不妄來,災不空發,王者心有所惟,意有所想,雖未形顏色,
> 而五星以之推移,陰陽爲其變度。以此而觀,天之與人,豈不
> 符哉?……"二年,而帝好微行,游幸外苑。賜復上疏曰:"臣
> 聞天生蒸民,不能自理,故立君長使司牧之,是以唐虞兢兢業
> 業,周文日昃不暇,明慎庶官,俊乂在職,三載考績,以觀厥成。
> 而今所序用無他德,有形勢者,旬日累遷,守真之徒,歷載不
> 轉,勞逸無別,差惡同流。《北山》之詩,所爲訓作。……"

楊賜之奏疏,皆偶對成文。可見對偶之文,靈帝時已經出現,發展
至建安時期更爲明顯。此爲形式上漢末文風對建安文學之影響。

我們再從實質上看漢末學風對建安文學之影響。東漢學風之
優厚,造就了許多文人學士,使他們的詩歌創作具有豐實之内容與
勁拔之風格。如《後漢書》卷一百零九上《儒林傳》云:

> 昔王莽更始之際,天下散亂,禮樂分崩,典文殘落。及光
> 武中興,愛好經術,未及下車,而先訪儒雅,采求闕文,補綴漏
> 逸。先是四方學士,多懷挾圖書,遁逃林藪。自是莫不抱負墳
> 策,雲會京師,范升、陳元、鄭興、杜林、衛宏、劉昆、桓榮之徒,
> 繼踵而集。於是立五經博士,各以家法教授……其後復爲功
> 臣子孫,四姓末屬,別立校舍,搜選高能,以受(當作授)其業,
> 自期門羽林之士,悉令通《孝經》章句,匈奴亦遣子入學。濟
> 濟乎,洋洋乎,盛於永平矣!

又云:

　　游庠序聚橫塾者，蓋布之於邦域矣。若乃經生所處，不遠
萬里之路，精廬（私立學校）暫建，贏（擔負）糧動有千百。其
耆者名高義，開門受徒者，編牒不下萬人。

這些記載，都說明當時學風之盛。經生所在，人們趨之若鶩，不遠
萬里就學，匈奴子弟也不例外。不論官學或私學，學生常數百千
人，多者上萬。這種深厚之學風，培育了建安時期之文人，使他們
的詩歌創作呈現出一種獨特之“風力”。

　　漢末華麗、對偶之文風與優厚、豐實之學風相融匯，形成了建
安文學之新風貌，即由漢詩之質勝於文之舊文風轉變爲文質相稱、
情采并茂之新文風。

　　關於這一時期文學發展之趨勢，《文心雕龍》卷九《時序》篇有
更具體的敘述：

　　自哀平陵替，光武中興，深懷圖讖，頗略文華，然杜篤獻誄
以免刑，班彪參奏以補令，雖非旁求，亦不退棄。及明帝疊耀，
崇愛儒術，肄禮璧堂，講文虎觀；孟堅珥筆於國史，賈逵給札於
瑞頌，東平擅其懿文，沛王振其通論，帝則藩儀，輝光相照矣。
自安、和已下，迄至順、桓，則有班傅三崔，王馬張蔡，磊落鴻
儒，才不時乏，而文章之選，存而不論。然中興之後，群才稍改
前轍，華實所附，斟酌經辭，蓋歷政講聚，故漸靡儒風者也。降
及靈帝，時好辭制，造《羲皇》之書，開鴻都之賦，而樂松之徒，
招集淺陋，故楊賜號爲驩兜，蔡邕比之俳優，其餘風遺文，蓋蔑
如也。
　　自獻帝播遷，文學轉蓬，建安之末，區宇方輯。魏武以相
王之尊，雅愛詩章；文帝以副君之重，妙善辭賦；陳思以公子之
豪，下筆琳琅：并體貌英逸，故俊才雲蒸。仲宣委質於漢南，孔

璋歸命於河北,偉長從宦於青土,公幹徇質於海隅,德璉綜其
斐然之思,元瑜展其翩翩之樂;文蔚休伯之儔,于叔德祖之侶,
傲雅觴豆之前,雍容衽席之上,灑筆以成酣歌,和墨以藉談笑。
觀其時文,雅好慷慨,良由世積亂離,風衰俗怨,并志深而筆
長,故梗概而多氣也。至明帝纂戎,制詩度曲,徵篇章之士,置
崇文之觀,何劉群才,迭相照耀。少主相仍,唯高貴英雅,顧盼
合章,動言成論。于時正始餘風,篇體輕淡,而嵇阮應繆,並馳
文路矣。

對東漢三國文學發展之大勢論述得系統而明晰。又劉師培《中古
文學史・論漢魏之際文學變遷》說:

建安文學,革易前型,遷蛻之由,可得而說:兩漢之世,户
習七經,雖及子家,必緣經術。魏武治國,頗雜刑名,文體因
之,漸趨清俊,一也;建武以還,士民秉禮,迨及建安,漸尚通侻
(輕也),侻則侈陳哀樂,通則漸藻玄思,二也;獻帝之初,諸方
棋峙,乘時之士,頗慕縱橫,騁詞之風,筆端於此,三也;又漢之
靈帝,頗好俳詞,下習其風,益尚華麗,雖迄魏初,其風未革,
四也。

對漢魏之際文學之變遷及其原因,也論述得十分透徹。他們評論
的着眼點,主要在詩風,特別是五言詩,在當時詩壇占主導地位。

第一節　自建安迄正始

建安時代之詩歌爲什麼如此繁興?其原因有二:一者由於政
治領袖之提倡,如當時之曹操、曹丕、曹植等皆雅好詩章,下筆琳
琅,寬待文士,和墨酣暢。上行下效,他們的作風對當時詩歌之發

展起着很大的促進作用。鍾嶸《詩品》即云：

> 降及建安，曹公父子篤好斯文，平原（曹植封平原侯）兄
> 弟鬱爲文棟，劉楨王粲爲其羽翼。次有攀龍託鳳，自致於屬車
> 者，蓋將百計。彬彬之盛，大備於時矣。

曹氏父子提倡於上，飽經漢末喪亂之文士，暫時得到富裕之生活，安定之環境，便將其久懷之憂生哀思以詩之形式盡情地抒發出來了。建安文士數以百計，其中以曹植（或孔融）、王粲、劉楨、阮瑀、徐幹、陳琳、應瑒聲名最高，被稱爲建安七子。他們的創作形成了"以情緯文，以文被質"（《宋書·謝靈運傳論》）之特徵。

二者由於優良文學批評風氣之推動。我國自古以來有"文人相輕"，"各以所長，相輕所短"之陋習，建安時期之文學批評卻不同，而能公平地品評他人，虛心地對待自己。如曹丕《典論·論文》（見《文選》卷五十二）以"審己以度人"之態度品評建安七子之優劣得失，極爲愜當。曹植詩文雖工，仍希望他人評改。如他在《與楊德祖書》（見《曹子建集》卷九）中說：

> 世人著述，不能無病。僕嘗好人譏彈其文，有不善應時改
> 定。昔丁敬禮嘗作小文，使僕潤飾之。僕自以才不過若，辭不
> 爲也。敬禮謂僕：卿何所宜難。文之佳惡，吾自得之！後世誰
> 相知定吾文者邪！吾嘗嘆此達言，以爲美談。昔仲尼之文辭，
> 與人通流，至於制《春秋》，游、夏之徒不能措一辭。過此而言
> 不病者，吾未之見也。

曹植認爲世人之文章，沒有無缺點的，因此他歡迎別人"譏彈其文，有不善應時改定"，并且也爲別人潤飾文章。這種優良之文風也促成建安詩歌任情地創作，自由地發展。

關於此期之詩歌，《文心雕龍》卷二《明詩》篇總評之云：

　　暨建安之初，五言騰踊，文帝陳思，縱轡以騁節，王、徐、
應、劉，望路而爭驅；並憐風月，狎池苑，述恩榮，叙酣宴，慷慨
以任氣，磊落以使才；造懷指事，不求纖密之巧，驅辭逐貌，唯
取昭晰之能：此其所同也。

把建安詩風之勁拔，詩人之特出，準確地概括出來了。

　　從建安到正始是文學燦爛、輝煌之時代，活躍於這時代之曹氏
父子，在文學才能和創作實踐上，都無愧爲當時文壇之領袖，而建
安七子則是他們文學事業方面之"羽翼"，從而形成了"俊才雲蒸"
之文學集團。但曹操之文學成就主要在樂府歌行，這留待樂府一
節再論述。這裏先論述在五言詩方面有成就之各家。

一、曹丕

　　曹丕（公元一八七——二二六），字子桓，曹操次子（長子昂早
卒）。母卞夫人，係倡家女，有文才。丕生八歲即能文，及長"備歷
五經四部，史漢諸子百家之言，靡不畢覽"（《典論·自叙》）。建安十
六年做五官中郎將副丞相。建安二十一年曹操進位魏王，第二年
他被立爲太子，建安二十五年曹操卒，他嗣位丞相、魏王。同年冬
廢漢獻帝，自即皇帝位，國號魏，改元黃初，在位七年卒，謚文帝。
丕性好文學，以著作爲務，"所勒成垂百篇"（《三國志·魏志·文帝
紀》）。建安七子皆依附他爲文學侍臣，他與諸文士"出則連輿，止
則接席，……酒酣耳熱，仰而賦詩"（《與吳質書》）。所著《典論》一
書，現存三篇，其中《論文》一篇是重要之文學批評，辭賦現存約三
十篇，詩歌現存四十四首，其中樂府與五言詩參半。其五言詩纏綿
悱惻，悲婉有古風，顯示出脫離樂府束縛之韻調。

　　曹丕之五言詩，以《雜詩》二首情韻獨勝，如：

漫漫秋夜長，烈烈北風涼。展轉不能寐，披衣起彷徨。彷徨忽已久，白露沾我裳。俯視清水波，仰看明月光。天漢向西流，三五正縱橫。草蟲鳴何悲，孤雁獨南翔。鬱鬱多悲思，綿綿思故鄉。願飛安得翼，欲濟河無梁。向風長嘆息，斷絕我中腸。

西北有浮雲，亭亭如車蓋。惜哉時不遇，適與飄風會。吹我東南行，行行到吳會。吳會非我鄉，安得久留滯？棄置勿復陳，客子常畏人。

此兩首詩皆爲游子懷鄉之作，言辭清綺，韻致悽切，大類《古詩十九首》，可以説全是摹仿《古詩十九首》。詩中所詠，前一首云“孤雁獨南翔”，可見是南人寄旅北方，後一首云“吹我東南行，行行到吳會”，可知是北人滯留南方。一南一北皆孤悽寂寥，有家難歸，情何以堪！寫盡了漂泊異鄉之酸楚。又《於清河見挽船士新婚與妻別》詩，《藝文類聚》作徐幹作，今從《玉臺新詠》，當是曹丕用兵黎陽，過清河，見拉縴之兵士與新婚妻子分別之悲苦，代兵士發爲吟詠。如：

與君結新婚，宿昔當別離。涼風動秋草，蟋蟀鳴相隨。冽冽寒蟬吟，蟬吟抱枯枝。枯枝時飛揚，身體忽遷移。不悲身遷移，但惜歲月馳。歲月無窮極，會合安可知？願爲雙黃鵠，比翼戲清池。

抒發了兵士與新婦離別之恨、相思之痛，表現了他對人民疾苦之同情，情真意切，委婉動人！《清河作》當與此詩同時作，題旨也相同，如：

方舟戲長水，澹澹自浮沉。絃歌發中流，悲響有餘音。音聲入君懷，悽愴傷人心。心傷安所念？但願恩情深。願爲晨風鳥，雙飛翔北林。

寫對妻子懷念之深沉、執著，辭句之間疊相連貫，如“音聲”承“餘音”、“心傷”承“傷人心”、“願爲”承“但願”，文筆迴旋曲折，以抒發其纏綿悱惻之情思。此外，《至廣陵於馬上作》是曹丕於黃初六年，到廣陵觀兵時，在馬上所賦，寫戈矛之精良，將士之勇猛，有臨陣必勝之氣概。《芙蓉池作》寫銅雀園之夜景，乃與諸文士宴游之作。《於玄武陂作》寫曹操所開玄武池之風景，亦紀游之篇。此皆抒情之佳制。

曹丕之五言詩以描寫男女相戀、離別和游子思鄉之作爲獨勝，長於代別人言情，語言明白自然，不加雕飾。鍾嶸《詩品》將其列爲中品，評云：“其源出於李陵，頗有仲宣之體。則所計百許篇，率皆鄙質如偶語。惟‘西北有浮雲’十餘首，殊美贍可玩，始見其工矣。”所謂“鄙質如偶語”，即語言明白如話，所謂“殊美贍可玩”，即指其抒情詩之文采清綺。然就文思之敏捷、辭藻之瑰麗而言，則尚不及曹植。

二、曹植

曹植（公元一九二——二三二）字子建，曹丕之同母（卞氏）弟。他幼年即才思敏捷，能“誦讀詩論及辭賦數十萬言”，“善屬文”，“援筆立成”（《三國志・魏志・陳思王植傳》），因此，深受曹操之愛寵，認爲“最可定大事”（《三國志・魏志・陳思王植傳》注引《魏武故事》）。建安十六年，他年二十，即被封爲平原侯，十九年又徙封臨淄侯，同年七月曹操南征孫權，令他留守鄴城，培植他，欲立他爲太子。但因他“任性而行，飲酒不節”，動搖了曹操之意念，卻因此引發了曹丕對他之嫉恨。黃初元年，曹操卒，曹丕篡漢。曹植於曹丕登基受賀之日，竟放聲大哭。曹丕大怒，殺其黨羽丁儀、丁翼，同時

將他與其他兄弟都遣回封地，令監國監視。明帝太和元年，曹丕
卒，子曹叡繼位，對曹植之惡感稍減，曹植因此上書求自試，叡雖口
頭表示同情，卻始終未能重用。他怏怏不樂，於太和六年，病卒於
陳王任上，諡號爲"思"，故後世以陳思王呼之。其著作有賦、頌、
詩、銘、雜論凡百餘篇，《隋書·經籍志》著録其全集爲三十卷。今
傳清丁晏《曹集詮評》所收不精。其詩今存約八十首，有黃節、古
直注本。其中五言詩約三十餘首。這些詩以曹丕稱帝爲界，分爲
前後兩期，由於前後期生活不同，詩之内容與風格也迥異，前期詩
風舒緩，内容多歡愉之趣、游宴之情，後期詩風峭峻，内容多慷慨之
音、哀愁之嘆。

　　曹植是建安時期最重要之作家，也是此期文學成就最高之作
家。他才藻富贍，文思有神，風骨遒勁，情采華茂，五言佳制冠冕衆
作，并闢魏晉南北朝詩歌之新途徑。

　　曹植前期之五言詩有《公讌》、《侍太子坐》、《鬥雞篇》、《贈丁
儀》、《贈王粲》、《贈丁儀王粲》、《送應氏》等。《贈丁儀王粲》是曹
植於建安十六年隨曹操西征馬超、韓遂，平定關中，北圍安定，招降
楊秋之後所作。詩云：

　　　　從軍度函谷，驅馬過西京，山岑高無極，涇渭揚濁清。壯
　　哉帝王居！佳麗殊百城。員闕出浮雲，承露概泰清。皇佐揚
　　天惠，四海無交兵。權家雖愛勝，全國爲令名。君子在末位，
　　不能歌德聲。丁生怨在朝，王子歡自營。歡怨非貞則，中和誠
　　可經。

丁儀、王粲與曹植一同從軍出征。馬超、韓遂、楊秋潼關一敗，皆各
逃竄，兵不血刃，而關中大定。北征楊秋，楊秋降，復其官職，令其
安撫所轄地區之人民，故云"全國爲令名"。當時丁儀、王粲俱爲

丞相掾,地位卑微,故云"在末位"。詩之前半首寫西都之形勝、城闕之壯麗,並歌頌曹操之功德。後半首是贈丁儀、王粲,乃作詩之本旨。"丁生怨在朝"謂丁儀在朝有所怨,按丁儀《厲志賦》:"鑒登險之敗績,顧清道以自閑。瞻亢龍而懼進,退廣志於伐檀。雖德厚而祚卑,猶不忘於盤桓。……穢杯盂之周用,令瑚璉以抗閣。恨騾驢之進庭,屏騏驥於溝壑。"(《藝文類聚》卷二十六《人部十》)即此句所詠。"王子歡自營"謂王粲以經營個人事業爲樂,按王粲《七釋》:"潛虛丈人,違世遁俗;恬淡清玄,渾沌淳樸;薄禮遇學,無爲無欲;均同死生,混齊榮辱。於是大夫聞而嘆曰:'蓋聞君子不以志易道,不以身後時;進德修業,與世同理。今子深藏其身,高棲其志,外無所營,内無所事……'"(《藝文類聚》卷五十七《雜文部三》)即此句所詠。此是勉勵丁儀、王粲不要爲在末位而抱怨、自營,因爲那都不合中和之道,應當以中和爲經。詩之意義不大,亦見其對丁儀、王粲之友情而已。

曹植前期之五言詩現實性最強者爲《送應氏》二首,此兩首詩亦作於建安十六年。應氏即汝南應瑒、應璩兄弟。當年曹植被封爲平原侯,應瑒被任爲平原侯庶子。曹植隨曹操西征馬超,取道洛陽,在洛陽送別應氏。第一首寫洛陽荒蕪之景象,第二首寫依依惜別之情懷。其第一首云:

> 步登北邙阪,遥望洛陽山。洛陽何寂寞,宫室盡燒焚。垣牆皆頓擗,荆棘上參天。不見舊耆老,但覩新少年。側足無行徑,荒疇不復田。游子久不歸,不識陌與阡。中野何蕭條,千里無人烟。念我平常居,氣結不能言。

其中描寫了經過大亂之後洛陽殘破蕭條的景象,民生凋敝、滿目悽凉的社會現實。按《後漢書》卷一百零二《董卓傳》記載,中平五年，“是時洛中貴戚，室第相望，金帛財産，家家殷積。卓縱放兵士，突其廬舍，淫虜婦女，剽虜資物，謂之搜牢”。又初平元年，“盡徙洛陽人數百萬口於長安，步騎驅蹙，更相蹈藉，飢餓寇掠，積尸盈路。卓自留屯畢圭苑中，悉燒宮廟官府居家，二百里内，無復孑遺”。此詩之寫作距離洛陽被董卓焚燒已二十一年，洛陽之殘破景象依舊未變，詩歌爲那一時代留下了具體的寫照。不同的是史書記載是純客觀的，而詩章所寫則是傾注了詩人全副的感情，對世亂時艱、人民的苦難表示深切的關注，憂傷慷慨，特具風力。

曹植後期之五言詩，是在被排斥、打擊的苦痛環境中培育出來的，多悲戚、哀怨之思。如《七哀詩》即借閨怨以託諷：

> 明月照高樓，流光正徘徊。上有愁思婦，悲嘆有餘哀。借問嘆者誰？言是宕子妻。君行踰十年，孤妾常獨棲。君若清路塵，妾若濁水泥。浮沈各異勢，會合何時諧？願爲西南風，長逝入君懷。君懷良不開，賤妾當何依？

作者與文帝爲同母兄弟，卻受文帝之擯斥、打擊，不得親近，因此以孤妾自比，以抒發纏綿幽怨之思。沈德潛《古詩源》卷五云：“《七哀詩》，此種大抵思君之辭，絕無華飾，性情結撰，其品最工。”正道着了此詩之特點，即用真實情感寫出來的，是真情之流露，毫無誇飾，能傳曹植之真精神。《贈白馬王彪》不僅抒發其哀怨之思，而且進一步傾訴其慷慨憤懣之情了。詩序云：

> 黃初四年五月，白馬王、任城王與余俱朝京師，會節氣。到洛陽，任城王薨。至七月與白馬王還國。後有司以二王歸藩，道路宜異宿止。意毒恨之。蓋以大別在數日，是用自剖，與王辭焉。憤而成篇。

白馬王即曹植之異母弟曹彪，據《三國志·魏志》卷二十《楚王彪

傳》記載,他於建安二十一年封壽春侯,黃初三年徙封吳王,七年徙
封白馬,太和六年改封楚。史書記載與詩序所云曹彪封白馬王之
時間不一致。按《三國志·魏志》卷十九《陳思王傳》"黃初四年,
徙封雍丘王,其年朝京師上疏",裴注引《魏氏春秋》曰:"是時待遇
諸國法峻,任城王暴薨,諸王既懷友于之痛,植及白馬王彪還國,欲
同路東歸,以敘隔闊之思,而監國使者不聽,植發憤告辭而作詩。"
其自作之詩序與《魏氏春秋》之更具體的敘述,都是黃初四年曹植
與白馬王彪等朝京師,可以推測其時曹彪確有徙白馬王之事,而
《魏志》失載。曹植此次朝京,幾乎與曹彰一同遇害,因此其詩歌
所表現之感情十分激烈,五言抒情詩至此,可以說已經達到成熟之
境地。全詩七章,其第一章云:

> 謁帝承明廬,逝將歸舊疆。清晨發皇邑,日夕過首陽。伊
> 洛廣且深,欲濟川無梁。汎舟越洪濤,怨彼東路長。顧瞻戀城
> 闕,引領情內傷。

寫離別洛陽,濟渡洛水,回顧京城,無限依戀之情。據《三國志·魏
志》卷二《文帝紀》記載:"黃初四年……六月大雨,伊洛溢流,殺人
民,壞廬宅。"詩云:"伊洛廣且深,欲濟川無梁"乃記實。又曹植封
地雍丘,在今河南杞縣治,曹彪封地白馬,在今河南滑縣東二十里,
俱當洛陽之東,故云"怨彼東路長"也。其第五章云:

> 太息將何爲? 天命與我違。奈何念同生,一往形不歸。
> 孤魂翔故域,靈柩寄京師。存者忽復過,亡沒身自衰。人生處
> 一世,去若朝露晞。年在桑榆間,影響不能追。自顧非金石,
> 咄唶令心悲。

寫任城王暴死,自己之生命也危殆,朝不保夕,離合之悲、死生之恨
交集。《史記》卷八十四《屈原列傳》:"人窮則反本,故勞苦倦極,

未嘗不呼天也。"詩云"天命與我違",是此章乃直呼蒼天而訴之。
"存者",指他與白馬王。意謂他們形神由衰而歿,須臾亦與任城
王同往。"影響",指光與聲,和今天之"影響"字義有別。謂晚景
像聲光那樣快就過去了,生命叱呼之間夭喪,豈不令人悲痛! 其第
六章云:

> 心悲動我神,棄置莫復陳。丈夫志四海,萬里猶比鄰。恩
> 愛苟不虧,在遠分日親。何必同衾幬,然後展殷勤。憂思成疾
> 疢,無乃兒女仁。倉卒骨肉情,能不懷苦辛?

寫自我寬慰,並寬慰白馬王。意謂弟兄們雖然分離,但只要彼此情
與志相投合,雖遠猶親,何必同衾裯如兒女之愛呢! 然片刻之間發
生了變故,情同骨肉的弟兄,能不懷有痛苦與辛酸? 最終也寬解不
了。其第七章云:

> 辛苦何慮思? 天命信可疑。虛無求列仙,松子久吾欺。
> 變故在斯須,百年誰能持? 離別永無會,執手將何時? 王其愛
> 玉體,俱享黃髮期。收淚即長路,援筆從此辭。

進一步寫禍患不可逆料之慮和死生訣別之情。"天命"句,《史記》
卷六十一《伯夷列傳》:"天之報施善人,其何如哉!"對天命賞罰不
公提出指控。"虛無"二句,即曹操《善哉行》"痛哉世人,見欺神
仙"之意。意謂天命、神仙、方士之説都不可信,像曹彰那樣不測之
禍隨時可能發生,因而我等別離之後,應克己慎行,以免於刑戮。
此勉勵白馬王,亦自勉也。

這七章詩除首二章不相承接並不換韻外,其他各章皆前章之
末句與後章之首句相承。且每章換韻。王世貞《藝苑卮言》卷三
云:"陳思王《贈白馬王彪》詩,全法《大雅·文王》之什體,故首二
章不相承耳。"王世貞所云,乃指《文王》之什《既醉》篇,《既醉》篇

首二章不相承,其餘皆前後承接。古直箋云:“案《魏氏春秋》全載此詩,何義門謂《魏氏春秋》極有識,可與曹元首《六代論》相表裏。”(見《層冰堂五種》)可見此詩價值之高和在曹植全部詩歌中地位之重要。

《雜詩》六首俱載於《文選》,但并非同時所作,内容也不統一,或寫懷人,或寫游子流蕩,或寫怨女思夫,或寫才人不爲世用。其五六首皆寫其爲國建功立業之壯志,如其第五首云:

> 僕夫早嚴駕,吾行將遠游。遠游欲何之? 吳國爲我仇。將騁萬里塗,東路安足由? 江介多悲風,淮泗馳急流。願欲一輕濟,惜哉無方舟。閑居非吾志,甘心赴國憂。

此詩是太和二年(公元二二八年)曹休戰敗之消息傳到以後所作。《三國志·吳志》卷二《孫權傳》記載:“黃武七年夏五月,鄱陽太守周魴僞叛,誘魏將曹休。秋八月,權至皖口,使將軍陸遜督諸將,大破休於石亭。”又《資治通鑑》卷七十一《魏紀三》記載:“太和二年,(曹休)率步騎十萬向皖以應魴,帝又使司馬懿向江陵,賈逵向東關,三道俱進。秋八月,吳王至皖,以陸遜爲大都督,……戰於石亭。遜自爲中部,令朱桓、全琮爲左右翼,三道並進,衝休伏兵,因驅走之。追亡逐北,徑至夾石,斬獲萬餘,牛馬騾驢車乘萬兩,軍資器械略盡。”曹休此次用兵失敗之慘重,僅次於赤壁之戰,因此詩中有“江介多悲風”之吟。又《三國志·吳志》卷十一《朱桓傳》記載,朱桓進計曰:“休今戰必敗,敗必走,走當由夾石,……若以萬兵柴路,則彼衆可盡,而休可生虜。……乘勝長驅,進取壽春,割有淮南以規許洛,此萬世一時,不可失也。”當時淮泗告急,因此詩中有“淮泗馳急流”之詠。曹植《求自試表》云:“流聞東軍失備,師徒小衄,輟食忘餐,奮袂攘袵,撫劍東顧,而心已馳於吳會矣。”其表其詩

俱爲一時之作，表文詩章可以互相闡發。時曹植由浚儀徙封雍丘，
欲馳騁萬里從征孫權，不願東歸雍丘，故云"東路安足由"也。"遠
游"句緊問，"將騁"二句緊答，於方問未答之間，插以"吳國爲我
仇"句。這種問答形式實開杜甫《潼關吏》、《新安吏》之先例。又
其第六首云：

> 飛觀百餘尺，臨牖御櫺軒。遠望周千里，朝夕見平原。烈
> 士多悲心，小人媮自閑。國讎亮不塞，甘心思喪元。拊劍西南
> 望，思欲赴太山。絃急悲聲發，聆我慷慨言。

此詩當是太和二年冬所作。《三國志·蜀志》卷三《後主傳》記載：
"建興六年冬，亮復出散關圍陳倉。"又《三國志·魏志》卷十七《張
郃傳》記載："諸葛亮復出，急攻陳倉。帝驛馬召郃到京師，帝自幸
河南城，置酒送郃，遣南北軍三萬，及分遣武衛虎賁使衛郃。"詩云
"飛觀百餘尺，臨牖御櫺軒"二句，蓋指明帝曹叡去河南城之事，與
上首寫作時間相去必不甚遠。説明自己不願閑散度日，矢志爲國
捐軀。其《求自試表》云："今臣居外非不厚也，而寢不安席，食不
遑味者，伏以二方未克爲念。竊不自量，志在効命，……使得西屬
大將軍，當一校之隊；若東屬大司馬，統偏師之任；必乘危蹈險，駕
舟奮驪，突刃觸鋒，爲士卒先。雖身分蜀境，首懸吳闕，猶生之年
也。"可以與"拊劍西南望，思欲赴太山"互相印證。西南，指吳蜀。
赴太山，當謂投足按"太山梁甫行"而舞，表示中心煩躁已極，故有
下文"絃急悲風發"云云，抒發其壯志不遂之憤慨。王世貞《藝苑
卮言》卷三云："子建之《雜詩》六首，可入《十九首》，不能辨也。"
説明曹植《雜詩》之風格與《古詩十九首》相似，是對《古詩十九首》
詩風之繼承。

　　要之，曹植之詩歌有其獨特成就，李夢陽之《陳思王集序》云：

"植詩其音宛,其情危,其言憤切而有餘悲,殆處危疑之際者乎?"
(《空同子集》卷五十)即簡明地概括出他的詩歌之特點及這些特點形
成之原因。鍾嶸《詩品》卷上對其成就備加推崇云:"其源出於《國
風》。骨氣奇高,詞彩華茂,情兼雅怨,體被文質,粲溢今古,卓爾不
群。……故孔氏之門如用詩,則公幹升堂,思王入室,景陽潘陸,自
可坐於廊廡之間矣。"又沈德潛《古詩源》卷五云:"子建詩五色相
宜,八音朗暢,使才而不矜才,用博而不逞博,蘇李以下,故推大家。
仲宣、公幹,烏可執金鼓而抗顏行也?"既指出其詩歌之淵源及特
點,又評述了其詩歌成就高於當時其他詩人之歷史地位。他們的
見解是完全符合曹植詩歌之創作實踐的。王世貞《藝苑卮言》卷
三云:"漢樂府之變,自子建始。"曹植之詩確是上承兩漢之餘風,
下開六朝之新體。

三、王粲

　　王粲(公元一七七——二一七),《三國志·魏志》卷二十一本
傳記載,字仲宣,山陽高平(今山東金鄉縣西北)人,出身於大官僚
地主家庭。曾祖龔及祖父暢皆曾做過漢朝之三公,父謙曾做大將
軍何進之長史。董卓挾獻帝西遷,粲徙長安,頗見激賞於蔡邕,稱
其"有異才"。年十七因避董卓亂,至荆州依劉表,表以其"體弱通
侻",不能用。表卒,粲年三十二,往歸曹操,操辟爲丞相掾,賜爵關
內侯,後遷軍謀祭酒,魏國侍中。建安二十七年從曹操伐吳,次年
死於道中,年四十一。粲博物多識,長於算學,并"善屬文,舉筆便
成,無所改定,人常以爲宿構",是七子中之巨擘。所著詩賦論議垂
六十篇。今存詩十餘首,賦二十餘篇,其他各類文章十餘篇,俱見
明人所輯《王侍中集》。他身歷戰亂,目覩時艱,因此其五言詩多
憫時傷亂,感慨身世。《七哀詩》三首蒼勁有骨力,是其代表作。

然此三首詩並非作於同時,第一首應作於初離長安之時,詩云:

> 西京亂無象,豺虎方遘患。復棄中國去,遠身適荆蠻。親
> 戚對我悲,朋友相追攀。出門無所見,白骨蔽平原。路有飢婦
> 人,抱子棄草間。顧聞號泣聲,揮涕獨不還。"未知身死處,何
> 能兩相完!"驅馬棄之去,不忍聽此言。南登霸陵岸,回首望長
> 安。悟彼下泉人,喟然傷心肝。

按《後漢書》卷一百零二《董卓傳》記載:"(初平元年)於是遷天子
(獻帝)西都。初長安遭赤眉之亂,宮室營寺,焚滅無餘。是時唯
有高廟京兆府舍,遂便時幸焉。後移未央宮,於是盡徙洛陽人數百
萬口於長安。步騎驅蹙,更相蹈藉,飢餓寇掠,積尸盈路。卓自屯
留畢圭苑中,悉燒宮廟官府居家,二百里內,無復孑遺。又使吕布
發諸帝陵,及公卿以下冢墓,收其珍寶。"即此詩寫作所根據之歷史
事實,漢末這一重大歷史事件,王粲則通過自己的詩歌反映出來。
所謂"復棄中國去",意爲粲本山陽人,因先代曾爲漢三公,或已徙
家洛陽;當董卓挾帝西遷,粲又隨徙長安。計其自家遷洛,一遷也;
自洛入陝,二遷也;今又自陝赴荆,則三遷矣。適荆蠻,即指去荆州
依劉表。下泉,《曹風》篇名,《毛詩序》:"思治也。曹人……思明
王賢伯也。"作者登臨霸陵,遙望長安,有悟於作《下泉》之詩人何
以傷嘆了。其中實含有羨慕文帝盛時漢代百姓所過之和平安定之
生活。第二首作於久客荆州之際,詩云:

> 荆蠻非我鄉,何爲久滯淫?方舟泝大江,日暮愁我心。山
> 岡有餘映,巖阿增重陰。狐狸馳赴穴,飛鳥翔故林。流波激清
> 響,猴猨臨岸吟。迅風拂裳袂,白露沾衣襟。獨夜不能寐,攝
> 衣起撫琴。絲桐感人情,爲我發悲音。羈旅無終極,憂思壯
> 難任。

荆州是當時文士集中之地，然劉表才能庸劣，不能任用，令他們失望。王粲既依劉表，而又不遇，因此感慨悲傷作此思鄉懷舊之篇。其内容與《登樓賦》相似，如首二句"荆蠻非我鄉，何爲久滯淫"即《登樓賦》"雖信美而非吾土兮，曾何足以少留"之意。中間寫異域之景物皆足以激發自己思鄉之情，以至於夜不能寐，彈琴抒哀。最後二句"羈旅無終極，憂思壯難任。"亦即《登樓賦》"情眷眷而懷歸兮，孰憂思之可任"之意。發愀愴之詞，寫悲傷之懷，生動逼真，極其感人。第三首作於建安二十年（公元二一五年）曹操西平金城之後，詩云：

> 邊城使心悲，昔吾親更之。冰雪截肌膚，風飄無止期。百里不見人，草木誰當遲？登城望亭燧，翩翩飛戍旗。行者不顧反，出門與家辭。子弟多俘虜，哭泣無已時。天下盡樂土，何爲久留兹？蓼蟲不知辛，去來勿與諮。

邊城，即金城，在今天甘肅蘭州西南。寫邊城之寒冷，荒無人烟，但見亭燧遍佈，戍旗飄揚。士兵有去無還，或被俘或受虜，哭泣不已。邊地人民爲戰爭所苦，爲何不到他鄉樂土去呢？原來猶如生在水蓼上之昆蟲習慣於水蓼的辛味，而不知辛一樣，他們生在苦難之中而不知苦了。極寫邊地人民遭受戰爭苦難之深，並對他們寄予深切的同情。

王粲五言詩以《七哀詩》成就最高，博得沈約之嘉許，稱爲"霸岸之篇"。此外，還有《贈蔡子篤詩》、《思親詩》、《公讌詩》、《雜詩》諸作，雖皆平鋪直叙，然仍有情致。鍾嶸《詩品》將其詩列爲上品。評云："其源出於李陵。發愀愴之詞，文秀而質羸。在曹劉間別構一體。方陳思不足，比魏文有餘。"對其詩的評論是比較準確的，所謂"發愀愴之詞，文秀而質羸"，正道着其詩之特點。王粲十分重視鍛字煉句,如《七哀詩》云:"山岡有餘映,巖阿增重陰。"《雜詩》云:"曲池揚素波,列樹敷丹榮。"又《雜詩》云:"幽蘭吐芳烈,芙蓉發紅暉。"對仗極其工巧,在風格上已開兩晉南朝之先了。

四、陳琳

陳琳(公元?——二一七),《三國志·魏志》卷二十一《王粲傳》附其傳云,字孔璋,廣陵(今江蘇揚州附近)人。初爲大將軍何進主簿,後避難冀州,依袁紹,袁紹使典文章。袁紹敗,歸降曹操。操愛其才,以爲軍謀祭酒,管秘書處,草擬許多書檄公文。後徙門下督。建安二十二年卒。有集十卷,已佚,今僅存詩四首,而以《游覽詩》二首爲最佳。如:

> 高會時不娛,羈客難爲心。慇懷從中發,悲感激清音。投觴罷歡坐,逍遥步長林。蕭蕭山谷風,黯黯天路陰。惆悵忘旋反,歔欷涕霑襟。

> 節運時氣舒,秋風涼且清。閑居心不娛,駕言從友生。翱翔戲長流,逍遥登高城。東望看疇野,回顧覽園庭。嘉木凋綠葉,芳草纖紅榮。騁哉日月逝,年命將西傾。建功不及時,鐘鼎何時銘? 收念還寢房,慷慨咏墳經。庶幾及君在,立德垂功名。

這兩首詩應是與曹氏父子居鄴下時所作,抒寫他與曹氏父子聚會游宴之情懷。意謂多年漂泊,功業未就,無心於目前之宴會,聊且以苑林之景物排憂遣愁。然秋景秋色適足以增添自己遲暮之感,時光易逝,年華將盡,怎奈自己未竟之功業何? 慷慨悲涼,表露了希冀乘時建立功業之壯志。這是一篇"憂生之嗟",完全是建安時代之詩風。

五、徐幹

徐幹(公元一七〇──二一七)《三國志·魏志·王粲傳》附其傳云,字偉長,北海(今山東壽光市東南)人。曹操曾任爲司空軍謀祭酒掾,後爲五官中郎將文學。他"獨懷文抱質,恬淡寡欲,有箕山之志",以著述自娛,有集五卷,今佚。長於辯理之文,《中論》二卷,爲時人所推重。其詩作不如陳琳,今僅存四首,《情詩》一首可謂庸中之佼佼者。如:

> 高殿鬱崇崇,廣廈悽泠泠。微風起閨闥,落日照階庭。踟躕雲屋下,嘯歌倚華楹。君行殊不返,我飾爲誰容?鑪薰闔不用,鏡匣上塵生。綺羅失常色,金翠暗無精。嘉肴既忘御,旨酒亦常停。顧瞻空寂寂,唯聞燕雀聲。憂思連相屬,中心如宿酲。

這是一首婦女思夫之作。這個貴婦人徘徊於高殿廣廈之間,期待她丈夫的歸來。丈夫長久未歸,她也無心梳洗打扮,以致綺羅失常色,金翠黯光澤,在孤悽寂寞的環境中隱含着無窮之哀思。詩之情致悲婉,言辭感人。又《室思》六章與此詩同旨,皆寫閨情。前五章寫女子對久出未歸丈夫之思念、想往和失望,最後一章寄希望丈夫不忘舊時之情意。思緒委婉,情意纏綿,表現了女子思之切、念之深! 徐幹詩以抒情見長,鍾嶸《詩品》將其列爲下品,評云:"雖曰以莛扣鐘,亦能閑雅矣。"指出徐幹之詩才比劉楨猶如小草撞巨鐘,遠遠不如,但也寫得頗爲優雅。

六、劉楨

劉楨(公元?──二一七),《三國志·魏志·王粲傳》附其傳云,字公幹,東平(今山東東平縣)人。曾爲曹操丞相掾屬,後爲太子丕文學(官名)。楨性卓傲倔强,丕饗宴諸文學,酒酣,命夫人甄氏出拜,衆皆俯伏,不敢仰視,唯楨平視無忌。曹操聞之,不悦,以不敬治罪。减死,輸作署吏。建安二十二年,疾疫盛行時卒。有集四卷,已佚。今傳詩十五首,多贈答之篇。其《贈五官中郎將》四首,是他久病未愈,五官中郎將曹丕來探病,他有感於友情之誠篤而作。其第二首云:

> 余嬰沉痼疾,竄身清漳濱。自夏涉玄冬,彌曠十餘旬。常恐游岱宗,不復見故人。所親一何篤,步趾慰我身。清談同日夕,情盼叙憂勤。便復爲別辭,游車歸西鄰。素葉隨風起,廣路揚埃塵。逝者如流水,哀此遂離分。追問何時會,要我以陽春。望慕結不解,貽爾新詩文。勉哉修令德,北面自寵珍。

詩中記述他們相會時作竟日之談,共叙友情,互相寬慰,旋即日夕,理當辭別,又離情依依。乍會乍別,後會難期,只有多加珍重吧!既抒發了對朋友之真摯友情,又流露了無限的哀傷。又《贈從弟》三首,是勉勵他堂弟之作,其第二首云:

> 亭亭山上松,瑟瑟谷中風。風聲一何盛!松枝一何勁!冰霜正慘悽,終歲常端正。豈不罹凝寒?松柏有本性。

詩歌用比興手法,以松柏不畏風霜爲喻,勉勵其從弟應能經得起各種折磨和考驗,具有堅貞自守之節操。另外兩首,一首以蘋藻爲喻,一首以鳳凰爲喻,立意與本篇相同。其他如《贈徐幹》、《公讌》、《鬥雞》、《射鳶》、《雜詩》諸篇,多寫安逸享樂之生活,意義不大。

劉楨詩皆直抒胸臆,不尚雕飾,風格遒勁,以氣盛見長。《詩品》將其列於上品,評云:"其源出於古詩,仗氣愛奇,動多振絕。

真骨凌霜，高風跨俗。但氣過其文，雕潤恨少。然自陳思已下，楨稱獨步。"他的詩在建安七子中確比陳琳、徐幹爲高，而僅次於曹植。

七、阮瑀

阮瑀(公元?——二一二)，《三國志·魏志·王粲傳》附其傳云，字元瑜，陳留尉氏(今河南尉氏縣)人。少受學於蔡邕。建安中，辭疾避役，不受曹洪徵召。後事曹操，以爲司空軍謀祭酒，管記室，代草書檄公文。後徙倉曹掾屬。建安十七年，病卒。有集五卷，已佚。今傳詩十餘首，其《七哀詩》是繼曹植《七哀》之後所作，詩云：

> 丁年難再遇，富貴不重來。良時忽一過，身體爲土灰。冥冥九泉室，漫漫長夜臺。身盡氣力索，精魂靡所能。嘉肴設不御，旨酒盈觴杯。出壙望故鄉，但見蒿與萊。

作者感嘆年華已過，時不再來，轉瞬間即將與塵土同腐。人生還有什麼希望呢？面對美酒佳肴，也無心飲食。表現了一種人生無常的消極思想。此外，《怨詩》、《老人詩》也與此詩表現同樣的思想情調，良由社會動亂所產生的特殊感情。《詩品》將其列爲下品，評云："並平典，不失古體。"見解恰當。

八、應瑒

應瑒(公元?——二一七)，《三國志·魏志·王粲傳》附其傳云，字德璉，汝南南頓(今河南項城西南)人。曹操辟爲丞相掾屬，轉爲平原侯庶子，後爲五官中郎將文學。祖父奉，伯父劭，弟弟璩，皆博學能文之士。建安二十二年卒。有集五卷，已佚。今傳詩六

首,《別詩二首》其一云:

> 浩浩長河水,九折東北流。晨夜赴滄海,海流亦何抽? 遠
> 適萬里道,歸來未有由。臨河累太息,五內懷傷憂。

這是寫他與友人話別時之哀思。友人客游他鄉,遠去千里,前途未
卜,而回歸難期,重會無望,瞻前顧後,不勝悲傷,以至於五內俱焚。
語言質樸無華,情感真切動人。《侍五官中郎將建章臺集詩》是以
朝雁自喻,訴説其隨奉曹丕南北遷徙之苦,然又感曹丕敬待之恩,
因此以敬位盡職表示對曹丕報答之心。《公讌詩》寫他與曹氏父
子宴飲之歡樂場面。此皆宴侍奉和之作,意義不大。

　　從對以上諸人的論述中,我們可以了解,曹丕及建安七子在五
言詩方面各有成就,他們有高低之分,優劣之別。鍾嶸在《詩品》
僅將曹植、劉楨、王粲三人列爲上品,但不把他們同等看待,而且這
三人也有區別,認爲"陳思爲建安之傑,公幹、仲宣爲輔"。

第二節　正始及其以後

　　五言詩發展到魏明帝時代,忽呈衰落之象,但到魏末齊王芳正
始以後,卻又興盛起來。究其原因,應與當時之時代密切相關,"文
變染乎世情,興廢繫乎時序"(《文心雕龍·時序》),乃人們所熟知之
常理。按魏自明帝死後,政權實際上已落到司馬氏手中。司馬懿、
司馬師、司馬昭一方面剪除曹魏宗室,先後誅曹爽、廢齊王芳、弑高
貴鄉公髦;一方面排除異己,以高壓手段對待文士,陰險、猜忌、殺
戮無所不用其極。在這種黑暗恐怖之政治環境中,一般文士都畏
禍憂生,敢怒而不敢言,忍氣吞聲而幽傷痛苦。爲了尋求解脱,便

産生了一種超脱現實之念頭，思想上逐漸趨向老莊，所寫之詩歌，多帶玄言意味，所謂“詩雜仙心”，玄言詩因之發展起來。此期之詩人有何晏與號稱竹林七賢之嵇康、阮籍、山濤、向秀、阮咸、王戎、劉伶等。代表人物爲何晏、嵇康、阮籍。然這三人之思想也并不完全相同：何晏在朝，所著《道論》（《無名論》）、《德論》（《無爲論》），提出無名爲道，認爲一切事物與名譽，本來都是虛無的，將一切實有皆看作虛無才合於道，所謂“道者惟無所有者也”。聖人體道，故聖人無名，此無名之聖人，即理想之帝王，如堯。這是代表士族思想之名論。嵇康、阮籍在野，是一些不得意之士人。他們憤世嫉俗，提出“自然”以反對當權者所提倡之名教，他們所追求者是莊子之逍遙，理想人格不是堯，而是超出世界的大人先生。他們反對一切人爲之束縛，認爲那都不合於自然，所以要抉破禮法，非湯武，薄周孔。由於何晏與嵇康、阮籍之思想不同，他們的詩歌也呈現出不同之傾向，《文心雕龍》卷二《明詩》所謂“何晏之徒，率多浮淺。惟嵇志清峻，阮旨遥深”，即指出他們不同之詩風。因此，此期之詩歌，我們分兩個階段來談。

一、何晏

何晏（公元一九五？——二四○），字平叔，南陽宛（今河南南陽）人。《三國志·魏志》卷九《曹真傳》附其傳云：“晏，何進孫也。母尹氏，爲太祖夫人。晏長於宮省，又尚公主，少以才秀知名。”他是世族名門，兼富貴公子。文帝時拜駙馬都尉，明帝時爲冗官。正始初，輔曹爽秉政，任爲散騎常侍，遷侍中尚書，後爲司馬懿所殺。今僅存《擬古》詩二首，皆憂禍之作，其一云：

> 鴻鵠比翼游，群飛戲太清。常恐夭網羅，憂禍一旦并。豈若集五湖，順流唼浮萍。逍遥放志意，何爲怵惕驚。

《名士傳》云：“是時曹爽輔政，識者慮有危機。晏有重名，與魏姻戚，內雖懷憂而無復退也。著五言詩以言志。”全詩都是寫他之憂懼心理，如“常恐夭網羅，憂禍一旦并”。他希望逍遙放志，怡然自得，如“豈若集五湖，順流唼浮萍”已是不可能的了。《詩品》將其列爲中品，評云：“鴻鵠之篇，風規見矣。”是極有見解的。《文心雕龍·明詩》貶斥其詩“率多浮淺”，然從其本傳中記述之“好老莊言，作《道德論》及諸文賦著述，凡數十篇”可以了解，玄言詩即從此系統發展起來的。

二、阮籍、嵇康

阮籍與嵇康是竹林七賢之代表人物。七賢中山濤、向秀、王戎、阮咸四人之詩歌皆已失傳，劉伶所作，除了那篇名著《酒德頌》外，僅傳《北芒客舍》五言一首，價值不大。因此我們要集中論述阮籍與嵇康。

（一）阮籍

阮籍（公元二一〇——二六三），據《晉書》卷四十九本傳記載，字嗣宗，陳留尉氏（今河南開封附近）人，阮瑀之子。他“容貌瓌傑，志氣宏放，傲然獨得，任性不羈，而喜怒不形於色。或閉戶視書，累月不出，或登臨山水，經日忘歸。博覽群籍，尤好老莊。嗜酒能嘯，善彈琴，當其得意，忽忘形骸”。他反對儒家禮教，嘗謂：“禮豈爲我設邪？”且不願做官，兗州刺史王昶之求見，太尉蔣濟之舉薦，皆遭其拒絕。曹爽輔政，召爲參軍，他又稱病推辭。他有濟世之志，於登廣武觀楚漢戰爭故址時，慨嘆：“時無英雄，遂使豎子成名。”又登武牢山，望京邑而嘆。他生活在魏晉交替之際，既痛恨魏統治集團之腐化無能，又不滿於司馬氏施用種種卑劣手段奪取政權。但迫於司馬氏之政治壓力，不得已在其羽翼下先後做過從事

中郎、散騎常侍。正元初，封關內侯，尋遷步兵校尉。他不肯依附
權貴，當司馬昭爲其子司馬炎向其女求婚時，他便以爛醉六十日搪
塞過去。他對當時瞬息萬變之政局感到眩惑，找不到出路，自己濟
世之志無法實現，因此產生了難以解脫之痛苦。人們謂其爲窮途
之哭，真相即在於此。今傳其五言《詠懷》詩八十二首，皆抒情言
志之作，或抒發其壯志難酬之苦悶和憤世嫉俗之情懷，或抨擊當時
社會之黑暗，或鞭撻禮法之士靈魂之醜惡，或揭示魏國必亡之命
運，或追求神仙道化思想，等等。感慨幽深、氣格高渾，體現了正始
之音，是正始時期最重要之詩人。其《詠懷》第一首云：

> 夜中不能寐，起坐彈鳴琴。薄帷鑒明月，清風吹我襟。孤
> 鴻號外野，翔鳥鳴北林。徘徊將何見？憂思獨傷心。

此詩《文選》李善注云：“嗣宗身仕亂朝，常恐罹謗遭禍，因茲發詠，
故每有憂生之嗟。雖志在刺譏，而文多隱避，百代之下，難以情測。
故粗明大意，略其幽旨也。”阮籍《詠懷》之難解，乃歷代公認，李善
認爲“粗明大意”即可，然此詩之大意爲何？關鍵在對“孤鴻”二句
之理解，張玉轂《古詩賞析》卷十一云：“‘孤鴻’二句，以孤鴻在野
比君子之被放，翔鳥鳴林比小人在位。君在北，故曰‘北林’。”其
解釋是可取的，此即所謂“刺譏”。阮籍面對昏亂朝政，深感自己
生命之危殆，憂愁幽思，以至深夜不寐，起坐撫琴，雖有清風朗月相
伴，怎奈孤鴻號野，翔鳥鳴林何？猶豫徘徊所見，不過如此，這更增
加他對生命憂悸之情。全詩從首句“夜中不能寐”到結句“憂思獨
傷心”，皆抒發“憂生之嗟”。

其四云：

> 天馬出西北，由來從東道。春秋非有託，富貴焉常保？清
> 露被皋蘭，凝霜霑野草。朝爲美少年，夕暮成醜老。自非王子

晉，誰能常美好？

此詩應爲魏晉禪代之交，魏室宗親及其僚屬横遭殺戮而發。按阮籍《大人先生傳》云："往者天嘗在下，地嘗在上，反覆顛倒，未之安固，焉得不失度式而常之？天因地動，山陷川起，雲散震壞，六合失理，汝又焉得擇地而行，趨步商羽？往者群氣爭存，萬物死慮，支體不從，身爲泥土，根拔枝殊，咸失其所，汝又焉得束身修行，磬折抱鼓？李牧功而身死，伯宗忠而世絶，進求利以喪身，營爵賞而家滅，汝又焉得挾金玉萬億，祇奉君上而全妻子乎？"可與此詩義互爲表裏。意謂春露秋霜互以相代，若環之無端，終無止境，譬如天馬本出西北，忽然由西而來東，人事之多變，乃天道之常，況富貴榮華豈能常保乎？若非仙人，誰能常好？感慨天道悠遠，禍福無常，應當避禍遠害，全命保身。

其十二云：

> 昔日繁華子，安陵與龍陽。夭夭桃李花，灼灼有輝光。悦懌若九春，磬折似秋霜。流盼發姿媚，言笑吐芬芳。携手等歡愛，宿昔同衣裳。願爲雙飛鳥，比翼共翱翔。丹青著明誓，永世不相忘。

此詩乃譏刺皇帝之荒淫、好男寵。《三國志·魏志》卷四《齊王芳傳》記載，嘉平六年秋九月，"大將軍司馬景王(師)將謀廢帝，以聞皇太后。甲戌太后令曰：'皇帝芳春秋已長，不親萬幾，耽淫内寵，沈漫女德，日延倡優，縱其醜謔，迎六宫家人，留止内房。毀人倫之叙，亂男女之節。'"裴注引《魏書》云："日延小優郭懷、袁信等於建始芙蓉殿前，裸袒游戲，使與保林、女尚等爲亂，親將後宫瞻觀。又於廣望觀上，使懷、信等於觀下，作遼東妖婦，嬉褻過度，道路行人掩目，帝於觀上，以爲謔笑。於陵雲臺曲中，施帷，見九親婦女，帝

臨宣曲觀，呼懷、信，使入帷共飲酒。懷、信等更行酒，婦女皆醉，戲
侮無別。使保林、李華、劉勳等與懷、信等戲。"則此詩乃譏刺曹芳
及郭懷、袁信等甚明。安陵與龍陽，指楚安陵君與魏龍陽君，皆佞
幸之臣。他們各以摯諂而固寵。《戰國策・楚策》記載，安陵君侍
從楚恭王狩獵，恭王引弓射殺狂兕，仰天大笑曰："樂矣！今日之游
也。寡人萬歲千秋之後，誰與樂此矣？"安陵君泣數行下曰："臣入
則編席，出則陪乘。大王萬歲千秋之後，願得以身試黃泉，蓐螻蟻，
又何如得此樂而樂之？"表示必請從死。又《魏策》記載，龍陽君與
魏王共船而釣，龍陽君釣十餘魚棄而泣下，魏王問其故，對曰："臣
爲王之始得魚也，臣甚喜；後得又益大，今臣直欲棄臣前之所得矣。
今以臣之凶惡，而得爲王拂枕席。今臣爵至人君，走人於庭，避人
於途，四海之內，美人亦甚多矣，聞臣之得幸於王也，必褰裳而趨大
王。臣亦猶曩臣之前所得魚也，臣亦將棄矣。臣安能無涕出乎？"
魏王於是布令於四境之內曰："有敢言美人者族。"此二人皆善諛
而得寵。這是述古以喻今，是借戰國之史事譏刺曹魏之現實。"悦
懌若九春，磬折似秋霜"，謂美人言笑，有如九春之布溫，賠罪鞠躬，
恰似蒲柳之弱不禁霜，其柔弱可憐之相，使人主無可如何。"携手
等歡愛，宿昔同衣裳"，《漢書》卷九十三《佞幸傳》記載："高祖時則
有籍孺，孝惠時則有閎孺，此兩人非有材能，但以婉媚貴幸，與上臥
起。……孝哀時則有董賢，……嘗晝寢，偏籍上袖。上欲起，賢未
覺，不欲動賢，乃斷袖而起。其恩愛至此。"可與此兩句互相闡發。
他們婉昵恩愛，設丹青之誓，以示永不相忘，荒淫無恥極矣！

其十五云：

昔年十四五，志尚好詩書。被褐懷珠玉，顏閔相與期。開
軒臨四野，登高望所思。丘墓蔽山岡，萬代同一時。千秋萬歲
後，榮名安所之？乃悟羨門子，噭噭令自嗤！

此詩是自述其由儒入道之轉變過程。《三國志·魏志·王粲傳》和《晉書·阮籍傳》皆未曾記載阮籍少年業儒之事，此可補史傳之不足。詩之前六句寫少年有志於儒學，期望作以德行著稱之顏回和以孝友名世之閔子騫。"被褐懷珠玉"，用《老子》"是以聖人被褐懷玉"意，謂外面穿粗布衣，懷裏卻揣着美玉，以喻道德之高尚。後六句寫向道家思想之轉變。"丘墓蔽山岡"，岡高於丘，故墓蔽於岡。這兩句有同《列子》卷七《楊朱》"生則堯舜，死則腐骨，生則桀紂，死則腐骨，腐骨一矣，孰知其異"之慨。"榮名安所之"，乃反用古詩"奄忽隨物化，榮名以爲寶"之意，謂古詩作者，以爲榮名可以延續短暫之生命，然而延續至千秋萬年後，在真僞莫辨之時代裏，榮名也同樣靠不住。"乃悟羨門子"，謂解悟仙人羨門子所以長生之故。"噭噭令自嗤"，《莊》卷六下《至樂》云："人且偃然寢於巨室，而我噭噭然隨而哭之。"噭噭，此處似應作笑聲。嗤，笑也。莊子以生爲痛苦，以死爲至樂，因此認爲"隨而哭之"是可笑的。此詩沿用其意，表現了曠達、狂放的人生態度和輕榮名重長生之意念。

其二十云：

> 楊朱泣岐路，墨子悲染絲。揖讓長離別，飄颻難與期。豈徒燕婉情，存亡誠有之。蕭索人所悲，禍釁不可辭。趙女媚中山，謙柔愈見欺。嗟嗟塗上士，何用自保持？

按《大人先生傳》云："世之所謂君子……上欲圖三公，下不失九州牧。獨不見群蝨之處褌中，逃乎深縫，匿乎壞絮，自以爲吉宅也。……然炎丘火流，焦邑滅都，群蝨處於褌中，而不能出也。君子之處域内，何異夫蝨之處褌中乎？"此數語可以闡明此詩之主題。岐路、染絲，《淮南子》卷十七《説林訓》："楊子見逵路而哭之，爲其可以南,可以北。墨子見練絲而泣之,爲其可以黃,可以黑。"此二句是以形勢變遷不定、翻覆無常,比禍患之來也無方。"揖讓"以下六句,謂揖讓之風如舜、禹相離既遠,飄飄遠遁之人如巢父、許由又難期望,眼前這般人徒見其在君王面前燕婉之情,豈知誠有關乎國家之興亡? 天下蕭然,禍釁不可避免。"趙女"二句,指文帝甄皇后事,《三國志·魏志》卷五:"文昭甄皇后,中山無極人。"裴注引《魏略》:"后年十四,喪中兄儼,悲哀過制,事寡嫂謙敬,事處其勞。"又引《魏略》:"熙(袁紹子)出在幽州,后留侍姑(袁紹妻)。及鄴城破,紹(袁紹)妻及后共坐室堂上,文帝入紹舍……就視,見其顏色非凡。"又引《世語》:"顧攬髮髻,以巾拭面,姿貌絶倫。"又引《魏書》:"后寵愈隆,而彌自抑損。"據《史記》之《魏世家》、《趙世家》、《樂毅傳》等,知中山先滅於魏,又滅於趙,則甄后爲中山人,其義可稱爲趙女。所謂"事寡嫂謙敬"、"彌自抑損",即其"謙柔"。又《魏志》卷五:"黃初元年十月,帝踐阼,踐阼之後,山陽公奉二女以嬪於魏。郭后李陰貴人並愛幸,后愈失意,有怨言。帝大怒,二年六月,遣使賜死。葬於鄴。"即"謙柔愈見欺"之史實。塗上士,指士宦道上之人。意謂政治形勢險惡如此,仕途之人何以自保呢?

其三十一云:

> 駕言發魏都,南向望吹臺。簫管有遺音,梁王安在哉? 戰士食糟糠,賢者處蒿萊。歌舞曲未終,秦兵已復來。夾林非吾有,朱宮生塵埃。軍敗華陽下,身竟爲土灰。

此詩借詠古以慨今,以戰國時之魏王喻三國時之魏君。陳沆《詩比興箋》卷二云:"駕言發魏都,借古以寓今也。明帝末路,歌舞荒淫,而不求賢講武,爲苞桑之計,不亡於敵國,則亡於權奸,豈非百世殷鑒哉？"明確指出詩作爲明帝而發。據《三國志·魏志》卷三《明帝紀》記載："太和二年春正月，蜀大將諸葛亮寇邊，天水、南安、安定三郡吏民叛應亮。……秋九月，曹休率諸軍至皖，與吳將陸議戰於石亭，敗績。……十二月，諸葛亮圍陳倉，曹真遣將軍費曜等拒之。……四年秋七月，詔大司馬曹真、大將軍司馬宣王，伐蜀。……九月大雨，伊、洛、河、漢水溢，詔真等班師。……青龍元年六月，洛陽宮鞠室災，保塞鮮卑大人步度根與叛鮮卑大人軻比能私通，并州刺史畢軌表輒出軍，以外威比能，内鎮步度根，……軌已進軍屯陰館，遣將軍蘇尚、董弼追鮮卑比能，遣子將千餘騎迎步度根部落，與尚、弼相遇，戰於樓煩，二將没，步度根部落皆叛出塞，與比能合寇邊。遣驍騎將軍秦朗將中軍討之，虜乃走漠北。秋九月，安定保塞匈奴大人胡薄居姿職等叛，司馬宣王遣將軍胡遵等追討破降之。冬十月，步度根部落大人戴胡阿狼泥等詣并州降。二年夏四月，大疫，崇華殿災。……是月，諸葛亮出斜谷，屯渭南。司馬宣王率諸軍拒之。……五月孫權入居湖口，向合肥新城。又遣將陸議、孫韶，各將萬餘人入淮沔。六月，征東將軍滿寵進軍拒之。……七月壬寅，帝親御龍舟東征，權攻新城，將軍張穎等拒守力戰，帝軍未至數百里，權遁走。八月，司馬宣王與亮相持，連圍積日，亮數挑戰，宣王堅壘不應。會亮卒，其軍退還。……三年三月，是時大治洛陽宮，起昭陽太極殿，築總章觀，百姓失農。"裴注引《魏略》曰："是年起太極諸殿，築總章觀，高十餘丈，建翔鳳於其上。又於方林園中起陂池，楫櫂越歌。又於列殿之北，立八坊。諸才人以次序處其中。貴人夫人以上，轉南附焉。其秩石擬百官之數。帝常游宴在内，乃選女子知書可付信者六人，以爲女尚書，使典省外奏事，處當畫可。自貴人以下至尚保及給掖庭灑掃習伎歌者，各有千數通。引穀水過九龍殿前，爲玉井綺欄，蟾蜍含受，神龍吐出,使博士馬均作司南車,水轉百戲。歲首建巨獸魚龍曼延,弄馬倒騎,備如漢西京之制。築闒閤諸門闕外罘罳。”以上記載説明,明帝之世,魏之對外戰爭已由主動轉變爲被動,而統治者仍窮奢極侈,過着驕縱淫逸之腐化生活,阮籍因此作詩以刺之。魏都,指戰國魏之都城大梁。吹臺,戰國魏王所建,在今開封東南。梁王,即魏王嬰。意謂從魏都城出發,南向而望,可以看到吹臺之遺跡,而築吹臺之梁王魏嬰卻不見了。“戰士”、“賢者”二句,指魏王不修武用賢,説明魏敗亡之由。“秦兵”句,以秦之滅魏喻魏明帝時受外部軍事威脅之嚴重。夾林,魏王游覽之處;朱宮,魏王宴居之所。《戰國策·魏策》:“秦敗魏於華陽,魏王且入朝於秦。”意謂華陽軍敗,導致魏國之滅亡,魏王也身名俱滅。此述戰國魏之滅亡,所以爲曹魏鑒戒也。其三十八云:

　　炎光延萬里,洪川蕩湍瀨。彎弓挂扶桑,長劍倚天外。泰山成砥礪,黃河爲裳帶。觀彼莊周子,榮枯何足賴。捐身棄中野,烏鳶作患害。豈若雄傑士,功名從此大。

此詩應是諷刺政治野心家,具體當指司馬昭。《文選》所載之《與嵇茂齊書》云:“夫物不我貴,則莫之與,莫之與,則傷之者至矣。飄飖遠游之士,託身無人之鄉。總轡遐路,則有前言之艱。懸峯陋宇,則有後慮之戒。朝霞啓暉,則身疲於遄征;太陽戢曜,則情劬於夕惕。肆目平隰,則遼廓而無覩;極聽脩原,則淹寂而無聞。吁其悲矣,心傷悴矣。然後乃知步驟之士,不足爲貴也。若迺顧影中原,憤氣雲踊,哀物悼世,激情風烈,龍睇大野,虎嘯六合,猛氣紛紜,雄心四據,思躡雲梯,橫奮八極,披艱掃穢,蕩海夷岳,蹴崑崙使西倒,蹋太滋令東覆,平滌九區,恢維宇宙,斯亦吾之鄙願也。”干寶《晉紀》認爲此是呂安寫給嵇康的信。又《文選》向子期《思舊賦》

李善注云："太祖（司馬昭）遂徙安邊郡，遺書與康：'昔李叟入秦，及關而嘆'云云，太祖惡之，追收下獄，康理之俱死。"可見阮籍詩所諷刺者與呂安信所譏諷者相同，皆爲掌軍政大權之司馬昭。"炎光"二句，謂動亂時代，勢如水火，燒毀了一切，湮没了一切。"彎弓"二句，謂野心家在憑藉武力，誇耀武力。"泰山"二句，用《史記·高祖功臣年表序》："封爵之誓曰：使河如帶，泰山若厲，國以永寧，爰及苗裔。"結盟之意，以喻野心家之野心勃勃。"觀彼莊周子"四句，《莊子》卷十上《列御寇》云："莊子將死，弟子欲葬之。莊子曰：'吾以天地爲棺槨，以日月爲連璧，星辰爲珠璣，萬物爲齎送。吾葬具豈不備邪？何以加此？'弟子曰：'吾恐烏鳶之食夫子也。'莊子曰：'在上爲烏鳶食，在下爲螻蟻食，奪彼與此，何其偏也！'"此蓋阮籍引莊周以自喻。雄傑士，指挂弓倚劍之野心家。意謂不與那般獵取功名之野心家爲伍。

　　以上舉數例，以見其在五言詩方面的成就。此外，阮籍還有四言《詠懷》詩十三首，亦頗恬澹自得，毫無工匠矯揉之弊，皆爲可誦讀之篇章。

　　綜觀阮籍之五言詩，在那"名士少有全者"之時代，爲了避禍遠害，内容多晦澀不明，然卻以風格之高古、情韻之幽深獨步當時。鍾嶸《詩品》將其列爲上品，給予很高的評價："其源出於《小雅》。無雕蟲之功。而《詠懷》之作，可以陶性靈，發幽思。言在耳目之内，情寄八荒之表。洋洋乎會於《風》、《雅》，使人忘其鄙近，自致遠大，頗多感慨之詞。厥旨淵放，歸趣難求。"沈德潛《説詩晬語》持相同看法："阮公《詠懷》，反覆零亂，興寄無端，和愉哀怨，俶詭不羈，讀者莫求歸趣。"他們的評價都確切而公允。王世貞《藝苑卮言》卷三云："阮公《詠懷》，遠近之間，遇境即際，興窮即止，坐不着論宗佳耳。"所謂"遇境即際，興窮即止"，確是道着阮籍詩境之特點。嚴羽《滄浪詩話》云：“黃初之後，惟阮籍《詠懷》之作，極爲高古，有建安風骨。”阮籍在詩歌創作上遠比嵇康爲高。他的集子中無一首樂府，他是東漢建安以來第一個用全力創作五言詩之大詩人，五言詩進展到他的創作就更完善成熟了。其創作影響於後世者極大，如唐陳子昂《感遇》三十八首，張九齡《感遇》十二首，李白《古風》五十九首等，都是在他的影響下產生的。

（二）嵇康

嵇康（公元二二三——二六三），《三國志》未給他單獨立傳，其事跡附載於《魏志》卷二十一《王粲傳》和卷二十八《鍾會傳》中，然只寥寥數語，不能見其身世行年之全貌。《晉書》卷四十九《嵇康傳》則掇拾殘叢，成一篇較系統之傳記。他字叔夜，譙國銍（今河南夏邑附近）人。其先姓奚，會稽上虞人。因避怨徙銍，銍有嵇山，家於其側，遂以爲姓。他早孤，有奇才，遠邁不群，身長七尺八寸，美詞氣，有風儀，而土木形骸，不自藻飾，人以爲龍章鳳姿。他天質自然，恬靜寡慾，含垢匿瑕，寬簡有大量，學不師受，博覽無不該通，好言老莊，尚任俠，與魏宗室爲婚，拜中散大夫，故又稱嵇中散。他講求養性服藥，善彈琴，其《廣陵散》尤爲絕作。嘗采藥游山澤。至汲郡，遇孫登，欲從之游。他最討厭作官，認爲是徒自苦惱，山濤做選官，將去職，欲舉他代爲選郎，他作書責罵山濤，予以拒絕。他與呂安友善，呂安服其高致，每相思，輒千里命駕。呂安被其兄枉訴不孝，繫獄，他以辭證爲誣枉，因受牽累，亦下獄。他性絕巧，家貧，嘗與向秀共鍛鐵於宅中大樹下，以自贍給。潁川鍾會，見之，他不爲禮，而鍛不輟。良久會去，他問道：“何所聞而來？何所見而去？”會答云：“聞所聞而來，見所見而去。”會以此銜之。及其下獄，會因譖其助毋丘儉謀反，被司馬昭所殺。將刑東市，太學生三千餘人請以爲師，弗許，卒被害。時年四十。嵇康一生感情激烈,秉性慷慨,這種激烈、慷慨之情緒,發於文者,而爲《與山巨源絕交書》,發於詩者,而爲四言《幽憤詩》及其他五言佳作。他有集十五卷,詩存五十三首。

嵇康四言詩成就最高,現存二十多首,其次五言詩也多佳作,此外還有六言詩十首。其名作四言詩《贈秀才入軍》十八首,是寄贈其兄嵇喜的。嵇喜字公穆,曾舉秀才。此詩應作於魏高貴鄉公曹髦正元二年,司馬氏廢齊王曹芳,毌丘儉、文欽舉兵征討司馬師之時。據《三國志·魏志》卷二十八《毌丘儉傳》記載:"儉爲鎮東都督揚州……揚州刺史前將軍文欽……正元二年正月……遂矯太后詔,罪狀大將軍司馬景王(師)移諸郡國,舉兵反。迫脅淮南將守諸別屯者,及吏民大小者,入壽春城,爲壇於城西,歃血稱兵爲盟。分老弱守城,儉、欽自將五六萬衆渡淮西,至項,儉堅守,欽在外游兵。大將軍統中外軍討之。別使諸葛誕督豫州諸軍,從安風津擬壽春,征東將軍胡遵督青徐諸軍,出於譙宋之間,絕其歸路。大將軍屯汝陽,使監軍王基督前鋒諸軍,據南頓以待之。令諸軍皆堅壁勿與戰。儉、欽進不得鬥,退恐壽春見襲,不得歸,計窮不知所爲。淮南將士家皆在北,衆心沮散,降者相屬,惟淮南新附農民爲之用。"這是當時曹魏政權與司馬氏集團之一次重大戰役。又《魏志》卷二十一《王粲嵇康傳》裴注引《世語》云:"毌丘儉反,康有力,且欲起兵應之。"松之案:"干寶、孫盛、習鑿齒諸書,皆云正元二年,司馬文王(昭)反自樂嘉,殺嵇康、呂安。"其言雖然未必完全可信,但此詩一云:"凌厲中原,顧盼生姿。"又云:"雖曰幽深,豈無顛沛?"則可以推斷嵇喜必在此時參軍,與司馬師共同征討毌丘儉,是無可懷疑的。嵇康是反對司馬氏的,認爲其兄之從軍,是"棄此蓀芷,襲彼蕭艾",因此作詩寄贈之。全詩除第一首爲贈其入軍外,其餘皆相思之辭。如第十三首云:

　　　　浩浩洪流，帶我邦畿。萋萋綠林，奮榮揚暉。魚龍瀺灂，
　　　山鳥群飛。駕言出游，日夕忘歸。思我良朋，如渴如饑。願言
　　　不獲，愴矣其悲！

此寫其對嵇喜之懷念。洪流，指黃河。邦畿，洛陽近郊。“萋萋”
二句，化用曹子建《侍太子坐》“白日曜青春，時雨靜飛塵”意。“魚
龍”二句，化用《詩經·大雅·旱麓》“鳶飛戾天，魚躍於淵”意。瀺
灂，魚嚼水聲。良朋，指嵇喜。意謂春意方濃，萬物揚暉，魚龍共
戲，山鳥齊飛，思念同趣者，相與娛游，以忘晨夕。然不獲所願，使
自己思念不已，至於愴然悲傷。表示對嵇喜懷念之深。第十四
首云：

　　　　息徒蘭圃，秣馬華山。流磻平皋，垂綸長川。目送歸鴻，
　　　手揮五絃。俯仰自得，游心太玄。嘉彼釣叟，得魚忘筌。郢人
　　　逝矣，誰與盡言。

此是想象嵇喜行軍休息之情景。“流磻”二句，以絲繫石而弋曰
磻。謂在皋澤之地弋鳥，在漫長之川垂釣。“目送”二句，乃嵇康
精神之代表，飛鴻比喻嵇喜之行。“俯仰”二句，謂心中對於道有
所領會，也就自得了。太玄，即大道。得魚忘筌，《莊子》卷九上
《外物》：“筌者所以在魚，得魚而忘筌。”筌，捕魚簍。比喻得意忘
言。“郢人”二句，《莊子》卷八中《徐無鬼》：“郢人堊漫其鼻端若
蠅翼，使匠石斲之。匠石運斤成風，聽而斲之，盡堊而鼻不傷，郢人
立不失容。”意謂談心論道，要有知音，嵇喜既不在，“游心太玄”之
樂趣，有誰能理解？期望與嵇喜能再談心論道。

　　《幽憤詩》是嵇康四言詩之代表作。《文選》李善注此詩云：
“《魏氏春秋》曰：康及呂安事。爲詩自責。”《晉書·嵇康傳》云：
“（呂）安爲兄所枉訴，以事繫獄，辭相證引，遂復收康。康性慎言

行,一旦縲紲,乃作《幽憤詩》。"幽,因也。是嵇康被幽禁在獄中所作,抒發了他在生命最後時刻心理上之自覺:

> 嗟予薄祜,少遭不造;哀煢靡識,越在襁褓。母兄鞠育,有慈無威;恃愛肆姐,不訓不師。爰及冠帶,馮寵自放;抗心希古,任其所尚。託好老莊,賤物貴身;志在守樸,養素全真。曰余不敏,好善闇人;子玉之敗,屢增惟塵。大人含弘,藏垢懷恥;民之多僻,政不由己。惟此褊心,顯明臧否;感悟思愆,怛若創痏。欲寡其過,謗議沸騰;性不傷物,頻致怨憎。昔慚柳下,今愧孫登。内負宿心,外恧良朋。仰慕嚴鄭,樂道閑居;與世無營,神氣晏如。咨予不淑,嬰累多虞。匪降自天,實由頑疏。理弊患結,卒致囹圄。對答鄙訊,縶此幽阻。實恥訟免,時不我與。雖曰義直,神辱志沮。澡身滄浪,豈云能補?雍雍鳴雁,屬翼北游。順時而動,得意忘憂。嗟我憤嘆,曾莫能儔!事與願違,邁此淹留。窮達有命,亦又何求?古人有言:善莫近名。奉時恭默,咎悔不生。萬石周慎,安親保榮。世務紛紜,祇攪予情。安樂必誡,乃終利貞。煌煌靈芝,一年三秀。予獨何人,有志不就?懲難思復,必焉内疚!庶勗將來,無馨無臭。采薇山阿,散髮巖岫。永嘯長吟,頤性養壽。

全詩可分五段。自"嗟予薄祜"至"不訓不師"爲第一段,叙述少年之遭際。越,通粵、曰,發語辭。姐,嬌也。謂少時家道未成,襁褓中悲哀、孤獨、無識,賴慈母仁兄養育,恃寵而恣情嬌惰,無所師訓。自"爰及冠帶"至"政不由己"爲第二段,叙述成年後之抱負。冠帶,猶搢紳,指吏人,謂"一行作吏"。"抗心"二句,謂激發意志,追踪古人,從心所欲,好其所尚。"好善闇人",謂本心好善,而誻於知人。乃後悔與吕安交友。"子玉"二句,《左傳・僖公二十七年》："楚子將圍宋，使子文治兵於睽，終朝而畢，不戮一人。子玉復治兵於蔿，終日而畢，鞭七人，貫三人耳。國老皆賀子文。子文飲之酒。蔿賈尚幼，後至，不賀。子文問之。對曰：'不知所賀。子之傳政於子玉……子玉之敗，子之舉也。舉以敗國，將何賀焉？'"此二句詩意謂呂氏兄弟之失敗，爲自己之操守染上了污點，猶如楚國子玉之失敗爲子文染上污點一樣。"大人"二句，乃化用屈原《離騷》"屈心而抑志兮，忍尤而攘詬，伏清白以死直兮，固前聖之所厚"之意。"民之"二句，謂許多人做了錯事，正（即政字，六朝人往往借政爲正）有"情不由己"之苦衷在。自"惟此褊身"至"神氣晏如"爲第三段，說明自己由於對善惡分辨太明，以致招惹怨憎。"昔慚"二句，《論語·微子》："柳下惠爲士師，三黜。人曰：'子未可以去乎？'曰：'直道而事人，焉往而不三黜？枉道而事人，何必去父母之邦？'"《三國志·魏志·王粲嵇康傳》裴注引《魏氏春秋》曰："初康采藥於共北山中，見隱者孫登，康欲與之言，登默然不對。踰時將去，康曰：'先生竟無言乎？'登曰：'子才多識寡，難乎免於今之世。'"又裴注引《康集目録》曰："登字公和，不知何許人。無家屬，於汲縣北山土窟中得之，夏則編草爲裳，冬則被髮自覆，好讀易鼓琴，見者皆親樂之。每所止，家輒給其衣服食飲，得無辭讓。"意謂有愧於柳下惠、孫登之言行。"仰慕"四句，《漢書》卷七十二《王吉傳序》云："谷口有鄭子真，蜀有嚴君平，皆修身自保，非其服弗服，非其食弗食。成帝時，元舅大將軍王鳳，以禮聘子真，子真遂不詘而終。君平卜筮於成都市，以爲卜筮者賤業，而可以惠衆。……日閱數人，得百錢自養，則閉肆下簾，而授老子。……年九十餘，遂以其業終。"意謂仰慕嚴君平、鄭子真安貧樂道，與世人毫無貪圖、營求，在精神上保持安靜舒適。自"咨余不淑"至"亦又何求"爲第四段，說明入獄之由及對獄吏粗鄙訊問之憤慨。"對答”四句,謂獄吏們以粗野之問辭要他回答,他身被囹圄,深以這種辭訟爲恥。“雖曰”四句,謂心情受辱,意志頹喪,雖滄浪之水,豈能洗滌乾淨? 自“古人有言”至“頤性養壽”爲第五段,表明今後應修身養性,樂天安命之志向。“萬石”二句,《漢書》卷四十六《石奮傳》:“萬石君奮,長子建爲郎中令……建老白首,萬石君尚無恙。每五日洗沐,歸謁親。……建爲郎中令,奏事下,建讀之,驚恐曰:‘書馬者與尾而五,今乃四,不足一,獲譴死矣。’其爲謹慎,雖他皆如是。”謂萬石君由於謹慎而能安定雙親,保持尊榮。“安樂”二句,謂雖處安樂,必警戒之,終至順利。“庶勗”二句,勉勵未來,不以美惡好惡示人。“采薇”四句,謂要像伯夷、叔齊之采薇山阿,許由之散髮優游,以養性益壽。沈德潛《古詩源》卷六評云:“通篇直直叙去,自怨自艾,若隱若晦。好善闇人,牽引之由也。顯明臧否,得禍之由也。至云澡身滄浪,豈云能補,悔恨之詞切矣。末託之頤性養壽,正恐未必能然之詞。”其内容和《與山巨源絕交書》表現同樣之思想感情。《文選》李善注云:“班固(《漢書叙傳》)史遷述曰:‘幽而發憤,乃思乃精。’”亦此之謂也。作者之心境極爲憤慨,情不能已,秉筆直書,因此篇中多峻語。他雖然長於四言,但非摹擬《詩經》,而是自成格調。沈德潛《古詩源》卷六即指出:“嵇叔夜四言,時多峻語,不摹做三百篇,允爲晉人先聲。”

　　嵇康之五言詩《答二郭》三首、《與阮德如》、《游仙》、《述志》二首,亦皆具特色。如《答二郭》其一云:

　　　　天下悠悠者,下京趨上京。二郭懷不群,超然來北征。樂道託萊廬,雅志無所營。良時遘其願,遂結歡愛情。君子義是親,恩好篤平生。寡志自生災,屢使衆釁成。豫子匿梁側,聶政變其形。顧此懷怛惕,慮在苟自寧。今當寄他域,嚴駕不得停。本圖終宴婉,今更不克并。二子贈嘉詩,馥如幽蘭馨。戀土思所親,不知氣憤盈。

二郭,即郭遐周、郭遐叔(一作卿)。遐周有贈嵇康五言詩三首,遐叔有贈嵇康四言詩四首、五言詩一首。郭氏兄弟二人皆隱者,與嵇康有舊交。三人之贈答詩,當作於高貴鄉公曹髦被殺之後,故詩中深含憂悸之情。下京,指鄴城。上京,指洛陽。來北征,指自洛陽至山陽,意謂人們皆奔趨於下京與上京之間,二郭則超然不群,自洛陽到山陽過隱居生活。"良時"四句,遘,投合;願,志趣。寫其與二郭志趣相投,交情篤厚。寡志,孤芳自賞之情調。釁,仇隙。謂孤芳自賞自生仇隙。豫子匿梁,據《史記·刺客列傳》記載,戰國晉人豫讓初事范中行氏,無所知名。去而事智伯,甚見尊寵。後智伯為趙襄子所滅,豫讓漆身為癩,吞炭為啞,使形狀不得復識。匿於梁下,欲刺襄子為智伯報仇,不果。為襄子所獲,遂伏劍自殺。聶政變形,又《刺客列傳》記載,戰國韓軹人聶政,避仇隱於屠者之間,韓卿士嚴遂欲殺其相韓傀,聞政勇,厚禮下交,並奉黃金百鎰為政母壽,政以母在,不許。母死,政獨行仗劍,刺殺傀,自皮面決目,自屠腸死。這裏作者以豫讓、聶政自比。"顧此"二句,謂顧念於此,心懷畏懼,所思慮者唯能自安。"今當"四句,謂今天各處一方,本想終生友愛,現在卻不能在一起了。表現了對二郭之深厚友情。其三云:

詳觀淩世務,屯險多憂虞。施報更相市,大道匿不舒。夷路植枳棘,安步將焉如?權智相傾奪,名位不可居。鸞鳳避罻羅,遠託崑崙墟。莊周悼靈龜,越稷嗟王輿。至人存諸己,隱璞樂玄虛。功名何足殉?乃欲列簡書。所好亮若茲,楊氏嘆交衢。去去從所志,敢謝道不俱。

淩世務,衰亂時代之事務。屯險,即艱險。謂亂世多艱險,令人憂

慮。更相市，如買賣之互相往來。不舒，不行用。謂人們互相傾
詐，大道隱而不行。權智，玩弄小聰明。遠託崑崙墟，指隱遁求仙。
"莊周"句，《莊子》卷六下《秋水》："莊子釣於濮水，楚王使大夫二
人往先焉，曰：'願以境內累矣。'莊子持竿不顧，曰：'吾聞楚有神
龜，死已三千歲矣。王巾笥而藏之廟堂之上。此龜者，寧其死爲留
骨而貴乎？寧其生而曳尾於塗中乎？'""越稷"句，《莊子》卷九下
《讓王》："越人三世弒其君，王子搜患之，逃乎丹穴。而越國無君，
求王子搜不得，從之丹穴。王子搜不肯出，越人薰之以艾。乘以王
輿。王子搜援綏登車，仰天而呼曰：'君乎君乎！獨不可以舍我
乎！'"此二句謂但求匿名生存，以免遭凶暴政治之殘害。至人，得
道之人。存諸己，使己才不外露。玄虛，虛空之真理。亮，誠然。
"楊氏"句，《列子》卷八《楊朱》："楊子之鄰人亡羊……楊子曰：
'嘻，亡一羊，何追之衆？'鄰人曰：'多歧路。'既反，問曰：'獲羊
乎？'曰：'亡之矣。'曰：'奚亡之？'曰：'歧路之中，又有歧焉，吾不
知所。'……楊子戚然變容。……門人怪之……心都子曰：'大
道以多歧亡羊，學者以多方喪生。'"去去從所志，化用《史記》卷六
十一《伯夷列傳》"子曰'道不同不相爲謀'，亦各從其志也"之意。
陳祚明《采菽堂古詩選》卷八評云："傾奪可憎，功名不足重，深譏
'典午'，語取快意，不能含蓄，固已罔慮其禍。"既指出其內容在譏
刺司馬氏，又道出其詩風之明快、語意之顯露，以至於無所顧忌禍
患之有加。其憤激之情緒溢於言表。

　　嵇康六言詩十首，或寫閑靜自樂之心境，或寫世俗之殉名逐
利，現實性也很明顯。如《名與身孰親》云：

　　　哀哉世俗殉榮，馳騖竭力喪精。得失相紛憂驚，自是勤苦
　　不寧。

揭露世俗之人追名逐利，自我紛擾，不得安寧。馳騖喪精，《楚辭·
離騷》：“忽馳騖以追逐兮。”王逸注：“衆人所以馳騖惶遽者，爭追
逐權貴求財利也。”此用其意。

　　關於嵇康之詩，鍾嶸《詩品》將其列爲中品，評云：“頗似魏文，
過爲峻切，訐直露才，傷淵雅之致。然託諭清遠，良有鑒裁，亦未失
高流矣。”所謂“清遠”，説明其詩歌境界之高潔；所謂“峻切”，説明
其詩歌之有韌性。

　　嵇康與阮籍皆正始時期之詩人，他們在思想、性格和詩文方面
有許多共同點，同時也有其不同處。單就詩歌而言，二人之異點，
劉師培《中古文學史》論述得很清楚：

　　　　至其爲詩，則爲體迥異，大抵嵇詩清峻，而阮詩高渾。彦
　　和所謂遥深即阮詩之旨言，非謂阮詩之體也。……要之，魏初
　　詩歌漸趨輕靡，嵇、阮矯以雄秀，多爲晉人所取法。故彦和評
　　論魏詩，亦惟推重二子也。

綜合論之，阮籍以五言勝，嵇康以四言精。在詩歌方面，嵇康遜於
阮籍，在散文方面，阮籍卻不逮嵇康了。

第三節　西晉太康時期

　　曹魏之政權持續的時期很短，便轉入司馬炎手中，是爲西晉。
西晉初年由於實行某些改革措施，促進了生產的發展，使短暫的太
康年間，呈現出比較繁榮之景象。據《晉書》卷二十六《食貨志》記
載：“是時天下無事，賦税平均，人咸安其業而樂其事。”在此環境
下，一般士族都過着奢侈淫逸之生活，如《晉書》卷三十三《石崇
傳》記載：“（崇）財產豐積，室宇宏麗，後房百數，皆曳紈綉，珥金

翠。絲竹盡當時之選,庖膳窮水陸之珍。與貴戚王愷、羊琇之徒以奢靡相尚。"一般文人士子之生活也比較安逸、富裕,内心無任何隱痛與創傷。這影響於文學創作,則大變建安之風骨與正始之清峻,而産生"采縟於正始,力柔於建安;或析文以爲妙,或流靡以自妍"(《文心雕龍·明詩》)之多藻飾之功,而乏深邃之意的太康文學。

此期另一種變化,是文士與清談分途,所謂"玄言"在文士之詩文中已經絶跡,而爲清談家所專有,並且由於政治環境之不同,此期談"玄"之心境與正始時期之痛苦者不同,而變爲愉快舒暢的了。

此期之詩歌在形式上有兩個特點:其一,是句法綿密,即講求對偶。如《文心雕龍》卷七《麗辭》云:"至魏晉群才,析句彌密,聯字合趣,剖毫析釐。"即講求對偶工整,情趣相合,用字相稱,輕重得當。這種情況發展到潘岳、陸機,不僅重視對偶,而且還多用典,更進一步追求形式之美了。其二,是用字平易。如《文心雕龍》卷八《練字》云:"自晉來用字,率從簡易,時並習易,人誰取難?今一字詭異,則群句震驚;三人弗識,則將成字妖矣。"此時之詩歌用字力主求易排難,認爲用一個三人不識的字,便成字妖了。詩歌創作用字簡易,才能使當時與後世所共識。太康文學這兩個特點,使其形成這一具體歷史階段之新詩風。

太康時期之詩人有三張,即張載、張協、張亢兄弟;二陸,即陸機、陸雲兄弟;兩潘,即潘岳、潘尼叔侄;一左,即左思,形成了詩壇上之新高峰。鍾嶸《詩品》即云:"太康中,三張、二陸、兩潘、一左,勃爾復興,踵武前王,風流未沫,亦文章之中興也。"此時五言詩已成爲詩壇之中心,詩體之正宗。然此八人之詩未必都名實相符,其中也有濫竽充數者。如張亢之作後人皆未曾見過,張載之作也遠不及張協,他們的作品並非都有價值。其中有幾位成就卓異者,如陸機、潘岳、左思等，然他們的作品可以依其風格之不同分爲兩派，即陸機、潘岳之講求駢詞儷句和左思之保持漢魏渾厚之風，兹分別論述之。

一、陸機、潘岳

陸機與潘岳是講求駢詞儷句最著名之詩人，他們之詩作是太康時期之流行體。

（一）陸機

陸機（公元二六一——三〇三），據《晉書》卷五十四本傳記載，字士衡，吳郡（今江蘇蘇州）人，吳大司馬陸抗之子，是吳國之大士族。少有奇才，文章冠世。父卒，領父兵爲門牙將。吳亡，退居舊里，閉門勤學十年。太康末年來洛陽，受張華所器重。嘗與權貴賈謐親善，參與二十四友之列。賈謐卒，又依附成都王司馬穎。穎起兵討長沙王司馬乂，任他爲後將軍、河北大都督，因戰敗爲穎所殺，年四十三。他熱中仕進，性格卑污，然才華橫溢，爲時人所稱道。臧榮緒《晉書》謂其"天才秀逸，辭藻宏麗"。張華亦謂："人之爲文常恨才少，而子更患其多。"今存《陸士衡集》十卷，有詩約百餘首，賦三十篇，連珠五十首，其他弔文、哀辭、誄、頌、箴若干篇。其詩之內容比較貧乏，但文辭華美，仍清新可誦。如《赴洛道中作》二首，其二云：

> 遠游越山川，山川修且廣。振策陟崇丘，案轡遵平莽。夕息抱影寐，朝徂銜思往。頓轡倚嵩巖，側聽悲風響。清露墜素輝，明月一何朗。撫枕不能寐，振衣獨長想。

抒寫其赴洛陽途中所見之景物與哀傷之心情。"振策"二句，寫跋山涉水之過程，時而鞭馬攀登高山，時而按轡漫步平野。"夕息"

二句,寫旅途之情思,形單影隻,茹辛含悲。"頓轡"二句,謂駐馬倚靠高巖,側耳傾聽猶如悲泣之風聲。末四句,寫清輝朗月,不能入眠,披衣而起,獨自陷入深沉的思想之中。語言雕琢工麗,如"抱影"、"銜思"等,極盡錘煉之能事。又其擬古之作也多佳構,如《擬青青河畔草》云:

> 靡靡江蘺草,熠熠生河側。皎皎彼姝女,阿那當軒織。粲粲妖容姿,灼灼美顔色。良人游不歸,偏棲獨隻翼。空房來悲風,中夜起嘆息。

寫思婦對遠游丈夫之懷念。對偶工整,文辭華麗,描摹思婦孤獨、哀怨之情態畢肖,顯示出遣詞造句之匠心。又其《擬明月何皎皎》云:

> 安寢北堂上,明月入我牖。照之有餘暉,攬之不盈手。凉風繞曲房,寒蟬鳴高柳。踟蹰感節物,我行永已久。游宦會無成,離思難常守。

亦寫女子對丈夫之思念。但角度不同,是因季節之變化引發離別之恨。我行,是離開我而行。謂丈夫離家已經很久了,遠游仕宦不會成功,自己很難長期忍耐無窮之相思。深婉悱惻,若不勝情,頗見文辭藻飾之功。

　　陸機這種詩風,鍾嶸《詩品》評云:"其源出於陳思。才高詞贍,舉體華美。氣少於公幹,文劣於仲宣。尚規矩,不貴綺錯,有傷直致之奇。然其咀嚼英華,厭飫膏澤,文章之淵泉也。"正因爲"尚規矩",又"咀嚼英華,厭飫膏澤",使其詩作偏重形式,缺乏骨力,促成齊梁以後排偶詩之盛行。沈德潛《古詩源》卷七批評説:"士衡詩亦推大家,然意欲逞博而胸少慧珠,筆又不足以舉之,遂開出排偶一家。西京以來,空靈矯健之氣不復存矣。降自梁陳,專工對仗,邊幅復狹,令閱者白日欲臥,未必非士衡爲之濫觴也。"既指出其缺點,又指出其對後代詩壇之影響。

(二)潘岳

潘岳(公元二四七——三〇〇),據《晉書》卷五十五本傳記載,字安仁,滎陽中牟(今河南中牟縣)人。少以才穎見稱鄉邑,號爲奇童。知者以爲終軍、賈誼一流人物。早辟司空太尉府,舉秀才。他才名冠世,爲人所嫉,遂棲遲十年。出爲河陽令,轉懷縣令,頻宰二邑,勤於政績,調補尚書支度郎,遷廷尉,以公事免。楊駿輔政,高選吏佐,引岳爲太傅主簿。駿被誅,岳亦被除名。未幾,選爲長安令,徵補博士。未召,以母疾輒去,尋爲著作郎,轉散騎侍郎。岳性輕躁,趨世利,與石崇等諂事賈謐,爲謐二十四友之首。少時惡孫秀,數撻辱之,及秀爲趙王倫中書令,遂誣岳作亂,誅之。有集十卷,已佚,今存詩十八首,賦二十一篇,誄文十二篇,哀文十篇,其他頌、箴、銘若干首。其詩曲盡抒情者有《悼亡詩》,反映歷史史實者有《關中詩》。如《悼亡詩》三首,其一云:

> 荏苒冬春謝,寒暑忽流易。之子歸窮泉,重壤永幽隔。私懷誰克從? 淹留亦何益。僶俛恭朝命,迴心反初役。望廬思其人,入室想所歷。幃屏無髣髴,翰墨有餘跡。流芳未及歇,遺挂猶在壁。悵恍如或存,迴遑忡驚惕。如彼翰林鳥,雙棲一朝隻;如彼游川魚,比目中路折。春風緣隙來,晨霤承檐滴。寢息何時忘,沈憂日盈積。庶幾有時衰,莊缶猶可擊。

寫妻子死葬之後,自己將要赴任時之哀傷心情。首二句叙述冬春寒暑節序之變易,說明時間已過去一年。古代禮制,妻死,丈夫須服喪一年,此詩應作於妻死一周年之時。"私懷"二句,謂悼念妻子之心情能跟誰說? 滯留在家又有什麼好處? "望廬"以下八句,寫臨行之時，徘徊空房，人已亡，物仍在，觸目驚心之情景。髣髴，古代指不真切，引申之，又有形跡、痕跡之義。如傅玄《朝時篇·怨歌行》："參辰遼且闊，形影無髣髴。"無髣髴，即無形跡。翰墨，即筆墨。謂幃屏間不見人影，而生前墨跡尚存。流芳，指衣服所散發之餘香，謂挂在壁上之衣還有餘芳。悵怳，恍惚。如或存，好像還活着。"迴惶忡驚惕"五字，所以狀悼念亡妻之複雜情緒。末四句，寫日夕思念不忘，沉憂積累，但願有時衰減，能像莊周那樣達觀。按《莊子》卷六下《至樂》："莊子妻死，惠子弔之，莊子則方箕踞鼓盆而歌。惠子曰：'與人居，長子老身，死不哭亦足矣，又鼓盆而歌，不亦甚乎！'莊子曰：'不然。是其始死也，我獨何能無慨然！察其始而本無生，非徒無生也而本無形，非徒無形也而本無氣。雜乎芒芴之間，變而有氣，氣變而有形，形變而有生，今又變而之死，是相與爲春秋冬夏四時行也。人且偃然寢於巨室，而我噭噭然隨而哭之，自以爲不通乎命，故止也。'"作者以莊子之生死觀作解脫，實際上并未從極度之哀傷中解脫出來，標榜莊子，是他内心更加憂傷、悲痛之表現。

　　《關中詩》是四言體，全篇十六章，乃應詔之作。寫五胡亂華之前，外族不斷入侵，以至釀成相繼叛亂之局面。據《晉書》卷四《惠帝紀》記載："元康四年夏五月，蜀郡山移，淮南壽春洪水出，山崩地陷，壞城府及百姓廬舍。匈奴郝散反，攻上黨，殺長吏。六月，壽春地大震，死者二十餘家。上庸郡山崩，殺二十餘人。秋八月，郝散帥衆降，馮翊都尉殺之。上谷居庸、上庸並地陷裂，水泉涌出，人有死者。大饑。……是歲京師及郡國八地震。五年夏六月，金城地震，東海雨雹深五寸。秋七月，下邳暴風，壞廬舍。九月，雁門、新興、太原、上黨大風，傷禾稼。冬十月，武庫火，焚累代之寶。十二月丙戌，新作武庫，大調兵器。丹陽雨雹。……是歲荆、揚、

兗、豫、青、徐等六州大水。……六年春三月，東海隕霜，傷桑
麥。……夏四月，大風。五月，荆、揚二州大水，匈奴郝散弟度元帥
馮翊、北地馬蘭羌、盧水胡反，攻北地，太守張損死之。馮翊太守歐
陽建與度元戰，建敗績，徵征西大將軍、趙王倫爲車騎將軍，以太子
太保、梁王肜爲征西大將軍、都督雍、梁二州諸軍事，鎮關中。秋八
月，雍州刺史解系又爲度元所破，秦雍氐、羌悉叛，推氐帥齊萬年僭
號稱帝，圍涇陽。……冬十一月丙子，遣安西將軍夏侯駿、建威將
軍周處等討萬年，梁王肜屯好時。關中饑，大疫。七年春正月癸
丑，周處及齊萬年戰於六陌，王師敗績，處死之。夏五月，魯國雨
雹。秋七月，雍、梁州疫，大旱，隕霜，殺秋稼。關中饑，米斛萬錢。
詔骨肉相賣者不禁。……八年秋九月，荆、豫、揚、徐、冀五州大水，
雍州有年。九年春正月，左積弩將軍孟觀伐氐，戰於中亭，大破之，
獲齊萬年。"惠帝命諸臣作關中詩，潘岳上表曰："詔臣作關中詩，
輒奉詔竭愚作詩一篇。"以上所引之史實，即全篇詩歌所詠。考元
康九年，爲公元二九九年，應即此詩寫作之年代。詩中對平息叛亂
者如周處、孟觀多所贊揚，對夏侯駿貪人之功予以貶斥，對惠帝司
馬衷、趙王司馬倫、梁王司馬肜諸多迴護。如其第一章云：

　　　於皇時晉，受命既固。三祖在天，聖皇紹祚。德博化光，
　　刑簡枉錯。微火不戒，延我寶庫。

按晉武帝司馬炎於公元二六五年十二月即位，下計至元康九年，已
有三十餘年之久，故云"受命既固"。三祖，指宣帝（司馬懿）號高
祖，文帝（司馬昭）號太祖，武帝（司馬炎）號世祖。聖皇，指惠帝。
"德博"二句，詠惠帝之政績，光，讀如《尚書·堯典》"光被四海"之
光，廣大也。枉錯，舉用正直之士，廢置邪曲之人。"微火"二句，
即上文所引"冬十月，武庫火，焚累代之寶"之史實。因是應詔之

作,不免要"爲尊者諱",故多諛詞。其第二章云:

> 蠢爾戎狄,狡焉思肆。虞我國眚,窺我利器。嶽牧慮殊,威懷理二。將無專策,兵不素肄。

此詠北地馬蘭羌、盧水胡推齊萬年爲首之叛亂。思肆,謂思恣凶逆。虞,《左傳·成公八年》:"其孰以我爲虞?"杜預曰:"虞,度也。"眚,災害,指上引《晉書·惠帝紀》元康六年以前,年年水旱成災而言。利器,維護國家政權的工具,引申爲國家政權。嶽、牧,指梁王肜和解系。梁王欲戰以威服,解系欲守以懷撫,故云"威懷理二"。"將無"二句,素,預也。肄,習也。謂將軍們無防敵禦侮之成算,士兵們又未經過長久之鍛煉。揭露出晉師之所以敗也。其第七章云:

> 哀此黎民,無罪無辜。肝腦塗地,白骨交衢。夫行妻寡,父出子孤。俾我晉民,化爲狄俘。

此詠晉師戰敗,黎民遭殃。對人民的苦難寄予深切之同情。

潘岳之詩歌同樣務求辭藻之雕飾,語言之工麗。李充《翰林論》(見《初學記》卷二十一"文部"引)即評云:"潘安仁之爲文也,猶翔禽之羽毛,衣被之綃縠。"鍾嶸《詩品》評云:"其源出於仲宣。《翰林》歎其翩翩然如翔禽之有羽毛,衣服之有綃縠,猶淺於陸機。謝混云:'潘詩爛若舒錦,無處不佳,陸文如披沙簡金,往往見寶。'嶸謂益壽輕華,故以潘爲勝,《翰林》篤論,故歎陸爲深。余常言陸才如海,潘才如江。"沈德潛《古詩源》卷七也説:"潘陸詩如剪綵爲花,絕少生韻。"此皆中肯之論。總之,雕章琢句,講求對偶,文風華美,詞彩妍麗,是太康詩歌之共同特點。

二、左思

與陸機、潘岳詩風不同者是左思，左思並不注重詩歌創作之駢辭儷句，而是保持着漢魏時期之渾厚詩風，在體制上酷似漢魏之作，是對漢魏詩風之繼承。

左思，《晉書》卷九十二本傳記載，字太冲，齊國臨淄（今山東臨淄附近）人。生卒年不可確考。據《晉書》卷三十一《后妃傳》，其妹芬於泰始八年拜修儀，由此，我們可以推知他當生於魏廢帝嘉平初年。幼時天資遲鈍，學書學琴皆不成，然能作文，辭藻壯麗。貌寢口訥，不好交游，惟以著作爲事。以妹芬入宮，移家京師，官秘書郎。齊王冏徵爲記室，辭以病，不就。嘗作《三都賦》，門庭藩溷，皆著筆紙，及成，都下競相傳寫，洛陽爲之紙貴。張方大掠洛中，左思遷家冀州，數歲，以疾終，時當惠帝末年。有集五卷，詩存十四首，以《詠史》、《嬌女》、《雜詩》最負盛名。

《詠史》八首，名爲詠史，實則諷今。其一，有云“左眄澄江湘”，則應是晉武帝咸寧六年（公元二八〇）平吳以前所作，內容是述志，乃全詩之總序。詩云：

> 弱冠弄柔翰，卓犖觀羣書。著論准《過秦》，作賦擬《子虛》。邊城苦鳴鏑，羽檄飛京都。雖非甲冑士，疇昔覽穰苴。長嘯激清風，志若無東吳。鉛刀貴一割，夢想騁良圖。左眄澄江湘，右盼定羌胡。功成不受爵，長揖歸田廬。

首二句謂年二十即擅寫文章，才能卓越，博覽羣書。三四句謂敵人屢次犯邊，告急文書飛傳京師。按《晉書·武帝紀》云：“泰始七年春正月，匈奴帥劉猛叛，出塞。二月，孫皓帥衆趨壽陽，遣大司馬望屯淮北以距之。夏四月，北地胡寇金城，涼州刺史牽弘討之，羣虜內叛，圍弘於青山，弘軍敗死之。"這兩句所詠，應即此年之事。
"鉛刀貴一割"，用漢班超上疏中成語，《文選》李善注引《東觀漢
紀》："班超上疏曰：臣乘聖漢威神，冀効鉛刀一割之用。"鉛質之刀
遲鈍，一割之後，再難使用。此謂自己雖然才能低劣，仍有一割之
用。江湘，乃東吳所在，地處東南，故云"左眄"。羌胡，在甘肅、青
海一帶，地在西北，故云"右盼"。篇末表述自己要如魯仲連那樣，
功成身退。通篇激昂慷慨，抒發其要爲國建立功勳之抱負。其
二云：

> 鬱鬱澗底松，離離山上苗。以彼徑寸莖，蔭此百尺條。世
> 冑躡高位，英俊沉下僚。地勢使之然，由來非一朝。金張藉舊
> 業，七葉珥漢貂。馮公豈不偉？白首不見招。

按《唐書》卷一百八十九下《柳冲傳》："柳芳之言曰：'魏氏立九品，
置中正，尊世冑，卑寒士，權歸右姓已。……於時有司選舉，必稽譜
籍、而考其真偽。故官有世冑，譜有世官，賈氏王氏譜學出焉。"蓋
自九品之制興，門閥士族之統治權力益形鞏固，出身寒賤之文人士
子更不得升遷。此詩即表現了對這種士族制度之不滿。金張，指
漢金日磾、張湯。金日磾家族自漢武帝至漢平帝，七代爲内侍（見
《漢書‧金日磾傳》）。張湯家族自漢宣帝之後，有十餘人爲侍中、中
常侍。《漢書‧張湯傳贊》云："功臣之世，唯有金氏、張氏親近貴
寵，比於外戚。"七葉，七代。珥漢貂，漢代侍中、中常侍帽子上皆插
貂尾。意謂金、張兩家子弟憑祖先之世業，七代做漢朝之貴官。馮
公，指馮唐，他曾指責漢文帝不會用人，年既老僅做中郎署的小官
（見《漢書‧馮唐傳》），所謂"馮唐白首，屈於郎署"。以上四句是徵
引史實以説明"世冑躡高位，英俊沈下僚"之情況乃由來已久。抒
發了有才能之士不得上進的滿腔憤慨與不平。其六云：

　　荆軻飲燕市,酒酣氣益震。哀歌和漸離,謂若傍無人。雖無壯士節,與世亦殊倫。高眄邈四海,豪右何足陳? 貴者雖自貴,視之若埃塵。賤者雖自賤,重之若千鈞。

按《史記》卷八十六《刺客列傳》:"荆軻者,衛人也。其先乃齊人,徙於衛,衛人謂之慶卿。而之燕,燕人謂之荆卿。荆卿好讀書擊劍。……既至燕,愛燕之狗屠及善擊筑者高漸離。荆軻嗜酒,日與狗屠及高漸離飲於燕市,酒酣以往,高漸離擊筑,荆軻和而歌於市中,相樂也,已而相泣,旁若無人。"此即首四句所詠。無壯士節,指刺秦王未成功。與世殊倫,與世人不同。"高眄"二句,謂不把天下四海放在眼裏,對那些豪右更不必說了。貴者,指豪右。賤者,指荆軻。謂貴者如塵埃之輕,賤者如千鈞之重。贊揚荆軻,所以喻自己"不畏强禦"之品格。

　　左思《詠史》八首,不爲班固之作所囿,獨辟蹊徑,造語奇偉,筆力蒼勁,有睥睨一世之概。詠史者,所以言志,借詠史抒寫自己之懷抱。此左思之作有別於一般詠史者也。

　　其《嬌女詩》則是另一種格調,如:

　　吾家有嬌女,皎皎頗白皙。小字爲紈素,口齒自清歷。鬢髮覆廣額,雙耳似連璧。明朝弄梳臺,黛眉類掃跡。濃朱衍丹脣,黃吻瀾漫赤。嬌語若連瑣,忿速乃明懂。握筆利彤管,篆刻未期益。執書愛綈素,誦習矜所獲。其姊字惠芳,面目燦如畫。輕妝喜樓邊,臨鏡忘紡績。舉觶擬京兆,立的成復易。玩弄眉頰間,劇兼機杼役。從容好趙舞,延袖象飛翮。上下絃柱際,文史輒卷襞。顧眄屏風畫,如見已指摘。丹青日塵闇,明義爲隱賾。馳騖翔園林,果下皆生摘。紅葩綴紫蒂,萍實驟抵擲。貪華風雨中,眒忽數百適。務躡霜雪戲,重綦常思積。并

心注肴饌，端坐理盤槅。翰墨戢函案，相與數離逖。動爲鑪鉦
屈，屣履任之適。心爲茶荈劇，吹噓對鼎䥶。脂膩漫白袖，烟
薰染阿錫。衣被皆重地，難與沈水碧。任其孺子意，羞受長者
責。瞥聞當與杖，掩淚俱向壁。

據《左棻墓志》云："兄女芳，字惠芳。"下云："兄女媛，字紈
素。"則知左思有二女，長名芳，次名媛。此詩所寫之嬌女，即
芳、媛二人。全詩可分三段，自"小字爲紈素"至"誦習矜所獲"爲第一段，寫左
媛。"鬢髮"以下六句，寫其化妝。廣額，《玉臺新詠》卷二吳兆宜
注："晉孫楚反金人銘：'時悅廣額，下作細眉。'"知晉時女子尚廣
額、細眉。連璧，應即雙璧，變上雙耳言之。濃朱，即口紅。衍，即
染。黃吻，指小孩嘴唇。意謂鬢髮覆蓋着廣額，雙耳像一對玉璧，
早晨在梳妝臺前畫眉，把眉毛畫得像掃帚掃的一般，用口紅把嘴唇
塗抹得通紅。"嬌語"以下六句，寫其天真、頑皮。連瑣，滔滔不
絕。忿速，惱急。明懂，明晰幹脆。彤管，紅漆管之筆，古代史官所
用。篆刻，指寫字。綈，厚繒，所以做書套。素，白絹，所以書寫。
意謂撒嬌時話語滔滔不絕，惱怒時便暴跳如雷，喜歡用好筆寫字，
不過祇是游戲，不能期望有何長進，喜愛綈素，所以翻書，一有所得
便向人誇耀。寫左媛之形貌、口吻聲態畢肖。自"其姊字惠芳"至
"明義爲隱賾"爲第二段，寫左芳。"輕妝"以下六句，寫化妝。觶，
疑當作觚，筆之一種。擬京兆，指擬張敞畫眉，《漢書》卷七十六
《張敞傳》："入守京兆尹……又爲婦畫眉，長安中傳張京兆眉憮。"
的，點額靨之類。成復易，點額屢成屢改。劇，疾速。兼，倍也。意
謂淡妝喜歡臨近樓邊，只顧照鏡子竟忘了紡績。握筆效張敞畫眉，
練習點的，點成了塗了再點，其緊張情況，倍於紡績。"從容"以下
八句，寫其喜好樂舞。趙舞，古代趙國之舞蹈。延袖，展袖。柱，琴
瑟上架弦之木柱。襞，折叠。如見，仿佛看見。丹青，指屏風上的

畫。膭,幽深難見。意謂喜歡舒緩之趙舞,展開長袖像飛翔之鳥翼。又喜好弦樂,當鬆緊琴瑟弦軸時,漫不經心地把文史書籍都卷折起來。對屏風上爲塵土所蒙蔽的繪畫,看不清楚就隨便批評。寫左芳之嬌憨神態極其生動。自“馳騖翔園林”至篇末爲第三段,是芳、媛合寫。“馳騖”以下八句,寫她們在園中嬉戲。果下,指果實下垂。紅葩,即紅花。蘋實,一種果實。《孔子家語》卷二《致思》云:“楚王渡江,江中有物大如斗,圓而赤,直觸王舟,舟人取之。王大怪之,遍問群臣,莫之能識。王使使聘於魯,問於孔子,子曰:‘此所謂蘋實者也,……惟霸者爲能獲焉。’”《家語》爲魏時王肅所僞作,其所謂“蘋實”與此詩所詠當爲一物。華,即花,六朝以前無花字。眒忽,左思《蜀都賦》:“鷹犬倏眒。”眒忽當即倏眒,疾速之意。左思可能是用當時俗語。適,往。躡,踏。綦,鞋帶。意謂她們在園中亂跑,將未成熟之果實連蒂摘下來,互相投擲。因爲喜愛園中之花,風雨中跑去觀看數百次。要到外面去踏雪,怕鞋子脱落,在鞋子上横七竪八地繫了許多條綦帶。“并心”以下十二句,寫她們貪圖口腹。并心,疑與惼心或褊心同義,《莊子》卷七上《山木》:“方舟而濟於河,有虚船來觸舟,雖有惼心之人不怒。”又《詩經·魏風·葛屨》:“維是褊心,是以爲刺。”皆狹窄心腸之意。槅,同核,古人燕饗時放在籩裹之桃梅一類果品。戢,收藏。函,即盒。案,即書案。離逖,丢掉。鉦,《周禮·考工記》:“鳧氏爲鐘鼓,上謂之鉦。”注:“鐘腰之上,居鐘體之正處曰鉦。”那末鑪鉦,當指鑪腰之正處。屈,挫。屣履,拖着鞋,《後漢書》卷八十二《崔駰傳》:“憲屣履迎門。”李賢注:“屣履,謂納履曳之而行,言匆遽也。”荼荈,可能即荼菽之别寫,此兩類菜可能是古人所以煮食之飲料。鑩,即鬲,空足鼎,亦烹飪爨器。阿錫,宋刻本《玉臺新詠》作阿緆,錫與緆古字通。司馬相如《子虚賦》:“被阿緆。”李善注引張揖曰:

“阿，細繒也。綌，細布也。”這裏指芳、媛所穿之衣服料子。重地，質地很厚。水碧，應是碧水之倒文。意謂她們狹窄的心腸注視着肴饌，端坐着貪婪地吃盤中果品；把筆墨放在匣子裏、案頭上，長期不動用；性急地拖着鞋就往外跑，不留神被鑪鉦把腳碰破；爲煎湯不熟而着急，便對着鼎钁不停地吹嘘，以至於白袖被油點污了，阿綌被烟熏黑了；爲防止磨損，衣被皆厚布所做，難於浸水洗濯。寫二人之放任自縱、淘氣。最後四句，寫她們放任慣了，大人稍加督責，就引以爲恥，聽説大人要杖責，便對着牆壁抹起淚來了。作者以一支委婉靈活的筆，把兩個幼女嬌慣、天真之脾性惟妙惟肖地描寫出來，而且文字之間充滿了對她們之喜愛。詩歌本以抒情見長，同時能將人物形象描繪得有聲有色，確是很不容易的事，《嬌女詩》兼有二者，這不能不説是左思之創造，其對後世之影響，如陶淵明《責子》詩、杜甫《北征》中關於女兒之吟咏，李商隱《驕兒詩》都是吸取他的創作精神而寫成的。

對左思的詩歌，鍾嶸《詩品》將其列爲上品，評云：“其源出於公幹。文典以怨，頗爲精切，得諷諭之致。雖野於陸機，而深於潘岳。謝康樂嘗言：‘左太沖詩，潘安仁詩，古今難比。’”沈德潛不以爲然，他在《古詩源》卷七評云：“鍾嶸評左詩，謂‘野於陸機，而深於潘岳’，此不知太沖者也。太沖胸次高曠，而筆力又復雄邁。陶冶漢魏，自製偉詞，故是一代作手。豈潘陸輩所能比埒？”沈德潛之見解頗有道理。太康時之詩歌，大都文辭勝於意旨，情淺而文深，少蒼勁之力，多雕琢之功，陸機、潘岳亦皆如此，獨左思之作，辭意並茂，風骨遒勁，情固高曠，力亦健俊。太康之際，實罕其儔者，堪稱“一代作手”。嚴羽《滄浪詩話》也推許云：“晉人舍陶淵明、阮嗣宗外，惟左太沖高出一時，陸士衡獨在諸公之下。”確是公允之論。但就其對六朝詩壇之影響看，又遠不如潘、陸大。

三、劉琨

太康之後，詩史上有永嘉之稱，時當西晉末年，中原大亂，懷、愍北去，典午南遷。國亡之痛，家破之悲，爲一些正直之士所共有，能表現此種情緒的詩人是劉琨。

劉琨（公元二七一——三一八），據《晉書》卷六十二本傳記載，字越石，中山魏昌（今河北無極縣東北）人。少年即得英俊之目，以雄豪著名。繼任著作郎、太學博士尚書郎。趙王倫執政，以其爲記室督，轉從事中郎。及齊王冏輔政，任爲尚書左丞，調司徒左長史。冏敗，范陽王虓鎮許昌，引爲司馬。劉喬攻許昌，爲琨所敗，又斬石超，降呂明。統諸軍迎惠帝于長安，以功封廣武侯。永嘉元年，爲并州刺史，加振威將軍、領匈奴中郎將，招撫流亡，抗擊匈奴劉淵、劉聰，兵敗，父母皆遇害。愍帝即位，拜大將軍、司空，都督并、冀、幽三州軍事，復爲石勒所敗。遂與鮮卑段匹磾聯姻，立誓共同擁戴晉室。時長安不守，元帝渡江，進侍中太尉。後以嫌隙爲段匹磾所殺，時年四十八。劉琨有匡扶晉室之志，在外族入侵之情況下，輾轉北方抗敵，志不得申，感慨憂傷，不能自已。如其《答盧諶》書云：“自頃輈張，困於逆亂，國破家亡，親友凋殘。塊然獨坐，則哀憤兩集；負杖行吟，則百憂俱至。時復相與，舉觴對膝，破涕爲笑，排終身之積慘，求數刻之暫歡，譬由疾疢彌年，而欲一丸銷之，其可得乎？”表現了強烈的憂國傷時之感。有集十卷，別集十二卷，現存詩僅三首，即《扶風歌》、《答盧諶》、《重贈盧諶》，皆在北方抗敵時所寫。風格遒勁，寄託遙深，堪稱永嘉詩人之冠。

《答盧諶》詩八章並書：“琨頓首。損書及詩，備辛酸之苦言，暢經通之遠旨。執玩反覆，不能釋手。慨然以悲，歡然以喜。昔在少壯，未嘗檢括；遠慕老莊之齊物，近嘉阮生之放曠。怪厚薄何從而生，哀樂何由而至！自頃輈張，困於逆亂，國破家亡，親友凋殘。塊然獨坐，則哀憤兩集；負杖行吟，則百憂俱至。時復相與，舉觴對膝，破涕爲笑，排終身之積慘，求數刻之暫歡。譬由疾疢彌年，而欲一丸銷之，其可得乎？夫才生於世，世實須才。和氏之璧，焉得獨曜於郢握？夜光之珠，何得專玩於隨掌？天下之寶，當與天下共之；但分析之日，不能不悵恨耳！然後知聘周之爲虛誕，嗣宗之爲妄作也。昔騄驥倚輈於吳坂，長鳴於良樂，知與不知也。百里奚愚於虞，而智於秦，遇與不遇也。今君遇之矣，勖之而已。不復屬意於文，二十餘年矣。久廢則無次，想必欲其一反，故稱旨送一篇，適足以彰來詩之益美耳！琨頓首頓首。"書中歷述喪亂，多感恨之言。詩四言八章皆抒寫其對晉室喪亡之痛。其一章云：

> 厄運初遘，陽爻在六。乾象棟傾，坤儀舟覆。橫厲糾紛，群妖競逐。火燎神州，洪流華域。彼黍離離，彼稷育育。哀我皇晉，痛心在目。

李善注："王隱《晉書》曰：'劉琨，字越石，中山靜王之後也。初辟太尉隴西秦王府未就，尋爲博士，未之職。永嘉中，爲并州刺史。與盧志親善，志子諶，琨先辟之。後爲從事中郎。'段匹磾領幽州牧，諶求爲匹磾別駕。諶賤詩與琨，故有此答。後琨竟爲匹磾所害也。"按：《晉書》卷五《懷帝紀》："永嘉元年，并州諸郡爲劉元海（匈奴）所陷，刺史劉琨，獨保晉陽。……三年七月，劉元海遣子聰及王彌寇上黨，圍壺關，并州刺史劉琨使兵救之，爲聰所敗。……四年六月，劉元海死，其子和嗣僞位，和弟聰弑和而自立。……冬十月壬子，以平北將軍劉琨爲平北大將軍。……五年六月癸未，劉曜、王彌、石勒同寇洛川，王師頻爲賊所敗，死者甚衆。……丁酉劉曜、王彌入京師（洛陽），帝開華林園門出河陰藕池，欲幸長安，爲

曜等所追及。曜等遂焚燒宮廟,逼辱妃后。吳王晏、竟陵王楙、尚
書左僕射和郁、右僕射曹馥、尚書閻丘沖、袁粲、王緄、河南尹劉默
等皆遇害。百官士庶,死者三萬餘人。帝蒙塵於平陽,劉聰以帝爲
會稽公。……八月,劉聰使子粲攻陷長安。……十一月,(拓拔)
猗盧寇太原,平北將軍劉琨不能制,徙五縣百姓於新興,以其地居
之。六年秋七月,石勒寇冀州,劉粲寇晉陽,平北將軍劉琨遣部將
郝詵帥衆禦粲,詵敗績死之。……劉琨乞師於猗盧,表盧爲代公。
九月己卯,猗盧使子利孫赴琨,不得進。辛巳,前雍州刺史賈疋討
劉粲於三輔走之,關中小定。乃與衛將軍梁芬、京兆太守梁綜共奉
秦王鄴爲皇太子於長安。冬十月,猗盧自將六萬騎次於盆城。十
一月甲午,劉粲遁走。劉琨收其遺衆,保於陽曲。"又《晉書》卷六
十二《劉琨傳》:"初單于猗㐌以救東瀛公騰之功,琨表其弟猗盧爲
代郡公。與劉希合衆於中山。王浚以琨侵己之地,數來擊琨,琨不
能抗。由是聲實稍損。徐潤又譖令狐盛於琨,……琨不之察,便殺
之。……盛子泥奔於劉聰,具言虛實,聰大喜,以泥爲鄉導。屬上
黨太守襲醇降于聰,雁門烏丸復反,琨親率精兵出禦之。聰遣子粲
及令狐泥乘虛襲晉陽,太原太守高喬以郡降聰,琨父母並遇害。琨
引猗盧并力攻粲,大敗之,死者十五六。琨乘勝追之,更不能剋。
猗盧以爲聰未可滅,遺琨牛羊車馬而去。留其將箕澹、段繁等戍晉
陽。琨志在復讎,而屈於力弱,泣血尸立,撫慰傷痍,移居陽邑城,
以招集亡散。愍帝即位(《愍帝紀》:建興二年二月壬寅),拜大將軍,都
督并州諸軍事,加散騎常侍假節。"以上即此詩所詠之史實,亦詩人
所哀悼晉朝之喪亡。據詩中謂其父母被害和自己榮寵屢加,推斷
此詩之寫作年代,當在永嘉六年(公元三一二)之後,建興二年(公
元三一四)之前。

　　首二句,李善注:"言晉之遇災也。"遘,遘成。王粲《七哀詩》:

"西京亂無象，豺虎方遘患。"陽爻在六，即乾爻上九。按《易·乾文言》："上九曰：'亢龍有悔。'何謂也？子曰：'貴而無位，高而無民，賢人在下位而無輔，是以動而有悔也。'"又曰："'亢'之爲言也，知進而不知退，知存而不知亡，知得而不知喪。"此皆象徵帝王失國之情景。次二句，李善注："乾坤謂天地。"《左傳·襄公三十一年》："子産謂子皮曰：'子於鄭國，棟也。棟折榱崩，僑將厭焉。'"《戰國策·韓策二》："或謂公叔曰：'塞漏舟而輕陽侯之波，則舟覆矣。'"意謂天翻地覆。"橫厲"二句，李善注："言劉聰之構逆也。"橫厲，縱橫猛厲。糾紛，亂也。《楚辭·九嘆·離世》："櫂舟杭以橫厲（洪本作漶）兮。"群妖，指劉聰等，《後漢書》卷四十七《岑彭傳》："四方蜂起，群雄競逐。""火燎"二句，李善注："火燎、洪流，以喻亂也。"《尚書·盤庚上》："若火之燎于原。"《孟子》卷五《滕文公上》："洪水橫流，氾濫天下。""彼黍"二句，《詩經·王風·黍離》："彼黍離離，彼稷之苗。"育育，同或或。《詩經·小雅·信南山》："黍稷或或。"《毛傳》："或或，茂盛貌。"慨嘆社會離亂，晉室衰微。"哀我"二句，梁章鉅校：六臣本，心在作在心。即《左傳·成公十三年》呂相曰"斯是用痛心疾首"之意。對晉朝之喪亡，表現了無限的哀傷和沉痛！其二章云：

> 天地無心，萬物同塗。禍淫莫驗，福善則虛。逆有全邑，義無完都。英藥夏落，毒卉冬敷。如彼龜玉，韞櫝毀諸。芻狗之談，其最得乎？

首二句，李善注："無心，謂無心愛育萬物，即不仁也。同塗，謂皆爲芻狗也。""禍淫"二句，《尚書·湯誥》："天道福善而禍淫。"言上天福善禍淫之説，皆虛假之言。"逆有"二句，李善注："逆謂劉聰，義謂晉室。""英藥"二句，李善注："英藥以喻晉朝，毒卉以喻胡寇也。"王逸《離騷序》:"善鳥香草,以配忠貞;惡禽臭物,以比讒佞。"
"如彼"二句,《論語·季氏》:"孔子曰:'虎兕出於柙,龜玉毀於櫝
中,是誰之過與?'"又《子罕》:"有美玉於斯,韞櫝而藏諸?"《論
語》"藏諸"之諸,是疑問助詞,此詩之諸,是指事代詞。毀諸,意即
毀掉它。末二句,李善注:"老子曰:'天地不仁,以萬物爲芻狗;聖
人不仁,以百姓爲芻狗。'結芻爲狗也。言天地不愛萬物,類祭祀之
棄芻狗也。然此與談老者不同,彼美而此怨耳。"表現了對天道不
分善惡,把一切都作爲芻狗之怨憤。其三章云:

> 咨余軟弱,弗克負荷。愆釁仍彰,榮寵屢加。威之不建,
> 禍延凶播。忠隕於國,孝愆於家。斯罪之積,如彼山河。斯釁
> 之深,終莫能磨。

首二句,言自己軟弱,不能肩負重任。《漢書》卷七十六《王尊傳》:
"尊子伯,亦爲京兆尹,坐軟弱不勝任免。"《左傳·昭公七年》:"子
產曰:'其父析薪,其子弗克負荷。'"次二句,愆,過失。釁,瑕隙。
意謂作戰屢次失利,罪過十分顯著,卻不斷地受到國家的榮封與恩
典。"威之"二句,李善注:"威之不建,謂爲聰所敗,而父母遇害
也。"凶播,作者自謂。播,散也,言自己遭凶禍而遷播。"忠隕"二
句,忠隕於國,指屢戰失利;孝愆於家,指父母雙亡。"斯罪"二句,
李善注:"言高深也。""斯釁"二句,磨,滅也。《後漢書》卷八十九
《南匈奴傳論》:"千里之差,興自毫端,得失之源,百世不磨矣。"言
其罪如山之高如河之深,永遠不可磨滅。此其對盧諶表明心跡,爲
不能盡忠盡孝而愧悔交集。

　以上僅錄《答盧諶》詩之三章,以見其內容和詩風。要之,全
詩八章皆抒發作者社會喪亂之哀和家國覆亡之痛。情感悲切,格
調豪壯。劉熙載云:"劉公幹、左太沖詩壯而不悲,王仲宣、潘安仁

悲而不壯，兼悲壯者，其惟劉越石乎？"（《藝概》卷二《詩概》）可謂獨具慧眼。又《重贈盧諶》云：

> 握中有懸璧，本自荆山璆。惟彼太公望，昔在渭濱叟。鄧生何感激，千里來相求。白登幸曲逆，鴻門賴留侯。重耳任五賢，小白相射鈎。苟能隆二伯，安問黨與讎？中夜撫枕嘆，想與數子游。"吾衰久矣夫"，何其不夢周？誰云聖達節，知命故不憂？宣尼悲獲麟，西狩泣孔丘。功業未及建，夕陽忽西流。時哉不我與，去乎若雲浮。朱實隕勁風，繁榮落素秋。狹路傾華蓋，駭駟摧雙輈。何意百煉剛，化爲繞指柔！

盧諶字子諒，范陽人，曾做劉琨主簿，轉從事中郎，與劉琨常有詩贈答。按《晉書》卷六十二《劉琨傳》云："建武元年（公元三一七）琨與匹磾期討石勒，匹磾推琨爲大都督，歃血載書，檄諸方寸，俱集襄國。琨、匹磾進屯固安，以俟衆軍。匹磾從弟末波納勒厚賂，獨不進，乃沮其計，琨、匹磾以勢弱而退。是歲元帝轉琨爲侍中太尉，其餘如故，并贈名刀。琨答曰：'謹當躬自執佩，馘截二虜。'匹磾奔其兄喪，琨遣世子群送之，而末波率衆要擊匹磾，敗而走之。群爲末波所得，末波厚禮之。許以琨爲幽州刺史，共結盟而襲匹磾。密遣使齎群書，請琨爲内應，而爲匹磾邏騎所得。時琨別屯故征北府小城，不之知也。因來見匹磾，匹磾以群書示琨曰：'意亦不疑公，是以白公耳。'琨曰：'與公同盟，志獎王室，仰憑威力，庶雪國家之恥，若兒書密達，亦終不以一子之故負公忘義也。'匹磾雅重琨，初無害琨志，將聽還屯；其中弟叔軍，好學，有智謀，爲匹磾所信，謂匹磾曰：'吾胡夷耳，所以能服晉人者，畏吾衆也。今我骨肉構禍，是其良圖之日，若有奉琨以起，吾族盡矣。'匹磾遂留琨。琨之庶長子遵懼誅，與左長史楊橋，并州治中如綏，閉門自守。匹磾諭之不得，因縱兵攻之。琨將龍季猛迫於乏食，遂斬橋、綏而降。初琨之去晉陽也，慮及危亡，而大耻不雪，亦知夷狄難以義伏，冀輸寫至誠，僥倖萬一。每見將佐，發言慷慨，悲其道窮，欲率部曲死於賊壘。斯謀未果，竟爲匹磾所拘，自知必死，神色怡如也。爲五言詩贈其別駕盧諶曰'握中有懸璧'云云。琨詩託意非常，攄暢幽憤，遠想張陳。感鴻門白登之事，用以激諶。諶素無奇略，以常詞酬和，殊乖琨心。重以詩贈之，乃謂琨曰：'前篇帝王大志，非人臣所言矣。'然琨既忠於晉室，素有重望，被拘數月，遠近憤嘆。"即此詩之寫作背景。其内容是自述懷抱，抒寫幽憤，兼含激勵盧諶之意。懸璧，用懸黎制作之璧，懸黎，一種美玉。璆，亦一種美玉。《戰國策》卷三《秦策》："梁有懸黎，楚有和璞，而爲天下名器。"此所以喻盧諶才質之美。太公望、鄧禹、陳平、張良、重耳、小白皆能陳謀以靜亂，乃作者所想望，故願與之共游。借喻自己希望與盧諶合作，共同謀劃復興晉室。"吾衰久矣夫"以下數句，自嘆年老力衰功業未成之恨，並以聖人爲準，謂連聖人都不能如此大度而知命不憂，何況自己呢，能不憂憤哀傷？最後四句以車之傾覆、車轅之摧折，比喻人生之艱難險阻，以至於自己由堅剛變成柔弱。其中包含着無限辛酸與沉痛。王漁洋即説："余每覽劉司空'豈意百鍊剛，化爲繞指柔'，未嘗不掩卷酸鼻也。嗚呼！越石已矣，千載而下，猶有生氣。"（《藝苑卮言》卷三）其體味可謂深矣。

劉琨之五言詩，鍾嶸《詩品》將其列爲中品，評云："其源出於王粲。善爲悽戾之詞，自有清拔之氣。琨既體良才，又罹厄運，故善叙喪亂，多感恨之詞。"其見解極爲確切，劉琨詩作堪稱永嘉之傑出代表。

第四節　東晉時期

西晉末年,遭八王之亂,晉愍帝被俘,以王導爲首的一班大士族擁戴鎮守建康之安東將軍司馬睿爲皇帝,因稱東晉。當時,八王之亂被削平之後,又有五胡入擾之禍,太康時期之文士幾乎死亡殆盡,其得免而幸存者,率皆避亂江左。社會之動蕩,政治之混亂,造成渡江文士之精神、生活極端痛苦。這影響於學術思想界者,便存有超脱之心;影響於文學界者,便有玄言詩之興起,故云東晉玄風復被於文學。然此時之談玄,與西晉之清談内心爲享樂者不同,而與正始時期相同,内心是痛苦的。此亦由政治環境所決定。此期之思想界是道(老、莊)與佛(小乘佛學)接近,並聯合以攻儒。當東晉末年,陶宏景、葛洪等人便模擬緯經,作出許多道經來,玄風之盛可見一斑。東晉之詩與文,完全受這種玄風所熏陶。沈約《宋書》卷六十七《謝靈運傳論》即云:"有晉中興,玄風獨振。爲學窮於柱下(指老子,他曾爲周柱下史),博物止乎七篇(《莊子》内篇七篇),馳騁文辭,義殫乎此。自建武暨乎義熙,歷載將百,雖綴響聯辭,波屬雲委,莫不寄言上德,託意玄珠。遒麗之辭,無聞焉爾。"説明自晉元帝建武至晉安帝義熙約一百年間,文士們作文屬辭,皆寄言老聃,託意莊周。又鍾嶸《詩品序》云:"永嘉時,貴黄老,稍尚虚談。於時篇什,理過其辭,淡乎寡味。爰及江表,微波尚傳,孫綽、許詢、桓(温)、庾(亮)諸公詩,皆平典似《道德論》,建安風力盡矣。"《文心雕龍》卷二《明詩》亦云:"江左篇製,溺乎玄風,嗤笑徇務之志,崇盛忘機之談;袁孫已下,雖各有雕采,而辭趣一揆,莫與爭雄,所以景純仙篇,挺拔而爲俊矣。"所謂袁孫以下,指袁宏、孫綽、許詢、桓温、庾亮等,他們都宣揚玄理,故辭趣一致。此皆説明東晉玄風之盛及其對文學影響之深。

　　與玄言詩興起之同時,山水詩也産生了。蓋自西晉亡後,亡命南方之文人士子,其内心皆懷有"中朝人"之優越感,對南人采取輕蔑態度,《世説新語》中有所謂"吳傖"者,即其對南人侮罵之詞。然而,他們畢竟已亡國喪家,面對着風景殊異,山河變色,舉目四望,則茫茫然不知所依,自然引發内心之痛苦。又由於南方風景之美,江山之麗,給予他們一種新的刺激,於是便把内心的痛苦藉自然景色表現出來,山水詩因此産生了。

　　這兩類詩興起於同樣的社會環境,然所寫者不同,玄言詩寫内心,山水詩寫外象,斯二者之大較也。

一、玄言詩及其重要作家郭璞、陶淵明

(一)郭璞等玄言詩作者

　　東晉之玄言詩始於郭璞,然後有許詢、孫綽等人之作。如檀道鸞《續晉陽秋》卷二云:"正始中,王弼、何晏好莊老玄勝之談,而世遂貴焉。至過江,佛理尤盛,故郭璞五言會合道家之言而韻之。詢及太原孫綽轉相祖尚……自此作者悉體之。"對玄言詩之産生及發展過程作了簡括之叙述。然鍾嶸《詩品》謂郭璞"始變永嘉平淡之體",是郭璞之作既受玄風之影響,又不同於一般玄言詩之平淡寡味,而具有獨特之情韻。

　　郭璞(公元二七七——三二四),據《晉書》卷七十二本傳記載,字景純,河東聞喜(今山西絳縣附近)人。他好經術,博學有高才,而訥於言論,詞賦爲中興之冠。好古文奇字,妙於陰陽算曆。惠、懷之際,河東先擾,於是潛結姻昵及交游數十家,欲避地東南。抵將軍趙固,固奇之,厚加資給。行至廬江,太守胡孟康被丞相召,爲軍諮祭酒。時江淮清晏,璞携婢去,數旬而廬江陷。他既過江,

宣城太守殷祐引爲參軍。祐遷石頭督護,他復隨之,見王導,導深
重之,引參己軍事。元帝初鎮建鄴,後爲晉王,以至即帝位,多所諮
詢,帝甚重之。著《江賦》,其辭甚偉,爲世所稱,復作《南郊賦》,帝
見而嘉之,以爲著作佐郎。頃之,遷尚書郎,數言便宜,多所匡益。
明帝之在東宮,與溫嶠、庾亮並有布衣之好,他亦以才學見重,埒於
嶠、亮,論者美之。他自以才高位卑,乃著《客傲》。永昌元年,皇
孫生,他上疏曰:"有道之君,未嘗不以危自持;亂世之主,未嘗不以
安自居。故存而不忘亡者,三代之所以興也;亡而自爲存者,三季
之所以廢也。……陛下法令太明,刑教太峻,故水至清則無魚,政
至察則衆乖,此自然之勢也。……頃者以來,役賦轉重,獄犴日結,
百姓困擾,甘亂者多。小人愚嶮,共相扇惑,雖勢無所至,然不可不
虞。"具有政治的卓識遠見。其後元帝崩,他以母憂去職。王敦起
他爲記室參軍,敦謀逆,他不從,遂見害。時年四十九。他的著作
很多,今存者有《爾雅注》、《方言注》、《穆天子傳注》、《山海經
注》、《楚辭注》、《子虛上林賦注》,詩二十餘首,其中《游仙詩》十
四首爲世所重,情調有似阮籍《詠懷》,多慷慨之音。如其一云:

> 京華游俠窟,山林隱遯棲。朱門何足榮?未若託蓬萊。
> 臨源挹清波,陵岡掇丹荑。靈谿可潛盤,安事登雲梯?漆園有
> 傲吏,萊氏有逸妻。進則保龍見,退爲觸藩羝。高蹈風塵外,
> 長揖謝夷齊。

首四句謂豪貴未足榮耀,不如託身仙山歸隱,隱者渴可以掬飲清
波,飢可以登山采食靈芝。漆園吏,指莊周,《史記》卷六十三《老
莊申韓列傳》:"周嘗爲蒙漆園吏……楚威王聞周賢,使使厚幣迎
之,許以爲相。莊周笑謂楚使者曰:'……子亟去,無污我。'"即所
謂"傲吏"。萊氏,指老萊子。《列女傳》卷二:"萊子逃世,耕於蒙

山之陽。……人或言之楚王曰：‘老萊賢士也。’王欲聘以璧帛，恐不來。楚王駕至老萊之門，老萊方織畚，王曰：‘寡人愚陋，獨守宗廟，願先生幸臨之。’……老萊子曰：‘諾’。……妻曰：‘妾聞之，可食以酒肉者，可隨以鞭捶；可授以官祿者，可隨以鈇鉞。今先生食人酒肉，受人官祿，爲人所制也，能免於患乎？妾不能爲人所制。’投其畚萊而去。……老萊子乃隨其妻而居之。”即所謂“逸妻”。龍見，《周易》：“初九，潛龍勿用。”又《史記·老莊申韓列傳》：“老子猶龍。”此兼用二意。觸藩羝，《周易》：“上六，羝羊觸藩。”這兩句意謂只有安心作潛龍者，在行動上才能保持作“見龍”之自由，否則只知仕進，必然像“羝羊觸藩”進退兩難。末二句謂辭別伯夷、叔齊而去，超乎塵世之外，比他們之隱逸更高遠。詩之名義爲游仙，實際上是詠隱逸，“靈谿可潛盤，安事登雲梯”，即寧在靈谿隱居盤桓，也不升天求仙。用避世高蹈，否定仕宦求榮，詠嘆之中含有憤世嫉俗之情。其五云：

　　逸翮思拂霄，迅足羨遠游。清源無增瀾，安得運吞舟？珪璋雖特達，明珠難暗投。潛穎怨青陽，陵苕哀素秋。悲來惻丹心，零淚緣纓流。

此爲諷刺當政者不肯用賢，賢人有才不得施展，言外之意不如隱遁。大意與《客傲》相同。《客傲》云：“玉以兼城爲寶，士以知名爲賢，明月不妄映，蘭葩豈虛鮮？今足下既以拔文秀於叢薈，蔭弱根於慶雲；陵扶搖而竦翮，揮清瀾以濯鱗；而響不徹於一皋，價不登乎千金；傲岸榮悴之際，頡頏龍魚之間；進不爲諂隱，退不爲放言；無沉冥之韻，而希風乎嚴先；徒費思於鑽味，慕洞林乎連山。尚何名乎！”此詩所詠比《客傲》之文更具體、更概括。逸翮，指善飛者。迅足，指疾走者。二句所以喻自己才高，可以任重致遠。“清源”

二句，《晉書》本傳記載他永昌元年上疏云：“水至清則無魚，政至察則衆乖。”又《晉書》卷八十三《顧和傳》記載顧和答王導曰：“明公作輔，甯使漏網吞舟，何緣采聽風聞，以察察爲政？”都説明晉元帝和大官僚王導之政治作風，容不得賢才。珪璋，玉器名，《禮記》卷二十《聘義》：“圭璋特達，德也。”孔疏：“行聘之時，惟執圭璋，特得通達，不加餘幣。”古者諸侯朝天子用圭，朝后用璋，不需納幣，故云“特達”。明月，珠名，《漢書》卷五十一《鄒陽傳》，鄒陽獄中上書云：“臣聞明月之珠，夜光之璧，以闇投人於道，衆莫不按劍相眄者。”古人以玉喻人之品德，“珪璋特達”喻有才德者不借外助。鄒陽之才德如果不被世人所認識，猶將明珠暗中投人，必爲人所拒絕。闇投，謂世無知音。潛穎，在幽潛處結穎之植物。陵苕，在高處之草木。意謂潛穎沉埋，怨春陽之偏照；陵苕寄生，遇秋風而先隕。前句謂野有遺賢，後句謂朝無貞幹。諸如此類之現象，令人忠心難表，以至於悲惻、傷心，淚水緣着帽繫流。表現了才智之士知遇難期之哀痛。其九云：

> 采藥游名山，將以救年頹。呼吸玉滋液，妙氣盈胸懷。登仙撫龍駒，迅駕乘奔雷。鱗裳逐電曜，雲蓋隨風迴。手頓羲和轡，足蹈閶闔開。東海猶蹄涔，崑崙若蟻堆。遐邈冥茫中，俯視令人哀。

此詩是詠游仙之樂。呼吸，即道家之所謂吐納。玉液，《漢武帝内傳》：“上藥有風實雲子玉液金漿。”蹄涔，牛馬路上所留足跡中之積水。蟻堆，蟻穴外隆起之小土堆。《法苑珠林》唐李儼序：“亦猶蟻垤之小，比峻於嵩華；牛涔之微，爭長於江漢。”謂仙游采藥微東海，小崑崙。寫游仙之樂，以反襯人世之哀，即“遐邈冥茫中，俯視令人哀”。主旨全在結尾二句，上文所有描寫都是爲了表現結尾二句。其十三云：

> 四瀆流如淚，五嶽羅若垤。尋找青雲友，永與時人絕。

此寫其尋友歸隱。四瀆，《爾雅·釋水》："江河淮濟爲四瀆，四瀆者，發源注海者也。"五嶽，《爾雅·釋山》："泰山爲東嶽，華山爲西嶽，霍山爲南嶽，恒山爲北嶽，嵩山爲中嶽。"垤，蟻塚。青雲友，指隱逸之士。把壯麗山河寫得如此窘迫藐小，是其渡江後悲傷情感之流露，首句寫得尤爲沉痛。

郭璞之《游仙詩》外象是詠神仙，本質是詠隱逸，對隱逸之歌詠中包蘊着憂生之嗟，劉熙載《藝概·詩概》所謂"假棲遁之言，而激烈悲憤自在言外"。所以它雖爲玄言，但詩意高尚，與"平典似《道德論》"者不同。鍾嶸《詩品》評云："憲章潘岳，文體相輝，彪炳可玩。……但《游仙》之作，詞多慷慨，乖遠玄宗。其云'奈何虎豹姿'，又云'戢翼棲榛梗'，乃是坎壈詠懷，非列仙之趣也。"即指出其既背離玄言，又非列仙，乃坎壈詠懷之作。在文辭上也與"平淡寡味"不同，劉勰《文心雕龍》卷十《才略》即云："景純艷逸，足冠中興，《郊賦》既穆穆以大觀，仙詩亦飄飄而凌雲矣。"以爲其辭"艷逸"，有屈子《遠游》之風。這，都說明郭璞之作雖爲玄言，又有自己的創造和特點。

此外，玄言詩之作者還有孫綽、許詢、桓溫、庾亮等。許詢、桓溫、庾亮詩皆不傳，唯孫綽詩尚存十餘首。據《晉書》卷五十六《孫楚傳》附孫綽傳云，他字興公，太原中都（今山西平遙西北）人。少愛隱居，放游山水。初爲著作佐郎，歷庾亮征西參軍、章安令。徵拜太學博士，遷尚書郎。出爲建威長史、右軍長史。轉永嘉太守，遷散騎常侍，領著作郎，拜衛尉卿。年五十八卒。其詩盡詠禪理道心，如《答許詢》云：

　　　仰觀大造，俯覽時物。機過患生，吉凶相拂。智以利昏，
　　識由情屈。野有寒枯，朝有炎鬱。失則震驚，得必充詘。

其内容在説明禍福相依之理，枯澀板滯，索然無味。

　　又王羲之也是一位玄言詩作者，據《晉書》卷八十本傳云，他
字逸少，琅玡臨沂（今山東臨沂）人。初爲秘書郎，歷庾亮征西參
軍，拜江州刺史，官至右軍將軍、會稽内史，世稱王右軍。升平五年
卒，時年五十九。性愛山水，善爲文章，其《蘭亭集序》是膾炙人口
之名作。有《蘭亭詩》云：

　　　三春啓群品，寄暢在所因。仰望碧天際，俯磐綠水濱。寥
　　朗無厓觀，寓目理自陳。大矣造化工，萬殊莫不均。群籟雖參
　　差，適我無非新。

此詩外象是寫景，實質上是將玄理融化於景物描寫之中。神怡心
靜，冥然玄會，將高蹈虚闊之理與寄傲山林之樂融會無間了。

　　東晉文學復被於玄風，便産生了此類玄言詩，其内容是叙述玄
理，形式則有意擬古。風會所趨，倣效者衆，遂使當時之詩壇日漸
沉寂。

　　（二）陶淵明

　　到晉宋之交，經過一百多年之創作，出現了玄言詩之結晶的大
詩人陶淵明。所謂玄言詩，即缺乏真情實感，只是掇拾老莊之言
辭，作浮淺寡味之詩句。陶淵明既受玄風之影響，又不完全受玄風
之束縛。首先，他的創作是依憑着滿腔熱情，由於感情衝動而進行
創作。這種内心純淨之感情，足以振起平淡之文風，使平而含有佳
境，淡而饒有餘味，平淡之中可以引人入勝。其次，陶淵明執著於
老莊思想，但他的詩歌並非只掇拾老莊之言辭，而是把老莊思想意
境化，表現出一種超然塵俗之生活情趣。此二者使陶淵明之創作

達到玄言詩新的境界。

　　陶淵明（公元三六五——四二七），其生平事跡俱見《晉書·隱逸傳》、《宋書·隱逸傳》、《南史·隱逸傳》、蕭統《陶潛傳》及顏延之《靖節徵士誄》。名潛，字淵明，又字元亮，潯陽柴桑（今江西九江西南）人。曾祖侃爲晉大司馬，祖父茂爲武昌太守，父逸爲安城太守。他少懷高尚，博學善屬文，穎脱不羈，任真自得，爲鄉鄰所貴。壯年時，以親老家貧，起爲州祭酒，不堪吏職，自解歸。復又召爲主簿，不就。躬耕自資，抱贏疾，遂爲建軍參軍，復爲建威參軍。義熙元年八月，補彭澤令。同年十一月遭妹喪，自免歸。義熙末徵著作郎，不就。元熙二年，劉裕篡晉，元嘉四年九月卒。他生當晉、宋易代之際，政治之黑暗，社會鬥爭之尖鋭，民族矛盾之激化，皆深切地影響着他。他少懷大志，其後與黑暗現實相碰撞，思想發生變化。中年爲飢寒所迫，做過幾任小官，晚年自義熙元年至死亡，二十餘年間完全過着居家躬耕之生活。今有集八卷，存詩一百五十餘首，散文六篇，辭賦兩篇。他推崇老莊思想，并愛慕那種清淨淡泊之境界，朱熹説：“淵明之辭甚高，其旨則出於老莊。”（《靖節先生集·諸本評陶彙集》）可謂一語破的。正因爲他有忘懷得失，死生不介於心的老莊思想，才能創造出“橫素波而傍流，干青雲而直上”的詩境來。蕭統《陶淵明集·序》云：“其文章不群，詞采精拔；跌蕩昭章，獨超衆類；抑揚爽朗，莫之與京。橫素波而傍流，干青雲而直上。語時事則指而可想，論懷抱則曠而且真。加以真志不休，安道苦節，不以躬耕爲恥，不以無財爲病，自非大賢篤志，與道汙隆，孰能如此者乎！”由此，我們可以了解陶淵明品格之純潔，氣節之高尚，胸襟之磊落。正是這種品格、氣節、胸襟才能創作出文體省淨、風格平淡、言辭自然、情感篤真之詩歌來。陶淵明之詩歌不僅可以屈壓兩晉詩人，而且可以凌駕於建安、正始諸家之上，他堪称我國文學史上的一位大家。

　　陶淵明之詩歌，從詩風上可分爲兩類，一類和平靜穆，一類激
昂慷慨。其第一類如《歸園田居》五首，可爲代表。據吳仁傑《陶
靖節先生年譜》，此組詩是陶淵明辭彭澤令之後所作，從詩中"久
在樊籠裏，復得返自然"二句，也可以得到證明。陶淵明辭官歸隱
在乙巳歲（公元四〇五）十一月（見《歸去來辭》序），但此詩所詠"榆
柳成蔭"、"桑麻已長"，並非十一月景色，應是歸田第二年，即晉安
帝義熙二年所作。其一云：

　　　　少無適俗韻，性本愛丘山。誤落塵網中，一去三十年。羈
　　鳥戀舊林，池魚思故淵。開荒南野際，守拙歸園田。方宅十餘
　　畝，草屋八九間。榆柳蔭後簷，桃李羅堂前。曖曖遠人村，依
　　依墟里烟。狗吠深巷中，雞鳴桑樹巔。戶庭無塵雜，虛室有餘
　　閑。久在樊籠里，復得返自然。

叙述辭官歸田適合自己之本性，體味到擺脱官場羈絆在農村過淳
樸生活之樂趣。自"方宅十餘畝"以下到"虛室有餘閑"諸句皆樸
素之對仗，而"曖曖遠人村，依依墟里烟"則更具濃鬱的文人氣息。
作者以樸素之對仗和平淡之筆墨寫出寧靜和平之田園景色，這並
非久經戰亂的柴桑農村之真實面貌，而是他當時心境之形象反映。
其三云：

　　　　種豆南山下，草盛豆苗稀。晨興理荒穢，帶月荷鋤歸。道
　　狹草木長，夕露霑我衣。衣霑不足惜，但使願無違。

南山，指廬山。《漢書》卷六十六《楊惲傳》："田彼南山，蕪穢不治，
種一頃豆，落而爲萁。"此化用其意。願無違，即不違背"懷正志
道……潔己清操"（《感士不遇賦》）之類抱負。表示守志不阿之
決心。

又《飲酒》二十首，序云：“余閑居寡歡，兼比夜已長，偶有名酒，無夕不飲。顧影獨盡，忽焉復醉。既醉之後，輒題數句自娛。紙墨遂多，辭無詮次。聊命故人書之，以爲歡笑爾。”其第十六首云：“行行向不惑，淹留遂無成。”不惑之年爲四十，説明自己四十而無聞。又第十九首云“是時向立年”、“亭亭復一紀”，立年爲三十，一紀爲十二年，三十又十二年，正是四十歲有餘。可以推測是陶淵明四十二歲所作，當晉安帝義熙二年（公元四〇六），他辭彭澤令歸田不久。如其五云：

> 結廬在人境，而無車馬喧。問君何能爾？心遠地自偏。采菊東籬下，悠然見南山。山氣日夕佳，飛鳥相與還。此中有真意，欲辯已忘言。

自叙安貧樂道悠然自得之心境。“心遠”是一篇之關鍵，由於思想遠離了那些達官貴人之高車駟馬，其他方面自然和他們劃清了界限。末二句用莊子語，《莊子》卷一下《齊物論》：“辯也者，有不辯也。……大言不辯。”又同書卷九上《外物》：“言者所以在意，得意而忘言。”真意，即玄理。意謂從自然界之啓示中，領會到玄理，玄理既明，即將言語遺忘。重要者在從中領會玄理。其十云：

> 在昔曾遠游，直至東海隅。道路迥且長，風波阻中塗。此行誰使然？似爲飢所驅。傾身營一飽，少許便有餘。恐此非名計，息駕歸閑居。

此寫其爲貧困所迫而求仕之事。按陶淵明於晉安帝隆安三年（公元三九九）曾做劉牢之鎮軍參軍，隨劉牢之到曲阿一帶鎮壓孫恩起義。東海，指曲阿，即今江蘇丹陽市，晉時爲南東海郡。《晉書》卷八十八《劉牢之傳》：“及孫恩陷會稽，牢之遣將桓寶率師救三吳，復遣子敬宣爲寶後繼，比至曲阿，吳郡内史桓謙已棄郡走。牢之乃

率衆東討……擊賊屢勝，殺傷甚衆，徑臨浙江。……恩懼，逃於
海。……牢之率衆東征，屯上虞，分軍戍諸縣。恩復攻破吳國，殺
内史袁山松。牢之使參軍劉裕討之，恩復入海。"陶淵明參牢之軍
事，嘗從討孫恩，故云"直至東海隅"。孫恩起義在晉隆安三年十
月。《晉書》卷一百《孫恩傳》："孫恩，字靈秀，琅邪孫秀之族也。
世奉五斗米道，恩叔父泰，字敬遠，師事錢塘杜子恭。……子恭死，
泰傳其術……誑誘百姓，愚者敬之如神。……孝武帝以爲徐州主
簿，猶以道術眩惑士庶，稍遷輔國將軍，新安太守。……泰見天下
兵起，以爲晉祚將終，乃扇動百姓，私集徒衆，三吳士庶多從之。於
時朝士，皆懼泰爲亂……會稽内史謝輶發其謀，道子誅之。恩逃於
海……聚合亡命，得百餘人，志欲復仇。及元顯縱暴吳會，百姓不
安。恩因其騷動，自海上攻上虞，殺縣令，因襲會稽，害内史王凝
之，有衆數萬。於是會稽謝鍼、吳郡陸瓌、吳興丘尪、義興許允之、
臨海周胄、永嘉張永及東陽、新安等凡八郡，一時俱起，殺長吏以應
之。旬日之中，衆數十萬。於是吳興太守謝邈、永嘉太守謝逸、嘉
興公顧胤、南康公謝明慧、黃門郎謝沖、張琨、中書郎孔道、太子洗
馬孔福、烏程令夏侯愔等皆遇害。吳興内史桓謹、義興太守魏隝、
臨海太守新蔡王崇等並出奔。於是恩據會稽，自號征東將軍，號其
黨曰'長生人'。宣語令誅殺異己，有不同者，戮及嬰孩。由是死
者十七八，畿内諸縣，處處蜂起。朝廷震懼，内外戒嚴。遣衛將軍
謝琰、鎮北將軍劉牢之討之。"又《資治通鑑》卷一百十一云："會稽
世子元顯，性苛刻，生殺任意，發東土諸郡免奴爲客者，號曰'樂
屬'，移置京師，以充兵役。東土囂然苦之。孫恩因民心騷動，自海
島帥其黨，殺上虞令，遂攻會稽。……牢之等縱軍士暴掠，士民失
望，郡縣城中無復人跡。"上述記載，説明作爲農民起義首領孫恩，
其所殺者皆官府長吏，而劉牢之已成爲屠毒人民之凶手。陶淵明

不肯追隨劉牢之幹這類殘害人民之事，因此退了出來，故云“恐此
非名計，息駕歸閑居”。或謂陶淵明詩，篇篇有酒。蕭統《陶淵明
集序》云：“吾觀其意不在酒，亦寄酒爲跡也。”《飲酒》詩正是這種
“寄酒爲跡”之作。

　　第二類慷慨激昂之作，如《擬古》九首可爲代表。其第九首
云：“種樹長江邊，三年望當采。枝條始欲茂，忽值山河改。”是以
桑喻晉朝之滅亡。按劉裕於義熙十四年（公元四一八）十二月，殺
晉安帝於東堂，立恭帝。恭帝元熙二年（公元四二〇）六月，劉裕
又逼恭帝禪讓，自己即位。恭帝在位三年，晉亡。此九首詩當作於
晉亡之第二年，即宋武帝永初二年（公元四二一）。詩題爲擬古，
意在諷今，内容大都悼國傷時，追慕節義。其八云：

　　　　少時壯且厲，撫劍獨行游。誰言行游近，張掖至幽州。飢
　　食首陽薇，渴飲易水流。不見相知人，惟見古時丘。路邊兩高
　　墳，伯牙與莊周。此士難再得，吾行欲何求？

此表述其收復中原之理想。首二句謂少年時身體强壯，性情激烈，
獨自帶着寶劍神游遠方。張掖，在今甘肅省張掖市西北。幽州，治
薊，在今北京大興區西南。從張掖到幽州是原來胡漢分界地，陶淵
明神往於此，足見其不滿於偏安江左。“飢食”句，指伯夷、叔齊於
殷亡之後，義不食周粟，隱於首陽山，采薇而食（見《史記·伯夷列
傳》），切“張掖”。“渴飲”句，指荆軻爲燕太子丹刺秦王，太子及賓
客俱素服送之於易水之上，荆軻悲歌曰：“風蕭蕭兮易水寒，壯士一
去兮不復還。”（見《史記·刺客列傳》）切“幽州”。此二句以仰慕伯
夷、叔齊不食周粟和荆軻爲燕報仇，顯示對侵占中原的北方民族統
治者之態度。末四句謂伯牙有鍾子期作知音，莊周有施惠作知音，
而自己則苦無其人。意者自己不忘光復北方地區之思想，當時得

不到共鳴，所以幽憤苦悶也。其九云：

> 種桑長江邊，三年望當采。枝條始欲茂，忽值山河改。柯葉自摧折，根株浮滄海。春蠶既無食，寒衣欲誰待？本不植高原，今日復何悔？

此以桑喻國，《易‧否》：“其亡其亡，繫於苞桑。”應是暗喻晉朝不圖恢復，只偏安江左，以致根基不固，篡弒迭起，終於滅亡。又《詠荊軻》云：

> 燕丹善養士，志在報強嬴。招集百夫良，歲暮得荊卿。君子死知己，提劍出燕京。素驥鳴廣陌，慷慨送我行。雄髮指危冠，猛氣衝長纓。飲餞易水上，四座列群英。漸離擊悲筑，宋意唱高聲。蕭蕭哀風逝，淡淡寒波生。商音更流涕，羽奏壯士驚。心知去不歸，且有後世名。登車何時顧，飛蓋入秦庭。凌厲越萬里，逶迤過千城。圖窮事自至，豪主正怔營。惜哉劍術疏，奇功遂不成。其人雖已沒，千載有餘情！

此詩與《詠二疏》、《詠三良》內容相近，皆為詠史，以詠史述懷。荊軻為報燕太子丹知己之情刺秦王，行刺不中，被殺。陶淵明極其憎惡秦始皇，《桃花源》詩即指斥“嬴氏亂天紀”，他又經常以避秦之四皓自居。此詩即歌頌荊軻刺秦王之英勇精神。宋意，《淮南子》卷二十《泰族訓》：“荊軻西刺秦王，高漸離、宋意為擊筑而歌於易水之上。”商音悽涼，羽音慷慨，謂筑奏商調令人流涕，奏羽調令人震驚。圖，指荊軻所獻燕國督亢地圖。豪主，指秦始皇。怔營，惶懼貌。此二句謂地圖舒展至盡頭，行刺之事發生，秦王驚恐。陶淵明為晉之滅亡而惋惜，在對荊軻之詠嘆中寄託了自己的感情。他並非要刺殺劉裕，但“其人雖已沒，千載有餘情”確是抒發了自己之思想意向。

《讀山海經》也是此類作品之佳作，凡十三首，第一首爲總序，寫隱居多閒，汎覽《山海經》之樂趣。其餘各首分詠書中所載之奇事異物，意在借古喻今。如其一云：

> 孟夏草木長，遠屋樹扶疏。衆鳥欣有託，吾亦愛吾廬。既耕亦已種，時還讀我書。窮巷隔深轍，頗回故人車。歡言酌春酒，摘我園中蔬。微雨從東來，好風與我俱。汎覽周王傳，流觀山海圖。俯仰終宇宙，不樂復何如？

"窮巷"二句，謂所居偏僻，車轍不通，故常使故交迴車而去。周王傳，指《穆天子傳》，記周穆王西游之事。山海圖，指《山海經》，郭璞有《山海經圖贊》。"俯仰"二句，謂讀此二書，俯仰之間可以窮宇宙之事，怎能不引以爲樂呢？寫其讀書之樂趣。其十云：

> 精衛銜微木，將以填滄海。刑天舞干戚，猛志固常在。同物既無慮，化去不復悔。徒設在昔心，良辰詎可待！

精衛，《山海經・北山經》："發鳩之山，其上多柘木……有鳥焉……名曰精衛。……是炎帝之少女，名曰女娃。女娃游於東海，溺而不返，故爲精衛。常銜西山之木石，以堙於東海。"刑天，《山海經・海外西經》："刑天與帝至此爭神，斷其首，葬之常羊之山，乃以乳爲目，以臍爲口，操干戚以舞。"同物，謂人與萬物同。無慮，無可懷疑。化去，指女娃、刑天死後化爲異物。"徒設"句，謂空存昔日之壯志。"良辰"句，謂復仇應當盡快。此借贊揚精衛、刑天之報仇精神，寄託作者自己之懷抱。《贈羊長史》是一首送別詩，序云："左軍羊長史，銜使秦川，作此與之。"按宋巾箱本其下注有"松齡"二字，是羊長史名松齡。晉安帝義熙十三年（公元四一七），劉裕率軍北伐後秦，攻破長安，進駐關中。左將軍朱齡石派長史羊松齡赴關中稱賀，陶淵明作詩送之。詩云：

> 愚生三季後，慨然念黃虞。得知千載外，正賴古人書。聖賢留餘跡，事事在中都。豈忘游心目，關河不可踰。九域甫已一，逝將理舟輿。聞君當先邁，負痾不獲俱。路若經商山，爲我少躊躇。多謝綺與甪，精爽今何如？紫芝誰復采，深谷久應蕪。駟馬無貰患，貧賤有交娛。清謠結心曲，人乖運見疏。擁懷累代下，言盡意不舒！

三季，指夏、商、周三代。黃虞，指黃帝、虞舜，按其《時運詩》云："黃唐莫逮，慨獨在余。"可作此句之注腳。又《史記》卷六十一《伯夷列傳》："及餓且死，作歌。其辭曰：'……神農、虞、夏忽焉没兮，我安適歸矣。'"謂生於三代之後，卻向往黃虞時代休明之治。"千載外"二句，謂千年以前古書記載有所謂天下爲公、選賢與能之大同世界。中都，古人以黃河流域爲中原，於此建都，謂之中都。如堯都平陽，舜都蒲坂，禹都安邑，湯都亳，西周都鎬，東周都洛邑，秦都咸陽，漢都長安，聖賢之遺跡到處皆是。游心目，心涉想，目遠望。謂心目所想望，俱在中原。九域甫一，據《晉書》卷十《安帝紀》："義熙十三年，秋七月，劉裕克長安，執姚泓，收其彝器，歸諸京師。"即天下開始統一。理舟輿，即治備船車。"路若"四句，《漢書》卷七十二《王貢兩龔鮑傳》："漢興有園公、綺里季、夏黃公、甪里先生，此四人者，當秦之世，避而入商雒深山，以待天下之定也。"商山在今陝西商洛東南，乃劉裕入秦必經之地。此是囑託羊松齡訊問商山四皓，他們神如有靈今天應當怎樣？表示自己有歸隱之意。"駟馬"二句，皇甫謐《高士傳》卷中記載四皓作歌有云"駟馬高蓋，其憂甚大。富貴之畏人，不如貧賤之肆志"，此化用其意，謂富貴必有憂患，不如貧賤之常樂。清謠，指四皓歌。心曲，即心窩、心坎上。人乖,人生背時。言四皓歌在自己心中產生共鳴,慨嘆時運不濟竟被遺棄了。末二句寫自己生於千載之後的無限感懷。劉裕收復關中,作者產生了實現古代聖君賢相休明政治之幻想,同時漢魏、晉宋易代之間知識階層所受之摧殘與殺戮,使他又心有餘悸,"言盡意不舒"即表現了這種難言之隱。

　　陶淵明之詩歌,無論是和平靜穆的,或是慷慨激昂的,都以清逸、恬淡之格調出之。在兩晉詩人中,與潘岳、陸機等之駢偶文風不同,而與左思之詩風相近,鍾嶸《詩品》即云:"其源出於應璩,又協左思風力。文體省淨,殆無長語。篤意真古,辭興婉愜。每觀其文,想其人德。世嘆其質直。至如'懽言醉春酒'、'日暮天無雲',風華清靡,豈直爲田家語邪? 古今隱逸詩人之宗也。"其評價極其恰當。陶淵明成就如此之高,何以《文心雕龍》不曾論及? 或謂《文心雕龍》以"沈思翰藻"者始列入,此説不足據。《文心雕龍》有不論及宋代以下文人之例,陶與顏、謝同在宋時,與劉勰所在之齊相距極近,不便批評,故不載入。

　　陶淵明在文學史上的地位,究竟應如何評價? 從詩風上看,他是繼承了漢、魏、正始之傳統,而形成了自然平淡的獨特風格,即敖陶孫所説:"如絳雲在霄,舒卷自如。"(《靖節先生集·諸本評陶彙集》)從內容上看,他是描寫了田園生活,但僅僅認爲他是田園詩人還不夠,還沒有真正認識他,鍾嶸即説:"豈直爲田家語邪?"我們認爲陶淵明之個性是感情熾熱而率真,其表現於詩之內容者即對老莊思想之執著。因此,所謂田園詩,其核心仍在玄理,所謂"古今隱逸詩人之宗也"。那麼,我們可以説陶淵明是東晉一百餘年玄言詩之結晶的詩人。

二、山水詩作家庾闡、李顒、殷仲文、謝混

山水詩者，並非指那些於贈答、游覽、行役之作中所寫之自然景物，而是指詩人以山水描寫爲旨趣，寄情山水，並從中表現詩人之精神與氣度的獨立之詩歌題材。這種詩歌題材，是在一定歷史條件下產生的，即產生於東晉與玄言詩勃興之同時。但在詩風上與玄言之多保持漢、魏，正始者不同，而是具有清朗明淨之特點，表現了一種新趨向。

此期之詩人如庾闡、李顒、殷仲文、謝混等，他們的詩歌中已經出現了較好的對自然山水之描寫，是山水詩之濫觴。

（一）庾闡

庾闡，生卒年不詳。據《晉書》卷九十二本傳，他字仲初，潁川鄢陵（今河南鄢陵縣西北）人。少好學，九歲能屬文。永昌中爲西陽王羕太宰掾，遷尚書郎。蘇峻叛亂，他投奔郗鑒，爲司空參軍。亂平，以功拜彭城內史。不久，召爲散騎侍郎，領大著作。頃之，出補零陵太守，後拜給事中，復領著作。年五十四卒。闡以文學著稱，名重當時。《晉書·文苑傳序》稱其爲“中興之時秀”。有集十卷，已佚。今存賦、頌、贊、檄等二十餘篇，詩二十餘首。其中《游仙》詩十首，乃倣郭璞之作，而《三月三日臨曲水》、《三月三日》、《觀石鼓》、《登楚山》、《衡山》、《江都遇風》率皆寫景。如《三月三日臨曲水》云：

> 暮春濯清汜，游鱗泳一壑。高泉吐東岑，洄瀾自淨衆。臨川疊曲流，豐林映綠簿。輕舟沈飛觴，鼓枻觀魚躍。

描寫上巳節，天朗氣清、惠風和暢。詩人到水邊洗濯，爲流杯曲水之飲，游目騁懷，極視聽之樂。

(二) 李顒

李顒,生卒年不詳。其傳附於《晉書》卷九十二《李充傳》中,是李充之子,字長林,江夏(今湖北安陸市)人。有文義,多所著述。舉孝廉,爲本郡太守。有集十卷,《集解尚書》十卷,皆佚。今存詩《經渦路作》、《涉湖》等五首。其《涉湖》詩云:

> 旋經義興境,弭棹石蘭渚。震澤爲何在? 今唯太湖浦。圓徑縈五百,眇目緬無睹。高天淼若岸,長津雜如縷。窈窕尋灣漪,迢遞望巒嶼。驚飈揚飛湍,浮霄薄懸岨。輕禽翔雲漢,游鱗憩中潵。黯藹天時陰,岂毚舟航舞。憑河安可殉,靜觀戒征旅。

此寫太湖之景。太湖面積方圓五百里,湖水浩渺無際,津渡不絕如縷,風激飛湍,雲薄山石,輕禽游鱗翔憩自如,湖光山色明麗透徹。詩人則"尋灣漪"、"望巒嶼",從中探討自然之理趣。

(三) 殷仲文

殷仲文(? ——公元四〇七),據《晉書》卷九十九本傳,字仲文,陳郡長平(今河南濟源市西)人。少有才藻,會稽王道子引爲驃騎參軍,轉諮議參軍。後爲元顯征虜長史,左遷新安太守。仲文與桓玄姻親,玄將叛亂,以爲諮議參軍,領記室,進侍中,領左衛將軍。玄爲劉裕所敗,仲文投劉裕,爲鎮軍長史,轉尚書。義熙三年謀反,爲劉裕所殺。仲文善屬文,爲世所重。謝靈運嘗云:"若殷仲文讀書半袁豹,則文才不減班固。"謂其爲文多而讀書少。有集七卷,已佚。今存詩《南州桓公九井作》、《送東陽太守》及文《自解表》。其《南州桓公九井作》云:

> 四運雖鱗次,理化各有準。獨有清秋日,能使高興盡。景氣多明遠,風物自悽緊。爽籟警幽律,哀壑叩虛牝。歲寒無早

秀,浮榮甘夙隕。何以標貞脆,薄言寄松菌。哲匠感蕭晨,肅
此塵外軫。廣筵散汎愛,逸爵紆勝引。伊余樂好仁,惑袪吝亦
泯。猥首阿衡朝,將貽匈奴哂。

此是游淮南郡南州九井山之作。其中所寫秋天之景物如“景氣多
明遠,風物自悽緊。爽籟警幽律,哀壑叩虛牝”,即開出後來謝靈運
之山水詩來。

(四)謝混

謝混(?——公元四一二),其傳附於《晉書·謝安傳》中,字
叔源,小字益壽,陳郡陽夏(今河南太康縣)人。太傅謝安孫,尚
孝武帝晉陵公主,官至中領軍、尚書左僕射。義熙八年,因黨附
劉毅,爲劉裕所殺。有集五卷,已佚。謝混是此期寫山水詩成就
突出之作家,在其僅存之四首詩歌中,率多寫景之作,從詩歌發
展看,他的創作直接影響着謝靈運。以《文選》所著錄之《游西
池》爲例:

> 悟彼蟋蟀唱,信此勞者歌。有來豈不疾,良游常蹉跎。逍
> 遥越城津,願言屢經過。迴阡被陵闕,高臺眺飛霞。惠風蕩繁
> 囿,白雲屯曾阿。景昃鳴禽集,水木湛清華。褰裳順蘭沚,徙
> 倚引芳柯。美人愆歲月,遲暮獨如何?無爲牽所思,南榮誠
> 其多。

此是游丹陽西池之作,寫其想與友朋相與爲樂。其中之“迴阡被陵
闕,高臺眺飛霞。惠風蕩繁囿,白雲屯曾阿”,皆寫景之佳句。我們
若將其與謝靈運之作相比較看,則可以清晰地顯示出前後一脈相
承之關係。

從以上的論述中,説明山水詩萌生於庾闡、李顒諸人之作,到
殷仲文、謝混則有新的變化,即擺脱了玄言詩之影響,而獨具風貌。

沈約《宋書・謝靈運傳論》即指出：

> 仲文始革孫（綽）、許（詢）之風，叔源大變太元之氣。

太元是晉孝武帝年號。太元之氣，謂以孫、許爲首之玄言詩風。劉勰《文心雕龍・明詩》亦云：

> 宋初文詠，體有因革。莊老告退，而山水方滋；儷采百字之偶，爭價一句之奇，情必極貌以寫物，辭必窮力而追新：此近世之所競也。

説明晉宋之交詩風發生重大變化，即由寫内心而變爲寫外象。

謝混與謝靈運爲叔侄關係，謝混之作對謝靈運産生重要並直接影響，開出謝靈運的山水詩來。這一點，《南史》卷二十《謝弘微傳》記叙很清楚：

> 混風格高峻，少所交納，唯與族子靈運、瞻、晦、曜以文義賞會。……嘗因酣燕之餘，爲韻語以獎勸靈運、瞻等曰：“康樂誕通度，實有名家韻。若加繩染功，剖瑩乃瓊瑾。”

其中之四句贊美謝靈運之作有“名家韻”，是對謝靈運詩之確切評語，謝靈運詩確有一種高貴氣象，而這即是承襲謝混發展而來，以至於玉成了謝靈運爲山水詩集大成之作家。

劉師培《中古文學史》論《魏晉文學之變遷》，對此期文學之發展作了簡明清晰之概括：

> 魏代自太和以迄正始，文士輩出，其文約分二派：一爲王弼、何晏之文，清峻簡約，文質兼備，雖闡發道家之緒，實與名法家言爲近者也。此派之文，蓋成於傅嘏，而王、何集其大成。夏侯玄、鍾會之流，亦屬此派。溯其遠源，則孔融、王粲實開其

基。一爲嵇康、阮籍之文，文章壯麗，摠采騁辭，雖闡發道家之緒，實與縱橫家言爲近者也。此派之文，盛於竹林諸賢，溯其遠源，則阮瑀、陳琳已開其始。惟阮、陳不善持論，孔、王雖善持論，而不能藻以玄思。故世之論魏、晉文學者，昧厥遠源之所出，今徵引群籍，以著魏、晉文學之變遷，且以明晉、宋文學之淵源，以備參考。

我們關於魏晉文學之臚列，亦依劉申叔之意，"以著魏、晉文學之變遷，且以明晉、宋文學之淵源"也。

第三章　詩歌二

　　一般治文學史者,往往將劉宋文學置於建安至兩晉這一系統之中,並將隋代文學歸屬於唐代系統,這是不正確的。案劉宋時期,就歷史範疇講,已屬六朝,就文學範疇講,則是六朝文學之開端,文學至宋風氣爲之一變。這與當時之社會環境密切相關。宋代雖享國五十餘年,但政治比較修明,社會比較安定,人民在並不十分困苦下生活。當時各個皇帝都着力提倡文學,又有聲律説之昌盛,因此五言詩至宋便極爲發達。關於宋代諸皇帝之提倡文學,史籍記載很多。劉師培《中古文學史·宋齊梁陳文學概略》云:

　　　　案宋代文學之盛,實由在上者之提倡,《南史·臨川王義慶傳》謂"文帝好文章,自謂人莫能及";《宋書·武帝紀》謂"帝少讀書,七行俱下,才藻甚美";《齊書·王儉傳》亦謂"宋武帝好文章,天下悉以文采相尚";又《宋書·明帝紀》亦謂"帝愛文義,撰江左以來文章志";均其證也。

又裴子野《雕蟲論序》云:

　　　　宋明帝博好文章,才思朗捷。……每有禎祥及行幸讌集,輒陳詩展義,且以命朝臣。其戎士武夫則請託不暇,困於課限,或買以應詔焉。

又鍾嶸《詩品序》云:

　　　　今之士俗,斯風熾矣。纔能勝衣,甫就小學,必甘心而馳

鶩焉。於是庸音雜體，人各爲容。至使膏腴子弟，恥文不逮，
終朝點綴，分夜呻吟。

再如《宋書·文帝紀》記載，文帝時於設立儒學、玄學、史學三館之
外，別立文學館。文學別立一館，説明當時文學之盛。又《宋書·
明帝紀》記載，明帝時立總明觀，其中分儒、道、文、史、陰陽五科，文
學別爲一科，亦説明當時文學之隆。上有所好，下必甚焉，故作者
輩出，作品激增，量極則質變，因此聲律之説乃暢，其推動詩與文發
展之作用至大。就詩而言，由古詩演變爲律詩；就文而言，由駢文
演變爲四六文。宋代文學即開這一演變過程之先聲，呈現出新風
貌。如蕭子顯《南齊書》卷五十二《文學傳論》云：

> 顏、謝並起，乃各擅奇；休、鮑後出，咸亦標世。朱藍共妍，
> 不相祖述。

顏、謝之擅奇，休、鮑之標世以及"朱藍並妍"，即説明其不同於以
往之文風。又劉勰《文心雕龍》卷六《通變》云：

> 宋初訛而新。……今才穎之士，刻意學文，多略漢篇，師
> 範宋集。

所謂"訛而新"，即詭誕而新奇。齊之文士，忽略漢代作品，而模仿
宋代之詭誕新奇，亦説明宋代文學實開六朝風氣之先。因此，我們
認爲六朝文學起於宋，隋代則是六朝文風之延續。論述六朝文學，
應當從宋代開始。

第一節　劉宋時期

關於劉宋時期文學之發展狀況，《南齊書·文學傳論》有明確

的論述：

> 今之文章，作者雖衆，總而爲論，略有三體：一則啓心閑
> 繹，託辭華曠，雖存巧綺，終致迂迴，宜登公宴，本非准的；而疏
> 慢闡緩，膏肓之病，典正可采，酷不入情。此體之源，出靈運而
> 成也。次則緝事比類，非對不發，博物可嘉，職成拘制；或全借
> 古語，用申今情，崎嶇牽引，直爲偶説，唯覩事例，頓失精采。
> 此則傅咸《五經》，應璩《指事》，雖不全似，可以類從。次則發
> 唱驚挺，操調險急，雕藻淫艷，傾炫心魂，亦猶五色之有紅紫，
> 八音之有鄭衛，斯鮑照之遺烈也。

根據蕭子顯之意見，參照當時文學創作之實踐，宋代文學可分爲謝
靈運、顏延之、鮑照三個流派，此三派都産生於元嘉時期，所以世稱
其詩歌爲元嘉體。元嘉體詩歌之可貴處，不在其字句之雕琢與整
煉，而在其境界之真實與會心獨到。兹分別論述之。

一、山水詩之重要作家謝靈運

謝靈運（公元三八五——四三三），據《宋書》卷六十七、《南
史》卷十九本傳記載，小名客兒，故又稱謝客，陳郡夏陽（今河南太
康縣附近）人。東晉名將謝玄之孫，少好學，博覽群書，遂擅名江
左，尤爲從叔謝混所知愛。初襲封康樂公，世稱謝康樂。入宋，降
爵爲侯，任散騎常侍。少帝即位，他以“構扇異同，非毀執政”，出
爲永嘉太守。“出守既不得志，遂肆意游遨，徧歷諸縣，動踰旬朔。
民間聽訟，不復關懷。所至輒爲詩詠，以致其意焉”，又“尋山陟
嶺，必造幽峻，巖障千重，莫不備盡”，官場失勢，便寄情山水。後稱
疾去職，於始寧縣修營別業，有終焉之志。每有一詩至都邑，貴賤
爭相傳寫，名動京師。元嘉五年，與族弟惠連、東海何長瑜、潁川荀

雍、太山羊璿之以文賞會,共爲山澤之游,時人稱爲"山澤四友"。
同年,仇家誣其有異志,文帝未加罪,命爲臨川内史,但他游放如
故,遂送廷尉治罪,減死徙廣州。不久以故棄市,年四十九。有集
二十卷,已佚,明人輯有《謝康樂集》。今存賦十五篇,樂府十八
首,詩七十餘首,其中大部分爲登山臨水之作。這些詠山水之詩
歌,多作於任永嘉太守時,所詠者亦皆永嘉、會稽等地之自然景色。
這些詠山水之詩歌,可分爲游覽、行旅兩類。其游覽類如《登池上
樓》云:

> 潛虬媚幽姿,飛鴻響遠音。薄霄愧雲浮,棲川怍淵沈。進
> 德智所拙,退耕力不任。徇禄及窮海,卧痾對空林。衾枕昧節
> 候,褰開暫窺臨。傾聽聆波瀾,舉目眺嶇嵚。初景革緒風,新
> 陽改故陰。池塘生春草,園柳變鳴禽。祁祁傷豳歌,萋萋感楚
> 吟。索居易永久,離群難處心。持操豈獨古,無悶徵在今。

池,指謝公池。《太平寰宇記》卷九十九:"江南東道·温州·永嘉
郡:謝公池,在州西北三里……積穀山東,謝靈運《登池上樓》詩云
'池塘生春草,園柳變鳴禽'。……夢惠連得此句,即此處也。"潛
虬、即潛龍,《易·乾卦》:"潛龍勿用。"飛鴻,《易·漸卦》:"鴻漸
於陸。"此以潛龍深藏而葆其真美,飛鴻高翔而遠禍害起興。下文
之薄霄,指飛鴻;棲川,指潛龍。謂自己有愧於潛龍、飛鴻之操守。
進德智拙,退耕不任,謂進退失據。窮海,即海邊,指永嘉。卧痾,
卧病在床。謂因徇禄爲永嘉太守,而卧病不起。"衾枕"以下四
句,寫春天景色。緒風,化用《楚辭·九章·涉江》"乘鄂渚而反顧
兮,欸秋冬之緒風"之意。新陽,指春日。故陰,指已逝之冬季。
變,囀也。山光水色,風和日麗,生意益然。"祁祁"四句,乃即景
思舊、懷人。豳歌,用《詩經·豳風·七月》"春日遲遲,采蘩祁祁,

女心傷悲，殆及公子同歸”之意。楚吟，用《楚辭·招隱士》“王孫
游兮不歸，春草生兮萋萋”之意。索居、離群，《禮記·檀弓上》：
“子夏投其杖而拜曰：‘吾過矣，吾過矣，吾離群而索居亦已久
矣。’”此二句謂離開朋友而孤居獨處，寂寞難耐。無悶，《易·乾
卦·文言》：“龍德而隱者也，不易乎世，不成乎名，遯世無悶。”徵，
驗證。末二句謂豈獨古人能堅持節操？自己今天也可以做到隱
居、避世而毫無煩惱苦悶。全詩首敘官場失意之感，次寫登樓所見
之景，末表懷人思歸之情。以情入理，清新豁目。又其游覽之作
《游南亭》云：

　　　時竟夕澄霽，雲歸日西馳。密林含餘清，遠峰隱半規。久
痗昏墊苦，旅館眺郊歧。澤蘭漸被徑，芙蓉始發池。未厭青春
好，已覩朱明移。感感感物嘆，星星白髮垂。樂餌情所止，衰
疾忽在斯！逝將候秋水，息景偃舊崖。我志誰與亮，賞心唯
良知！

南亭，《方輿勝覽》卷九：“浙東·瑞安府·永嘉郡：南亭，在城郡之
南，一里許，謝靈運有《游南亭》詩云。”首四句，寫初夏雨後之景。
夕澄霽，晚晴，天澄如洗。隱半規，指尚未被山隱蔽之半圓形太陽。
“久痗”四句，寫客旅苦悶及遠眺所見。昏墊，陷溺也，此應指陷溺
於永嘉之潮濕與瘴氣。澤蘭被徑，用《楚辭·招魂》：“皋蘭被徑兮
斯路漸”之意。芙蓉發池，亦用《楚辭·招魂》：“芙蓉始發，雜芰荷
些”之意。“未厭”二句，言時光流逝迅速。朱明，本指太陽，太陽
初升呈紅色，故名。此當依《爾雅》釋爲夏天。謂春天之景色尚未
得到盡情之觀賞，轉眼到了夏天。“感感”四句，覩物傷情，嘆年歲
之不吾與。《老子》云：“樂與餌，過客止。”（三十五章）此謂自己確
如老子所言，在游樂中衰老於永嘉了。“逝將”二句，化用《莊子》

之《齊物論》、《秋水》篇意而成。謂秋水至時,自己將北歸故里。
息景,即息影。舊崖,即故山。末二句,謂自己所抱棲逸之志,惟有
與舊時之知交在一起賞心樂懷了。借景抒情,從中領悟老莊之哲
理。又《石壁精舍還湖中作》云:

> 昏旦變氣候,山水含清暉。清暉能娛人,游子憺忘歸。出
> 谷日尚早,入舟陽已微。林壑斂暝色,雲霞收夕霏。芰荷迭映
> 蔚,蒲稗相因依。披拂趨南逕,愉悅偃東扉。慮澹物自輕,意
> 愜理無違。寄言攝生客,試用此道推。

石壁精舍,在始寧墅附近之石壁,作者之《游名山志》云:“湖三面
悉高山枕水渚,山溪澗凡五處,南第一谷今在,所謂石壁精舍。”(引
自《文選》李善注)湖,指巫湖。首四句,寫石壁之山水變幻娛人,用
《楚辭·九歌·東君》“羌聲色兮娛人,觀者憺兮忘歸”之意。次二
句,寫由山行到泛舟,由凌晨到黃昏。“林壑”四句,寫湖中所見晚
景。斂暝色、收夕霏,對仗工整。映蔚、因依,雙聲,狀其依戀之貌。
晚景歷歷在目。“披拂”二句,寫離湖上岸,欣然偃息於東軒。末
四句,謂如思慮澹泊,則外物無足輕重,志滿意得,也就不違於理。
攝生客,養生之人。此道,指慮澹、意愜。謂養生者可以從中體會
到人生之理趣。全詩是寫一天之游覽過程,情調蘊藉和諧,生意迴
蕩流轉,別具風致。又《夜宿石門》云:

> 朝搴苑中蘭,畏彼霜下歇。暝還雲際宿,弄此石上月。鳥
> 鳴識夜棲,木落知風發。異音同致聽,殊響俱清越。妙物莫為
> 賞,芳醑誰與伐? 美人竟不來,陽阿徒晞髮!

石門,山名,在今浙江嵊州市崿山之南,作者之《游名山志》云:“石
門澗六處,石門遡水上入兩山口,兩邊石壁,右邊石巖下臨澗水。”
(引自《文選》李善注)首二句,謂應及時游覽。朝搴木蘭,用《楚辭·

離騷》"朝搴阰之木蘭兮"之意。歇,盡也。次二句,寫夜宿。雲際宿,用《楚辭·九歌·少司命》"夕宿兮帝郊,君誰須兮雲之際"之意。弄,玩賞。石上月,指映在石上之月影。中四句,寫山間月夜。因鳥喧而知樹動,聽葉落而覺風發,以見夜之寂靜。末四句,妙物,指雲、石、鳥、木、風等。莫爲賞,無人共同觀賞。芳醑,醇酒。伐,美也。誰與伐,無人共品此酒之美味。陽阿,即陽之阿,古神話中之山名,日出所經。《楚辭·九歌·少司命》:"與女沐兮咸池,晞女髮兮陽之阿,望美人兮未來,臨風悅兮浩歌。"此用其意。美景,無人共賞;美酒,無人共飲;孤獨寂寞,而引起晞髮陽阿之幻想。謂己齋戒潔身,冀蒙天祐也。意曲而摯。

謝靈運行旅之作,也多詠山水,如《七里瀨》是他於永初三年(公元四二二)七月,從都城建康去永嘉太守任上,經過七里瀨時寫的。詩云:

> 羈心積秋晨,晨積展游眺。孤客傷逝湍,徒旅苦奔峭。石淺水潺湲,日落山照曜。荒林紛沃若,哀禽相叫嘯。遭物悼遷斥,存期得要妙。既秉上皇心,豈屑末代誚。目覩嚴子瀨,想屬任公釣。誰謂古今殊,異代可同調。

七里瀨,在浙江桐廬縣富春江上,兩岸高山壁立,連亘七里,水駛如箭,故名。首二句,寫秋晨之景,句法猶陸機《悲哉行》:"游客芳春林,春芳傷客心。""孤客"以下六句,寫晨眺所見,逝湍,化用《論語·子罕》"子在川上曰:'逝者如斯夫,不舍晝夜'"之意。"遭物"四句,寫即景所感,悼遷斥,感傷自己之被遷謫、斥逐。要妙,精微玄妙,《老子》:"是謂要妙。"(二十七章)謂湛然安靜,即可領悟"微妙要道"。上皇,指伏羲氏。上皇心,指上古人之恬淡寡欲。末代,指作者所處之時代。謂既已秉執上古人之淳樸思想,豈顧時人之譏誚？“目覩”四句,寫所仰慕。嚴子瀨,在七里瀨東,是東漢嚴光垂釣處,嚴光字子陵,少與劉秀同游學,劉秀即帝位,他不肯出仕,耕釣於富春山。任公,《莊子·外物》篇之寓言,謂任公“蹲乎會稽,投竿東海”,一年才釣得大魚一條,此魚足供浙江以東、蒼梧以北地區人民食用。作者意在説明自己與嚴光、任公志趣相投。全詩是寫旅途艱苦,秋景荒寒,因生遷斥之感,然如寄意高遠,於道有所悟,便不以遷斥爲恨,而引古代高人隱士爲同調了。又《登江中孤嶼》也是他旅游中紀勝之作,如:

> 江南倦歷覽,江北曠周旋。懷新道轉迥,尋異景不延。亂流趨孤嶼,孤嶼媚中川。雲日相暉映,空水共澄鮮。表靈物莫賞,蘊真誰爲傳？想象崑山姿,緬邈區中緣。始信安期術,得盡養生年。

江,即永嘉江。孤嶼,《方輿勝覽》卷九:“浙東·瑞安府·永嘉郡:孤嶼,在城北江中,東西有雙峰。”首二句,謂在江南、江北游覽之久。曠,久也。次二句,謂一心貪尋新境,轉覺道路遥遠,恨時間不能延長。景,日光。“亂流”二句,謂船衝波而渡,孤嶼山阻絶去路。亂流,即衝波。媚中川,妍美悦人於川中。“雲日”二句,正寫孤嶼之媚,雲日互映,天水共澄。“表靈”二句,寫孤嶼之靈秀,無人欣賞,仙人之事跡,無人傳説。真,仙人。“想象”二句,寫崑山之仙姿,悠遠縹緲,與人世隔絶。孤嶼山未被人發現,能葆其真美;崑崙山遥隔塵世,能養形全生。詩人也想浪跡山林,求安期生養生之術。安期,即安期生,傳説中之仙人。《列仙傳》云是瑯琊阜鄉人,自言千歲。作者面對着孤嶼山之嫵媚景色,寄予着游仙之奇趣,大有飄然遺世之情!

謝靈運是一位“能清言,善名理”之玄學家,同時又篤信佛學,因此他的詩中往往含有玄理意味。但他之取材卻是自然山水，描寫對象是自然山水，或寫晚秋月明之幽境，或寫雲霧彌漫之光景，或寫雲石相依、水竹交映之意象等，其文思之綿密、觀察之細微、刻劃之精巧，可謂極盡其慘淡經營之能事。對玄言詩來説，確是另闢新境。鍾嶸《詩品》將其列爲上品，評云：

> 其源出於陳思，雜有景陽之體。故尚巧似，而逸蕩過之，頗以繁蕪爲累。嶸謂若人興多才高，寓目輒書，内無乏思，外無遺物，其繁富宜哉！然名章迥句，處處間起，麗典新聲，絡繹奔會。譬猶青松之拔灌木，白玉之映塵沙，未足貶其高潔也。

謝靈運之詩歌，兼有張協之體制，注重巧似，比較放縱，每以繁蕪爲累，但名章秀句迭出，麗典新聲不絶，瑕不掩瑜，亦復清新可玩。又沈德潛《説詩晬語》卷上云：

> 大約匠心獨造，少規往則，鈎深極微，而漸近自然，流覽閑適中，時時浹洽理趣。

此乃論其構思技巧，所謂“鈎深極微，而漸近自然”，應即葉夢得所謂“正在無所用意，猝然與景相遇，借以成章，不假繩削”（《石林詩話》卷中），亦即會心獨到。

要之，謝靈運之詩，風格則氣度高貴，思想則玄理精湛，題材則山川景物，此三者可以盡之矣。其有關山水之描寫，湯惠休稱之“如芙蓉出水”，推崇備至。他的創作，是集山水詩之大成。在五言詩之發展過程中，具有重要地位。《詩品‧序》即指出：

> 元嘉中，有謝靈運，才高詞盛，富艷難蹤，固已含跨劉、郭，凌轢潘、左。故知陳思爲建安之傑，公幹、仲宣爲輔。陸機爲太康之英，安仁、景陽爲輔。謝客爲元嘉之雄，顏延年爲輔。

> 斯皆五言之冠冕，文詞之命世也。

他在元嘉詩壇之地位，猶如曹植之在建安、陸機之在太康，其重要性可見一斑。其詩不僅内容別辟新境，而且形式雕章琢句，講求對偶，在宋代始變古詩爲後代律詩之過程中，他承擔有一定之使命。

二、對偶詩之重要作家顔延之

與山水詩興盛之同時，對偶詩出現了。《南齊書·文學傳論》談到宋代詩歌三大流派時，有所謂"緝事比類，非對不發"，即講的是用典對偶。這類詩歌之重要作家即顔延之。

顔延之（公元三八四——四五六），據《宋書》卷七十三、《南史》卷三十四本傳記載，字延年，琅琊臨沂（今山東臨沂市北）人。少孤貧，好讀書，無所不覽。晉時爲豫章公世子中軍行參軍。宋武帝即位，補太子舍人。少帝時，以正員郎兼中書郎，出爲始安太守。元嘉三年，徵爲中書侍郎，尋領步兵校尉，因觸犯權臣，出爲永嘉太守。孝武即位，以爲金紫光禄大夫。有集三十卷，已佚，明人輯有《顔光禄集》，今存詩二十九首。他性情偏激，屢犯權要，嗜酒疎誕，不護細行。其文學創作，皆以此爲出發點。作詩每句用典，亦每句對偶，《詩品》卷中云："動無虛散，一句一字，皆致意焉。"《文心雕龍·明詩》云"儷采百字之偶，爭價一句之奇"，俱指顔詩專在對偶方面用功夫。其常爲人稱道之《五君詠》，即是很典型之例子。此詩分詠阮籍、嵇康等五位憤世嫉俗之士，以寓自己遭讒被黜之怨憤。如其第一篇《阮步兵》云：

> 阮公雖淪跡，識密鑒亦洞。沈醉似埋照，寓辭類託諷。長嘯若懷人，越禮自驚衆。物故不可論，途窮能無慟。

阮步兵即阮籍，曾官步兵校尉。又顔延之亦曾領步兵校尉。據

《宋書·顏延之傳》:"頃之,領步兵校尉,賞遇甚厚。延之好酒疎誕。劉湛言於彭城王康,出爲永嘉太守,延之甚怨憤,乃作《五君詠》……蓋自序也。"首二句,淪跡,隱没其踪跡。鑒,照也,指觀察識别。洞,深也,指觀察深入。謂阮籍有才識,而深自斂藏。次二句,照,光也。埋照,猶韜光。寓辭,指其《詠懷詩》,顏延之注《詠懷詩》云:"説者阮籍在晉文代常慮禍患,故發此詠耳。"謂其沈醉以韜光,作詩以託諷。長嘯,《三国志·魏志·阮籍傳》裴注引《魏氏春秋》云:"籍少時嘗游蘇門山。蘇門山有隱者,莫知其名。……籍乃對之長嘯,清韻響亮。蘇門生逌爾而笑。籍既降,蘇門生亦嘯,若鸞鳳之音焉。"越禮,李善注引《晉陽秋》:"阮籍嫂嘗歸家,籍相見與别。或以禮譏之。籍曰:'禮豈爲我設邪?'"謂其放蕩嘯傲,不拘禮法。末二句,物故,即世故。途窮,《三國志·魏志·阮籍傳》裴注引《魏氏春秋》云:"時率意獨駕,不由徑路,車跡所窮,輒慟哭而反。"他認爲世事之不可論,處於窮途能不悲慟? 此爲阮籍之艱辛遭際憤慨,亦所以自慨也。其第二篇《嵇中散》云:

> 中散不偶世,本自餐霞人。形解驗默仙,吐論知凝神。立俗迕流議,尋山洽隱淪。鸞翮有時鎩,龍性誰能馴?

嵇中散,即嵇康,曾拜中散大夫。首二句,謂嵇康本爲仙人,與世俗寡合。不偶世,即與世不諧合。李善注引《晉陽秋》曰:"康性不偶俗。"餐霞人,即仙人,神仙家服食日霞,所以修煉。次二句,謂嵇康尸解成仙。晉人有此傳説,李善注引顧凱之《嵇康贊》云:"南海太守鮑靚,通靈士也,東海徐寧師之。寧夜聞静室有琴聲,怪其妙而問焉。靚曰:'嵇叔夜'。寧曰:'嵇臨命東市,何得在兹?'靚曰:'叔夜跡示終而實尸解。'"形解,即尸解,指仙人遺棄形骸而羽化飛升。吐論,指其《養生論》,李善注引孫綽《嵇中散傳》曰:"嵇康

作《養生論》,入洛,京師謂之神人。"凝神,精神修養達到凝聚專一
之境界。"立俗"句,謂身處世俗之中,而言行與世俗相背。此指
其非湯武、薄周孔之論。"尋山"句,謂入山采藥與隱士相親。此
指其與隱者孫登、王烈同游。末二句,以鸞、鳳比嵇康,李善注引
《嵇康別傳》曰:"康美音氣,好容色,龍章鳳姿,天質自然。"鍛,羽
毛被摧殘。謂龍、鳳有時受摧折,但其本性是不可馴服的。贊揚嵇
康之憤世抗俗,亦自寓其"辭甚激揚,每犯權要"(《宋書》本傳)之
志。其第五篇《向常侍》云:

> 向秀甘淡薄,深心託豪素。探道好淵玄,觀書鄙章句。交
> 吕既鴻軒,攀嵇亦鳳舉。流連河裏游,惻愴山陽賦。

向秀曾官散騎常侍。首二句,謂其甘心恬淡,將心神寄託於筆紙。
豪,同毫。次二句,謂向秀爲《莊子》作注,不屑章句分析,而着重
探討其玄理。"交吕"二句,吕,指吕安。嵇,指嵇康。李善注引
《向秀別傳》曰:"秀常與嵇康偶鍛於洛邑,與吕子灌園於山陽,收
其餘利,以供酒食之費。"軒,即高飛。鴻軒、鳳舉,謂所交諸友如吕
安、嵇康皆品德非凡。末二句,河裏,即河内,吕安、嵇康俱曾寓居
河内之山陽縣(今河南修武縣),與向秀交游。吕、嵇死後,向秀作
《思舊賦》,其中有云:"濟黄河以汎舟,經山陽之舊居。"撫今追昔,
徘徊悲戚。此詠向秀,亦自引向秀爲同調也。《五君詠》分詠五
人,皆以喻自己之懷抱。在描寫手法上,緝事比類,對偶工整,雕
琢、藻飾之功,歷歷可見。此外,還有一首長詩《秋胡行》,描寫生
動,刻畫細緻,爲人們所稱道,但屬於樂府,茲略而不論。

顔延之的詩,鍾嶸《詩品》將其列爲中品,評云:

> 其源出於陸機。尚巧似。體裁綺密,情喻淵深。……又
> 喜用古事,彌見拘束,雖乖秀逸,是經綸文雅才。雅才減若人,

則蹈於困躓矣。

認爲顏延之詩體裁綺麗細密，情思寄託深沉，喜歡對偶用事，因此顯得拘束，雖無秀逸之美，卻善於典雅之體（指其歌功頌德、應制應詔之作）。典雅之才不及他之人，即會陷入困窘失敗之境地。他道出了顏詩的優點和缺點，符合顏詩之實際。

在宋代，顏延之與謝靈運齊名，《南史》本傳云：“延之與陳郡謝靈運俱以辭采齊名。”又《宋書》本傳稱其“文章之美，冠絕當時。……自潘岳、陸機之後，文士莫及也，江左稱顏謝焉”。顏、謝二人，於宋初改變了玄言之詩風，一寫山水，一講對偶，爲五言詩開辟了新的境界。但就其成就論，謝靈運卻高於顏延之。謝靈運之詩取材於自然景色，非親身體驗不能寫，尚自然。顏延之之詩取材於書卷，只要多讀書，記古事，即能成篇章，重藻飾。所以湯惠休有“謝詩如芙蓉出水，顏如錯彩鏤金”之論。然在南朝顏延之重藻飾之詩風極盛，良由當時士族中人以取材古書、古事作詩爲易之故。《詩品》序云：

> 顏延、謝莊，尤爲繁密，於時化之。故大明（宋武帝年號）、泰始（宋明帝年號）中，文章殆同書鈔。

這種藻飾、雕琢之詩風，是六朝詩歌雅麗形式之所從出。

三、鮑照

鮑照（公元四一四——四六六），其事跡以南齊虞炎《鮑照集序》記載最早，也較詳，《宋書》、《南史》均未立傳，僅附見於《臨川王劉道規傳》後，他字明遠，東海（今江蘇灌雲縣附近）人，上代家上黨，家世貧賤，自稱“負鍤下農”（《謝秣陵令表》），“廢耕學文”（《侍郎報滿辭閣疏》）。少有文思，嘗謁宋臨川王劉義慶，初未見知，欲獻

詩言志。或謂："郎位尚卑，不可輕忤大王。"照聞之大怒，説："千
載上有英才異士，沉没而不聞者，安可數哉！大丈夫豈可遂蘊智
能，使蘭艾不辨，終日碌碌，與燕雀相隨乎？"詩上，義慶奇之，賜帛
二十匹，以爲國侍郎。義慶死，始興王劉濬又以爲侍郎。孝武初，
除海虞令，遷太學博士，兼中書舍人。孝武帝劉濬好爲文章，自謂
人莫能及，照悟其旨，爲文多鄙言累句，時人咸謂其才盡。後出爲
秣陵令，又轉永嘉令。臨海王劉子頊鎮荆州，照爲前軍參軍，掌書
記。宋明帝初，晉安王劉子勛稱帝，臨海王劉子頊舉兵應之，兵敗，
照爲亂軍所殺。有集十卷，其中詩四卷。今傳《鮑參軍集》，存詩
二百餘首。

　　鮑照之詩，與謝靈運、顔延之之作之過於雕琢辭藻、堆砌故實
不同，而是趨向樸實無華之風格。王應麟《詩藪》所謂"欲汰去浮
靡，返於渾樸"者也。他曾批評顔延之之詩"如鋪錦列綉，雕繢滿
眼"，令顔延之"終身病之"。顔延之則貶斥他之所作爲"委巷中歌
謠耳"（以上俱見《南史》卷三十四《顔延之傳》）。他們之間之互相指
責，正道出他們詩歌之不同特點。就鮑照而論，他既吸取了民間歌
謠，又繼承了漢魏古風。兹録其佳作如《贈傅都曹別》：

　　　　輕鴻戲江潭，孤雁集洲沚。邂逅兩相親，緣念共無已。風
　　雨好東西，一隔頓萬里。追憶棲宿時，聲容滿心耳。落日川渚
　　寒，愁雲繞天起。短翮不能翔，徘徊烟霧裏。

此是一首贈別之作。傅都曹，聞人倓《古詩選箋》謂是傅亮。按：
傅亮，字季友，初爲建威參軍、桓謙中軍行參軍，又爲劉毅撫軍記室
參軍，不曾爲都曹。且亮卒於元嘉三年，時鮑照才十三四歲，故聞
説不可信。首二句寫離別，輕鴻，喻傅；孤雁，自喻。《楚辭·漁
父》："游於江潭。"曹植《離繳雁賦》："憐孤雁之偏特兮。"次二句，

邂逅，不期而遇。緣念，佛教謂遇而相契者爲緣法，相續之心念爲
念念。這裏表示友好情誼。"風雨"二句，《尚書》卷七《洪範》：
"星有好風，星有好雨。"僞《孔傳》："箕星好風，畢星好雨。"箕爲東
方木宿，畢爲西方金宿。好，讀去聲，即好風之箕在東，好雨之畢在
西。以喻二人一東一西，相隔萬里。末二句，短翮，言翅小，乃謙
辭。意謂自己翮短不能遠飛，只好在烟霧中徘徊而已。詩意分三
層，前四句追憶從前之相遇契合，中四句叙述目前之離散相思，末
四句諭自己日後之孤單寂寞，次序井然。通篇以鴻雁爲比，深得漢
魏詩格。又如《詠史》：

> 五都矜財雄，三川養聲利。百金不利死，明經有高位。京
> 城十二衢，飛甍各鱗次。仕子影華纓，游客竦輕轡。明星晨未
> 稀，軒蓋已雲至。賓御紛颯沓，鞍馬光照地。寒暑在一時，繁
> 華及春媚。君平獨寂寞，身世兩相棄。

此詩以京城貴族官僚之豪華奢侈生活，與讀書人之貧困形成對比，
詠嘆嚴君平之安貧樂道。首二句，李善注：《漢書》(食貨志)曰：
"王莽於五都立官，更名雒陽、邯鄲、臨淄、宛、成都。市長皆爲五
均，司市(稱)師。"鄭玄《尚書大傳》注曰："矜，夸也。"《漢書》(叙
傳)曰："班壹當孝惠高后時以財雄也。"《戰國策》(秦策)云："張
儀曰：'爭名於朝，爭利於市'，今三川、周室，天下之朝市。"韋昭
曰："有河、洛、伊，故曰三川。"按：西漢以洛陽、邯鄲、臨淄、宛、成
都爲五都，王莽嘗於長安及五都立五均官。班固《西都賦》謂"州
郡之豪傑，五都之貨殖"是也。東漢與魏以洛陽、譙、許昌、長安、鄴
爲五都。矜財雄，以財多相誇耀。養聲利，培養聲色與貨利。次二
句，李善注：《史記》(越王勾踐世家)："居無何，則致貲累巨萬，天
下獨陶朱公。朱公居陶，生少子，少子及壯，而朱公中男殺人，囚於

楚，朱公曰：'殺人而死，職也，然吾聞千金之子，不死於市。'告其少子，往視之，乃裝黃金千鎰，置褐器中，載以一牛車。"《漢書》（夏侯勝傳）："夏侯勝常謂諸生曰：'士病不明經，經術苟明，其取青紫，如俯拾地芥。'"意謂有錢者殺人不償命，讀經書能獲取高官厚祿。"京城"二句，李善注：（班固）《西都賦》曰："立十二之通門。"（左思）《吳都賦》："飛甍舛互。"（李尤）《辟雍賦》曰："攢羅鱗次。"衢，道也。甍，屋脊也。此言豪門貴族第宅之侈麗。"仕子"二句，彯，擺動貌。華緌，彩綫製的帽帶，曹植《七啓》："華組之緌。"辣，執也。彎、御馬索，輕彎，指輕騎。"明星"二句，明星，即金星。晨星未稀，言天未明。軒蓋，有藩蔽之車，貴者所乘。李善注：《説苑》（臣術篇）曰："翟璜（今通行本作翟黃）乘（今通行本下有軒字）車，載華蓋，田子方怪而問之，對曰：'吾祿厚，得此軒蓋。'"（按今通行本《説苑》文多不同，疑李注有刪改。）雲至，猶雲集。"賓御"二句，御，侍也。颯沓，盛多貌。"寒暑"二句，李善注：《周易》（系辭）曰："日月運行，一寒一暑。"應璩《與曹長思書》曰："春生者，繁華也。"意謂這般人有感於盛時之不長，因此要及時行樂。末二句，言身棄世而不仕，世棄身而不任。《莊子》卷七上《達生》云："夫欲免爲形者，莫如棄世，棄世則無累。"即其意也。君平，即漢時蜀人嚴君平，名遵，在成都以賣卜爲生，每日得百錢即閉門下簾讀《老子》。此乃贊嚴君平之不圖仕途，安於貧賤。詩題爲《詠史》，實則是諷時。全詩八韻，以七韻詠五都、三川人之豪富和追逐名利，以一韻詠嚴君平之窮居寂寞，修身自保，不以富貴累心。鮑照退處既久，孤獨寥落，亦借君平以自況歟！又如《擬古》八首其三：

　　幽并重騎逐，少年好馳逐。氈帶佩雙鞬，象弧插雕服。獸肥春草短，飛鞚越平陸。朝游雁門上，暮還樓煩宿。石梁有餘

勁，驚雀無全目。漢虜方未和，邊城屢翻覆。留我一白羽，將
以分虎竹。

此詩詠幽并少年精於騎射，矢志爲國立功。曹植《白馬篇》：“白馬
飾金羈，連翩西北馳。借問誰家子，幽并游俠兒。”即其意也。“韣
帶”二句，鞬，弓袋。象弧，以象牙裝飾之弓。雕服，雕繪之箭囊。
此寫少年之裝備。“獸肥”二句，鞿，馬勒。飛鞿，指奔馬。曹丕
《典論》有云：“弓燥手柔，草淺獸肥。”“朝游”二句，雁門，即雁門
山，在今山西省代縣西北。樓煩，縣名，漢屬雁門郡，在今山西省原
平市東北。此二處魏晉時是邊地要塞。上四句是寫少年馳騁之迅
捷。“石梁”二句，石梁，即石堰或石橋。李善注：《闞子》：“宋景公
使工人爲弓，九年乃成。公曰：‘何其遲也？’工人對曰：‘臣不復見
君矣。臣之精盡於此弓矣。’獻弓而歸，三日而死。景公登虎圈臺，
援弓東面而射之，矢踰於西霜之山，集於彭城之東，其餘力益勁，猶
飲羽於石梁。”謂箭射入石梁猶有餘勁。又李善注：《帝王世紀》
曰：“帝羿有窮氏與吳賀北游，賀使羿射雀。羿曰：‘生之乎？殺之
乎？’賀曰：‘射其左目。’羿引弓射之，誤中右目。羿抑首而愧，終
身不忘。故羿之善射，至今稱之。”謂箭能射中飛鳥之目。此皆寫
少年射技之精。“漢虜”二句，翻覆，反復無常。謂漢虜未曾言和，
邊城緊急。末二句，白羽，矢名。虎竹，即銅虎符和竹使符，乃漢時
發兵遣使之兩種符。意謂留給我一矢，待分符守郡，以立戰功。詠
幽并少年之豪情壯志，實則自抒懷抱。又《擬古》其六：

> 束薪幽篁裏，刈黍寒澗陰。朔風傷我肌，號鳥驚思心。歲
> 暮井賦訖，程課相追尋。田租送函谷，獸藁輸上林。河渭冰未
> 開，關隴雪正深。笞擊官有罰，呵辱吏見侵。不謂乘軒意，伏
> 櫪還至今！

此詩以自己之切身感受,揭露當時統治者對人民之剥削和壓迫以及自己壯志難酬之感慨。首四句寫束薪、刈黍之艱苦。幽篁,幽暗之竹林。聞人倓《古詩選箋》:《毛詩》(唐風綢繆):"綢繆束薪。"《楚辭》(九歌山鬼):"余獨處幽篁兮終不見天。"又(離騷):"願竢時乎吾將刈。"刈,獲也。"歲暮"二句,井賦,即田賦。程,期也。課,税也。聞人倓《古詩選箋》:《周禮·小司徒》:"乃經土地而井,牧其田野,以任地事,而令其貢賦。"意謂歲晚才繳完田租,各種苛捐雜税又接踵而來。"田租"二句,函谷,關名,在今河南省靈寶市。上林,苑名,秦置,漢增廣之,乃帝王游獵之所。聞人倓《古詩選箋》:《後漢書·和帝紀》:"詔兖、豫、荆州,今年水雨淫過多,傷農功,其令被害什四以上,皆半入田租芻藁。"《史記·蕭相國世家》:"民上書言相國賤强買民田宅數千萬。上至,相國謁,上笑曰:'夫相國乃利民。'民所上書皆以與相國。曰:'君自謝民。'相國因爲民請曰:'長安地陿,上林中多空地棄,願令民得入田,毋收藁爲禽獸食。'"按:函谷、上林,地名皆借用。意謂人民不僅要向官家繳納苛捐雜税,而且還要將其從遠方向京城輸送。"河渭"二句,聞人倓《古詩選箋》:《史記·留侯世家》:"諸侯安定,河、渭漕挽天下,西給京師。"《後漢書》(公孫述傳):"隗囂説公孫述曰:'令漢帝釋關、隴之憂。'"此寫人民輸送之艱難。"笞擊"二句,笞擊,毒打。罰,體罰。呵辱,辱罵。侵,欺凌。此寫人民在輸送途中遭官吏之打罵與侮辱。末二句,軒,古時大夫以上所乘車。乘軒意,指做官之意願。櫪,馬圈。曹操《步出夏門行·龜雖壽》:"老驥伏櫪,志在千里。"此用其意,寄寓自己壯志不得舒展之慨!

　　綜觀鮑照之作,語既奇警,義又深遠,"發唱驚挺,操調險急,雕藻淫艷,傾炫心魂"(《南齊書·文學傳論》)。其淵源所自,鍾嶸《詩品》有明確之論述:

其源出於二張,善制形狀寫物之詞。得景陽之諔詭,含茂生之靡嫚。骨節强於謝混,驅邁疾於顔延。總四家而擅美,跨兩代而孤出。嗟其才秀人微,故取湮當代。然貴尚巧似,不避危仄,頗傷清雅之調。故言險俗者,多以附照。

認爲他兼擅張協、張華、謝混、顔延之四家之美,跨晉宋兩代而特出。特別標明了他在詩歌史上的地位。然而貶責他不避險僻之詞,有傷風雅之調,未免文人士大夫之偏見。其實這正是他向民歌學習之結果,並不是他的缺點,而是他的優點,所謂"險俗"者,不過如《文心雕龍》卷六《體性》:"擯古競今,危側(同仄)趣詭者也。"即拋棄古制,競創新體,追求語言之險奇風氣。這種詩風對唐代詩歌影響很大。

第二節　齊、梁時期

齊、梁時期之詩歌,繼承劉宋時之詩風而進一步發展。由於四聲之發現,八病之披露,確立了詩的音律,使詩歌之音調更趨和諧,對偶更趨工整。當時詩人輩出,如雨後春笋。永明之際,詩壇之盛,足以與元嘉比併。竟陵王蕭子良,雅好藝文,其周圍集聚着許多文士,而以蕭衍、王融、謝朓、任昉、沈約、陸倕、范雲、蕭琛八人爲其所敬畏,號"竟陵八友"。其中謝朓長於詩,任昉、陸倕工於文,沈約則詩文兼善。《南齊書》卷五十二《陸厥傳》云:

永明末,盛爲文章。吳興沈約、陳郡謝朓,琅邪王融,以氣類相推轂。汝南周顒善識聲韻。約等文皆用宮商,以平上去入爲四聲,以此制韻,不可增減。世呼爲永明體。

即説明當時文壇之盛況以及沈約等人創作講究聲律、對偶之詩風。

然其五言詩成就高者,當推謝朓、沈約和范雲。

一、山水詩之作家謝朓

謝朓(公元四六四——四九九),《南齊書》卷四十七本傳記載,字玄暉,陳郡夏陽(今河南太康縣附近)人。與謝靈運同族,故有"小謝"之稱。少好學,有美名。永明初爲豫章王太尉行參軍。轉王儉衛軍東閣祭酒、太子舍人、隨王蕭子隆鎮西功曹、文學。遷新安王中軍記室,尋兼尚書殿中郎。明帝輔政,以其爲驃騎諮議,領記室。及明帝即位,出補爲宣城太守,世稱謝宣城,後遷至尚書吏部郎。東昏侯永元元年,江祏等謀立始安王遙光,遙光以其兼知衛尉,意欲引其爲黨羽,不從,致下獄死。年三十六。有集十二卷,逸集一卷,已散佚。明人輯有《謝宣城集》。今有詩一百四十餘首,其五言多游山宴集之作,是對謝靈運山水詩之繼承與發展。如其名作《晚登三山還望京邑》云:

> 灞涘望長安,河陽視京縣。白日麗飛甍,參差皆可見。餘霞散成綺,澄江靜如練。喧鳥覆春洲,雜英滿芳甸。去矣方滯淫,懷哉罷歡宴。佳期悵何許,淚下如流霰。有情知望鄉,誰能鬒不變?

此詩應是謝朓於明帝建武二年出任宣城太守,辭別建業,途經三山時所作。抒寫其登山臨水所見京師之景以及故鄉之思。三山,在今南京市西南長江南岸,上有三峰,南北相接。首二句,寫登山遠眺,化用王粲《七哀詩》"南登灞陵岸,回首望長安"與潘岳《河陽縣作》"引領望京室,南路在伐柯"之意。表明其心境亦猶王粲、潘岳當年之去國懷鄉。"白日"以下六句,寫京師之景觀,宮殿之飛甍,燦爛之晚霞,澄靜之江水,春洲之喧鳥,芳甸之雜英,皆鮮明絢麗,

歷歷如畫。“去矣”以下六句，寫懷歸之情。滯淫，久留也，用王粲
《七哀詩》“荆蠻非我鄉，何爲久滯淫”之意。謂此番出仕，將久留
外郡，後會之期難卜，故深感適才親友送別宴會之值得珍惜，不禁
涕淚交流。懷鄉之情，人所共有，誰能不使鬢髮爲之斑白呢？詩之
主旨在寫懷鄉，自然景物之美，則是鄉國值得懷戀之重要內容。又
如《之宣城郡出新林浦向板橋》云：

> 江路西南永，歸流東北騖。天際識歸舟，雲中辨江樹。旅
> 思倦搖搖，孤游昔已屢。既懽懷禄情，復協滄洲趣。囂塵自兹
> 隔，賞心於此遇。雖無玄豹姿，終隱南山霧。

此詩亦爲赴宣城太守任途中所作。宣城郡，故治在今安徽省南陵
縣東。新林浦、板橋，李善注：“酈善長（道元）《水經注》：‘江水經
三山。又幽浦出焉。水上南北結浮橋渡水，故曰板橋浦。江又北
經新林浦。’”按新林浦，在今南京市西南，永明五年，在此起新林
苑。板橋，在今南京市西南大勝關南。“江路”句，是就作者之行
程説；“歸流”句，是就江水流趨之方向説。永，長也。騖，奔馳。
“天際”二句，李善注：“揚雄《交州箴》曰：‘交州荒裔，水與天際。’
應劭《風俗通》：‘太山巖石松樹，鬱鬱蒼蒼如雲中。’”此用其境。
“旅思”二句，謂往日多次行旅，頗感倦怠。“既懽”二句，作者此次
由中書郎升任宣城太守，俸禄高了，故云“既懽懷禄情”。滄洲，水
隈之地，隱者所居，宣城風物清華，故云“又協滄州趣”。“囂塵”二
句，謂塵俗之吵鬧，從此隔絕，心中愛賞之物，卻於此遇到。流露了
以仕爲隱之意。“雖無”二句，《列女傳·賢明·陶答子妻》：“答子
治陶三年，名譽不興，家富三倍。其妻數諫不用，居五年，從車百乘
歸休，宗人擊牛而賀之。其妻獨抱兒而泣，姑怒曰：‘何其不祥
也！’婦曰：‘……妾聞南山有玄豹，隱霧七日而不下食者，何也？

欲以澤其毛而成其文章也,故藏而遠害……今夫子治陶,家富國貧,君不敬,民不戴,敗亡之徵見矣。願與少子俱脱。'……處期年,答子之家果以盗誅。"作者自以爲雖無玄豹之姿質,不能深藏遠害,但此去宣城亦與隱於南山霧雨無異。作者描寫宣城自然風物之美,是作爲自己歸隱之寄託,所謂"精神養性,與道浮游"(楊雄《橄靈賦》)。又其《游東田》,是一篇紀游之作,全寫初夏之景物:

戚戚苦無悰,携手共行樂。尋雲陟累樹,隨山望菌閣。遠樹曖阡阡,生烟紛漠漠。魚戲新荷動,鳥散餘花落。不對芳春酒,還望青山郭。

東田,在今南京市鍾山下,齊武帝之文惠太子立樓館於此。李善注:"朓有莊在鍾山,東游還作。"是作者游東田時所寫。首二句,悰,樂也。行樂,指游東田。曹丕《折楊柳行》:"端居若無悰,駕游博望山。"此用其意。"尋雲"二句,累樹,用《楚辭·招魂》:"層臺累榭。"菌閣,用《楚辭·九懷》:"菌閣兮蕙樓。"謂爲尋覓變幻莫測之雲,而攀登重疊之樹,遵循山勢眺望,隨處可見檐如菌芝之閣。"遠樹"二句,寫遠景,猶陶潛《歸園田居》"曖曖遠人村,依依墟里烟"之境。"魚戲"二句,寫近景,新荷動因魚戲,餘花落因鳥散。末二句,寫游賞歸來無心於春酒,仍回望東田之青山、城郭,是進一層對東田景色之描寫。又《暫使下都夜發新林至京邑贈西府同僚》是一篇寫景兼抒情之作,如:

大江流日夜,客心悲未央。徒念關山近,終知返路長。秋河曙耿耿,寒渚夜蒼蒼。引領見京室,宮雉正相望。金波麗鳷鵲,玉繩低建章。驅車鼎門外,思見昭丘陽。馳暉不可接,何況隔兩鄉?風雲有鳥路,江漢無限梁。常恐鷹隼擊,時菊委嚴霜。寄言尉羅者,寥廓已高翔。

李善注:"蕭子顯《齊書》曰:'謝朓爲隨王子隆文學,子隆在荊州,好辭賦,教集僚友,朓以才文尤被賞愛。長史王秀之以朓年少相動,密以啓聞。世祖(齊武帝)勑朓可還都。朓道中爲詩,以寄西府。'"作者在荊州隨王府任上,因長史王秀之進讒言,被召還京,於途中作此詩寄同僚,表叙戀舊之情。京邑,指建業。西府,指荊州隨王府。因是"夜發新林",所寫皆夜景。開篇四句,即景抒情,江流晝夜不停,自己悲憤不已之心情亦如之,行程距建業已近,離西府更遠。"秋河"二句,寫夜色。河,指銀河。耿耿,光也。蒼蒼,深青色,《莊子·逍遥游》:"天之蒼蒼,其正色邪?"謂河漢之曙光明淨,寒渚之夜色蒼茫。引領以下四句,寫夜色中所見宮觀之壯麗、崇高。鳷鵲、建章皆漢代宮觀名,這裏借指齊都建業。謂在月華之下鳷鵲觀金光燦爛,建章宮高聳星空。金波,月光。玉繩,星宿名。"驅車"二句,鼎門,李善注:"《帝王世紀》曰:'春秋成王定鼎於郟鄏,其南門名定鼎門,蓋九鼎所從入也。'"這裏指建業南門。昭丘,指楚昭王墓,在荊州。既驅車到都門,又思念荊州。"馳暉"以下四句,謂日光奔馳,不可迎接,何況相隔兩鄉之人?天空風雲不能限飛鳥,怎奈江漢卻無橋梁通行?馳暉,日也。接,迎也。"常恐"二句,謂常畏讒邪中傷,猶鳥怕鷹隼、菊怕嚴霜。末謂告訴那張設網羅之人,我已經遠走高飛了。所以贈西府同僚。

以上列舉諸詩,皆謝朓膾炙人口之佳作,文辭精巧工麗,風格爽朗新綺,其境界之清遠綿渺,與所寫諸山之自然景色完全吻合。和謝靈運相比,靈運之作多生澀語,不若謝朓之自然多趣,已具有唐音唐調了。鍾嶸《詩品》評云:

> 其源出於謝混,微傷細密,頗在不倫。一章之中,自有玉石,然奇章秀句,往往警道,足使叔源失步,明遠變色。善自發詩端,而末篇多躓,此意鋭而才弱也,至爲後進士子所嗟慕。

認爲謝朓之作源於謝混,但過分雕飾,又與謝混不同。然奇章秀句警策有力,且善於發端,如"大江流日夜,客心悲未央"、"朔風吹飛雨,蕭條江上來"(《觀朝雨》)、"江南佳麗地,金陵帝王州"(《入朝曲》)等,境界闊大,籠蓋全篇。但篇末好用典,不甚生動,乃意銳而才力不足所致。所評極其允當。其爲後之士子所嗟慕者,如沈約即極盡贊揚之能事,謂"二百年來無此詩也"(《南齊書·謝朓傳》);劉孝綽名重當時,"唯服謝朓,常以謝詩置几案間,動靜輒諷味"(《顏氏家訓·文章》);李白傲視古今,卻"一生低首謝宣城"(王士禎《論詩絕句》);其澤惠後代遠矣。

二、沈約、范雲

(一)沈約

沈約(公元四四一——五一三),據《梁書》卷十三本傳,字休文,吳興武康(今浙江德清武康鎮)人。幼孤貧,篤志好學,晝夜不倦。母恐其以勞成疾,常遣減油滅火。而晝之所讀,夜輒誦之。遂博通群籍,能屬文。歷仕宋、齊、梁三代,宋時歷任征西記室參軍、尚書支度郎。入齊,累官太子家令、尚書左丞、吏部郎、東陽太守、五兵尚書。後與范雲等助梁武帝蕭衍成帝業,以功封建昌縣侯。天監十二年卒,年七十三,謚曰隱。其著撰很多,有《謚法》十卷、《四聲譜》一卷、《晉書》一百十卷、《宋書》一百卷、《齊記》二十卷、《宋文章志》三十卷。今僅存《宋書》。有文集一百卷,已散佚,明人張溥輯有《沈隱侯集》。今存詩一百八十餘首,其中樂府幾乎占一半。他提出四聲八病說,對古體向近體之轉變起着重要作用,爲詩歌開辟了新境界。如其《休沐寄懷》云:

> 雖云萬重嶺,所歊終一丘。階墀幸自足,安事遠遨游?臨池清溽暑,開幌望高秋。園禽與時變,蘭根應節抽。憑軒搴木

末,垂堂對水周。紫籜開綠篠,白鳥映青疇。艾葉彌南浦,荷花遠北樓。送日隱層閣,引月入輕幬。爨熟寒蔬翦,賓來春蟻浮。來往既云勌,光景爲誰留!

休沐,指官吏例假休息沐浴,《初學記》卷二十:“休假亦曰沐浴。漢律:吏五日得一下沐,言休息以洗沐也。”此詩即抒發其假日閒適之情懷。首二句,用《漢書·叙傳》“棲遲於一丘,則天下不易其樂”之意。“臨池”句,指俯臨水池。清,猶凉。清滌暑,使盛夏濕熱之氣候凉爽。“憑軒”二句,用《楚辭·九歌·湘君》“搴芙蓉兮木末”、“水周兮堂下”之意。垂堂,堂邊檐下地。“紫籜”句,籜,竹皮。篠,竹箭。“爨熟”二句,謂翦割並炊熟蔬菜,與賓客同酌春酒。爨,炊也。蟻浮,即浮蟻之倒文,指酒面之浮沫。先寫一丘一壑可以自足,次寫初秋之景所以自適,末寫興來與親朋共飲,自得其樂。閑情逸致,以自然雋秀之詩風出之,別是一種韻味。又其《別范安成》云:

> 生平少年日,分手易前期;及爾同衰暮,非復別離時。勿言一樽酒,明日難重持。夢中不識路,何以慰相思?

范安成,即范岫,字懋賓,仕齊爲安成内史。“文惠太子之在東宮,沈約之徒以文才見引,岫亦預焉”(《梁書》卷二十六《范岫傳》)。此爲贈別之作。意謂少年與范岫離別,把重逢看得很容易,現在彼此俱已衰老,誠非離別之時,不要以爲眼前一樽贈別之酒算不了什麽,恐怕以後難得再有共飲之機會了。末二句,李善注引《韓非子》曰:“六國時張敏與高惠二人爲友,每相思不能得見,敏便於夢中往尋,但行至半道,即迷不知路,遂回,如此者三。”謂即使也像古人那樣夢中尋訪,也將迷途而返,怎能使相思之情得到安慰呢?表現了深摯之懷戀。又其《傷謝朓》云:

吏部信才傑，文鋒振奇響。調與金石諧，思逐風雲上。豈
言陵霜質，忽隨人事往。尺璧爾何冤，一日同丘壤。

謝朓被人構陷，含冤而死，沈約作詩哀悼。意謂謝朓官至尚書吏部
郎，才華出眾，詞鋒超凡，情調和諧，文思飄逸，未料到這位具有凌
霜之質、才品俱高之人，遽然死亡，與塵土同腐，豈不冤枉！是悲
悼，同時卻充滿了憤慨！

此外，他的《八詠詩》是一篇弘麗的抒情之作。凡八首，一首
寫一景，即景攄懷。辭句工巧對偶，聲律諧平仄，字句之間皆傾注
着功力，已是律體之濫觴。

要之，沈約之五言詩以抒發個人胸懷、朋友情誼以及寫景、詠
物之作爲佳。文辭工巧華麗，格調清新哀怨，在當時江淹才盡、范
雲聲名尚低之情況下，堪稱獨步。鍾嶸《詩品》評云：

　　觀休文眾製，五言最優。詳其文體，察其餘論，固知憲章
鮑明遠也。所以不閑於經綸，而長於清怨。……故當詞密於
范，意淺於江。

認爲沈約諸作，以五言詩最好。他不善於典雅的廟堂之作，而長於
清新哀怨之篇，而這種詩風源於鮑照。並認爲其詞采比范雲細密，
詩意比江淹淺顯。可謂知言。

（二）范雲

范雲（公元四五一——五〇三），據《梁書》卷十三本傳，字彥
龍，南鄉舞陰（今河南泌陽縣西北）人，范縝從弟。少機警，善屬
文，下筆輒成。齊初，居竟陵王蕭子良門下，以能讀秦時刻石文寵
冠府朝。仕齊，爲零陵內史、廣州刺史。因事下獄，遇赦得免。後
與沈約等協力翼贊梁武帝成帝業，入梁，得陞吏部尚書，封霄城縣
侯，遷尚書右僕射。天監二年卒，年五十三，諡曰文。有集三十卷，

已佚。《全梁詩》輯録其詩四十餘首，其中爲人所稱道者有《贈張徐州謖》、《之零陵郡次新亭》、《別詩》等。其《贈張徐州謖》云：

> 田家樵采去，薄暮方來歸，還聞稚子説，有客款柴扉。儐從皆珠玳，裘馬悉輕肥。軒蓋照墟落，傳瑞生光輝。疑是徐方牧，既是復疑非。思舊昔言有，此道今已微。物情棄疵賤，何獨顧衡闈？恨不具雞黍，得與故人揮。懷情徒草草，淚下空霏霏。寄書雲間雁，爲我西北飛。

《文選》丘希範《侍宴樂游苑送張徐州應詔詩》李善注："劉璠《梁典》：'張謖字公喬，齊明帝時爲北徐州刺史。'"此爲張謖來訪不遇，作詩相贈。詩當作於作者免官家居之時。意謂樵采晚歸，有客叩門，不得相見。聽稚子叙述來客儐從之衆，車騎之盛，是否張謖？在疑信之間。儐從，即侍從之人。傳瑞，官吏之符信。方牧，即方伯，指州長。"思舊"四句，謂張謖獨存古道，與世俗勢利之交不同，而不棄疵賤，走訪衡門。疵賤，自謙之詞。衡闈，即衡門，《詩經·陳風·衡門》："衡門之下，可以棲遲。"《毛傳》："衡門，横木爲門，言淺陋也。""恨不"二句，雞黍，李善注："謝承《後漢書》曰：'山陽范式字巨卿，與汝南張元伯爲友，春别京師，以秋爲期。至九月十五日，殺雞作黍。二親笑曰：山陽去此幾千里，何必至？元伯曰：巨卿信士，不失期者。言未絶而巨卿至。'"揮，揮觴也。陶淵明《時運》詩："揮兹一觴，陶然自樂。"謂悔恨不能像張元伯之具雞黍與故友范式揮觴痛飲。"懷情"二句，草草，勞心貌。《詩經·小雅·巷伯》："驕人好好，勞人草草。"霏霏，盛多貌。《詩經·小雅·采薇》："今我來思，雨雪霏霏。"徒，空也。説明情懷無着落，惟傷心落淚而已。末二句，是寄贈，李善注："西北，謂徐州也，在揚州之西北。《輿地志》：'宋以鍾離爲置徐州，齊以荆州爲北徐州

也。'"對張謖身爲方伯,卻不忘棲遲於柴門之故交,表現了無限的感戴之情。又《之零陵郡次新亭》云:

> 江干遠樹浮,天末孤烟起。江天自如合,烟樹還相似。滄流未可源,高帆去何已?

此是作者赴零陵内史任,止宿新亭時所作。謝朓有《新亭渚別范零陵雲》詩。前四句寫景,言江天一色,烟樹一片。干,水畔。末二句攄懷,言水程悠遠,行役勞頓。未可源,未能窮其源。已,即止。謂揚帆飄蕩何所止也。是即景抒情之作。又《別詩》云:

> 洛陽城東西,長作經時別。昔去雪如花,今來花似雪。

此是與何遜所作之聯句。何遜有《范廣州宅聯句》。首二句謂分別經歷多時。末二句謂冬季分別,春季重會。簡明秀逸,別是一格。鍾嶸《詩品》評云:

> 范詩清便宛轉,如流風迴雪。……故當淺於江淹,而秀於任昉。

流利委婉、回蕩飄逸,確是范詩之特點,然謂其比江淹淺顯則未必,比任昉秀麗則誠然。

　　綜觀永明體之詩歌,格調清新,意境雋美,對仗工整,音律和諧,然題材狹窄,情感纖柔,使詩歌走上一條幽靜之小徑。這種風尚一直影響到陳、隋時期。

三、江淹、吳均、何遜

　　作爲竟陵八友之一的梁武帝即位之後,極重視文學,在他周圍集聚着衆多詩人,如江淹、丘遲、王僧孺、柳惲、吳均、庾肩吾、何遜、王筠、蕭子顯和劉孝綽等,又形成一個詩歌熾盛之局面。然以江淹、吳均、何遜成就最顯著。

（一）江淹

江淹（公元四四四——五〇五），據《梁書》卷十四、《南史》卷五十九本傳，字文通，濟陽考城（今河南蘭考東）人。歷仕宋、齊、梁三朝。宋時任始安王南徐州從事、建平王南徐州鎮軍參軍、建安吳興令。後投靠蕭道成，助其滅宋稱帝，齊時，初爲建安王記室，遷中書侍郎，出爲廬陵内史、宣城太守。入梁，爲散騎常侍，遷金紫光禄大夫。天監四年卒，年六十二，謚曰憲。少孤貧，好學，沉靜少交游，以文章顯，晚節才思減退，時人謂之“江郎才盡”。有《齊史》十二卷，已佚。又自撰爲前後集，亦散佚。今存明翻刻宋本《江文通集》十卷，清梁賓輯《江文通集》四卷，考訂較精。今存詩一百餘首，多刻意雕飾，善於模擬，如《雜體三十首》分別模擬自漢之《古離別》至劉宋湯惠休三十家詩體，皆形神畢肖。又《效阮公詩十五首》，在風格上亦極似阮籍之《詠懷》。其《古離別》云：

> 遠與君別者，乃至雁門關。黃雲蔽千里，游子何時還？送君如昨日，檐前露已團。不惜蕙草晚，所悲道里寒。君在天一涯，妾身長別離。願一見顔色，不異瓊樹枝。兔絲及水萍，所寄終不移。

此是《雜體三十首》第一首，寫思婦懷念征夫。首二句，謂征夫遠别至雁門關。雁門，郡名，在今山西代縣，乃北方邊塞，故曰關。次二句，用《古詩》“浮雲蔽白日，游子不顧反”之意。黃雲，指風吹塵土入雲呈黃色。“送君”二句，用張景陽《雜詩》“下事如昨日，望舒四五圓”之意。謂時光易逝，情思難銷。“不惜”二句，用《古詩》“不惜歌者苦，但傷知音稀”句法。謂所悲者不爲感時，而是懷遠。“願見”二句，瓊樹，即玉樹，傳説爲仙山上之樹。李陵贈蘇武詩云：“思得瓊樹枝，以解長飢渴。”此用其意。言思婦一見游子之面，一切愁思都將消逝。末二句，謂兔絲附樹而生，浮萍寄水而長，比喻思婦對征夫情感之堅貞不渝。此詩不僅擬古之詩體，而且兼用其文辭，倣效其句法。然作者非爲擬古而擬古，而是借擬古以抒情，詩中三呼“君”，即表現了思婦對征夫之情深意摯。又其《效阮公詩》云：

> 歲暮懷感傷，中夕弄清琴。戾戾曙風急，團團明月陰。孤雲出北山，宿鳥驚東林。誰謂人道廣，憂慨自相尋。寧知霜雪後，獨見松竹心。

此其十五首中之第一首。《梁書》本傳記載：“景素爲荆州，淹從之鎮。少帝即位，多失德，景素專據上流，咸勸因此舉事。淹每從容諫……景素不納。及鎮京口，淹又爲鎮軍參軍事、領東南海郡丞。景素與腹心日夜謀議，淹知禍機將發，乃贈詩十五首以諷焉。”謂江淹隨宋建平王劉景素鎮荆州，景素謀反，江淹勸諫不聽，因作詩諷諭。首二句，用阮籍《詠懷》“夜中不能寐，起坐彈鳴琴”之意。中夕，即夜中。次二句，戾戾，風聲。鮑照《從臨海王上荆初發新渚詩》有“戾戾旦風遒”句。陰，暗也。天曉則月暗。“孤雲”二句，用阮籍《詠懷》“孤鴻號外野，朔鳥鳴北林”之意。天曉則見雲出山、鳥驚飛。“誰謂”二句，亦用阮籍《詠懷》“徘徊將何見，憂思獨傷心”憂慨時事之意。少帝失德，諸王謀亂，是“憂慨”所以“相尋”也。末二句，用《論語·子罕》：“歲寒，然後知松柏之後彫也。”以表明其對宋建平王劉景素之耿耿忠心。詩體全倣阮籍之作，其酷似程度可以亂真。然亦非純爲擬古，而是借古以諷今。除了模擬之作外，江淹還寫了一些具有自己特色的抒懷作品，如《望荆山》：

> 奉義至江漢，始知楚塞長。南關繞桐柏，西嶽出魯陽。寒

郊無留影，秋日懸清光。悲風橈重林，雲霞肅川漲。歲宴君如
何？零淚沾衣裳。玉柱空掩露，金樽坐含霜。一聞苦寒奏，再
使艷歌傷。

此亦隨宋建平王劉景素在荆州時所作。荆山，在今湖北省境内，自
保康、南漳兩縣東南迤邐於沮、漳二水之間，《水經·沮水》注云：
"高峰霞舉，峻竦層雲。"詩之前八句寫眺望中之荆山。首二句謂
奉職到江漢，方知楚國邊塞之長。義，亦含有與劉景素之君臣關
係。楚塞，指荆山，古時爲楚郢都北部之屏障。次二句，具體寫楚
塞之長。南關，指荆山南端關口險隘處。桐柏，山名，在信陽以西，
河南、湖北兩省之間。西嶽，指荆山西端之峰嶺。魯陽，關名，在今
河南魯山縣西南。荆山繞桐柏、出魯陽，乃作者想象山勢之走向。
"寒郊"以下四句，寫荆山之郊原一片荒寒，不見草木之影跡，唯有
秋日之清光，秋風吹重密之樹木彎曲，雲霞映清寒之河水增長。
橈，曲木也。肅，寒也。後八句抒情。君如何？是自問，謂在這幅
肅殺之秋景中自己怎樣呢？有感於宋玉悲秋，不禁"零淚沾衣
裳"。"玉柱"二句，寫秋夜沉寂肅爽之氣。柱，琴瑟架弦之部件，
這裏代稱樂器。樽，酒器。空掩露、自含霜，謂琴瑟未奏，空蒙露
水，樽酒不飲，自感清冷。坐，此處作"自"解。末二句，寫聽到樂
曲演奏時之心境。苦寒，即曹操《苦寒行》。艷歌，指楚地曲調。
謂一旦聽到楚調奏出《苦寒行》，再度令人心情悲傷。詩題爲《望
荆山》，應主要寫荆山風光，然卻用一半篇幅抒發其悲戚之情，即使
寫景部分也充滿了蒼涼之感，一則謂"淚沾裳"，再則謂"艷歌傷"，
究竟是什麼原因使作者如此悲傷？不可考知。要之，皆可説明江
淹詩歌之特點在重抒情，其模擬之作如此，其獨製之章更是如此。
劉熙載《藝概·詩概》云："江文通詩，有悽涼日暮，不可如何之意，
此詩之多情而人之不濟也。"鍾嶸《詩品》評其詩云：

> 文通詩體總雜，善於摹擬，筋力於王微，成就於謝朓。

指出其詩體之不一致，善長摹擬，是正確的。但認爲"成就於謝
朓"，卻於史實有誤。按江淹生年早於謝朓二十一年，其詩何以能
"成就於謝朓"？疑朓當爲混之誤。謝混與王微在《詩品》同列爲
中品，並同在一條內，風格成就相近。又江淹《雜詩三十首》中有
擬謝混《游覽》、《養疾》各一首，説明對他們作品之傾慕，然則他之
創作源於所傾慕便是自然的了。如若此推論不誤，那末此二句當
爲江淹筋力得力於王微，成就得力於謝混了。

(二)吳均

吳均(公元四六九——五二〇)，據《梁書》卷四十九、《南史》
卷七十二本傳，字叔庠，吳興故鄣(今浙江安吉縣西北)人。家世
寒賤，好學，有俊才。沈約見其文，頗相稱賞。天監初，柳惲爲吳興
太守，召補主簿，日與賦詩。後爲建安王偉記室，補國侍郎，兼府成
局，還除奉朝請。因私撰《齊春秋》，爲梁武帝所惡，免其職。普通
元年卒，年五十二。性格鯁直不阿，爲當權者不容，梁武帝曾云：
"吳均不均，何遜不遜。"(《南史·何遜傳》)所著有《齊春秋》三十卷、
《廟記》十卷、《十二州記》十六卷、《錢塘先賢傳》五卷、《續文釋》
五卷，皆佚。明人輯有《吳朝請集》。今存詩一百三十餘首，其中
樂府三十餘首，多贈答之作，寫失意者之不平和寒賤者之骨氣。如
《贈王桂陽》云：

> 松生數寸時，遂爲草所没。未見籠雲心，誰知負霜骨？弱
> 幹可摧殘，纖莖易陵忽。何當數千丈，爲君覆明月。

王桂陽，疑即王嶸，曾爲桂陽太守。作者以松自喻，向王桂陽表明
自己之志向。謂松柏幼小時，會被野草埋没，被摧殘、凌侮；當其高
達數千尺，可以籠聚雲氣，遮蔽日月之時，才會使人知道其有凌霜

之姿。籠雲，籠聚雲氣。其《山中雜詩》有云："桂樹籠青雲。"何當，猶合當。於期望中，表現出一種沈雄鬱勃之氣。其《答柳惲》云：

> 清晨發隴西，日暮飛狐谷。秋月照層嶺，寒風掃高木。霧露夜侵衣，關山曉催軸。君去欲何之？參差間原陸。一見終無緣，懷悲空滿目。

所謂《答柳惲》，是柳惲先有《贈吳均詩》三首，此是答其中"夕宿飛狐關"一首。柳惲，字文暢，河東解（今山西運城市西北）人，工詩。天監中爲吳興太守，吳均曾應邀而往。此詩可能是柳惲離職時，吳均送行之作。首二句舉兩地名，隴西郡，在今日甘肅東南部。飛狐谷，即柳惲贈詩中之"飛狐關"，在今河北淶源縣北，跨蔚縣界。此兩地相距三四千里，非作者親歷其地，只是借用，以見路途之遥遠。"秋月"以下四句，謂晝夜兼行，飽嘗風霜露宿之苦。催軸，即催行。"君去"二句，謂途經參差間錯之高原與平陸，到何處去呢？原陸，高原與平陸。末二句，謂今後無由相見，面對臨別之景，滿目悽然。詩體蒼凉有古風。又《贈周散騎興嗣》云：

> 子雲好飲酒，家在成都縣。製賦已百篇，彈琴復千轉。敬通不富豪，相如本貧賤。共作失職人，包山一相見。

周興嗣，字思纂，陳郡項（今河南項城市東北）人。梁武帝初，爲員外散騎侍郎，見《梁書》卷四十九本傳。作者此題共兩首，這是第一首。詩以揚子雲、馮敬通比周興嗣，以司馬相如自比。揚子雲名雄，可能善彈琴，曾著《琴清英》。馮敬通名衍，《後漢書》卷五十八下本傳説他"有大志，不戚戚於賤貧，居常慷慨"。失職，猶失所，《楚辭·九辯》："貧士失職而志不平。"包山，在太湖中，俗稱洞庭西山。謂自己與子雲、敬通俱爲貧士失職者，當共隱包山。平實之

叙述,卻隱寓着一種憤慨和不平。《梁書》本傳稱其詩云:

> 均文體清拔,有古氣。好事者或效之,謂爲吳均體。

既指出其詩之特點,又説明其詩體在當時影響之大。

(三)何遜

何遜(?——五一八),據《梁書》卷四十九、《南史》卷三十三本傳,字仲言,東海郯(今山東郯城縣)人。八歲能賦詩,弱冠舉秀才。范雲見其文,大相稱賞,嘗云:"頃見文人,質則過儒,麗則傷俗,其能含清濁,中今古,見之何生矣。"與其結爲忘年交。沈約愛其文,嘗云:"吾讀卿詩,一日三復,猶不能已。"梁天監中,起家奉朝請,遷建安王水曹行參軍。後隨府遷江州,掌書記,還爲安西安成王參軍,兼尚書水部郎,世稱"何水部"。位終廬陵王記室。未幾卒。梁元帝嘗謂"詩多而能者沈約,少而能者謝朓、何遜"。其爲當時稱頌者如此。王僧孺集其文爲八卷,已散佚。明人輯有《何水部集》。今存詩一百一十餘首,多詠羈旅行役之思和離別之情,尤長於山水景物之描摹。如《酬范記室雲》:

> 林密户稍陰,草滋階欲暗。風光蕊上輕,日色花中亂。相思不獨懽,佇立空爲嘆。清談莫共理,繁文徒可玩。高唱子自輕,繼音予可憚。

范記室,即范雲,曾爲齊竟陵王蕭子良記室參軍。他原有《贈何秀才》詩,何遜因作此詩酬答,以表達對范雲之敬意與自己寂寞之情懷。前四句寫景,謂林密陰户,草滋暗階,風光輕浮於蕊上,日色閃動於花中。謝朓《和徐都曹出新亭渚》有句云:"日華川上動,風光草際浮。"可作次二句境界之注解。摹畫出一片清幽宜人之景色。後六句抒情,謂面對清幽之環境,自己卻"不獨懽"、"空自嘆",爲什麼呢?因爲玄理誰與清談?繁文誰與共賞?流露了對范雲之思念。高唱，指范雲贈詩。自輕，指范雲贈詩中之"布鼓誠自鄙"句。
布鼓，以布爲鼓，無聲。布鼓與雷門對舉，比喻在高手面前賣弄技
能。這裏是范雲自謙。繼音，指酬答范雲之作。予可憚，我何可畏
呢？謂自己酬答之作，格調並不比范雲高，可是仍要無所畏懼地寫
作。此是自勵之辭。情詞委婉，敬慕之意自現。又如《臨行與故游
夜別》云：

> 歷稔共追隨，一旦辭群匹。復如東注水，未有西歸日。夜
> 雨滴空階，曉燈暗離室。相悲各罷酒，何時同促膝？

詩題《藝文類聚》、《文苑英華》俱作《從鎮江州與游故別》。何遜從
鎮江州在梁天監年間，此詩即當作於此時。謂歷年共同追隨，一旦
朋儔辭別，如東流之水，永無歸期。稔，即年。群匹，猶朋儔，指諸
故游。夜雨、曉燈，點明夜別。末二句，謂離別之悲悽，令朋儔無心
飲酒，感慨相會無望，沉痛至極。又《相送》是從另一角度寫離別
之思，如：

> 客心已百念，孤游重千里。江暗雨欲來，浪白風初起。

詩題"相送"，並非送行，而是留贈送別者。首二句寫客行之悽楚，
謂做客已可哀傷，做遠游之客更令人哀傷。末二句寫江上之風雨，
風雨欲來而江水驟變。抒情寫景，描繪入微。另一首詠物詩《揚州
法曹梅花盛開》，也很爲人們所稱道，如：

> 兔園標物序，驚時最是梅。銜霜當路發，映雪擬寒開。枝
> 橫卻月觀，花繞凌風臺。朝灑長門泣，夕駐臨邛杯。應知早飄
> 落，故逐上春來。

天監中，建安王遷都督揚、南徐二州，遜爲記室。杜甫《和裴迪登蜀
州東亭送客逢早梅相憶是寄》有云："東閣官梅動詩興，還如何遜

在揚州。"是作者任職揚州時,詠揚州之早梅。首二句謂園標節序,梅花驚時。兔園,漢梁孝王所築園名。這裏借指揚州園林。次二句寫梅花銜霜、映雪,以見其不畏風寒。"枝橫"二句寫梅花怒放於臺觀之間,更顯得妍麗。卻月觀、凌風臺,當爲揚州臺觀名。"朝灑"二句,長門,漢宮名,武帝陳皇后被遺棄於長門宮,愁苦悲傷,司馬相如爲之作《長門賦》。臨邛,漢縣名,在蜀中。司馬相如在臨邛,飲於卓王孫家,卓女文君愛好之,奔相如。此謂梅花驚時,可以引發怨女之哀思,也可以助文人之雅興。以見其感人之魅力。末二句謂梅花自知早落,故早開。上春,即孟春。此詠梅,亦自詠,以梅之不畏霜雪,喻自己品質之堅貞。氣格超凡脱俗,風姿凜然。

何遜之詩在技巧上追求對偶工整,能兩兩相生,重視音律和諧,使平仄相間,注意錘煉字句,做到精細穩貼。且詩風疏朗有致,別具韻調,已是近體詩之體制了。陳祚明《采菽堂古詩選》卷二十六評云:

> 何仲言詩,經營匠心,惟取神會。生乎駢麗之時,擺脱填綴之習,清機自引,天懷獨流,狀景必幽,吐情能盡。故應前服休文,後欽子美。

指出其匠心經營,唯在"神會",在"狀景必幽,吐情能盡"。又沈德潛《古詩源》云:

> 仲言詩雖乏風骨,而清詞宛轉,淺語俱深,宜爲沈、范心折。

指出其"清詞宛轉,淺語俱深"。把他們的意見綜合起來,便是何遜詩之總特點。使他成爲梁代之重要詩人。

綜觀梁代之詩歌,在斟酌音韻,雕琢辭句,開拓意境方面皆用過苦功。其成就,實開唐人之三昧。

六朝的文人五言詩,經過玄言詩、山水詩、對偶詩、原始律詩四個階段,結束了漢魏之古體,而萌生了新的近體,把詩歌推向一個新的發展階段。

四、律詩之形成

南朝是古體詩向近體詩的轉化時期。在這一轉化過程中,有兩個關鍵性因素起作用:其一,是顔延之等人提倡用事、對偶,使古體演變爲俳體;其二,是沈約等人提倡聲律,於用事、對偶之中又加入聲律之講究;如此則聲律、用事、對偶三者配合匀稱,平仄和諧,律體詩因之便逐漸形成了。

律詩之形成,最先者爲五七言絶句,約在齊梁時期;其次爲五七言律詩,約當梁陳時代;五七言排律形成最晚,在南朝末年。

(一)五七言絶句

絶句之形成,是在四聲八病説影響下自然發展之趨勢,其五絶如柳惲《從武帝登景陽樓詩》:

> 太液滄波起,長楊高樹秋。翠華承漢遠,雕輦逐風游。

此詩受到梁武帝之賞識,"當時咸共稱傳"(《梁書》卷二十一本傳)。此外,還有梁簡文帝《梁塵詩》、陳沙門慧標《送陳寶應起兵詩》等,都是完整之五絶。其七絶如蕭子雲《玉笥山詩》:

> 千載雲霞一徑通,煖烟遲日鎖溶溶。鳥啼春晝桃花坼,獨
> 步溪頭探望茸。

此外,如虞世南《袁寶兒詩》也是七絶成功之作。

(二)五七言律詩

齊梁時期之詩,篇中往往雜有律句,有的已經形成完整的律體,其五律如范雲《巫山高》:

> 巫山高不極,白日隱光輝。靄靄朝雲去,溟溟暮雨歸。巖懸獸無跡,林暗鳥疑飛。枕席竟誰薦,相望空依依。

此詩雖然後幾句平仄稍有不諧,但中間二聯對偶工穩,句法整齊,儼然是一篇五律。此外,庾信《舟中望月》、張正見《關山月》亦屬此體之成型者。其七律如庾信《烏夜啼》:

> 促柱繁弦非子夜,歌聲舞態異前溪。御史府中何處宿,洛陽城頭那得棲。彈琴蜀郡卓家女,織錦秦川竇氏妻。詎不自驚長淚落,到頭啼烏恒夜啼。

又陳子良《我家吳會》,雖然音節未盡和諧,體制已屬七律。

(三)五七言排律

排律在齊、梁時期很少見,直到後梁時才出現,其五言排律如後梁庾丹《秋閨有望》:

> 耿耿橫天漢,飄飄出岫雲。月斜樹倒影,風至水迴文。已泣機中婦,復悲堂上君。羅襦曉長襞,翠被夜徒薰。空汲銀床井,誰縫金縷裙。所思竟不至,持酒清夜分。

其七言排律如後梁沈君攸《薄暮動弦歌》:

> 柳谷向夕沈餘日,蕙樓臨砌徙斜光。金戶半入蓁林影,蘭徑時移落藥香。絲繩玉壺傳綺席,秦箏趙瑟響高堂。舞裙拂履喧珠珮,歌響出扇繞塵梁。雲邊雪飛絃柱促,留賓但須羅袖長。日暮歌鐘恒不倦,處處行樂爲時康。

此類排律皆兩兩對偶,宛然唐詩了。

劉宋時期,士人都競作五言詩,至齊遂有人作五七言絕句,至梁才有律詩產生,排律體制更複雜,故形成較晚,約當南朝之末。綜觀從劉宋到梁末五言詩之演變過程是"聲"與"律"合。當然,其中有一部分二者並未結合，這正是從古詩到唐代律詩之間的一段過渡現象。

梁、陳士子從古體詩中探尋新體，偶然得到這些篇章，數量較少，但卻爲唐代各類近體詩奠定了基礎。

五、宮體詩之産生

宮體詩之産生，並非偶然，而是有其一定的社會背景的。這種社會背景即劉宋建國，地處江南富庶之地，水陸交通比較方便，國內外航運比較發達，因此經濟出現了比較繁榮之局面。在這種安定、富庶之環境中，一般文人士子的生活都極盡安逸、享樂之能事，影響於文學，便形成追求形式華麗之詩風。迨至齊、梁，這種詩風益盛，加之沈約聲律説之流行，使華麗之辭藻與和諧之聲律結合起來，宮體詩便應運而生了。

宮體詩之産生有一個過程，早在劉宋時期，謝靈運、湯惠休乃至鮑照已經寫過艷情詩，齊、梁時期之沈約、王融、謝朓也寫過不少艷情詩，像沈約《夢見美人》、《夜夜曲》、謝朓《夜聽妓》二首等，梁武帝蕭衍更寫過此類作品。當然，他們所作只是艷情而已，還不能成爲正式之宮體詩。宮體之名，實由梁簡文帝的創作獲得的。《梁書》卷四《簡文帝紀》記載：

> 余七歲有詩癖，長而不倦，然傷於輕艷，當時號爲"宮體"。

可見"宮體"始於梁簡文帝。又《梁書》卷三十《徐摛傳》記載：

> 摛屬文，好爲新變，不拘舊體。……文體既別，春坊盡學之，宮體之號，自斯而起。

此是徐摛爲蕭綱家令時所操之文體，尋其源仍當出自梁簡文帝。

至於宮體詩之内容,《隋書》卷三十五《經籍志》云:

> 梁簡文之在東宫,亦好篇什,清辭巧製,止乎袵席之間,雕琢蔓藻,思極閨闥之内。

它主要描寫女子之體態、姿容,描寫君主、貴族聲色娛樂之生活。這種靡麗之詩體,爲治文學史者所非薄,不是没有原因的,從詩題看,如《見内人作卧具》、《戲贈麗人》、《率爾爲詠》、《詠内人晝眠》、《傷美人》、《變童》、《美人晨妝》、《夜聽妓》等,可見其確爲近乎淫靡之作。但是,宮體詩畢竟是一種社會現象,是一個時代之産物,因此我們就應當認真對待。何况其産生之後聲勢很大,影響到南北各地。如《南史》卷八《梁簡文帝紀論》云:"宮體所傳,且變朝野。"又《隋書·經籍志》記載:"後生好事,遞相放習,朝野紛紛,號爲宮體。"因此,其在文學史上的地位不容忽視。

宮體詩之代表作家是梁簡文帝,他名綱,字世纘,梁武帝第三子,長兄蕭統早逝,他被立爲太子,并繼即帝位。今有明人所輯《梁簡文帝集》,存詩二百六十餘首,主張"文章且須放蕩"(《誡當陽公大心書》),如《詠内人晝眠》云:

> 北窗聊就枕,南簷日未斜。攀鈎落綺障,插捩舉琵琶。夢笑開嬌靨,眠鬟壓落花。簟文生玉腕,香汗浸紅紗。夫壻恒相伴,莫誤是倡家。

以艷靡之文辭描繪女子之睡態,綺麗輕柔,精微細膩,體現了宮體詩"放蕩"之特點。此外,還有兩家重要人物,即徐摛及其子陵,庾肩吾及其子信。他們極力推行宮體文學,因此宮體又稱"徐庾"體。

宮體對永明體而言是一種革新,即《徐摛傳》所謂"新變"。當時上自封建帝王,下至一般文人士子都在推行這種革新。簡文帝

曾命徐陵編撰《玉臺新詠》以擴大其影響，劉肅《大唐新語》卷三
《公直》即云：“先是，梁簡文帝爲太子，好作艷詩，境內化之，浸以
成俗，謂之‘宮體’。晚年改作，追之不及，乃令徐陵撰《玉臺集》以
大其體。”於是其聲勢遂駕凌於沈、謝諸人倡導之文學之上。風氣
所向，披靡南北。

　　徐、庾諸人之生活，完全是貴族宮廷生活，放蕩淫靡，無所不
至。至於那些帝王之生活，更荒淫無恥了。趙翼《廿二史劄記》卷
十一“宋齊多荒主”條，列舉宋少帝義符、前廢帝子業、後廢帝昱、
齊廢帝鬱林王、齊廢帝東昏侯寶卷、陳後主叔寶都是荒淫無度、殘
忍至極的暴君，過着禽獸般的生活。宮體詩即産生在這種腐朽的
政治環境之中，是這一特定時代環境之必然産物，絕不單是幾個人
提倡使其然也。

第三節　陳、隋時期

　　梁末南方社會遭到戰爭極大之破壞，至陳經過武帝、文帝、宣
帝二十餘年之治理，經濟、文化都有所恢復，與此相應，至陳後主其
腐朽、淫靡之生活也得以發展，在此基礎上宮體詩更興盛起來。可
見一般治文學史者認爲宮體詩自齊、梁諸人之後便結束了，是不正
確的，實際上宮體詩至陳始發展到頂端，隋則是其餘緒。

一、宮體詩之發展

　　宮體詩之發展，如上所述，與封建君主荒淫無恥之生活密切聯
繫着，關於陳後主之淫逸無度，史籍記載很多，如《陳書》卷六《後
主紀》史臣云：

　　　　後主生深宮之中，長婦人之手，既屬邦國殄瘁，不知稼穡

艱難。初懼陆危，屢有哀矜之詔；後稍安集，復扇淫侈之風。賓禮諸公，唯寄情於文酒；昵近群小，皆委之以衡軸。謀謨所及，遂無骨鯁之臣；權要所在，莫匪侵漁之利。政刑日紊，尸素盈朝，躭荒爲長夜之飲，嬖寵同艷妻之孽。危亡弗恤，上下相蒙，衆叛親離，臨機不寤。自投於井，冀以苟生，視其以此求全，抑亦民斯下矣。

他貪婪、昏庸，近群小而遠良臣，而且奢侈、荒淫，"躭荒爲長夜之飲，嬖寵同艷妻之孽"，唯與賓禮諸公寄情文酒。更具體的記載如《南史》卷十《後主紀》云：

> 後主愈驕，不虞外難，荒於酒色，不恤政事，左右嬖佞珥貂者五十人，婦人美貌麗服巧態以從者千餘人。常使張貴妃、孔貴人等八人夾坐，江總、孔範等十人預宴，號曰"狎客"。先令八婦人襞采箋，製五言詩，十客一時繼和，遲則罰酒。君臣酣飲，從夕達旦，以此爲常。

後主使妃嬪與狎客共同賦詩，互相贈答，君臣酣歌，通宵達旦。在這種環境中，宮體之作更興盛起來。至於狎客，《陳書》卷二十七《江總傳》記載：

> 總篤行義，寬和温裕，好學能屬文，於五言七言尤善。然傷於浮艷，爲後主所愛幸，有側篇，好事者相傳諷翫，於今不絕。後主之世，總當權宰，不持政務，但日與後主游宴。後庭共陳暄、孔範、王瑗等十餘人，當時謂之狎客。

又《南史》卷七十七《孔範傳》記載：

> 與江總等並爲狎客。範容止都雅，文章贍麗，又善五言詩，尤其親愛。

這些狎客創作之"浮艷"、"側篇"、"瞻麗"，正是宮體詩之新義，是他們與陳後主所竭力提倡者。至於妃嬪，《陳書》卷七《張貴妃傳》史臣云：

> 後主自居臨春閣，張貴妃居結綺閣，龔、孔二貴嬪居望仙閣，並複道交相往來。又有王、李二美人，張、薛二淑媛，袁昭儀、何婕妤、江脩容等七人並有寵，遞代以游其上。以宮人有文學者袁大捨爲女學士。後主每引賓客對貴妃等游宴，則使諸貴人及女學士與狎客共賦新詩，互相贈答。采其尤艷麗者以爲曲詞，被以新聲，選宮女有容色者以千百數，令習而歌之，分部迭進，持以相樂。其曲有《玉樹後庭花》、《臨春樂》等，大指所歸，皆美張貴妃、孔貴嬪之容色也。

這不但説明宮體詩創作之熾盛，而且"采其尤艷麗者以爲曲詞，被以新聲"，説明曲詞與音樂之結合，能够傳唱。其流傳當更廣闊。

陳時宮體詩之盛，實由狎客與妃嬪女學士兩類人爲應合、滿足陳後主奢侈、荒淫之生活要求而促成的。從政治上説，陳後主固爲亡國之孽子，從文學説，他們的創作雖然寫的是腐朽的宮廷生活，但其描寫手法之細膩，運用格律、對偶之圓熟，特別是把音樂與曲詞結合起來，這對詩歌發展所起的作用，是不能忽視的。大凡一種文學合於音樂，就發展，否則就停滯、衰落。陳後主能把詩歌與音樂結合起來，就推動了詩歌之發展，這便是他在文學史上的地位。茲舉其最成功的合樂之作。如五言《梅花落》：

> 春砌落芳梅，飄零上鳳臺。拂妝疑粉散，逐溜似萍開。映日花光動，迎風香氣來。佳人早插髻，試立且徘徊。

內容是詠梅，末二句卻以梅妝點美人。風格輕靡而孱弱。又七言《玉樹後庭花》：

　　　麗宇芳林對高閣，新妝艷質本傾城。映戶凝嬌乍不進，出
帷含態笑相迎。妖姬臉似花含露，玉樹流光照後庭。

寫張貴妃或孔貴嬪姿容之輕柔妖冶、嬌態美貌，光照後庭，刻意描
繪，盡極妍窮麗之能事。其對仗之工整，律調之和諧，足以歌唱，以
致宮體風靡詩壇。

　　儘管被稱爲宮體詩之作家，其詩歌並非盡寫女子體態、姿容之
美及君主、貴族聲色之娛，或謂其非宮體之作，然其詩風之追求靡
麗、輕柔和聲律、對偶之講究完善，則是一致的。受這種詩風之影
響，一些非宮體詩人也多雕琢蔓藻，斟酌音韻，表現了同樣的創作
傾向。故當綜合論述之。

二、徐陵、陰鏗

(一) 徐陵

　　徐陵(公元五〇七——五八三)，據《陳書》卷二十六、《南史》
卷六十二本傳，字孝穆，東海郯(今山東郯城縣西南)人。陵八歲
能屬文，既長，博涉史籍，縱橫有口辯。梁時歷東宮學士、尚書支度
郎、上虞令、御史中丞、通直散騎侍郎等。入陳，爲太府卿、五兵尚
書、御史中丞。天康中，遷吏部尚書。宣帝即位，封建昌縣侯。後
主即位，遷太子少傅。陳之詔策軍書，皆出其手筆。至德元年卒，
年七十七。詩文爲當代所宗，與庾信齊名。所編《玉臺新詠》十
卷，與《文選》并爲僅存之六朝詩歌總集，選錄之內容側重在閨情。
有集三十卷，已散佚。明人輯有《徐孝穆集》，清人吳兆宜有《徐孝
穆集箋注》。今存詩四十餘首，其中樂府十九首。其五言詩如《奉
和詠舞》，是他自選入《玉臺新詠》者，可見是其得意之作：

　　　十五屬平陽，因來入建章。主家能教舞，城中巧畫妝。低

鬟向綺席,舉袖拂花黃。燭送空迴影,衫傳篋裏香。當由好留
客,故作舞衣長。

梁簡文帝有《詠舞》詩,他奉和之。首二句用武帝衛皇后事。衛后
字子夫,本爲平陽主之謳者,武帝過平陽主,悅之。主因奉子夫送
入宮。“城中”句,用《後漢書·馬廖傳》:“長安語曰:‘城中好高
髻,四方高一尺;城中好廣眉,四方且半額;城中好大袖,四方全匹
帛。’”“低鬟”以下四句,寫舞姿。末二句用景差《大招》“長袂拂
面,善留客只”之意。寫舞妓舞姿之柔媚,刻畫極其細膩。又《春
情》寫立春日女子之美貌妝飾:

> 風光今旦動,雪色故年殘。薄夜迎新節,當鑪卻晚寒。奇
> 香分細霧,石炭擣輕紈。竹葉裁衣帶,梅花莫酒盤。年芳袖裏
> 出,春色黛中安。欲知迷下蔡,先將過上蘭。

新節,指立春日。當鑪,賣酒之代稱,辛延年《羽林郎》:“胡姬年十
五,春日獨當鑪。”“竹葉”句,謂衣帶作竹葉樣,梁簡文帝《冬曉》
詩:“帷牽竹葉帶。”“梅花”句,未詳,吳兆宜注:“按《四時寶鏡》立
春日春餅生菜號春盤。”“欲知”二句,迷下蔡,用宋玉《登徒子好色
賦》“嫣然一笑,惑陽城,迷下蔡”之意。上蘭,《三輔黃圖》上林苑
有上蘭宮。極寫女子姿色之美。《詠織婦》則是寫織婦對丈夫之
思念:

> 纖纖運玉指,脈脈正蛾眉。振躡開交縷,停梭續斷絲。簷
> 前初月照,洞戶朱帷垂。弄機行掩淚,彌令織素遲。

首二句寫織婦貌美,次二句寫織作,又次二句寫夜晚朱帷空垂,末
二句寫思念。《古詩》云:“新人工織縑,故人工織素,織縑日一匹,
織素五丈餘,將縑來比素,新人不如故。”此化用其意。

　　徐陵之詩風猶如庾信，經歷一番艱難、困苦，到了晚年有所轉變，即由綺麗轉爲蒼勁，如《別毛永嘉》即其一例：

　　　　願子厲風規，歸來振羽儀。嗟余今老病，此別空長離。白馬君來哭，黃泉我詎知？徒勞脫寶劍，空掛隴頭枝。

毛永嘉即毛喜，字伯武，陳時爲官直言敢諫。陳後主即位，不理朝政，終日與佞幸之臣宴飲，毛喜於其即位前，即向宣帝奏聞其缺點，後主即位，司馬申進讒言，將毛喜貶爲永嘉内史。徐陵對他深表同情，作詩贈別。"白馬"二句，用漢范式與張劭交友事。《後漢書》卷一百十一《范式傳》："范式與汝南張劭爲友，……劭尋而卒，式忽夢見元伯玄冕垂纓屣履而呼曰：'巨卿，吾以某日死，當以爾時葬，永歸黃泉，子未忘我，豈能相及？'式怳然覺寤，悲嘆泣下。……式投其葬日，馳往赴之。式未及到，而喪已發引，既至壙將窆，而柩不肯進……移時，乃見有素車白馬號哭而來。……式因執紼而引柩，於是乃前。""徒勞"二句，用季札贈徐君寶劍事，《説苑》卷七《節士》："延陵季子將西聘晉，帶寶劍以過徐君。徐君觀劍，不言而色欲之。延陵季子爲有上國之使，未獻也，然其心許之矣。致使於晉故反，則徐君死於楚……於是季子以劍帶徐君墓樹而去。"詩意謂自己年老多病，可能毛歸而己已死，目前雖爲生離，實猶死別，可不哀哉！氣格高勁，在陳隋詩歌中風韻獨標。

　　但從總的創作傾向看，徐陵之詩歌排偶齊整，韻律和諧，用典工穩，文采組練，其刻意經營之跡顯現於章句之間。在詩歌寫作技巧方面有獨特的成就。

　　（二）陰鏗

　　陰鏗（？——五六五？），其生平事跡附見於《陳書》卷三十四《阮卓傳》後和《南史》卷六十四《陰子春傳》下，叙述極爲簡單。字子堅,武威姑臧(今甘肅武威)人。幼聰慧,五歲能誦詩賦,日千言。及長,博涉史傳,尤善五言詩,爲當時所重。梁時爲湘東王蕭繹法曹行參軍,侯景之亂,被叛軍所擒,獲救得免。陳天嘉中爲始興王中録事參軍。陳文帝嘗讌群臣賦詩,徐陵薦之於文帝,即日召見,使賦《新成安樂宮》,援筆立就,頗受贊賞。累遷招遠將軍、晉陵太守、員外散騎常侍。頃之,卒。有《陰常侍集》三卷,今存詩三十餘首,長於描寫自然景物,雕章琢句,講求音韻,風格有似何遜,故世稱"陰何"。但生當宮體全盛時期,其創作明顯受宮體詩風之影響。如《秋閨怨》:

> 獨眠雖已慣,秋來只自愁。火籠恒煖腳,行障鎮牀頭。眉含黛俱斂,啼將粉共流。誰能無別恨,唯守一空樓。

抒發深閨思婦懷念久別丈夫之情。首二句寫秋夜獨眠之愁苦。次二句寫孤悽冷落之悲傷,行障,即圍屏。"眉含"二句寫因相思而斂眉流涕。末二句寫獨守空樓,懊恨無窮。情感委婉曲折,極盡哀怨之思。又如《侯司空宅詠妓》:

> 佳人遍綺席,妙曲動鵾絃。樓似陽臺上,池如洛水邊。鶯啼歌扇後,花落舞衫前。翠柳將斜日,俱照晚妝鮮。

侯司空,即侯安都,文帝時爲司空,於宅中招集文士賦詩,此詩應即在其宅中所賦。妙曲,即鵾絃,琴曲名。陽臺,傳説中之樓臺,用宋玉《高唐賦》"妾在巫山之陽,高丘之岨,旦爲行雲,暮爲行雨,朝朝暮暮,陽臺之下"之意。洛水,即洛川,用曹子建《洛神賦》"容與乎陽林,流眄乎洛川"之意。"鶯啼"二句,具體寫歌妓之歌聲與舞姿。末二句寫在黃昏日照之下歌妓之艷妝濃抹更加鮮艷。可見是竟日之游宴,作竟日之歌舞。真實地反映了官僚貴族之享樂生活。

以上二詩皆艷情之作。此外,陰鏗還寫了一些寫景、傷別之篇

章,如其名篇《渡青草湖》:

> 洞庭春溜滿,平湖錦帆張。沅水桃花色,湘流杜若香。穴去茅山近,江連巫峽長。帶天澄迥碧,映日動浮光。行舟逗遠樹,度鳥息危檣。滔滔不可測,一葦詎能航?

青草湖在湖南岳陽縣西南,北臨洞庭。《方輿勝覽》卷二十三:"湖南路·潭州:青草湖南曰青草,北曰洞庭,所謂重湖。"春水漲,青草湖與洞庭湖連成一片,故有首二句。沅水入洞庭處,即桃源縣,陶淵明《桃花源記》有"芳草鮮美,落英繽紛"之句,故此云"桃花色"。湘水,乃屈原賦《湘君》、《湘夫人》者,賦云"采芳洲兮杜若"、"搴汀洲兮杜若",故此云"杜若香"。"穴去"二句,是想象青草湖與茅山、巫峽相通。郭璞《山海經注》:"洞庭地穴也,在長沙巴陵。今吳縣南太湖中有包山,下有洞庭穴道,潛行水底。"又酈道元《水經·湘水注》:"湖中有君山、編山,君山有石穴,潛通吳之包山,郭景純所謂巴陵地道者也。"可見洞庭湖有穴通包山,而非通茅山。茅山在今江蘇句容縣東南,原名句曲山,因漢代有茅盈、茅固、茅衷兄弟三人在此得道成仙得名,距離洞庭湖較近。此非作者有誤,而是聯想及之。"行舟"二句,寫湖面之廣闊,謂舟行至遠方,猶如逗留在樹杪,鳥不能一翅飛度,而棲息於帆檣。末二句謂湖水滔滔,變化莫測,一葉小舟豈能渡過?《詩經·衛風·河廣》:"誰謂河廣?一葦杭之。"此反用其意。描繪春天青草湖面風清日麗之景色極其鮮明。《晚出新亭》既寫江行之景又抒離別之情:

> 大江一浩蕩,離悲足幾重?潮落猶如蓋,雲昏不作峰。遠戍唯聞鼓,寒山但見松。九十方稱半,歸途詎有蹤?

新亭在今南京市南。首二句由浩蕩山水,引發無窮之離愁別恨。潮猶如蓋,用枚乘《七發》:"江水逆流,海水上潮。……浩浩澄澄,如素車白馬,帷蓋之張。"描寫漲潮之景象。雲不作峰,謂雲氣昏暗,不成峰巒之形。唯聞鼓聲,但見松影,乃一片蒼凉蕭瑟。末二句抒情,《戰國策·秦策五》:"行百里者,半於九十。"謂長途跋涉,越到後來越艱難,走過九十里,只能算作一半。行程如此艱難,歸途豈能有望?歸期無望,所以更加悲痛!

陰鏗詩與徐陵相同之處在講求麗辭佳句,沈德潛《説詩晬語》卷上即説:"子堅、孝穆,略具體裁,專求佳句,差強人意云爾。"但也有不同處,陳祚明《采菽堂古詩選》卷二十九説:

> 陰子堅詩,聲調既亮,無齊、梁晦澀之習,而琢句抽思,務極新雋,尋常景物,亦必摇曳出之,務使窮態極妍,不肯直率。……讀梁、陳詩,尤當識其正宗,則子堅集其稱首也。

謂其聲調瀏亮,而不晦澀;雕章琢句,卻能於舊題材中翻出新雋;窮態極妍,卻不直率。這便是他獨具之詩格。同書又説:

> 一洗《玉臺》之陋,頓開沈宋之風,且覺比《玉臺》則特妍,校沈宋則尤媚。

不但指出其妍媚之特點,而且説明其在詩歌史上之地位。

三、張正見、江總

(一)張正見

張正見生卒年不可確考,據《陳書》卷三十四、《南史》卷七十二本傳記載,字見賾,清河東武城(今屬山東)人。幼好學,有清才。梁簡文帝爲太子時,他年十三獻頌,簡文帝深贊賞之。梁時爲通直散騎侍郎,遷彭澤令。梁末避亂匿俗山中。入陳除鎮東鄱陽王墨曹,歷宜都王限外記室、撰史著士,帶尋陽郡丞,累遷尚書度支郎、通直散騎侍郎。太建中卒,年四十九。有集十四卷,已散佚,明人輯有《張散騎集》。今存詩八十餘首，其中五言詩四十八首。自庾肩吾琢句煉字，尚珍巧之後，他與江總漸次受其影響，並承襲其詩風。史稱“其五言詩尤善，大行於世。”如其名作《秋河曙耿耿》：

　　　　耿耿長河曙，瀲瀲宿雲浮。天路横秋水，星橋轉夜流。月下姮娥落，風驚織女秋。德星猶可見，仙槎不復留。

詩題采用謝朓《暫使下都夜發新林至京邑贈西府同僚》“秋河曙耿耿”句，寫秋天天剛破曉時之景色。首二句，長河，即銀河。宿雲，昨夜之雲。謂天剛亮，銀河仍耿耿發光，宿雲如水瀲瀲浮動。“天路”二句，天路，即天上之路，張衡《西京賦》：“美往昔之松橋，要羨門乎天路。”星橋，銀河之橋，即鵲橋。秋水、夜流，皆指銀河。“月下”二句，姮娥，后羿妻姮娥奔月爲蟾蜍，此即指月。織女，星名，在銀河西與牽牛星相對。句意應爲落月下姮娥，秋風驚織女。末二句，德星，即景星、歲星，《史記·天官書》：“天精而見景星。景星者，德星也。其狀無常，常出於有道之國。”仙槎，傳説銀河與海相通，漢代有人曾乘槎至天河，遇牽牛織女。回來後問嚴君平，嚴説：某年月日有客星犯牽牛宿。正是此人到達天河之時。庾信《七夕》詩：“星橋通漢使，機石逐仙槎。”猶可見、不復留，相對成文。寫凌晨天象之變化，歷歷在目。全詩自首至尾都嚴整對仗，而且工於用典，嫻於音律，已經近於唐律了。又其贈別之作《秋日別庾正員》：

　　　　征途愁轉斾，連騎慘停鑣。朔氣凌疎木，江風送上潮。青雀離帆遠，朱鳶別路遥。唯有當秋月，夜夜上河橋。

庾正員即庾信，梁時爲通直正員郎。首二句寫依依惜別。斾，旗幟。鑣，乘騎。次二句寫秋風蕭颯。又次二句寫風帆遠逝，青雀、朱鳶皆鳥名。又青雀爲青雀航。末二句寫人既去，唯餘秋月空照河梁。一幅孤悽冷落之境,黯然銷魂,沉痛之極。在手法上同樣對偶工整,平仄和諧,聲調流暢。張正見還有兩首七言詩,其中《賦得佳期竟不歸》一首格調幽遠纏綿,情深意切,堪稱佳構:

> 良人萬里向河源,娼婦三秋思柳園。路遠寄詩空織錦,宵長夢返欲驚魂。飛蛾屢繞帷前燭,衰草還侵階上雲。銜啼拂鏡不成妝,促柱繁絃還亂曲。時分年移竟不歸,偏憎寒急夜縫衣。流螢映月明空帳,疎葉從風入斷機。自對孤鸞向影絕,終無一雁帶書回。

詩題用庾肩吾《有所思》"佳期竟不歸"句敷衍而成,寫一個女子對長期不歸的丈夫之思念。她晝思夜夢,心緒煩亂,以至於對鏡不能成妝,撫琴亂了曲調,時分年移最終也盼不到一紙書信。在技巧上,除了重用典使事、聲調流麗外,還四句一換韻,這在七言詩很少的南朝,卻是獨具特色的。

對張正見詩之評價,歷來褒貶不一,陳祚明《采菽堂古詩選》卷二十九云:

> 張見賾詩,才氣絡繹奔赴,使氣搴花應手成來,惜少流逸之致。如館驛庖人,肴羞蘭桂,咄嗟立辦,乍可適口,不名珍錯。

肯定了其才氣與技巧,但謂其"少流逸之致",事實上從以上所舉諸例看,皆氣韻秀美,奇情如涌,何嘗有所少?至於在聲律方面的成就,王世貞《藝苑巵言》卷三即指出:"律法已嚴於四傑,特作一二拗語爲六朝耳。"

(二)江總

江總(公元五一九——五九四),《陳書》卷二十七本傳記載,字總持,濟陽考城(今河南蘭考縣)人。幼聰敏,及長,篤學有辭采。仕梁、陳、隋三朝。梁時官至太子舍人、太常卿。侯景寇京師，他避難至會稽，後轉至廣州，依舅父蕭勃。陳天嘉四年，徵回建康，爲中書侍郎。太建中，遷司徒右長史、授太子中庶子、通直散騎常侍、轉太子詹事。後主即位，歷任祠部尚書、尚書僕射、尚書令，故世稱江令。居官不理政務，日與後主及衆狎客陳暄、孔範等游宴後宮，競制艷詩，君臣昏亂，國政日頹，終使陳亡。入隋，爲上開府，仍然貴顯。開皇十四年卒，年七十六。史稱其"好學能屬文，於五言、七言尤善，然傷於浮艷，故爲後主所愛幸。多有側篇，好事者相傳諷翫，於今不絕"。有集三十卷，後集二卷，已散佚，今有明人所輯《江令君集》。存詩近百首，大部分爲五、七言之作，如其五言名作《遇長安使寄裴尚書》：

> 傳聞合浦葉，遠向洛陽飛。北風尚嘶馬，南冠獨不歸。去雲目徒送，離琴手自揮。秋蓬失處所，春草屢芳菲。太息關山月，風塵客子衣。

此應是流寓廣州時所作。裴尚書即裴忌，字無畏，陳時爲録尚書轉都官尚書。首二句，合浦，郡名，即今廣西合浦縣。傳説合浦有杉樹於東漢安帝永初五年飛入洛陽城中。"北風"句，用古詩"胡馬依北風"意。"南冠"句，《左傳·成公九年》："晉侯觀於軍府，見鍾儀，問之曰：'南冠而縶者，誰也？'有司對曰：'鄭人所獻楚囚也。'"此以南冠表示住南國。"去雲"二句，用嵇康《贈秀才入軍》"目送飛鴻，手揮五絃"意。秋蓬，自喻；春草，喻裴。末二句自謂遠客異域，爲關山阻隔，不能回歸，不勝感慨！江總身經離亂，詩風一反前期之柔靡，而變爲清爽自然。又《南還尋草市宅》：

> 紅顔辭鞏洛，白首入轘轅。乘春行故里，徐步采芳蓀。徑毀悲求仲，林殘憶巨源。見桐猶識井，看柳尚知門。花落空難

遍,鶯啼靜易誼。無人訪語默,何處叙寒溫?百年獨如此,傷心豈復論。

江總隋時入長安,不久以年老請求南歸。此詩即南歸尋訪舊宅之作。宅在金陵,《金陵故事》:"鼎族多夾青溪,江宅尤占勝地。"首二句謂少年辭鄉,老髦得歸。鞏洛,即今河南鞏義市與洛陽。轘轅,山名、關口名,在今河南偃師市東南。此爲借用。"徑毁"以下四句,寫宅邊之景。求仲,人名,漢代蔣詡舍前竹下開三徑,惟求仲、羊仲與其同游。巨源,名山濤,竹林七賢之一。桐井,用魏明帝《猛虎行》"雙桐生空井"意。柳門,用陶淵明《五柳先生傳》:"宅邊有五柳樹"意。"花落"二句,皆狀空宅,因宅空,花落難遍,鶯啼易誼。"無人"二句,謂獨自尋訪,無人可與語。末二句,謂人生一世,不過如此,還有什麽可說的呢?悲憤、沉痛已極。又《於長安歸還揚州九月九日行薇山亭賦韻》:

> 心逐南雲逝,形隨北雁來。故鄉籬下菊,今日幾花開?

揚州,隋代揚州府治在江都,作者卒於江都,此詩之作當距卒時較近。首二句,心逐南去之雲,身隨北來之雁,言盼歸心切。末二句,《詩紀》作:"故園籬下菊,今日爲誰開?"問菊爲誰開者,思鄉之情也。如其七言名作《閨怨篇》:

> 寂寂青樓大道邊,紛紛白雪綺窗前。池上鴛鴦不獨自,帳中蘇合還空然。屏風有意障明月,燈火無情照獨眠。遼西水凍春應少,薊北鴻來路幾千。願君關山及早度,念妾桃李片時妍。

此寫少婦思念遠征丈夫之作。蘇合,香名。然,同燃。遼西,郡治在今遼寧省錦州西北。薊,郡治在今北京市南。篇末盼望丈夫早日回歸，以不負己之青春年華。《古詩賞析》云：“前六，點地點時，先就閨人摹寫其冬夜空房獨宿，觸物傷心苦景。中二，則念彼邊應亦苦寒，音信何偏稀少。後二，以早歸慰我，就彼邊收合己邊。‘片時妍’説得危竦。”解説極其透辟。通篇以工整之對仗，和諧之音律，委婉舒徐地表現其哀怨之思。

大抵江總早期之作，多浮艷之詞，不脱宮體之風，但晚期所作，則不乏感慨、哀怨之情。陳祚明《采菽堂古詩選》卷三十即云：

江總持詩，特有清氣，校張正見大殊，其與後主酬唱詩翻不多見，大抵入隋後作，一往悲長。

又云其詩“如梧桐秋月，金井綠陰之間，自饒涼氣”，皆爲確切之論。

以上論列之事實，可以説明陳隋詩壇完全處在宮體詩風籠罩之中，當時之詩人莫不受宮體創作之影響。儘管他們某些作品之風格不盡同於宮體，但他們大部分作品之基本傾向仍屬於宮體範疇。宮體之作，使其内容日益狹窄，但在寫作技巧上卻是有所開拓的。

第四節　北朝時期

自魏道武帝拓跋珪於公元三八六年建立北魏政權開始，至魏孝武帝元修逃出洛陽，西奔長安，魏分爲東西兩國，之後，北齊又代東魏，北周也代西魏，北周於五八一年爲隋所滅止，前後約二百年間，是我國北方少數部族向中原地區入侵之時期，同時也是北方少數部族逐漸受漢族文化影響，不斷漢化之過程。當時的形勢，從政治、軍事方面講，是北朝凌逼南朝，從文化方面講，則是南朝同化北朝，這是我們論述北朝文學時的基本出發點。

一、南朝文學之北侵與南北文學之統一

北魏前期，由於入侵之鮮卑族之文化極端落後，因此没有文學可言。而南朝因爲中原士族之南遷，則使該地區之文學比較發達。但是，當時南北對立，壁壘森嚴，而且互相鄙視，南人稱北人爲"索虜"，北人呼南人爲"島夷"。在這種嚴峻對立的形勢下，文學不可能溝通，阻礙了南朝文學之北侵。直至魏孝文帝以後，才逐漸接受南朝文學，即中原文學。公元四九三年，魏孝文帝自平城遷都洛陽，實行與漢族同化政策。孝文帝深慕漢族文化，要變鮮卑俗爲華風。據《魏書》卷七《高祖孝文帝紀》記載：

> 雅好讀書，手不釋卷。五經之義，覽之便講。學不師受，探其精奧。史傳百家，無不該涉。善談老莊，尤精釋義。才藻富贍，好爲文章。詩賦銘頌，任興而作。有大文筆，馬上口授，及其成也，不改一字。自太和十年已後，詔冊皆帝之文也。

孝文帝仰慕漢文化，且善於吟詩作文，《隋書·經籍志》著録"後魏孝文帝集三十九卷"，可見其著述之多。上行下效，當時北方文人士子也極向往南朝文學，史載南朝之詩文流傳至北方，在上層文士中廣爲傳頌。如《北史》卷五十五《元文遥傳》云：

> 濟陰王暉業……常大會賓客。時有人將《何遜集》初入洛，諸賢皆贊賞之。召河間邢卲試命文遥，誦之幾遍可得。文遥一覽便誦。時年始十餘歲。

這雖然是贊賞元文遥之"敏慧夙成"，但卻顯示了對南朝文學之心儀神往。

　　到了北齊,由於侯景之亂,梁朝不少文士逃往北方,北齊政權皆招攬之。《北齊書》卷四十五《文苑傳序》云:

> 有齊自霸圖云啓,廣延髦儁,開四門以納之,舉八絃以掩之,鄴京之下,烟霏霧集。

如此衆多之文人士子雲集北方,其對北方文學形成之影響可以想見。雖然如此,當時北方之文士皆將主要精力用於推廣"緯經",用之於文學方面者很少,因此文學之成就仍然很低。要之,唯温子昇、邢劭、魏收三家而已。但是,他們的成就還是受南朝文學之影響而獲致的。《北齊書》卷三十七《魏收傳》有如下一段記載:

> 收每議陋邢邵文,邵又云:"江南任昉,文體本疏,魏收非直模擬,亦大偷竊。"收聞乃曰:"伊常於沈約集中作賊,何意道我偷任昉?"

這雖然是邢、魏二人互相戲謔之言,但卻可以説明他們之詩文完全是模擬任昉、沈約之作,是任、沈之附庸。他們是北朝詩人的代表,因此也可以説明當時北朝之文學完全是南朝文學之附庸,尚未形成獨立之文風。

　　那么什麼時候南朝文學與北朝文學統一起來,成爲一個系統呢? 我認爲應該始於庾信入周之時。梁被西魏所滅,庾信(還有王褒、顏之推)由南朝轉入北朝,他初仕西魏,於北周孝閔帝宇文覺代西魏後,又仕北周。因爲他是南方宫體文學之大師,一代文學之宗,在北周備受君臣貴族及文人士子之禮遇和推崇,如《北史》卷八十三《庾信傳》記載:

> 明帝、武帝並雅好文學,信特蒙恩禮。至於趙、滕諸王,周旋款至,有若布衣之交。

又《周書》卷四十一《庾信傳》史臣云：

> 由是朝廷之人，閭閻之士，莫不忘味於遺韻，眩精於末光。猶丘陵之仰嵩、岱，川流之宗溟、渤也。

明帝宇文毓、武帝宇文邕、趙王宇文招、滕王宇文逌等都很賞識他的才華，特加恩禮，宇文招、宇文逌和他過從尤爲密切，他們之文風都步趨庾信。又庾信到北周後，由於久經喪亂，思想受到觸動很大，文風也開始轉變。如此則庾信將宮體傳入北朝，使宮體之華美綺艷與北方文學之遒勁清新結合起來，冶爲一爐，促成南北文學之融匯與統一。《四庫全書總目提要》評庾信之作云："北遷以後，閱歷既久，學問彌深，所作皆華實相扶、情文兼至。"亦指出他在南北文學統一方面的重要作用。這是我國文學史上之一大關鍵。

在我國古代文學發展過程中，有兩大關鍵人物，一爲戰國末年的屈原，創立楚辭，開啓出秦漢以後之文學來，其代表作爲《離騷》；一爲南北朝末年的庾信，完成四六文、律賦，開啓出有唐一代之律詩、古體詩來，其代表作爲《哀江南賦》。庾信是我國文學史上的偉大作家，他在文學史上的地位與屈原相似，其影響於後世者極大，質而言之，他總結了六朝文學，開啓出唐代文學。

二、温子昇、邢邵、魏收

北朝作家據《北史》卷八十三《文苑傳》記載，其初有許謙、崔宏、崔浩、高允、高閭、游雅等人，其後則有袁翻、袁躍、常景、裴敬憲、盧觀、李諧、高肅、邢藏、李騫、孫彥舉、温子昇、邢劭、魏收諸人。這些作家中，值得聊作論述者，僅温子昇、邢劭、魏收三人而已。

（一）温子昇

温子昇（公元四九五——五四七），據《魏書》卷八十五、《北

史》卷八十三本傳，字鵬舉，自稱太原人，晉溫嶠之後裔。幼而好
學，及長博覽百家，文章清婉。年二十二射策高等，補御史。永熙
中，爲侍讀兼舍人、金紫光禄大夫，遷散騎常侍、中軍大將軍。東魏
末，孝靜帝元善見與元瑾等密謀反對高澄，高澄疑子昇知其謀，下
晉陽獄，餓死。其詩文與邢劭齊名，時稱溫、邢，又與邢劭、魏收合
稱"北地三才"。今有明人所輯《溫侍讀集》一卷。存詩十一首，多
模擬南朝詩風，詞藻濃麗，如《詠花蝶》云：

> 素蝶向林飛，紅花逐風散。花蝶俱不息，紅素還相亂。芬
> 芬共襲予，葳蕤從可玩。不慰行客心，遽動離居嘆。

詩之前六句詠紅花並蝴蝶，謂花隨風飄散，蝶向林紛飛，芳香撲鼻，
紅素紛披，可供玩賞。末二句抒情，離居，"離群索居"之省，謂離
開朋友而散居。意者縱有紅花與素蝶輝映成趣，仍不能慰離群索
居之心。又《春日臨池》云：

> 光風動春樹，丹霞起暮陰。嵯峨映連壁，飄颻下散金。徒
> 自臨濠渚，空復撫鳴琴。莫知流水曲，誰辯游魚心？

前四句寫春日之景，次二句寫臨池。末二句抒情。流水曲，《吕氏
春秋》卷十三《本味》："伯牙鼓琴，鍾子期聽之。方鼓琴，而志在太
山，鍾子期曰：'善哉乎鼓琴，巍巍乎若太山。'少選之間，而志在流
水，鍾子期又曰：'善哉乎鼓琴，湯湯乎若流水。'鍾子期死，伯牙破
琴絶絃，終身不復鼓琴，以爲世無足復爲鼓琴者。"辯游魚心，《莊
子》卷六《秋水》："莊子與惠子游於濠梁之上。莊子曰：'儵魚出游
從容，是魚之樂也。'惠子曰：'子非魚，安知魚之樂？'莊子曰：'子
非我，安知我不知魚之樂？'惠子曰：'我非子，固不知子矣；子固非
魚也，子之不知魚之樂，全矣。'莊子曰：'請循其本。子曰"汝安知
魚樂"云者，既已知吾知之而問我，我知之濠梁上也。'"此感嘆無

知音者。其詩艷詞麗景，極盡藻飾之致，皆齊、梁詩風。

（二）邢邵

邢邵（公元四九六——?），邵又作劭。據《北齊書》卷三十六本傳，他字子才，河間鄭（今河北任丘市北）人。年幼有才思，聰明彊記，十歲能屬文，文章典麗，既贍且速，未滿二十即名動衣冠。魏孝明帝時，其文章之美獨步當時，每一文出，競相傳鈔，京師爲之紙貴。仕魏爲宣武帝挽郎，歷奉朝請，著作佐郎，累遷中書侍郎、散騎常侍、國子祭酒等。入北齊，除驃騎將軍、西兗州刺史，爲中書令，遷太常卿、兼中書監，攝國子祭酒，後授特進。既參朝列，屢掌文誥，與溫子昇齊名，溫、邢並稱，子昇死，又並魏收，稱邢、魏。有集三十卷，已散佚，明人輯有《邢特進集》。今存詩八首，多取法沈約。如《冬日傷志篇》云：

> 昔時惰游士，任性少矜裁。朝驅瑪瑙勒，夕銜熊耳杯。折花步淇水，撫琴望叢臺。繁華夙昔改，衰病一時來。重以三冬月，愁雲聚復開。天高日色淺，林勁鳥聲哀。終風激簷宇，餘雪滿條枚。遨游昔宛洛，踟躕今草萊。時事方去矣，撫已獨傷懷！

此詩寫對當時黑暗政治之憤慨。邢邵曾與北齊權臣楊愔交好，楊愔被北齊孝昭帝所殺，北齊政治日趨紊亂，在這種政治形勢下，邢邵憂愁幽思以詩抒憤。詩之前六句寫其早年之任性。瑪瑙勒，用瑪瑙製作之馬絡頭。熊耳杯，杯名，庾信《三月三日華林園馬射賦》：“熊耳刻杯，飛雲畫罍。”淇水，在今河南省北部，古爲黄河支流，源出淇山。叢臺，在今河南省商水縣北，春秋時楚靈王所築。言其早年之游樂也。中“繁華”二句，乃全詩轉折。夙昔，往昔之時。後十句寫現實之感受。終風，猶暴風。《詩·邶風·終風》：

"終風且暴，顧我則笑。"條枚，《詩·周南·汝墳》："遵彼汝墳，伐其條枚。"《傳》："枝曰條，幹曰枚。"宛，漢南陽郡有宛縣，故地在今河南省南陽市。洛，洛陽之省稱。古詩十九首之三："驅車策駑馬，游戲宛與洛。"草萊，田野，喻未仕者，《漢書》卷六十六《蔡義傳》："臣山東草萊之人。"篇末抒懷，撫今追昔，無限感慨。又《七夕》云：

> 盈盈河水側，朝朝長嘆息。不恡漸衰苦，波流詎可測？秋期忽云至，停梭理容色。束衿未解帶，迴鸞已沾軾。不見眼中人，誰堪機上織？願逐青鳥去，暫因希羽翼。

此借詠七夕牛郎織女相會，以抒發自己與所歡離別之恨。衿帶，喻形勢迴互環繞險要之地，《後漢書》卷一百十上《杜篤傳》載《論都賦》："（關中）城池百尺，阨塞要害，關梁之險，多所衿帶。"《注》云："衿帶，衣服之要，故以喻之。"青鳥，借指使者，班固《漢武故事》："七月七日，上於承華殿齋。日正中，忽見有青鳥從西方來集殿前。"意謂織女長期於銀河之側嘆息、愁苦，至七夕，無心紡織，乃停梭理妝，欲與牛郎相會，怎奈關梁險阻，不可踰越，要借青鳥渡河以遂其願。詩格純屬南朝。《顏氏家訓》卷四《文章》篇記載："邢子才常曰：'沈侯文章，用事不使人覺，若胸臆語也。'深以此服之。"他爲沈約之作所折服，則其取法沈約乃勢之必然。

（三）魏收

魏收（公元五〇六——五七二）。據《魏書·自序》及《北齊書》卷三十七本傳，字伯起，鉅鹿下曲陽（今河北晉州市西）人。仕魏爲散騎侍郎，尋勅典起居注，俄兼中書侍郎。入齊，除中書令，兼著作郎，後除光祿大夫、尚書右僕射，位特進。碩學多才，與邢劭並以文章顯，世稱"大邢小魏"。輕薄無行，人號爲"驚蛺蝶"。又嘗奉詔修《魏書》，因借以酬恩怨，是非失實，人稱"穢史"。有集七十卷，已散佚，明人輯有《魏特進集》。今存詩十餘首，皆文雅清綺之詞，如《庭柏》云：

> 古松圖偃蓋，新柏寫鑪鋒。凌寒翠不奪，迎暄綠更濃。茹葉輕沈體，咀實化衰容。將使中臺麢，違山能見從。

此詠庭中之松柏。首二句寫松柏之姿態。偃蓋，臥伏遮蓋。鑪峰，廬山香鑪峰之省稱。中四句寫松柏之品格。凌寒迎暖，葉、實得宜。末二句寫其能使野獸依從。中臺，即尚書省。漢尚書省稱中臺。麢，似鹿而小，無角，灰褐色。意謂能使中臺之麢見而相從。又《喜雨》云：

> 霞暉染刻棟，礎潤上雕楹。神山千葉照，仙草百花榮。瀉溜高齋響，添池曲岸平。滴下如珠落，波迴類璧成。氣調登萬里，年和欣百靈。定知丹甑出，何須銅雀鳴。

此詩首四句寫天將雨之徵兆，霞暉映棟，礎石潤楹；中四句具體寫降雨，狀雨之形，傳雨之聲；末四句寫雨後氣調年和，五穀豐登，百神歡悅；正表現喜意。通篇對偶工整，辭藻華麗，亦見其宗尚任昉之跡。

可見，溫子昇、邢劭、魏收諸人之作，皆保持南朝詩格，是宮體詩風之延續，并未形成北方文學獨具之個性與特色。把南北文學融匯爲一，形成統一之風格，則有待於庾信了。

三、庾信、王褒

（一）庾信

庾信（公元五一三——五八一），《周書》卷四十一、《北史》卷三十八均有傳，他字子山，南朝新野（今河南新野縣）人。其八世祖滔於西晉末隨晉元帝司馬睿過江，官至散騎常侍，封遂昌侯，遷居江陵（今湖北江陵縣）宋玉故宅。高祖玫爲宋巴郡太守；曾祖道驥爲安西參軍；祖父易隱居不仕，以文章自娛；父肩吾幼年聰穎，八歲即能賦詩，才華橫溢，滕王逌《庾子山集序》稱其“文宗學府，智囊義窟，鴻名重譽，獨步江南”，曾爲梁東宮通事舍人、支度尚書、中書舍人等官。庾信即誕生在這一高官顯宦兼詩文濃鬱的家庭中。

庾信少而聰敏，博覽群書，尤精《左傳》。年十五侍梁昭明太子（蕭統）東宮講讀。十九歲父肩吾爲梁太子中庶子、掌書記，他與徐陵出入禁闥，爲鈔撰學士，寫了許多艷綺詩文，號“徐庾體”。每作一文，京都莫不傳誦，競相模範。年三十出爲郢州別駕，三十三遷通直散騎常侍，與徐君房出使東魏，“文章辭令，盛爲鄴（今河北臨漳縣）下所稱”（《周書》本傳）。庾信之青少年即是在這種優裕、華貴和被寵遇的生活中度過的。

庾信自東魏返梁後，任正員郎兼東宮學士，領建康令。正當他仕途得意之時，爆發了侯景之亂。侯景本爲東魏軍閥，因懼禍降梁，梁武帝封他爲河南尹，他仍不安分，於太清二年（公元五四八）起兵反梁。其時庾信三十三歲，奉簡文帝令，率領宮中文武數千人守朱雀航（即建業城正南朱雀門外之朱雀橋）。侯景兵到，他望敵逃入城中，並假借出使名義奔江陵。次年，侯景陷臺城，繼之又攻打郢州（今湖北武漢武昌區）。庾信歷經艱險，於梁簡文帝大寶二年抵達江陵。當時之荆州刺史蕭繹任他爲御史中丞。這年他三十九歲。同年，其父肩吾也從建康逃至江陵，被蕭繹任爲江州刺史領義陽太守，封武康縣侯。父子相聚時間很短，父死。次年，大將王僧辯、陳霸先等平侯景之亂，蕭繹即位於江陵，是爲元帝，以庾信爲右衛將軍，襲父爵建康縣侯，加散騎常侍。元帝苟且偷安，不理朝政，剛愎自用，猜忌多疑，曾殺兄弟及宗族多人。庾信憂讒畏譏，深怕遭禍，經常在怔忡不安的心境中度日。

承聖三年，庾信四十二歲，出使西魏，去長安。魏之執政者宇文泰遣于瑾、宇文護等攻取江陵，梁元帝被殺。他被迫留在北方，欲歸不能。魏俘江陵王子、王孫以下十餘萬人，驅趕到長安作奴婢。庾信之老母、妻子、兒女、親朋亦在其中。他對魏統治者之殘暴行爲極爲憤慨，對江陵人民的悲慘遭遇十分同情。但是，當時西魏鮮卑集團正推行漢化政策，接受漢族文化，對庾信等優禮備至，還其妻子、兒女、老母，任以高官，授予右金紫光禄大夫、驃騎大將軍、開府儀同三司。北周孝閔帝宇文覺代西魏之後，北周諸王對他之寵遇更盛，先後委以司水下大夫、弘農郡守，遷司憲中大夫，進爵義城縣侯，拜洛州刺史，位望通顯極矣。他們都很賞識庾信之才華，趙王宇文招、滕王宇文逌與他的關係尤爲密切，他們的創作多師範庾信，滕王逌還爲他編輯全集，并爲之作序。其時，北周諸貴族之墓志，多出於庾信之手筆。

周武帝建德四年，庾信六十四歲，陳與周通好，遣使請求北周放還南朝官員及南來之羈士回歸江南，武帝只放王克、殷不害等，而不肯放還庾信和王褒。庾信終於永無再回南朝之望。庾信身仕北朝，卻"常有鄉關之思"。他愈受北朝之殊寵，其"鄉關之思"愈熾烈，從而形成精神上之極端痛苦。周宣帝大象元年，庾信六十七歲，因病離職。隋文帝開皇元年，病卒，年六十九。原有集二十一卷，已散佚，後人輯有《庾子山集》，清吳兆宜與倪璠二人爲之注，以倪璠注更佳。

庾信一生可分前後兩個時期，其分界綫是侯景之亂、魏陷江陵、梁朝滅亡。前期他爲官梁朝，諸般稱心如意；後期聘魏，梁亡留魏仕周，雖高官厚禄，但國亡家破之痛，羈旅異鄉之苦，時刻纏繞着他的精神與靈魂。其位望之通顯與精神之痛苦形成鮮明的反差，

極通顯之位望恰巧更增加其痛苦和哀傷。現存詩二百餘首,其中
樂府二十一首。前期之詩歌存者很少,多爲酬酢奉承之作,以雕飾
輕綺之形式寓柔靡放逸之內容,後期之詩歌則多鄉關之思和自傷
身世。風格雄健遒勁、蒼涼沉鬱。

其前期之作,如《奉和山池》:

> 樂宮多暇豫,望苑暫迴輿。鳴笳陵絕浪,飛蓋歷通渠。桂
> 亭花未落,桐門葉半疏。荷風驚浴鳥,橋影聚行魚。日落含山
> 氣,雲歸帶雨餘。

原注:"梁簡文帝有《山池》詩。"此寫梁宮苑中山池之佳景。首二
句言在宮中悠閑逸樂,驅車迴游宮苑。宮,即漢長安長樂宮;苑,即
漢長安之博望苑。次二句言笳聲高凌奔騰之波浪,車馬飛度廣陌
之大道。通渠,猶通衢。"桂亭"以下六句皆寫苑囿之景,桂花未
落,桐葉半疏,風吹荷動驚浴鳥,橋映倒影聚游魚,黃昏山合霧氣,
雲收烟雨,一片暮秋景色。其寫景狀物精細入微,而且"於琢句中,
復饒清氣,故能拔出於流俗中"(沈德潛《古詩源》卷十四)。又《和詠
舞》:

> 洞房花燭明,燕餘雙舞輕。頓履隨疏節,低鬟逐上聲。步
> 轉行初進,衫飄曲未成。鸞迴鏡欲滿,鶴顧市應傾。已曾天上
> 學,詎是世中生?

原注:"和梁簡文帝也。簡文有《詠舞》詩。"首二句言在洞房花燭
之下,舞女雙雙起燕餘之舞。燕餘,舞名,漢張衡《七辯》:"淮南清
歌,燕餘材舞,列乎堂前,遞奏代叙。"梁簡文帝《詠舞》詩:"戚里多
妖麗,重聘蔑燕餘。逐節工新舞,嬌態似凌虛。"(見《藝文類聚》卷四
十三)次二句言按節起舞,頓足、低首皆含音律。上聲,《古今樂錄》
有《上聲歌》。"步轉"二句言舞步。行,行列。曲未成,即曲未終。

梁簡文帝《詠舞》詩：“腕動苕華玉，袖隨如意風。上客何須起，啼鳴曲未終。”（見《玉臺新詠》卷七）“鸞迴”二句言如鸞鳥之迴身、仙鶴之顧盼。南朝宋劉敬叔《異苑》卷三：“罽賓國王買得一鸞，欲其鳴，不可致。……三年不鳴，夫人曰：‘嘗聞鸞見類則鳴，何不懸鏡照之？’王從其言。鸞睹影，悲鳴冲霄，一奮而絕。”謂舞姿形影滿鏡，更見其美。《越絕書》卷二：“闔廬子女冢在閶門外……遂出廟路以南，通姑胥門，并周六里，舞鶴吳市，殺生以送死。”謂舞白鶴於吳市，觀者傾城。末二句言此美妙之舞姿乃學自天上，非人間所有。其描摹極其細膩，刻鏤雕琢俱見工巧，綺艷而清新。又《詠羽扇》是一篇別具情致之作：

> 搖風碎朝翮，拂汗落毛衣。定似回谿路，將軍垂翅歸。

詩題爲詠羽扇，實則寄情於鳥。首二句言鳥脫落羽毛，製成羽扇，爲他人扇風吹汗。末二句以鳥比東漢大將軍馮異，祝願它“失之東隅，收之桑榆”。《後漢書》卷四十七《馮異傳》記載，異拜征西將軍，建武四年與赤眉戰於洛寧，爲赤眉所敗，走上回谿阪，與麾下數人歸營。後復合兵追擊赤眉，大破之。光武帝以璽書慰勞之曰：“始雖垂翅回谿，終能奮翼黽池。”回谿，又名回谿阪，在今河南洛寧縣東北。詩之構思新奇，語言精練，已具五言絕句雛形。

庚信前期還寫有與友朋交游之作，其佳者如《尋周處士弘讓》：

> 試逐赤松游，拔林對一丘。梨紅大谷晚，桂白小山秋。石鏡菱花發，桐門琴曲愁。泉飛疑度雨，雲積似重樓。王孫若不去，山中定可留。

周弘讓，乃梁故處士，性簡素，隱於句容（在今江蘇）之茅山，屢徵不仕，後被迫仕侯景，又仕梁元帝。此是詩人入茅山訪周之作。首

二句言尋訪。赤松,即赤松子,古仙人,《漢書》卷四十《張良傳》:
"願棄人間事,欲從赤松子游耳。"此用其意。一丘,即周隱居之山
丘。《漢書》卷一百上《叙傳》載班嗣報桓生書:"若夫嚴子者……
棲遲於一丘,則天下不易其樂。"嚴子,即莊子,改以避漢諱。"梨
紅"以下六句皆寫隱居處之自然景物。"梨紅"句,潘岳《洛陽記》:
"洛陽有張公,居大谷,有梨,海内惟此一株。"又其《閑居賦》云:
"張公大谷之梨。""桂白"句,《楚辭·招隱士序》:"招隱士者,淮
南小山之所作也。"其詞有"桂樹叢生兮山之幽"。言彼處有張公
大谷之紅梨和淮南小山所咏之白桂。"石鏡"句,謝靈運《入彭蠡
湖口》詩"攀崖照石鏡",李善注引張僧鑒《潯陽記》曰:"石鏡山,東
有一圓石,懸崖明淨,照人見形。""桐門"句,枚乘《七發》"龍門之
桐",故云桐門,桐木以製琴瑟。言有石鏡能照見人形,有琴瑟可以
調曲抒愁。"泉飛"、"雲積"句,言泉水湍飛如陣雨,雲彩堆積似重
樓。末二句反用劉安《招隱士》"王孫兮歸來,山中兮不可以久留"
之意,言此山誠避世隱居之地。王孫,以喻周弘讓。詩人寫山中自
然景物之美,推許周處士隱居得其所在。描寫真實、新奇,且格律
工整。同時所作之《贈周處士》,在内容、風格上與此詩完全一致。

　　要之,庾信前期之詩歌,從題材到寫作技巧都是宮體詩風,不
同者用典使事歸於自然,語辭艷麗卻呈現清新,杜甫贊揚"清新庾
開府"(《春日憶李白》)應主要指其前期之作。

　　庾信後期之詩歌,由於生活環境之轉變,内容一反對良辰美景
之描寫,而爲抒發鄉關之思,風格由清新變爲蒼勁。《擬詠懷》二
十七首是此期之代表作。倪璠注云:"昔阮步兵《詠懷》詩十七首,
顏延年以爲在晉文代慮禍而發。子山擬斯作二十七篇,皆在周鄉
關之思。其辭旨與《哀江南賦》同矣。"所論極當。沈德潛認爲"不
專擬阮",而爲自抒胸臆,則"擬"字便無着落。如其一云:

　　步兵未飲酒，中散未彈琴。索索無真氣，昏昏有俗心。涸
鮒常思水，驚飛每失林。風雲能變色，松竹且悲吟。由來不得
意，何必往長岑！

此詩抒寫其辱仕魏、周，處於困境之哀痛。首四句自比阮籍、嵇康，
言時當亂世，自己爲塵俗所累，不能像阮、嵇二人飲酒、撫琴那樣曠
達。次二句，涸鮒，乾枯車轍中之鯽魚，《莊子·外物》："周昨來，
有中道而呼者。周顧視車轍中，有鮒魚焉。周問曰：'鮒魚來！子
何爲者邪？'對曰：'我東海之波臣也。君豈有斗升之水而活我
哉？'"驚飛，被箭驚飛之鳥。《戰國策·楚策》載，更羸與魏王處京
臺之下，仰見飛鳥，更羸用空弓射下一雁，魏王問其故，則曰："其飛
徐而鳴悲。飛徐者，故瘡痛也；鳴悲者，久失群也，故瘡未息而驚心
未去也。聞弦者音烈而高飛，故瘡隕也。"此借喻自己如失水之魚，
失林之鳥。"風雲"二句，風雲變色，喻江陵失陷；松竹，自喻。言
江陵之禍變，自己仕魏，良可悲嘆！末二句，長岑，古縣名，漢屬樂
浪郡，在今朝鮮民主主義人民共和國境內。《後漢書》卷八十二
《崔駰傳》記載，崔駰博學多才，善屬文。"竇憲爲車騎將軍，辟駰
爲掾。……憲擅權驕恣，駰數諫之……指切長短。憲不能容……
出爲長岑長。駰自以遠去，不得意，遂不之官而歸。"此借崔駰事說
明自己身在長安，已不得意，何必像崔駰那樣由於勸諫被遠遣長岑
呢！表明自己爲官並非情願。其四云：

　　楚材稱晉用，秦臣即趙冠。離宮延子產，羈旅接陳完。寓
衛非所寓，安齊獨未安。雪泣悲去魯，悽然憶相韓。惟彼窮途
慟，知余行路難。

此詩抒發其違心地仕於北朝之痛苦。首二句哀傷仕於魏、周。
《左傳·襄公二十六年》："雖楚有材，晉實用之。"杜預注："言楚

亡臣多在晉。"《後漢書》卷四十《輿服志》："武冠……謂之趙惠
文冠。……秦滅趙，以其君冠賜近臣。"言秦臣卻戴趙冠。舉此二
事以自喻。次二句言受周之寵遇。《左傳·襄公三十一年》：鄭子
產相鄭伯至晉，晉侯以魯襄公新喪，不肯見。子產盡壞其客館之垣
牆，而納其車馬。晉侯責問子產，子產指責其接待無禮，於是"晉侯
見鄭伯，有加禮，厚其宴，好而歸之。乃築諸侯之館"。又《左傳·
莊公二十二年》：陳人殺其太子御寇。陳公子完乃其同黨，於是奔
齊，齊侯使完爲卿，完辭曰："羈旅之臣……敢辱高位以速官謗？"
此亦以子產、陳完之被優禮自喻。"寓衛"二句，寓衛，用黎侯事，
《詩經·邶風·旄丘》序："狄人迫逐黎侯，黎侯寓於衛。衛不能修
方伯連率之職，黎之臣子以責於衛也。"安齊，用晉公子重耳事，
《左傳·僖公二十三年》：晉公子重耳出亡，"及齊，齊桓公妻之，有
馬二十乘。公子安之"。衛非所寓，齊非所安，比喻己之仕北朝，非
所樂也。"雪泣"二句，抒寫對梁朝之思念。悲去魯，《韓詩外傳》
卷三："孔子去魯，遲遲乎其行也。"以孔子對父母之邦的依戀自
喻。憶相韓，《史記》卷五十五《留侯世家》："韓破，良家僮三百人，
弟死不葬，悉以家財求客刺秦王，爲韓報仇，以大父、父五世相韓
故。"庾信父子皆仕梁，故以張良自比。末二句，用晉阮籍事，《晉
書》卷四十九《阮籍傳》："（籍）時率意獨駕，不由徑路，車跡所窮，
輒慟哭而反。"言己本梁臣，今仕魏、周，已無他法，唯有像阮籍那樣
作窮途之哭了。其七云：

> 榆關斷音信，漢使絕經過。胡笳落淚曲，羌笛斷腸歌。纖
> 腰減束素，別淚損橫波。恨心終不歇，紅顏無復多。枯木期填
> 海，青山望斷河。

此詩寫留居長安、回歸無望之痛。首二句言身在異域，不見來使，

與家國音信斷絕。榆關,即榆塞,泛指北方邊塞。次二句言聽笳笛
之曲,令人落淚、斷腸。"纖腰"以下四句,以思婦怨女自喻。減束
素,腰部瘦細如白絹,宋玉《登徒子好色賦》:"腰如束素。"橫波,指
目光。意謂因悲傷而消瘦,因落淚而傷眼,愁恨之心終無了時,青
春年華所餘不多。末二句慨嘆回鄉無望。枯木填海,《山海經·北
山經》:"炎帝之少女,名曰女娃……游於東海,溺而不返,故爲精
衛,常銜西山之木石,以埋於東海。"青山斷河,言望山崩可以阻塞
河流。海難平,河難塞,以喻己之愁恨綿綿無有窮期。其十一云:

> 搖落秋爲氣,悽涼多怨情。啼枯湘水竹,哭壞杞梁城。天
> 亡遭憤戰,日蹙值愁兵。直虹朝映壘,長星夜落營。楚歌饒恨
> 曲,南風多死聲。眼前一杯酒,誰論身後名?

此傷梁之亡。首二句以景抒情,宋玉《九辯》:"悲哉秋之爲氣也,
蕭瑟兮草木搖落而變衰。"此取其意。次二句寫江陵敗亡、夫妻離
別之苦。《博物志》卷十:"堯之二女,舜之二妃,曰湘夫人。舜崩,
二妃啼,以涕揮竹,竹盡斑。"漢蔡邕《琴操》卷下《杞梁妻嘆》:齊人
杞梁殖,於"莊公襲莒,殖戰而死。妻嘆曰:'上則無父,中則無夫,
下則無子,外無所依,內無所倚,將何以立?吾節豈能更二哉?亦
死而已。'……哀感皇天,城爲墮。"借此二事說明人民痛苦之深
重。"天亡"二句寫梁軍之敗亡。《史記》卷七《項羽本紀》:"此天
之亡我,非戰之罪也。"憤戰,飽含怨憤之戰爭。日蹙,《詩經·大
雅·召旻》"今也日蹙國百里",謂國土日漸縮小。愁兵,愁思無鬥
志之兵。"直虹"二句寫江陵敗亡之徵兆。直虹,自上貫下之虹,
《晉書》卷十二《天文志中》:"虹頭尾至地,流血之象。"長星,即彗
星,《晉書》卷十三《天文志下》:"蜀後主建興十三年,諸葛亮帥大
衆伐魏,屯於渭南,有長星赤而芒角,自東北西南流,投亮營,三投

再還,往大還小,占曰:兩軍相當,有大流星來走軍上及墜軍中者,皆破敗之徵也。"“楚歌"二句寫梁亡乃天命注定。楚歌,《史記》卷七《項羽本紀》:"項王軍壁垓下,兵少食盡,漢軍及諸侯兵圍之數重。夜聞漢軍四面皆楚歌,項王大驚曰:'漢皆已得楚乎?是何楚人之多也。'"此類楚人之歌多愁恨之曲。南風,《左傳·襄公十八年》:"晉人聞有楚師,師曠曰:'不害。吾驟歌北風,又歌南風,南風不競(强也),多死聲。楚必無功。'"此類南方之樂調多死聲,預示梁軍必潰敗。梁元帝都江陵,爲楚地,故多以楚地爲喻。末二句謂江陵君臣惟圖一時逸樂,而無後慮。語出《世説新語·任誕》:"張季鷹縱任不拘……曰:'使我有身後名,不如即時一杯酒。'"把梁之覆亡歸結爲梁元帝之逸樂,可謂一語破的。其二十六云:

> 蕭條亭障遠,悽慘風塵多。關門臨白狄,城影入黃河。秋風別蘇武,寒水送荆軻。誰言氣蓋世,晨起帳中歌!

此詩即景傷懷,傷己不得南歸,悼江陵之亡。首四句寫塞外之景,亭障冷落,風塵慘悽,關門外臨白狄,城影映入黃河。一派肅殺景象。白狄,春秋時狄族之一種。“秋風"二句以李陵、荆軻自喻。《漢書》卷五十四《蘇武傳》載,蘇武天漢元年使匈奴,匈奴欲降之,不從,徙居北海。昭帝即位,與匈奴和親,蘇武得歸漢,臨別李陵置酒賀之云:"異域之人,一別長絶。"《史記》卷八十六《刺客列傳》載,荆軻爲燕太子丹報仇,入秦刺秦王,太子丹餞之易水上,高漸離擊筑,荆軻和而歌曰:"風蕭蕭兮易水寒,壯士一去兮不復還!"言己若李陵之長絶,荆軻之不返。末二句用項羽被圍垓下事,《史記》卷七《項羽本紀》載,項羽垓下被圍,四面楚歌,"項王則夜起,飲帳中……乃悲歌慷慨,自爲詩曰:'力拔山兮氣蓋世,時不利兮騅不逝。騅不逝兮可奈何,虞兮虞兮奈若何!'"言項羽氣蓋當世,終不免失敗。乃傷江陵之亡，同於項羽垓下也。

《擬詠懷》二十七首，或懷念故園，或哀悼君臣失國，或自傷、自嘆，或淡泊自守等，情感回旋反復，是其後半生蕭瑟經歷之記實。然其經歷與那個時代密切聯繫着，反映了那個時代的矛盾、痛苦與哀傷，因此，也可以説是那個時代之一曲悲歌。此外，《率爾成詠》、《奉和永豐殿下言志十首》之後四首，等等，也都抒發了同樣的思想情緒。

庾信後期之作品，還有一些抒情短制。如《寄徐陵》、《寄王琳》、《和侃法師三絶》、《重別周尚書二首》等，這類詩歌，着墨不多，而情真意摯，清新可喜。如《寄王琳》：

> 玉關道路遠，金陵信使疏。獨下千行淚，開君萬里書。

王琳，《南史》卷六十四本傳記載，字子珩，會稽山陰人。仕梁元帝爲帥，平侯景有功。魏平江陵，元帝被殺，立梁王詧，是爲敬帝。王琳爲元帝舉哀，出兵攻詧。陳霸先篡敬帝位，王琳又與陳對抗，軍敗被殺。玉關，即玉門關，在今甘肅敦煌市西。比喻己滯留長安，如遠戍玉門。金陵，梁舊都。君，指王琳。意者王琳來書必有爲梁雪恥等慷慨忠壯之辭，故其詩言己遠在長安，金陵信息斷絶，一旦讀到萬里之外的來書，不獨感到友誼的可貴，更有感於他對梁朝之忠貞不渝，而自己卻仍屈身異族，不禁爲之熱淚縱橫了。又《和侃法師三絶》其一：

> 秦關望楚路，灞岸想江潭。幾人應淚落，看君馬向南。

侃法師是南人，此是送別侃法師南歸之作。秦關，即函谷關；灞岸，即灞陵岸；皆指代長安。楚路、江潭，皆指代江陵。君，指侃法師。意謂很多人身在長安，心向故國，欲南歸不得，今見你獨得回去，應以不能同歸爲恨。又《重別周尚書二首》其一：

　　　　陽關萬里道，不見一人歸。唯有河邊雁，秋來南向飛。

周尚書名弘正，字思行，梁元帝時爲左戶尚書。魏平江陵，他遁歸
建業。梁敬帝太平元年爲都官尚書，陳文帝元嘉元年去長安迎宣
帝，元嘉三年自周南還，庾信作詩贈別。先有《別周尚書弘正》，故
此云"重別"。陽關，在今甘肅敦煌縣西南，玉門關之南，古時與玉
門關同爲出塞必經之地。雁，以喻弘正。意謂己羈留長安，如在陽
關之外，弘正南還，若秋雁南飛。送別，卻含有自己不能南歸之痛。

　　這類短詩，同樣蘊涵着沉鬱的鄉關之思，然罕用典，少雕飾，清
麗自然，直抒胸臆，已經達到"放言落紙，氣韻天成"（《南齊書》卷五
十二《文學傳論》）之境地。

　　要之，庾信後期之詩歌，文筆驕健遒勁，風格沉鬱悲壯。杜甫
稱頌説："庾信文章老更成，凌雲健筆意縱橫。"（《戲爲六絶句》）又
説："庾信平生最蕭瑟，暮年詩賦動江關。"（《詠懷古跡》）即道出他
後期詩歌之特點。

　　庾信是六朝文學之集大成者，其創作具有同時代詩人之詩風，
同時又有與同時代詩人之作不同的卓異之處，即高於同時代詩人
的成就。沈德潛《古詩源·例言》即指出：

　　　庾子山才華富有，悲感之篇，常見風骨，所長不專造句也。
　　　徐庾並名，恐孝穆華詞，瞠乎其後。

説明其高出徐陵之處，不專在華詞麗藻，而在有風骨。《古詩源》
卷十四又指出：

　　　子山詩固是一時作手，以造句能新，使事無跡，比何水部
　　　似又過之。

説明其以造句新穎形象，用典貼切自然高出何遜一籌。楊慎《升庵

詩話》卷九總論之云：

> 余嘗合而衍之曰：綺多傷質，艷多無骨，清易近薄，新易近尖。子山之詩，綺而有質，艷而有骨，清而不薄，新而不尖，所以爲老成也。

他從正反兩方面比較中，突出了庾信詩歌高於同時代詩人之成就。《北史》卷八十三《文苑傳序》：

> 江左宮商發越，貴於清綺；河朔詞義貞剛，重乎氣質。氣質則理勝其詞，清綺則文過其意。理深者便於時用，文華者宜於詠歌，此其南北詞人得失之大較也。若能掇其清音，簡茲累句，各去所短，合其兩長，則文質彬彬，盡美盡善矣。

庾信的貢獻即在於把南方的清綺與北方的氣質融匯爲一體，形成自己文質兼備的悲壯瑰麗之詩風，倪璠謂其“窮南北之勝”(《庾子山集》題辭)可謂確論。他的詩歌兼備南北方文學之流風餘韻，而爲唐代詩歌之形成準備了充分的條件。楊慎《升庵詩話》卷九即説：

> 庾信之詩，爲梁之冠絕，啓唐之先鞭。

劉熙載《藝概·詩概》更具體地説：

> 庾子山《燕歌行》開唐初七古，《烏夜啼》開唐七律，其他體爲唐五絕、五律、五排所本者，尤不可勝舉。

又杜甫所謂“清新庾開府”，自然是評李白詩之風格，同時，此“清新”又是對唐人近體詩而言，説明唐人之近體實出於庾信。庾信之《擬詠懷》，乃上承阮籍之《詠懷》，下啓陳子昂之《感遇》，是唐人之古體也出於庾信。庾信是繼往開來之偉大作家，他繼承了六朝重聲律、講對偶、工用典、善辭藻之作風，開出有唐一代律體、古體詩來,這種律體、古體詩,延續到清代,都是沿着庾信的創作發展下來的。

(二) 王褒

王褒(公元五一三? ——五七六?),《周書》卷四十一、《北史》卷八十三均有傳,字子淵,琅邪臨沂(今山東臨沂市北)人。美儀容,善談笑,博覽史傳,尤工屬文。梁武帝時任秘書郎,轉太子舍人,襲南昌縣侯,遷秘書丞。梁元帝即位江陵,召拜侍中,累遷吏部尚書、右僕射。西魏攻江陵,元帝命褒都督軍事,軍敗,從元帝降魏,被虜至長安,宇文泰厚加禮遇,委以車騎大將軍、儀同三司之職。周孝閔帝踐阼,遂仕周。明帝即位,篤好文學,時王褒與庾信才名最高,特受親待,加開府儀同三司,除內史中大夫。武帝建德中,授左少保、小司空,出爲宣州刺史。卒於位,年六十四。原有集二十一卷,已散佚,明人輯有《王司空集》。今存詩四十餘首,其中樂府十八首。王褒與庾信同爲齊、梁宮體詩人,入北周後,詩風爲之大變,韻調由浮艷變爲沈鬱,內容由寫景變爲思鄉。其入北周以前之作如《山池落照》:

> 竹館掩荊扉,池光晦晚暉。孤舟隱荷出,輕棹染苔歸。浴禽時侶竄,驚羽忽單飛。

梁簡文帝有《山池》詩,庾信有《奉和山池》詩,王褒此詩所詠當是同一地區,即梁宮苑中之山池。寫黃昏時山池之景色,池光晦暗,竹館掩扉,孤舟隱荷而出,禽鳥驚奇而飛。意境清麗,景物傳神,堪稱佳作。

其入北周以後之作如《渡河北》:

> 秋風吹木葉,還似洞庭波。常山臨代郡,亭障繞黃河。心悲異方樂,腸斷隴頭歌。薄暮臨征馬,失道北山阿。

此詩寫北渡黃河所見景色以抒發其羈旅之感和鄉關之思。首二句即景抒情，用《楚辭·九歌·湘夫人》》“嫋嫋兮秋風，洞庭波兮木葉下”之意。言風景有似江南。次二句寫河北之亭障不絕。常山，又名飛狐關，漢關名，在今河北蔚縣南。代郡，在今河北蔚縣東北。《後漢書》卷五十《王霸傳》：“詔霸將弛刑徒六千餘人，與杜茂治飛狐道，堆石布土，築起亭障自代至平城三百餘里。”借漢事以寄慨。“心悲”二句言聽到北方之樂曲，更增加鄉關之思。《隴頭歌》屬《梁鼓角橫吹曲》，歌辭三章，其三云：“隴頭流水，鳴聲幽咽。遙望秦川，心肝斷絕。”末二句言黃昏在山阿中迷失了道路。抒發了日暮途窮之悲。然更明顯地表現鄉關之思者是《贈周處士》：

> 我行無歲月，征馬屢盤桓。崤曲三危岨，關重九折難。猶持漢使節，尚服楚臣冠。巢禽疑上幕，驚羽畏虛彈。飛蓬去不已，客思漸無端。壯志與時歇，生年隨事闌。百齡悲促命，數刻念餘歡。雲生隴坻黑，桑疏薊北寒。鳥道無蹊徑，清漢有波瀾。思君化羽翮，要我鑄金丹！

周處士，即庾信詩《尋周處士弘讓》之周弘讓，弘讓乃梁故處士，隱於句容之茅山。《周書》卷四十一《王褒傳》記載：“初，褒與梁處士汝南周弘讓相善，及弘讓兄弘正自陳來聘，高祖（周武帝）許褒等通親知音問。褒贈弘讓詩。”弘讓兄弘正聘周在周明帝武成二年（公元五六〇），其離開長安在周武帝保定二年（公元五六二），王褒贈弘讓詩，當作於弘正行前，即保定二年，借贈友抒發自己不得回鄉之悲。首二句言南歸無期。次二句言道路艱險，崤，山名，在今河南洛寧縣北，分東西二崤，東崤長坂峻阜，西崤山路險絕。關，即函谷關，在今河南靈寶縣南，東自崤山，西至潼津，深險如函。三危岨、九折難，狀其險阻。“猶持”二句以蘇武、鍾儀自比。蘇武持節匈奴,十九年不屈服。鍾儀被俘於晉,仍戴南冠,以示不忘爲楚臣。"巢禽"二句表叙畏懼之心境。禽巢幕上,《左傳·襄公二十九年》記載,吳公子季札對孫文子云:"夫子之在此也,猶燕之巢於幕上。"言處境危險。鳥驚虛彈,《戰國策·楚策》記載,更嬴虛扣弓弦射飛鳥落地。言如驚弓之鳥。"飛蓬"以下六句追念平生,百感交集,萬念俱灰。"雲生"二句言北方苦寒。隴坻,即隴山。隴山雲黑,薊北桑疎,嚴酷肅殺之極。"鳥道"二句言山高水惡,南歸無望。末二句結爲贈周,言當周羽化成仙之時,須邀己同去煉丹。王褒外縻周爵,内繫梁情,其飄遥遺世之想,乃自求解脱耳。張溥《漢魏六朝百三家集》中之《王司空集題辭》評此詩云:

> 王子淵覊跡宇文,寵班朝右,及周汝南自陳來聘,贈詩致書,漢節楚冠,悽凉在念。又言覽九仙,懷五嶽,有飄遥遺世之感。蓋外縻周爵,而情切土風,流離寄嘆,亦徐孝穆之《報尹義尚書》,庾子山之《哀江南》也。

謂此詩"情切土風,流離寄嘆",與徐陵、庾信同調,是正確的。但認爲其成就可與《報尹義尚書》、《哀江南賦》比併,則未免有過譽之嫌了。

綜觀江陵敗亡後之北方文學,完全處於庾信、王褒影響之下,庾信、王褒之文風籠罩着整個北方文壇。《周書》卷四十一《王褒庾信傳論》云:

> 唯王褒、庾信奇才秀出,牢籠於一代。

當時朝廷之人如周明帝宇文毓,《周書》卷四《明帝紀》記載:"善屬文,詞彩温麗。"所謂"温麗",即王褒、庾信之詩風。趙王宇文招,《周書》卷十三《趙僭王招傳》記載:"好屬文,學庾信體,詞多輕艷。"滕王宇文逌在《庾子山集序》中稱贊其詩文"方當貽範搢紳,

懸諸日月焉”，贊揚中包含着自己的追求。他們都亦步亦趨地師範
王褒和庾信。其閒閻之士如宗懍所作之《早春》、《春望》、李旭所
作之《奉和重適陽關》等都明顯具有王褒、庾信之影響在。王褒、
庾信之詩體風靡北方朝野，爲朝野人士所崇尚，其形勢誠“猶丘陵
之仰嵩岱，川流之宗溟海也”。影響所及，唐初詩壇也沿波逐流而
踵事增華。

　　要而論之，北朝詩歌，温子昇、邢劭、魏收三人之作，多模擬南
朝，無甚特色。王褒、庾信原爲南朝宮體詩之名家，入北朝後給北
朝文學之興起以很大推動。特別是庾信凡有造作，唯以悲哀爲主，
皆危苦之辭，華實相扶，文情並茂，卓然超軼南北朝諸文士之上，成
爲一代文宗。

第四章　樂府一

漢末魏晉南北朝爲五言詩以及宮體詩的全盛時代，與五言詩、宮體詩並行發展者爲樂府。樂府當東漢時期已趨衰落之勢，至曹魏又復興起來。

第一節　曹魏時期

曹魏時期樂府之復興，自有其内因與外因。就内因而言，緣於魏君臣重視對樂調之修復與整理。據《晉書》卷二十二《樂志》記載：

> 漢至東京大亂，絶無金石樂。樂章亡缺，不可復知，及魏武平荆州，獲漢雅樂郎河南杜夔，能識舊法，以爲軍謀祭酒，使創定雅樂。

東漢之末，京都大亂，樂章散落，曹操令漢雅樂郎杜夔復修漢樂，以創定雅樂。又《晉書·樂志》記載：

> 杜夔傳舊雅樂四曲：一曰《鹿鳴》，二曰《騶虞》，三曰《伐檀》，四曰《文王》，皆古聲辭。及太和中，左延年改變《騶虞》、《伐檀》、《文王》三曲，更作聲節。其名雖存，而聲實異。

同志又記載：

> 黃初中柴玉、左延年之徒，復以新聲被寵，改其聲韻。

則杜夔所傳之古雅樂，經過左延年改制，皆自成聲節，名同而聲異。這説明曹魏雖復修古樂，但樂曲、歌辭都出現新的變化。正是曹魏上層人物對古樂調之重視，和左延年"改其聲韻"、"更作聲節"，成爲"新聲"，促成樂府之復興。

　　就外因而言，漢末社會大動亂，軍閥混戰，災禍頻仍，社會凋弊，生民塗炭，文人士子也命如螻蟻，朝不保夕，難得自全。這種嚴酷的現實，激發了曹魏統治階層内心之慷慨與悲涼，他們試圖尋找一種能表達自己痛定思痛之思想情感的文學形式，而以"感於哀樂，緣事而發"爲寫作目的之樂府，正適應了他們這種要求。他們便把自己之才華、哀思都傾注於這一文學形式的寫作之中。《文心雕龍》卷二《樂府》云：

　　　　至於魏之三祖，氣爽才麗，宰割辭調，音靡節平，觀其"北上"衆引，"秋風"列篇，或述酣宴，或傷羈戍，志不出於淫蕩，辭不離於哀思，雖三調之正聲，實《韶》、《夏》之鄭曲也。

這不但説明他們以音樂寄託自己之哀思，而且能改作歌辭曲調，他們采用的樂調雖然是雅樂，而其文辭與《韶》、《夏》之樂相比，則成了浮靡之歌曲。上行下效，樂府之作風靡建安、黃初時期。

　　要之，魏氏三祖及左延年、王粲承漢樂府之詩格，"以舊曲，翻新調"，上變描寫社會質樸之文風，下開抒發個人情感模擬之時尚，寫事則多羈戍之間，抒情則多個人之感興，此皆社會與時代使之然也。

一、曹操

　　曹操（公元一五五——二二〇），據《三國志·魏志》卷一《武帝紀》及裴松之注引《魏武故事》所載建安十三年十二月之《讓縣自明本志令》,他字孟德,小字阿瞞,沛國譙(今安徽亳州市)人。本姓夏侯,其父夏侯嵩爲漢費亭侯曹騰養子,遂改姓曹。年二十舉孝廉爲郎,除洛陽北部尉,遷頓丘令。光和末,黄巾起,拜騎都尉,遷濟相,曾參與鎮壓黄巾起義。獻帝初討董卓,建安元年迎獻帝遷都許昌,受封大將軍,十三年進位丞相、二十一年封魏王,此後便挾天子以令諸侯,成爲北方實際的統治者。建安二十四年,死,其子曹丕即帝位,尊之爲魏武帝。操性愛音樂,兼善辭章,《魏志》裴注引《曹瞞傳》云:"太祖爲人佻易無威重,好音樂,倡優在側,常以日達夕。"又引《魏書》云:"太祖登高必賦,乃造新詩,被之管絃,皆成樂章。"則其樂府之作,實得力於音樂之助。原有集三十卷,逸集十卷,皆散佚,今有中華書局輯校《曹操集》較完備,黄節《魏武帝詩注》頗佳。存詩二十三首,全爲樂府,大都取漢樂府之篇目而自鑄新詞,沈德潛説"借古樂府寫時事,始於曹公"(《古詩源》卷五),即指出其樂府創作之新變化。如《薤露》:

> 惟漢廿二世,所任誠不良。沐猴而冠帶,知小而謀强。猶豫不敢斷,因狩執君王。白虹爲貫日,己亦先受殃。賊臣持國柄,殺主滅宇京。蕩覆帝基業,宗廟以燔喪。播越西遷移,號泣而且行。瞻彼洛城郭,微子爲哀傷。

此詩是批評漢末皇帝任用非人,宦官外戚互相傾軋,終於招致董卓之亂。朱乾《樂府正義》云:"前言何進猶豫不斷,自貽害也。後言董卓弑逆,宗社丘墟也。《後漢書》:何進拜大將軍,謀誅宦官,太后不從。進外收大名,不能斷,故召四方豪傑向京城,以脅太后,陳琳諫之,不聽,遂召董卓屯關中,謀泄,張讓、段珪等斬進於嘉德殿。袁術燒南宫,欲討宦官,珪等劫少帝陳留王夜出。卓引兵急進,聞帝在北邙,因往奉迎,帝見卓,恐怖涕泣,卓與言不能辭對。與陳留王語，遂及禍亂之事，卓以爲賢，遂廢少帝爲弘農王，立王爲天子，是爲獻帝，並殺太后，卓遷太尉，領前將軍事，聞東方兵起，乃鴆殺弘農王，徙都長安，洛陽數百萬口，步騎驅蹙，更相蹈藉，積尸盈路，悉燒宮廟官府，二百里內，無復孑遺。”（以上朱氏蓋節略何進、董卓兩傳之文）即此詩所詠之史事。

　　崔豹《古今注》云：“《薤露》、《蒿里》，並喪歌也。出田橫門人，橫自殺，門人傷之，爲之悲歌。言人命如薤上之露，易晞滅也。亦謂人死魂魄歸乎蒿里。……至孝武時，李延年乃分爲二曲，《薤露》送王公貴人，《蒿里》送士大夫庶人，使挽柩者歌之，世呼爲挽歌。”而《樂府解題》則云：“《左傳》（哀公十一年）：‘齊將與吳戰於艾陵，公孫夏命其徒歌《虞殯》。’杜預云：‘送死《薤露》歌，即喪歌。’”又《新序·雜事》宋玉對楚王問：“其爲《陽阿》、《薤露》，國中屬而和者數百人。”可見《薤露》之歌，起源很早，不自田橫始。首句廿二世，馮惟訥《詩紀》與梅鼎祚《詩乘》並作二十世。惟《樂府詩集》從《漢書·樂志》作二十二世。朱乾《樂府正義》云：“考世系當從《樂志》，但全詩五言句，作二十世者，亦舉成數，未爲不可也。”按：二十二作廿二，秦權詔版，此例很多，《詩紀》、《詩乘》乃不知古有廿字，改古字以就五字之數。黃節箋：“前漢高、惠、文、景、武、昭、宣、元、成、哀、平，後漢光武、明、章、和、殤、安、順、沖、質、桓、靈，爲二十二世。此篇作於漢獻時，故不數獻帝也。”所任不良，指漢末任用外戚梁冀、竇武及何進等爲高官，何進異母妹爲靈帝皇后，中平元年又升進爲大將軍，皆官非其人。沐猴冠帶，《史記》卷七《項羽本紀》：“人言楚人沐猴而冠耳。”古人所以諷官之不稱職者。知小謀強，《易·繫辭下》：“德薄而位尊，知小而謀大。”言品德薄而地位高，知識少而謀劃大，此蓋刺何進召外兵以誅宦官計劃的笨拙。猶豫不斷，《後漢書》卷九十九《何進傳》：“袁紹復說進曰:'前竇武欲誅內寵,而反爲所害者,以其言語漏泄,而五營百官服畏中人故也。今將軍既有元舅之重,而兄弟并領勁兵,部曲將吏皆英俊名士,樂盡力命,事在掌握,此天贊之時也。將軍宜一爲天下除患,名垂後世,雖周之申伯,何足道哉?'……進甚然之……遂與紹定籌策,而以其計白太后。太后不聽曰:'中官統領禁省,自古及今,漢家故事,不可廢也。且先帝新棄天下,我奈何楚楚與士人(朝臣)共對乎?'進難違太后意,且欲誅其放縱者。紹以爲中官親近至尊,出入號令,今不悉廢,後必爲患。而太后母舞陽君及苗,數受諸宦官賂遺,知進欲誅之,數白太后,爲其障蔽。又言大將軍專殺,左右擅權,以弱社稷。太后疑以爲然。中官在省闥者,或數十年,封侯貴寵,膠固內外,進新當重任,素敬憚之,雖外收大名,而內不能斷,故事久不決。……苗謂進曰:'始共從南陽來,俱以貧賤依省內,以致貴富,國家之事,亦何容易?覆水不收,宜深思之,且與省內和也。'進意更狐疑。紹懼進變計,乃脅之曰:'交搆已形,形勢已露,事留變生,將軍復欲何待,而不早決之乎?'進於是以紹爲司隸校尉,假節專命擊斷。從事中郎王允爲河南尹,紹使洛陽方略武吏司察宦者,而促董卓等使馳驛上,欲進兵平樂觀,太后乃恐,悉罷中常侍小黃門,使還里舍,惟留進素所私人,以守省中。諸常侍小黃門,皆詣進謝罪。……袁紹勸進,便於此決之,至於再三,進不許。"此即何進之欲誅宦官而猶豫寡斷。因狩執君王,《春秋·僖公二十八年》:"冬,天王狩於河陽。"《左傳》云:"是會也,晉侯召王,以諸侯見,且使王狩。仲尼曰:'以君召臣,不可以訓。故書曰:天王狩於河陽。言非其地也,且明德也。'"此指宦官張讓、段珪等殺何進之後,爲袁紹所迫,挾帝及陳留王,步出穀門,奔小平津一事而言。事詳《後漢書·靈帝紀》及《何進傳》。白虹貫日,《戰國策·秦策》:"唐睢謂秦王曰:'聶政刺韓傀,白虹貫日。'"又《後漢

書》卷九《獻帝紀》：“初平元年二月，白虹貫日。”古人以此現象預
兆國家將有變故，此預示何進之被殺。己先受殃，《後漢書·何進
傳》：“紹又爲書告州郡，詐宣進意，使捕案中官親屬。進謀積日頗
泄，中官懼而思變，張讓子婦，太后之妹也，讓向子婦叩頭曰：‘老臣
得罪，當與新婦俱歸私門，惟受恩累世，今當遠離宮殿，情懷戀戀願
復一入直，得暫奉望太后陛下顏色，然後退就溝壑，死不恨矣。’子
婦言於舞陽君，入白太后，乃詔諸常侍皆復入直。八月，進入長樂
白太后，請盡誅諸常侍以下，選三署郎入守宦官廬，諸宦官相謂曰：
‘大將軍稱疾，不臨喪，不送葬，今欻入省，此意何爲？竇氏事竟復
起邪？’又張讓等使人潛聽，具聞其語，乃率常侍段珪、畢嵐等數十
人，持兵竊自側闥入，伏省中，及進出，因詐以太后詔召進，入坐省
閣，讓等詰進曰：‘天下憒憒，亦非獨我曹罪也。先帝嘗與太后不
快，幾至成敗，我曹涕泣救解，各出家財千萬爲禮，和悦上意，但欲
託卿門户耳，今乃欲滅我曹種族，不亦太甚乎？卿言省内穢濁，公
卿以下忠清者爲誰？’於是尚方監渠穆，拔劍斬進於嘉德殿前。”即
何進先受殃之史實。“賊臣持國柄”以下六句皆寫董卓之亂。賊
臣，指董卓。國柄，《漢書》卷九十八《孝元皇后傳贊》：“群弟世權，
更持國柄。”殺主，指殺少帝與何太后。宇京，指洛陽。播越，《左
傳·昭公二十六年》：“兹不穀震蕩播越，竄在荆蠻。”杜預注：“播
越，遷踰也。”西遷移，指徙都長安。且行，黃節箋：“徂行也。《詩》
（鄭風）‘出其東門。……匪我思且。’《釋文》：‘且音徂。’”意謂董
卓把持朝政，誅少帝與何太后，另立陳留王劉協爲帝（即獻帝），燔
燒了洛陽宗廟宫室，挾持着皇帝、后妃、臣僚、百姓等號泣着西去長
安。瞻彼洛城郡，取自《詩經·小雅》之《瞻彼洛矣》篇名。微子爲
哀傷，《史記》卷三十八《宋微子世家》：“箕子朝周，過故殷墟，感宫
室毀壞，生禾黍，箕子傷之，欲哭而不可，欲泣爲其近婦人，乃作《麥

秀之詩》以歌詠之。"清朱嘉徵《樂府廣序》云："歌惟漢,閔亂也。高帝開基,光武再造,業何壯哉!乃溘焉朝露,公實傷之。"作者對靈帝用人之不當,以致造成社會之動亂和人民之苦難,深爲感慨。又如《蒿里行》:

> 關東有義士,興兵討群凶。初期會盟津,乃心在咸陽。軍合力不齊,躊躇而雁行。勢利使人爭,嗣還自相戕。淮南弟稱號,刻璽於北方。鎧甲生蟣虱,萬姓以死亡。白骨蔽於野,千里無雞鳴。生民百遺一,念之斷人腸。

此詩是寫漢末袁紹等群雄討伐董卓,互爭權利,以致社會喪亂,生民塗炭。蒿里行,黃節箋:"《漢書·武帝紀》:'太初元年,禪高里。'注伏儼曰:'山名,在泰山下。'師古曰:'此高字自作高下之高,而死人之里,謂之蒿里,或呼爲下里者也。字則爲蓬蒿之蒿。或者見泰山神靈之府,高里山又在其旁,即誤以高里爲蒿里。'案:《玉篇》:'薧里,黃泉也,死人之里。'"按:蒿里之解,當用《易·系辭下》:"古之葬者,厚衣之以薪,葬之中野,不封不樹,喪期無數,後世聖人易之棺槨。"蒿即薪,里即野,蓋太古之時,極其淳樸,故不用棺槨。樂府古辭今存,言人死魂魄歸於蒿里。

　　"關東"二句,關東,指函谷關以東。義士,指以袁紹爲首的討伐董卓諸將。《三國志·魏志》卷一《武帝紀》:"初平元年春正月,後將軍袁術、冀州牧韓馥、豫州刺史孔伷、兗州刺史劉岱、河内太守王匡、渤海太守袁紹、陳留太守張邈、東郡太守橋瑁、山陽太守袁遺、濟北相鮑信同時俱起兵,眾各數萬,推紹爲盟主。"群凶,指董卓及其壻牛輔,其將徐榮、李蒙、呂布、李傕、郭汜等。"初期"二句,會盟津,《史記》卷四《周本紀》:"九年,武王上祭於畢,東觀兵,至於盟津。……是時,諸侯不期而會盟津者八百諸侯。"盟、孟古通,

孟津在今河南孟津縣。心在咸陽，《尚書》卷十二《康王之誥》："雖
爾身在外，乃心罔不在王室。"此化用其意，指心向漢王室。咸陽，
秦都城，這裏指代長安。意謂初衷是期望像周武王之會合諸侯，弔
民伐罪，像劉邦、項羽之攻入咸陽，剿滅凶頑。"軍合"二句，軍合，
指各方軍隊會合。雁行，指軍隊相次斜列，如雁飛之行列。意謂諸
將力量不能合一，列陣觀望，躊躇不前。《三國志·魏志·武帝
紀》記載："是時紹屯河内，邈、岱、瑁、遺屯酸棗，術屯南陽，伷屯潁
川，馥在鄴，卓兵强，紹等莫敢先進。太祖曰：'舉義兵以誅暴亂，大
衆已合，諸君何疑？向使卓聞山東兵起，倚王室之重，據二周之險，
東向以臨天下，雖以無道行之，猶足爲患，今焚燒宮室，劫遷天子，
海内震動，不知所歸，此天亡之時也，一戰而天下定矣，不可失也。'
遂引兵西。……太祖到酸棗，諸軍兵十餘萬，日置酒高會，不圖進
取，太祖責讓之，因爲謀曰：'諸君聽吾計，使渤海引河内之衆臨孟
津，酸棗諸將守成皋，據敖倉，塞轘轅大谷，全制其險，使袁將軍率
南陽之軍，軍丹析，入武關，以震三輔，皆高壘深壁，勿與戰，益爲疑
兵，示天下形勢，以順誅逆，可立定也。今兵以義動，持疑而不進，
失天下之望，竊爲諸君恥之。'邈等不能用。……袁紹與韓馥謀立
幽州牧劉虞爲帝，太祖拒之。"裴注引《魏書》載太祖答紹曰："董卓
之罪，暴於四海，吾等合大衆，興義兵，而遠近莫不響應，此以義動
故也。今幼主微弱，制於奸臣，未有昌邑亡國之釁，而一旦改易，天
下其孰安之？諸軍北面，我自西向。"即以上四句所詠之史實。
"勢利"二句，嗣，繼也。還，旋也。自相戕，自相殘害。《三國志·
魏志·武帝紀》："劉岱與橋瑁相惡，岱殺瑁，以王肱領東郡太守。"
《袁紹傳》裴注引《獻帝傳》云："沮授説紹曰：'……今朝廷播越，宗
廟毀壞，觀諸州郡，外託義兵，内圖相滅，未有存主邺民者。'"言討
董卓之諸將，旋即互相兼併。"淮南"二句，淮南弟，指袁紹從弟袁

術，改九江爲淮南，設治壽春，建安二年稱帝於壽春。《三國志·魏志·袁術傳》：“卓之將廢帝，以術爲後將軍，術亦畏卓之禍，出奔南陽，會長沙太守孫堅，殺南陽太守張咨，術得據其郡，而南陽戶口數百萬，而術奢淫肆欲，徵斂無度，百姓苦之。既與紹有隙，又與劉表不平，而北連公孫瓚，紹與瓚不和，而南連劉表，其兄弟携貳，舍近交遠如此。引軍入陳留，太祖與紹合擊，大破術軍。術以餘衆奔九江，殺揚州刺史陳溫，領其州。……術會群下謂曰：‘今劉氏微弱，海内鼎沸，吾家四世公輔，百姓所歸，欲應天順民，於諸君意如何？’衆莫敢對。……用河内張炯之符命，遂僭號，以九江太守爲淮南尹，置公卿，祠南北郊，荒侈滋甚，後宮數百，皆服綺縠，餘粱肉，而士卒凍餒，江淮空盡，人民相食。”又《通鑑》（漢獻帝紀）：“袁術稱帝於壽春。”乃改九江爲淮南，而治壽春。刻璽北方，舊注以爲指袁術，非。此應指袁紹，按：《三國志·魏志·武帝紀》裴注引《獻帝起居注》云：“公（指操）上言大將軍鄴侯袁紹，前與冀州牧韓馥，立故大司馬劉虞。刻作金璽，遣故任長畢瑜，詣虞爲説命禄之數。又紹與臣書曰：‘可都鄄城，當有所立。’擅鑄金銀印，孝廉計吏，皆往詣紹，從弟濟陰太守叙與紹書云：‘今海内喪敗，天意實在我家。神應有徵，當在尊兄。南兄臣下，欲使即位，南兄言以年則北兄長，以位則北兄重，便欲送璽，會曹操斷道。’紹宗族累世受國重恩，而凶逆無道，乃至於此！”可見此兩句詩，上句是指袁術，下句是指袁紹。謂其兄弟皆有背叛不臣之意。袁紹等私刻皇帝印璽，圖謀立劉虞爲天子。時袁紹屯兵河内（今河南沁陽縣），與淮南對舉，故云北方。“鎧甲”句，《韓非子》卷七《喻老》：“天下無道，攻擊不休，相守數年不已，甲胄生蟣蝨，燕雀處帷幄，而兵不歸。”此用其意。“萬姓”以下五句，《三國志·魏志·武帝紀》：“建安七年春正月，公軍譙，令曰：‘吾起義兵，爲天下除暴亂，舊土人民，死喪略盡，國中終日行,不見所識,使吾悽愴傷懷。"其言可與此詩互相印證。連年征戰不休,將士長久不得解甲,生民塗炭,萬姓死亡,作者抒發了喪亂時代悲憤之情。

《薤露》和《蒿里行》皆以樂府古辭寫當代之重大政治事件,從哀悼個人之死亡,演變爲哀悼國家之喪亂。清人方東樹《昭昧詹言》卷二即云:"此用樂府題,叙漢末時事。所以然者,以所詠喪亡之哀,足當挽歌也。"此正是曹操樂府創作之新精神。然而這都是對社會現實之客觀叙述,另外還有個人抒情之作,如《苦寒行》:

> 北上太行山,艱哉何巍巍!羊腸坂詰屈,車輪爲之摧。樹木何蕭瑟!北風聲正悲。熊羆對我蹲,虎豹夾路啼。谿谷少人民,雪落何霏霏!延頸長嘆息,遠行多所懷。我心何怫鬱!思欲一東歸。水深橋梁絶,中路正徘徊。迷惑失故路,薄暮無宿棲。行行日已遠,人馬同時飢。擔囊行取薪,斧冰持作糜。悲彼東山詩,悠悠令我哀。

此爲曹操征袁紹之甥高幹時作。《三國志·魏志·武帝紀》:"建安十年,冬十月,公(指操)還鄴。初袁紹以甥高幹領并州牧,公之拔鄴,幹降,遂以爲刺史。幹聞公討烏丸,乃以州叛,執上黨太守,舉兵守壺關口。遣樂進李典擊之,幹還守壺關城。十一年春正月,公征幹,幹聞之,乃留其別將守城,走入匈奴,求救於單于,單于不受,公圍壺關,三月拔之,幹遂走荆州,上洛都尉王琰捕斬之。"高幹降曹後又反,屯兵於壺關口,曹操自鄴城出兵,取道河内,北度太行山,時當正月,天氣嚴寒,詩歌即寫行軍之艱苦。太行山,起自河南濟源市,北入山西晉城市,迤向東北,跨過陵川、壺關、平順、潞城、黎城、武鄉、遼縣、和順、平定、昔陽以及河南之輝縣、武安,河北之井陘、獲鹿。羊腸坂,《漢書》卷二十八《地理志》:"壺關縣有羊腸坂。"其地在今壺關縣西南。詰屈，即崎嶇。怫鬱，即愁悶。思欲東歸，指懷念故鄉譙縣（今安徽亳縣）。糜，稀粥。東山詩，《詩經·豳風》中之詩篇，《詩序》云："《東山》，周公東征也。"其中抒寫遠戍士兵對家鄉之思念。曹操借此詩以寄慨，並以周公自比。詩之筆勢凝重屈蟠，意境遼闊深遠，情感蒼涼悲壯，堪稱絕唱。

然曹操之樂府以四言者最佳，沈德潛《古詩源》卷五云："曹公四言，於《三百篇》外，自開奇響。"即指出其四言樂府之特異成就。如其名作《短歌行》：

> 對酒當歌，人生幾何？譬如朝露，去日苦多。慨當以慷，憂思難忘。何以解憂？惟有杜康。青青子衿，悠悠我心。但爲君故，沈吟至今。呦呦鹿鳴，食野之苹。我有嘉賓，鼓瑟吹笙。明明如月，何時可掇？憂從中來，不可斷絕。越陌度阡，枉用相存。契闊談讌，心念舊恩。月明星稀，烏鵲南飛。繞樹三匝，何枝可依？山不厭高，海不厭深。周公吐哺，天下歸心。

張玉穀云："此嘆流光易逝，欲得賢才以早建王業之詩。"（《古詩賞析》卷八）又陳沆云："此詩即漢高《大風歌》思猛士之旨也。"（《詩比興箋》卷一）可謂得其要領。首八句是抒發其身居廊廟，心憂天下之情。杜康，相傳爲最早發明釀酒之人，這裏用爲酒之代稱。"青青子衿"以下八句，前兩句采自《詩經·鄭風·子衿》篇，後四句采自《詩經·小雅·鹿鳴》篇。青衿，乃周代學子之服裝，此指代學子。先寫其尋求賢才時之日夜思慕，後寫其既得賢才後之竭誠款待。"明明如月"以下八句，言賢才不易得，故憂思不絕，賢才既枉駕而來，則兩情契合，暢敘舊誼。阡、陌，田間道路，古諺"越陌度阡，更爲客主"，此用成語，言賢人遠道來訪。"月明星稀"以下八句，乃抒發懷抱。烏鵲無枝可依，以喻賢者無所依託。山高、水深，《管子》卷二十《形勢解》：“海不辭水，故能成其大；山不辭石，故能成其高；明主不厭人，故能成其衆；士不厭學，故能成其聖。”此化用其意。周公吐哺，《史記》卷三十三《魯周公世家》周公自謂“然我一沐三捉髮，一飯三吐哺，起以待士，猶恐失天下之賢人”。曹操以周公自比，言賢才無所依託，則渴望其歸己，且不厭其多，所以建立事業而定天下也。結出本意。全詩或四句一韻，或八句一韻，錯落有致，鏗鏘有力，陳祚明云：“跌宕悠揚，極悲凉之致。”(《采菽堂古詩選》卷五)乃深識其情趣。又如《步出夏門行》：

　　雲行雨步，超越九江之皋，臨觀異同。心意懷游豫，不知當復何從？經過至我碣石，心惆悵我東海。

　　東臨碣石，以觀滄海。水何澹澹，山島竦峙。樹木叢生，百草豐茂。秋風蕭瑟，洪波湧起。日月之行，若出其中，星漢粲爛，若出其裏。幸甚至哉！歌以詠志。

　　孟冬十月，北風徘徊。天氣肅清，繁霜霏霏。鵾雞晨鳴，鴻雁南飛。鷙鳥潛藏，熊羆窟棲。錢鎛停置，農收積場。逆旅整設，以通商賈。幸甚至哉！歌以詠志。

　　鄉土不同，河朔隆寒。流澌浮漂，舟船行難。錐不入地，蘴藾深奧。水竭不流，冰堅可蹈。士隱者貧，勇俠輕非。心常歎怨，戚戚多悲。幸甚至哉！歌以詠志。

　　神龜雖壽，猶有竟時。騰蛇乘霧，終爲灰土。老驥伏櫪，志在千里。烈士暮年，壯心不已。盈縮之期，不但在天。養怡之福，可得永年。幸甚至哉！歌以詠志。

全詩除了艷之外，共四解。朱嘉徵《樂府廣序》云：“《隴西行》歌《碣石》，魏公北征烏桓時作。”曹操征烏桓事，《三國志·魏志·武帝紀》記載：“建安十二年(公元二〇七)將北征三郡烏丸，諸將皆

曰：袁尚亡虜耳，夷狄貪而無親，豈能爲尚用？今深入征之，劉備必
説劉表以襲許，萬一爲變，事不可悔！惟郭嘉策表必不能任備，夏
五月至無終，秋七月大水，傍海道不通，田疇請爲鄉導，公從之，行
軍出盧龍塞，塞外道絕不通，乃塹堙谷，五百餘里。經白檀，歷平
剛，涉鮮卑庭，東指柳城。未至二百里，虜乃知之，尚熙與蹋頓、遼
西單于樓班、右北平單于能臣抵之等將數萬騎逆軍，八月登白狼
山，卒與虜遇，衆甚盛，公車重在後，被甲者少，左右皆懼。公登高
望虜陣不整，乃縱兵擊之，使張遼爲先鋒，虜衆大崩，斬蹋頓及名王
已下，胡漢降者二十餘萬口。"其時南有荊襄之劉表、劉備，北有袁
紹之子熙、尚與烏桓相勾結，曹操采用謀士郭嘉的意見，出奇兵擊
烏桓，大破烏桓於柳城（今遼寧省興城市西）。此詩即其討烏桓回
鄴後所作。雲行雨步，言兵衆之盛，並暗喻用兵之神速。九江，《漢
書》卷二十八上《地理志》注應劭曰："江至尋陽分爲九。"《尚書》
僞《孔傳》："江於荊州界分爲九道。"時劉表坐鎮荊州，故曹操欲至
九江以觀虛實。異同，即諸將之異同。游豫、何從，乃斟酌於南北
之用兵。碣石，舊説很多，曹操所經當爲今天河北省樂亭縣之大碣
石。二"我"字，皆語助詞，同哦。一解，澹澹，波浪動蕩貌。竦峙，
聳立。星漢，即銀河。末二句合樂時所加，與正文無涉。此解看似
寫景，實則述志。志融於景，以海自比，抒發其於社會動亂時之政
治懷抱。二解，孟冬十月，按：曹操征烏桓，九月自柳城還，十一月
至易水，此言十月，蓋記歸途所見。鵾雞，即鶤雞，與鵠同類。鷙
鳥，即蟄鳥，指燕，《夏小正》："九月玄鳥蟄。"錢鎛，《詩經·周頌·
臣工》："庤乃錢鎛。"錢，鑱子；鎛，鋤。"逆旅"二句，逆旅，即旅館，
邊疆地區，旅館並非常設，而是冬秋臨時設置。《禮記》卷五《月
令》："仲秋之月……乃命有司，趣民收斂，務畜菜，多積聚。……
是月也，易關市，來商旅，納貨賄，以便民事。"此解寫沿途所見之天

時物候及關心民生。三解，河朔，後漢時袁紹曾雄據河朔，即今河北省一帶。澌，冰塊。錐不入地，《三國志·魏志·武帝紀》裴注引《曹瞞傳》云："時寒且旱……鑿地入三十餘丈乃得水。"此蓋感於鑿井之艱難。薲藾，即苹藾，亦即蕭藾。隱，痛。輕非，輕於犯法。此作者有感於河朔士氣，好勇疾貧，職爲亂階，因此嘆怨悲傷而憂念之。四解，神龜雖壽，《莊子》卷六下《秋水》："吾聞楚有神龜，死已三千歲矣。"騰蛇，《韓非子》卷十七《難勢》："飛龍乘雲，騰蛇游霧。"與龍同類，能興雲駕霧。烈士，指重義輕生和有志於建立功業之人。盈縮，即長短。養怡，即調養。言人壽命之長短，并非上天安排，只要用心調養，即可長壽。説明瞭天命之不足據，强調事在人爲。《樂府古題要解》卷上云："《碣石篇》，晉樂奏魏武帝詞。首章言東臨碣石，見滄海之廣，日月出入其中。二章言農功畢而商賈往來。三章言鄉土不同，人性各異。四章言老驥伏櫪，志在千里，烈士暮年，壯心不已也。"每章所詠雖各有側重，但第四章卻是全篇的詩旨所歸。

　　四言之作，易爲板滯，而曹詩卻能出語自然，筆勢縱橫，氣象壯闊，鍾伯敬《古詩歸》云："四言至此，出脱《三百篇》殆盡，此其心手不粘滯處。'青青子衿'二句，'呦呦鹿鳴'四句，全寫《三百篇》，而畢竟一毫不似。甚妙難言。"其異於前此之作者，在抒一己之情，凡心志之所存，情思之所感，皆發之於樂府。陳祚明《采菽堂古詩選》卷五云：

　　　　孟德所傳諸篇，雖并屬擬古，然皆以寫己懷來，始而憂貧，繼而憫亂，慨地勢之須擇，思解脱而未能，矗矗之詞，數者而已。本無泛語，根在性情，故其跌宕悲涼，獨臻超越。

即道出他這一方面之特點。又其文章之蟠屈縱橫，亦前此所不及。

方東樹《昭昧詹言》卷二云:

> 大約武帝詩沈鬱直樸,氣真而逐層頓斷,不一順平放,時時提筆換氣換勢,尋其意緒,無不明白,玩其筆勢文法,凝重屈蟠,誦之令人意滿。

也道出其文筆之特色。要之,曹操之作"並志深而筆長,故梗概而多氣也"(《文心雕龍·時序》)。東漢以來,樂府之作者多矣,然能以這一文學形式,特別是以四言樂府抒發慷慨悲壯之情,雄豪沈鬱之氣,且立意遒勁,造詞質直,《三百篇》之後,實以曹操爲第一人。

二、曹丕

曹丕是直接承襲曹操肆力於樂府歌辭並作出新貢獻的重要作家。其成就之取得並非偶然,而是由於他對文學價值的認識和對文學作用的重視。兩漢時期,重經術,輕文學,視詩賦爲小道,多不屑爲,雖然到了東漢作者逐漸增多,但其觀念始終未變。曹丕逆潮流而動,作《典論·論文》,提出了對文學的新穎見解,他説:"蓋文章,經國之大業,不朽之盛事。年壽有時而盡,榮樂止乎其身,二者必至之常期,未若文章之無窮。"把文學提到與事功同等重要的地位,鼓勵作家"不託飛馳之勢"地去努力寫作。這些見解,不僅對他自己的創作成就,而且對建安文學的昌盛,都有直接影響。他的樂府今存者約二十首。

曹丕對詩歌之重要貢獻,在於他創立了七言詩體。在此之前的詩歌創作雖然有不少七言句出現,但還未能形成完整的七言詩。真正完整的七言詩始於曹丕所作之《燕歌行》二首,《燕歌行》開闢了我國詩歌史之新篇章。其一詞云:

> 秋風蕭瑟天氣凉,草木摇落露爲霜。群燕辭歸雁南翔,念

君客游多思腸。慊慊思歸戀故鄉,君何淹留寄他方?賤妾煢煢守空房,憂來思君不敢忘,不覺淚下霑衣裳。援琴鳴絃發清商,短歌微吟不能長。明月皎皎照我床,星漢西流夜未央。牽牛織女遥相望,爾獨何辜限河梁?

《樂府廣題》云:"燕,地名。言良人從役於燕,而爲此曲。"《樂府正義》云:"《燕歌行》與《齊謳行》、《吳趨行》、《會吟行》俱以各地聲音爲主,後世聲音失傳,於是但賦風土。"意謂詩題冠以地名,以示地方聲音,後來聲音失傳,便用來歌詠各地之風土。燕地自漢末魏初,遼東西爲慕容所居,地勢偏遠,征戍不絕,所以《燕歌行》多寫離別之情。此詩託爲思婦懷念征夫之辭,寫作年代已不可考。全詩七解,先寫初秋蕭瑟之景,見燕群歸雁南翔引發出對征夫之思念。再則想象征夫必然思鄉,對其淹留不歸產生疑問。更寫空虛、孤獨,乃以琴曲抒情,清商曲節促、音微,故有感其歌吟之不能長。最後寫深夜在孤悽、寂寞中對牽牛、織女發爲哀嘆。星漢西流,即俗所謂天河掉腳,表明夜已深。牽牛、織女,是古代傳說中兩個愛神。河梁,即天河。謂牛、女何罪而被河梁阻隔,不得相會?爲牛、女鳴怨,亦借以抒發思婦之怨恨!其中關於季候的描寫,與《禮記·月令》完全相合:天氣涼,即《月令》之"涼風至";草木搖落,即《月令》之"草木黃落";露爲霜,即《月令》之"白露降";燕辭歸,即《月令》之"玄鳥歸";雁南翔,即《月令》之"鴻雁來";連用《月令》五事,不見堆砌之痕,且情感委婉,氣韻流暢,音調和諧,是一篇抒情佳作。其二詞云:

別日何易會日難。山川悠遠路漫漫。鬱陶思君未敢言。寄聲浮雲往不還。涕零雨面毀容顏。誰能懷憂獨不歎?展詩清歌聊自寬。樂往哀來摧心肝。耿耿伏枕不能眠。披衣出户

步東西。仰看星月觀雲間。飛鸖晨鳴聲可憐。留連顧懷不
能存。

此首與前一首同旨，寫思婦憂思滿懷，歌《燕歌行》以自寬解。全
詩一句一意。夜晚不能入睡，披衣出戶，仰觀雲間之星月，耳聽鸖
雞之哀鳴，徘徊顧望，内心痛楚之極，不堪忍受再思念了。存，思
存。急切地思念，而所思者在虚無渺茫之中，終篇不可得，乃《詩
經》手法之妙用。文辭清麗，情韻俱佳。《南齊書》卷五十二《文學
傳論》云："飛館玉池，魏文之麗篆。七言之作，非此誰先。"即指出
曹丕之作，實開七言詩之先。

　　曹丕不但創立了七言詩，而且寫了不少四言樂府，這些四言樂
府，都軌跡於其父曹操。如《善哉行》：

　　　　上山采薇，薄暮苦飢。谿谷多風，霜露沾衣。野雉群雊，
　　猴猿相追。還望故鄉，鬱何壘壘！高山有崖，林木有枝。憂來
　　無方，人莫之知。人生如寄，多憂何爲？今我不樂，歲月如馳。
　　湯湯川流，中有行舟。隨波轉薄，有似客游。策我良馬，被我
　　輕裘。載馳載驅，聊以忘憂。

李善注："《歌録》曰：'《善哉行》，古詞也。古《出夏門行》曰：善哉
殊復善，絃歌樂我情。'然善哉歎美之辭也。"《詩經・小雅・采
薇》："采薇采薇，薇亦作止。曰歸曰歸，歲亦莫止。""憂心烈烈，載
渴載飢。""我心傷悲，莫知我哀。"寫戍卒之痛苦。本篇用意蓋出
於此，寫行役之人的悲傷和對故鄉的懷念。意謂上山采薇，既不能
療飢，又爲風霜所侵，苦不堪言。物類尚各求其匹仇，自己爲何遠
離所親，而勞於征役？還望故鄉，則爲壘壘山林隔絶，不可得見。
自己之行踪猶如行舟，隨川流轉薄，無所底極。憂傷反復，而不能
已。其言悽楚，其音悲哀，微風遠韻，映帶人心。

曹丕的文才與樂府,《文心雕龍》卷十《才略》篇説:"魏文之才,洋洋清綺……慮詳而力緩,故不競於先鳴;而樂府清越,《典論》辯要,迭用短長,亦無懵焉。"認爲曹丕的才力充沛,文采清麗,考慮周詳,思力遲緩,雖然不能與曹植爭勝,但其樂府音節嘹亮,《典論》辯論得當,卻不應當不看到。劉勰的評價,可謂公允。

三、曹植

曹氏父子三人,獨擅建安詩壇,然以作品之豐富,影響之深遠,曹植又非其父兄所能及。

曹植,據《三國志·魏志》本傳記載,他"性簡易,不治威儀,輿馬服飾,不尚華麗"。這種簡易之作風,與他貴公子的身份是不相稱的。他是一個有理想、抱負的人,其《求自試表》云:"微才弗試,没世無聞,徒榮其軀而豐其體,生無益於事,死無損於數,虛荷上位而忝重禄,禽息鳥視,終於白首,此徒圈牢之養物,非臣之所志也。"即表明自己不願做"圈牢之養物",而要建立一番事業。他"生於亂,長於軍",曾"從先武皇帝南極赤岸,東臨滄海,西望玉門,北出玄塞",經歷了無數的戰亂,目睹了人民的苦難,對人民的不幸遭遇表示深切的同情和無限的憤慨。其《陳審舉表》云:"數年以來,水旱不時,民困衣食;師徒之發,歲歲增調。……使蚌蛤浮翔於淮泗,鼲鼬讙譁於林木。臣每念之,未嘗不輟食而揮餐,臨觴而搤腕矣。"因此他要"戮力上國,流惠下民"(《與楊修書》)。這是他一生之政治抱負。正是這種經歷、思想、抱負形成了他樂府歌辭之"憂生之嗟"和慷慨之音。今存樂府四十餘首,其名作如《白馬篇》:

> 白馬飾金羈,連翩西北馳。借問誰家子? 幽并游俠兒。
> 少小去鄉邑,揚聲沙漠垂。宿昔秉良弓,楛矢何參差! 控弦破
> 左的,右發摧月支。仰手接飛猱,俯身散馬蹄。狡捷過猴猿,

勇剽若豹螭。邊城多警急，虜騎數遷移。羽檄從北來，厲馬登高隄。長驅蹈匈奴，左顧凌鮮卑。棄身鋒刃端，性命安可懷？父母且不顧，何言子與妻？名在壯士籍，不得中顧私。捐軀赴國難，視死忽如歸。

此詩是寫游俠，實則借游俠抒一己之情。朱乾《樂府正義》云："此寓意於幽并游俠，實自況也。……篇中所云捐軀赴難，視死如歸，亦子建素志，非泛述矣。"所言極是。按《三國志·魏志》卷三十《烏丸鮮卑傳叙》："《書》載蠻夷猾夏，《詩》稱玁狁孔熾，久矣其爲中國患也。秦漢以來，匈奴久爲邊害，孝武雖外事四夷，東平兩越朝鮮，西討貳師大宛，開邛筰夜郎之道，然皆在荒服之外，不能爲中國輕重。而匈奴最逼於諸夏，胡騎南侵，則三邊受敵。是以屢遣衛霍之將，深入北伐，窮追單于，奪其饒衍之地，後遂保塞稱藩，世以衰弱。建安中，呼厨泉南單于入朝，遂留内侍，使右賢王撫其國。而匈奴折節，過於漢舊。然烏丸鮮卑，稍更强盛，亦因漢末之亂，中國多事，不遑外討，故得擅漢南之地，寇暴城邑，殺略人民，北邊仍受其困。會袁紹兼河北，乃撫有三郡烏丸，寵其名王，而收其精騎。其後尚熙又逃於蹋頓，蹋頓又驍武，邊長老皆比之冒頓，恃其阻遠，敢受亡命，以控百蠻。太祖潛師北伐，出其不意，一戰而定之。夷狄懾服，威振朔土。遂引烏丸之衆，服從征討，而邊民得用安息。後鮮卑大人軻比能，復制御群狄，盡收匈奴故地，自雲中五原，以東抵遼水，皆爲鮮卑庭，數犯塞寇邊，幽并苦之。田豫有馬城之圍，畢軌有陘北之敗，青龍中，（明）帝乃聽王雄遣劍客刺之，然後種落離散，互相侵伐，彊者遠遁，弱者請服。"子建《求自試表》云："臣昔從先武皇帝……北出玄塞，伏見所以行軍用兵之勢，可謂神妙矣。"以上史實即其隨武帝破虜之經過，此詩即記述當時這種破虜之實況。

黄節注："案《歌録》曰："《名都》、《美女》、《白馬》，並齊瑟行

也。皆以首句名篇。”全詩可分前後兩部分,前一部分爲“白馬飾
金羈”以下十四句,寫豪俠武藝之嫻熟、高强。《史記》卷一百二十
九《貨殖列傳》云:“種、代,石北也,地邊胡,數被寇。人民矜懻忮,
好氣,任俠爲姦,不事農商。”又云:“中山地薄人衆……民俗懁急,
仰機利而食。丈夫相聚游戲,悲歌忼慨。”又云:“野王好氣任俠。”
皆幽并之地。按魏武部屬多幽并健兒,如張遼爲雁門人,屬并州;
田豫爲漁陽雍奴人,屬幽州。此幽并健兒自幼離家,久經征戰,揚
聲邊陲。他弓箭嫻熟,左右發射,皆能破的。曹丕《典論自叙》云:
“尚書令荀彧言:‘聞君善左右射,此實難能。’余言:‘執事未睹夫
項發口縱,俯馬蹄而仰月支也。’”馬蹄、月支,皆射帖名,即箭靶之
類。他仰射飛猱,俯射馬蹄,上下左右,百發百中,而且狡捷勝猿
猴,勇猛如龍豹。勇武如此,正所以報效國家。後一部分爲“邊城
多警急”以下十四句,即寫其爲國捐軀,視死如歸。邊地告急,羽檄
頻傳,將士們策馬礪兵,右蹈匈奴,左凌鮮卑,置身於鋒刃之端,那
還顧得死活!何言子與妻,按《三國志·魏志·武帝紀》:“建安十
一年,三郡烏丸,承天下亂,破幽州,略有漢民,合十餘萬户。袁紹
皆立其酋豪爲單于,以家人子爲己女妻焉。”因此在征烏丸時,漢家
將士可能有某些顧慮,故以父母且不顧,何言妻子而激勵之。末謂
既編入壯士之簿籍,就不應有任何個人考慮,惟有爲國獻身,死何
足惜!把這一豪俠人物的激昂慷慨情緒升華至極致,展示了他高
尚的精神世界。方東樹《昭昧詹言》卷二云:“此篇奇警。後來杜
公《出塞》諸什,實脱胎於此。”誠爲的評。又《名都篇》:

> 名都多妖女,京洛出少年。寶劍直千金,被服光且鮮。鬥
> 雞東郊道,走馬長楸間。馳騁未及半,雙兔過我前。攬弓捷鳴
> 鏑,長驅上南山。左挽因右發,一縱兩禽連。餘巧未及展,仰
> 手接飛鳶。觀者咸稱善,衆工歸我妍。歸來宴平樂,美酒斗十

千。膾鯉臇胎鰕，寒鼈炙熊蹯。鳴儔嘯匹侶，列坐竟長筵。連
翩擊鞠壤，巧捷惟萬端。白日西南馳，光景不可攀。雲散還城
邑，清晨復來還。

此詩疑爲刺曹丕之"内作色荒，外作禽荒"。《藝文類聚》卷四十
三、《初學記》卷十九、二十五、三十、《太平御覽》卷三百八十一、五
百七十三、九百二十六，並引曹丕《答繁欽書》云："頃守宮士孫世，
有女曰瑣……厥狀甚美，素顏玄髮，皓齒丹脣，詳而問之，云善歌
舞……固非車子喉囀長吟所能逮也。吾練色知聲，雅應此選，謹卜
良日，納之閑房。"又《文選》卷四十二丕《與吳質書》云："每念昔日
南皮之游，誠不可忘。……高談娛心，哀箏順耳，馳騁北場，旅食南
館。"又《三國志·魏志·文帝紀》裴注引《典論·自叙》云："生於
中平之季，長於戎旅之間，是以少好弓馬，於今不衰。逐禽輒十里，
馳射常百步。……建安十年，始定冀州。濊貊貢良弓，燕代獻名
馬。時歲之暮春，勾芒司節，和風扇物，弓燥手柔，草淺獸肥，與族
兄子丹獵於鄴西，終日，手獲麞鹿九，雉兔三十。後軍南征，次曲
蠡，尚書令荀彧奉使犒軍，見余談論之末，或言聞君善左右射，此實
難能。余言執事未覩夫項發口縱，俯馬蹄而仰月支也。或喜笑曰：
乃爾！余曰：將有常徑，的有常所，雖每發輒中，非至妙也，若馳平
原，赴豐草，要狡獸，截輕禽，使弓不虛彏，所中必洞，斯則妙矣。"凡
此皆可見曹丕之喜好聲色田畋之樂。篇中宴平樂，炙熊蹯，乃非魏
太子莫屬。郭茂倩《樂府詩集》稱"刺時人"者，所見猶有一塵
之隔。

　　《樂府詩集》卷六十三："名都者，邯鄲、臨淄之類也。"又《鹽鐵
論》卷一《通有》篇："大夫曰：燕之涿薊、趙之邯鄲、魏之溫軹、韓之
滎陽、齊之臨淄、楚之宛丘、鄭之陽翟、二周之三川，富冠海内，皆天
下名都。"此指東漢都城洛陽，寫京洛少年之逸樂。沈德潛《古詩

源》卷五：“起句以妖女陪少年，乃客意也。”妖女所以襯託少年。其寫少年，一者爲鬥雞、走馬、馳騁、射獵。長楸，《楚辭·九章·哀郢》“望長楸而太息兮”，王逸注：“長楸，大梓。”捷鳴鏑，捷，揩也，即插。《儀禮》卷五《鄉射禮》：“司射……揩三而挾一。”射用四矢，插三矢于帶間，挾一矢扣弦而射。鳴鏑，即響箭。南山，黃節注：“洛陽南山也。潘尼《迎大駕詩》曰：‘南山鬱岑鈍，洛川迅且急。’即指此山。”縱，發矢曰縱。衆工，工當讀如《尚書·堯典》：“允釐百工”之工，僞《孔傳》訓工爲官，極是。當時必有衆官陪從魏太子游獵。歸，推許。我，魏太子自稱。妍，《方言》卷一：“自關而西謂好曰妍。”此極寫其射藝之精熟和高超。二者爲宴飲、游樂。平樂，觀名，在洛陽西門外，《三輔黃圖》云：“後漢明帝永平五年至長安，悉取飛廉並銅馬，置之西門外，爲平樂觀。”《太平御覽》卷八百四十五引《典論》曰：“孝靈末，百司湎酒，酒千文一斗。”詩曰十千，乃言其豪侈。《後漢書》卷七十九《王符傳》：“《浮奢》篇：‘一饗之所費，破終身之業。’”漢末風俗之奢如此。膾鯉，把鯉魚切成絲。臇，肉羹，這裏用作動詞，即用胎鰕做羹。胎鰕，有子之魵魚。寒鼈，凍食之鼈，子建《七啓》云：“寒芳苓之巢龜，膾四海之飛鱗。”鳴儔嘯侶，即呼朋喚友，子建《洛神賦》云：“命儔嘯侶。”擊鞠壤，古直箋：“案擊鞠壤，謂蹴鞠及擊壤也。《御覽》引《藝經》曰：‘擊壤，古戲也。以木爲之，前廣後銳，長四尺，闊三寸，其形如履，將戲，先側一壤於地，遙於三四十步以手中壤敲之，中者爲上。’”此極寫其宴飲之樂。結句從傅毅《舞賦》“駱驛而歸，雲散城邑”化出，意謂筵會如雲之散，明晨復來長楸平樂之間。隱刺此輩玩日愒歲，無所愧怍。此詩之寫作特點，吳淇《六朝選詩定論》云：“尋常人作《名都》詩，必搜求名都一切事物，雜錯以炫博。而子建只推出一少年，以例其餘。於少年中，只出得兩事，一曰馳騁，一曰飲宴。卻說得中間一事不了又一事，一日不了又一日。”對其熔裁、布局作了準確的概括。

子建初期之樂府，如上所叙，大抵歌詠宴飲游樂之事，其寫法多正面鋪陳，時寓箴規諷諭之意，並不明顯。其後期之作，由於政治上遭受迫害，内容與情調與初期迥然不同，懷才不遇，忠而見疑，情不能已，勢或難言，乃借物寄情，引類譬喻，極掩抑吞吐之致。如《野田黄雀行》：

> 高樹多悲風，海水揚其波。利劍不在掌，結友何須多！不見籬間雀，見鷂自投羅。羅家得雀喜，少年見雀悲。拔劍捎羅網，黄雀得飛飛。飛飛摩蒼天，來下謝少年。

《樂録》：“王僧虔《技録》有《野田黄雀行》。”黄節注：“案漢鼓吹曲鐃歌，亦有《黄雀行》，不知同否？陳思本集載此篇，與《置酒》篇異名。郭茂倩《樂府》瑟調曲，以此篇與《置酒》篇俱爲《野田黄雀行》。”此詩題材采用《後漢書》卷八十四《楊震傳》注引《續齊諧記》所記王寶救黄雀，黄雀銜環報恩之民間傳説。當作於黄初元年，其時文帝即位，作者見自己之朋輩相繼被殺，何其疚心！《三國志・魏志》卷十九《陳思王傳》：“植既以才見異，而丁儀、丁廙、楊脩等爲之羽翼。……太祖於是以罪誅脩。……文帝即王位，誅丁儀、丁廙。”注引《魏略》：“太子立，欲治儀罪，轉儀爲右刺姦掾，欲儀自裁，而儀不能，乃對中領軍夏侯尚叩頭求哀，尚爲涕泣，而不能救，後遂因職事收付獄殺之。”或謂籬間雀所以喻丁儀，少年所以喻夏侯尚。案少年當自喻，朱乾《樂府正義》：“自悲友朋在難，無力援救作。風波以喻險惡，利劍以喻濟難之權。”藉少年以抒發其對友朋遭難不能營救之痛。《文心雕龍》卷八《隱秀》：“陳思之《黄雀》，公幹之《青松》，格剛才勁，而並長於諷諭。”即説明此作之手法是借物喻意的。與此格調相似者，又《泰山梁甫行》：

　　　八方各異氣，千里殊風雨。劇哉邊海民，寄身於草野。妻
　子象禽獸，行止依林阻。柴門何蕭條！狐兔翔我宇。

黃節注："郭茂倩《樂府詩集》曰：《陳武別傳》云：'武常騎驢牧羊，數家牧豎十數人，或有知歌謠者，武遂學《泰山梁甫吟》。'子建此篇，仍用古題。自《蜀志》言諸葛亮好爲《梁甫吟》，所傳《步出齊門》一篇，無泰山字。其後陸機乃分《泰山》、《梁甫》爲二篇。《藝文類聚·樂部》論樂云：'陳王曹植《泰山梁甫行》。'一本無泰山二字。今據常熟瞿氏所藏宋本，亦無泰山二字，則宋以後所改也。《樂府解題》曰：'曹植改《泰山梁甫行》爲八方。'可見宋以前有泰山二字。"此篇屬瑟調曲，寫邊遠地區人民生活之艱苦。

　　首二句寫各地區氣候不同。東、西、南、北爲四方，東南、東北、西南、西北爲四隅，合稱八方。次二句寫邊遠地區的人民委身郊野，生計艱難。劇，艱難。海，《荀子》卷九《王制》："北海則有走馬吠犬焉。"楊倞注："海爲荒晦絶遠之地，不必至海水也。"然則此邊海即邊遠地區。"妻子"二句，言妻子居住於山林，生活簡陋，與禽獸無異。林阻，即山林險阻。末二句用古詩《十五從軍征》"兔從狗竇入，雉從梁上飛"意。翔，猶游。我，指邊海民。寫邊海民住處一片悽切荒凉景象。按子建《遷都賦序》云："余初封平原，轉出臨淄，中命鄄城，遂從雍丘，改邑浚儀，而末將適於東阿。號則六易，居實三遷。連遇瘠土，衣食不繼。"賦曰："覽乾元之兆域兮，本人物乎上世，紛混沌而未分，與禽獸兮無別，栎蠡蟄而食蔬，摭皮毛以自蔽。"此詩之作，與《遷都賦》同意，表現了對貧困人民之無限矜恤。其引類譬喻之作，最佳者當推《吁嗟篇》：

　　　吁嗟此轉蓬，居世何獨然！長去本根逝，宿夜無休閒。東

西經七陌，南北越九阡。卒遇回風起，吹我入雲間。自謂終天
路，忽然下沈泉。驚風接我出，故歸彼中田。當南而更北，謂
東而反西。宕宕當何依？忽亡而復存。飄飄周八澤，連翩歷
五山。流轉無恒處，誰知我苦艱！願爲中林草，秋隨野火燔。
糜滅豈不痛？願與根荄連！

古直箋：“此篇清調曲。《樂府解題》曰：‘曹植擬《苦寒行》爲《吁
嗟》。’案《魏志》本傳裴松之注：嘗爲琴瑟調歌，辭曰云云。《御覽》
五百七十三作琴調歌，《藝文類聚》四十二引此作《吁嗟篇》。”作者
以轉蓬自喻，表述自己漂泊之苦。《魏志·陳思王傳》：“建安十六
年，封平原侯；十九年徙封臨菑侯。……二十年，增植邑五千，并前
萬戶。植嘗乘車行馳道中，開司馬門出，太祖大怒，公車令坐死。
由是重諸侯科禁，而植寵日衰。太祖既慮終始之變，以楊脩有才
策……於是以罪誅脩，植益内不自安。……文帝即王位，誅丁儀
丁廙，并其男口，植與諸侯並就國。黃初二年，監國謁者灌均希
指，奏植醉酒悖慢，劫脅使者，有司請治罪……貶爵安鄉侯。其
年改封鄄城侯。三年，立爲鄄城王，邑二千五百戶。四年，徙封雍
丘王。……太和元年，徙封浚儀。二年，復還雍丘。……三年，徙
封東阿。……時法制待藩國既自峻迫，寮屬皆賈豎下才，兵人給其
殘老，大數不過二百人。又植以前過，事事復減半，十一年中而三
徙都，常汲汲無歡，遂發疾薨，時年四十一。”此即其漂泊流蕩之跡，
可以闡發詩歌之内在意蘊。裴注於此志文下引此詩爲瑟調行，知
其應爲太和三年作。

　　黃節注：“屈原《卜居》曰：‘吁嗟默默兮，誰知我之廉貞。’子建
此篇，曰‘居世’、曰‘誰知吾苦艱’，意蓋本之。”所見良是。天路，
天之盡頭，黃節云：“仲長子《昌言》（佚文，見《文選》謝靈運《入華子岡
是麻源第三谷》詩注及曹子建《雜詩》注引）曰：‘蕩蕩乎若升天路，而不

知其所登。'"沈泉,《魏志》注作"沈淵"是,唐人避高祖諱改。中田,即田中。宕宕,猶蕩蕩。八澤,即八藪,《漢書》卷六十四《嚴助傳》:"八藪爲囿。"顏師古注:"八藪,謂魯有大野,晉有大陸,秦有楊汙,宋有孟諸,楚有雲夢,吳越之間有具區,齊有海隅,鄭有圃田。"五山,《史記》卷二十六《封禪書》:"天下名山八,而三在蠻夷,五在中國。中國華山、首山、太室、泰山、東萊,此五山黃帝所常游,與神會。"《後漢書》卷五十八下《馮衍傳》:"疆理九野,經營五山,眇然有思陵雲之意。"章懷注:"五山,即五嶽也。"中林,即林中。糜滅,猶磨滅,《漢書》卷五十一《賈山傳》:"《至言》曰:'雷霆之所擊,無不摧折者,萬鈞之所壓,無不糜滅者。'"荄,草根。言自己之身世與眾不同,猶如轉蓬到處飄蕩,經七陌,越九阡,既高上天盡頭,又落入深淵,暴風將其從淵中吹出,又送回到田中,當南更北,欲東反西,而不能自持。周八澤,歷五山,時隱時現,無所依託,其流轉之苦有誰知道?末四句乃一篇之結穴,意謂被野火燒成灰燼難道不痛苦嗎?然自己寧肯被焚燒,也願意與本根相連。表現了骨肉離別之痛。沈德潛《古詩源》卷五云:"遷轉之痛,至願歸糜滅,情事有不忍言者矣。"

曹植樂府之異於前者,其一是抒一己之情,凡所描寫,多借以寄託和詠懷;其二是不重聲律,且多與聲律乖離,而重文辭、內容,語言藻麗,格調高雅,與漢樂府之質樸鄙俚者不同。王世貞《藝苑卮言》云:"子建才敏於父兄,然不如其父兄質。漢樂府之變,自子建始。"即指出其樂府創作在漢樂府變於魏過程中之關鍵作用。

四、王粲、陳琳、左延年

曹魏時期樂府之作,除了曹氏父子之外,其著名者還有王粲、陳琳、左延年。他們的作品與曹氏父子不盡相同,即在內容上變描寫貴族生活爲描寫民間疾苦,在體裁上易個人抒情爲客觀敘事。其中尤以王粲成就最高,《文心雕龍·才略》稱他爲"七子之冠冕"。

(一)王粲

王粲是建安七子之代表,曹丕《典論·論文》云:"今之文人,魯國孔融文舉,廣陵陳琳孔璋,山陽王粲仲宣,北海徐幹偉長,陳留阮瑀元瑜,汝南應瑒德璉,東平劉楨公幹。斯七子者,於學無所遺,於辭無所假,咸以自騁騏驥於千里,仰齊足而並馳。"其中除孔融被曹操所殺,不曾參與當時更多的文學活動外,其餘作家多飽經離亂,目睹時艱,故其作品能寫離亂之景,發愀愴之詞,王粲《從軍行》五首,即其代表。其一云:

> 從軍有苦樂,但問所從誰?所從神且武,安得久勞師?相公征關右,赫怒震天威。一舉滅獯虜,再舉服羌夷。西收邊地賊,忽若俯拾遺。陳賞越丘山,酒肉踰川坻。軍中多飫饒,人馬皆溢肥。徒行兼乘還,空出有餘資。拓地三千里,往返一如飛。歌舞入鄴城,所願獲無違。晝日獻大朝,日暮薄言歸。外參時明政,內不廢家私。禽獸憚爲犧,良苗實已揮。竊慕負鼎翁,願厲朽鈍姿。不能效沮溺,相隨把鋤犁。熟覽夫子詩,信知所言非。

此五首詩《樂府詩集》卷三十二錄之,屬相和歌平調曲,乃寫其隨曹操出征時之觀感。第一首寫從征張魯,二至五首寫從征吳。其從征張魯之史事,《三國志·魏志》卷一《武帝紀》記載:"建安二十年三月,公西征張魯,至陳倉,將自武都入氐,氐人塞道,先遣張郃、朱靈等攻破之。夏四月,公自陳倉出散關,至河池,氐王竇茂衆萬餘人,恃險不服,五月,公攻屠之,西平金城。諸將麴演、蔣石等,共斬送韓遂首。秋七月，公至陽平，張魯使弟衛與將楊昂等據陽平關，橫山築城十餘里，攻之不能拔，乃引軍還。賊見大軍退，其守備解散，公乃密遣解儦、高祚等，乘險夜襲，大破之，斬其將楊任。進攻衛，衛等夜遁，魯潰奔巴中，公軍入南鄭，盡得魯府庫珍寶。巴漢皆降，復漢寧郡爲漢中，分漢中之安陽西城爲西城郡，置太守，分錫上庸郡，置都尉。"又《魏志》卷八《張魯傳》："字公祺，沛國豐人也。祖父陵，客蜀學道鵠鳴山中，造作道書，以惑百姓，從受道者出五斗米，故世號米賊。陵死，子衡行其道，衡死，魯復行之。益州牧劉焉，以魯爲督義司馬，與別部司馬張脩，將兵擊漢中太守蘇固，魯遂襲脩殺之，奪其衆。焉死，子璋代立，以魯不順，盡殺魯母家室。魯遂據漢中，以鬼道教民，自號師君，其來學道者，初皆名鬼卒，受本道已信，號祭酒，各領部衆，多者爲治頭大祭酒。皆教以誠信不欺詐，有病自首其過，大都與黃巾相似。諸祭酒皆作義舍，如今之亭傳，又置義米肉，懸於義舍，行路者量腹取足，若過多，鬼道輒病之。犯法者三原，然後乃行刑。不置長吏，皆以祭酒爲治，民夷便樂之，雄據巴漢，垂三十年。漢末力不能征，遂就寵魯爲鎭民中郎將，領漢寧太守，通貢獻而已。民有地中得玉印者，群下欲尊魯爲漢寧王，魯功曹巴西閻圃諫魯曰：'……願且不稱，勿爲禍先。'魯從之。韓遂馬超之亂，關西民從子午谷奔之者數萬家。建安二十年，太祖乃自散關出武都征之，至陽平關，魯欲舉漢中降，其弟衛不肯，率衆數萬人，拒關堅守，太祖攻破之，遂入蜀。魯聞陽平已陷……於是乃奔南山，入巴中。左右欲悉燒寶貨倉庫，魯曰：'本欲歸命國家，而意未達，今之走避銳鋒，非有惡意，寶貨倉庫，國家之有。'遂封藏而去。太祖入南鄭，甚嘉之。又以魯本有善意，遣人慰喻，魯盡將家出，太祖遂拜魯鎭南將軍，待以客禮，封閬中侯，邑萬户，封魯五子及閻圃等皆爲列侯。"張魯是農民起義領袖，曹操西征張魯，並最後賄降了張魯。王粲此作表面上是歌頌曹操，實質上在言辭之間多含諷刺挖苦之意。吳伯其云："'外參時明政，內不廢家私'，只是外攬權，內營私，非古大臣'國而忘家，公而忘私'之義。從來以仲宣此詩爲頌美者，余獨以爲不然也。"即道着了詩之底蘊。

首八句贊揚曹操用兵之威武神妙，將士皆樂相從。"從軍"二句，以漢將李廣、程不識用兵不同爲比，《漢書》卷五十四《李廣傳》："程不識故與廣俱以邊太守將屯，及出擊胡，而廣行無部曲行陳，就善水草頓舍，人人自便，不擊刁斗自衛，莫府省文書，然亦遠斥候，未嘗遇害。程不識正部曲行伍營陳，擊刁斗，吏治軍薄至明，軍不得自便。不識曰：'李將軍極簡易，然虜卒犯之，無以禁，而其士亦佚，樂爲之死；我軍雖煩擾，虜亦不得犯我。'是時漢邊郡李廣、程不識爲名將，然匈奴畏廣，士卒多樂從，而苦程不識。""所從"二句，神武，《漢書》卷一百下《叙傳》："皇矣漢祖，纂堯之緒，實天生德，聰明神武。"按此處應指曹操，曹植《求自試表》云："臣昔從先武皇帝……伏見所以行軍用兵之勢，可謂神妙矣。"勞師，《左傳·僖公三十二年》："蹇叔曰：'勞師以襲遠，非所聞也。'"意謂曹操征張魯近在咫尺，非勞師以襲遠。"相公"二句，曹操爲丞相，故曰相公。關右，黃節補箋："《魏志》：'張魯據巴漢垂三十年。'即《續漢志》益州之漢中、巴郡，今陝西漢中府及四川保寧府地，故曰關右。"赫威，即威怒。天威，《左傳·僖公九年》："天威不違顔咫尺。"此處指明是漢帝之威嚴。滅獫虜，黃節補箋："《魏志》：'建安十二年，公北征三郡烏丸，引軍出盧龍塞外，登白狼山，斬蹋頓及名王以下，胡漢降者二十餘萬口。'所謂'一舉滅獫虜'也。"此是追溯之詞。服羌夷，見前文所引《魏志》云："建安二十年三月，公西征張魯，至陳倉，將自武都入氐……至河池，氐王竇茂衆萬餘人，恃險不服，五月公攻屠之。"此記當時之事。"西收邊地賊"以下八句，陳述曹操征張魯時之劫掠行爲。拾遺，《漢書》卷六十七《梅福傳》："是以舉秦如鴻毛，取楚若拾遺，此高祖所以亡（即無）敵於天下也。"謂破張魯如拾遺，極言其易。"陳賞"句，李善注引《六韜》云："賞如高山，罰如深溪。""酒肉"句，《左傳・昭公十二年》："晉侯投壺，穆子曰：'有酒如淮，有肉如坻。寡君中此，爲諸侯師。'""軍中"二句，飫，厭也；饒，飽也。溢肥，即豐滿肥澤之意。《魏志・武帝紀》裴注引《魏書》曰："軍自武都山行千里，升降險阻，軍人勞苦，公於是大饗，莫不忘其勞。"蓋即上四句所詠史實。"徒行"二句，《文選》六臣注：劉良曰："徒，步也。乘，騎也。"兼，并也。謂西征之師，徒步而去，並騎而歸。《左傳・僖公十五年》："出因其資。"《魏志・張魯傳》裴注："楊暨表曰：'武皇帝始征張魯，以十萬之衆，身親臨履，指授方略，因就民麥以爲軍糧。'"故云"空出有餘資"。"拓地三千里"以下八句，揭露曹操之征張魯不過是假公濟私。李善注引虞丘壽王《驃騎論功》曰："拓地萬里，海內晏然。"此用其意。鄴城，曹操所都，故址在今河南省臨漳縣西。"所願"句，《文選》六臣注：呂延濟曰："獲，盡也。"謂一切願望都達到了。大朝，即天子朝。薄言，語助詞，《詩經・召南・采蘩》："薄言還歸。""外參"二句，言表面上是公私兩利之恭維，實際上是假公濟私之諷刺。末八句王粲自言其志，"禽獸"句，《左傳・昭公二十二年》："賓孟適郊，見雄雞自斷其尾，問之，侍者曰：'自憚其犧也。'遂歸告王，且曰：'雞其憚爲人用乎！人異於是。'""良苗"句，《國語・晉語》："秦伯饗公子如饗國君之禮，子餘相如賓……公子賦《黍苗》，子餘曰：'重耳之仰吾君也，若黍苗之仰陰雨也。若君實庇蔭膏澤之，使能成嘉穀，薦在宗廟，君之力也。'"揮，當作輝。意謂我雖有雄雞怕爲犧牲之心，不願爲人用，但因沐曹公之德，如陰雨之膏澤黍苗，所以仍願仕於曹。負鼎翁，指伊尹，《漢書》卷六十五《東方朔傳》："故伊尹蒙恥辱，負鼎俎，和五味以干湯。"言己願效伊尹負鼎於湯，厲朽姿以伐桀也。沮溺，《論語·微子》："長沮桀溺耦而耕。"夫子詩，僞《孔叢子》卷二《記問》："趙簡子使聘夫子，夫子將至焉，及河，聞鳴犢與寶犨之見殺也。迴輿而旋，之衛息鄹，遂爲操曰：'周道衰微，禮樂陵遲。文武既墜，吾將焉歸？周游天下，靡邦可依。鳳鳥不識，珍寶梟鴟。眷然顧之，慘焉心悲。巾車命駕。將適唐都。黃河洋洋，悠悠之魚。臨津不濟，還輶息鄹。傷予道窮，哀彼無辜。翱翔於衛，復我舊廬。從吾所好，其樂只且。'"王粲所熟讀之孔子詩，蓋着意在"傷予道窮，哀彼無辜"兩句，作爲全詩之結尾，則有曲折諷刺之意，謂其所言者非，乃"正言若反"也。其二云：

> 涼風厲秋節，司典告詳刑。我君順時發，桓桓東南征。汛舟蓋長川，陳卒被隰坰。征夫懷親戚，誰能無戀情？拊衿倚舟檣，眷眷思鄴城。哀彼東山人，喟然感鸛鳴。日月不安處，人誰獲常寧？昔人從公旦，一徂輒三齡；今我神武師，暫往必速平。棄余親睦恩，輸力竭忠貞；懼無一夫用，報我素餐誠。凤夜自怦性，思逝若抽縈；將秉先登羽，豈敢聽金聲？

自此以下四篇爲從征吳之作。《魏志·武帝紀》："建安二十一年……夏五月，天子進公爵爲魏王。……冬十月治兵，遂征孫權，十一月至譙。二十二年春正月，王軍居巢，二月，進軍屯江西郝谿，權在濡須口築城拒守，遂逼攻之，權退走，三月，王引軍還。留夏侯惇、曹仁、張遼等屯居巢。"又《吳志·孫權傳》："建安二十一年冬，曹公次於居巢，遂攻濡須。二十二年春，權令都尉徐詳詣曹公請降，公報使修好，誓重結婚。"又《魏志·王粲傳》："建安二十一年，從征吳。"此皆曹操征吳之史實。首六句寫征吳軍旅之威武。"涼風"句,李善注:"《禮記》(《月令》):'孟秋之月,涼風至,用始行戮。天子乃命將帥,選士厲兵,以征不義。'"言秋季乃用兵之時。司典,即司政、典獄,《尚書》卷十二《吕刑》:"有邦有土,告爾詳刑。"詳,猶審慎。司政、典獄告以斷獄審慎。"我君"二句,順時發,《禮記》卷五《月令》:"舉事必順其時。"桓桓,威武貌。東南,指吳。《詩經·魯頌·泮水》:"桓桓于征,狄彼東南。"此化用其意。謂曹操應秋時而出征吳。"汎舟"二句,黄節補箋:"蓋,掩也。"長川,當指大江。隰坰,不平曰隰,林外曰坰。極言舟船之多,掩於長江之上,戍卒之衆,陳於隰坰之間。"征夫懷親戚"以下十二句,寫從征者思鄉。眷眷,李善注:"《韓詩》曰:'眷眷懷歸。'""哀彼"二句,用《詩經·豳風·東山》"我徂東山,慆慆不歸。我來自東,零雨其濛。鸛鳴於垤,婦嘆於室"之意,借以抒發思鄉之情。"日月"二句,《國語·晉語》:"姜氏謂晉公子:'日月不處,人誰獲安?'"詩意謂王好戰,則臣不得安。暗寓譏諷。"昔人"二句,《東山》詩小序云:"周公東征,三年而歸。"曹操喜以周公自比,故此詩云然。"今我"二句,吳伯其云:"周公東征,猶煩三年,況才未必過周公者乎?曰'暫往必速平',蓋譏孟德有輕敵之意。""棄余親睦恩"以下至篇末,乃抒發其效忠曹操之志。一夫用,《後漢書》卷四十七《馮異傳》:"異曰:一夫之用,不足爲强弱。"素餐,《詩經·魏風·伐檀》:"彼君子兮,不素餐兮。"謂擔心不能效一夫之用,作爲一飯之報。併性,《文選》六臣注:李周翰曰:"歎息也。"逝,即往。抽縈,牽纏之意。"將秉"二句,李善注:"《東觀漢記》曰:'賈復擊青犢於射犬,被羽先登,所向皆靡。'仲宣《從軍詩》曰:'被羽在先登,甘心除國疾。'秉羽、被羽,其義同也。"《後漢書》卷四十七《賈復傳》章懷注:"被,猶負也。析羽爲旌旗,將軍所執。先登,先赴敵也。"《荀子》卷十《議兵》:"聞鼓聲而進,聞金聲而退。"意謂秉持旌旗,身先士卒,豈能聞金聲而退！因而勇武直前。其三云：

> 從軍征遐路,討彼東南夷。方舟順廣川,薄暮未安坻。白
> 日半西山,桑梓有餘暉。蟋蟀夾岸鳴,孤鳥翩翩飛。征夫心多
> 懷,悽愴令吾悲。下船登高防,草露霑我衣。迴身赴床寢,此
> 愁當告誰？身服干戈事,豈得念所私？即戎有授命,茲理不
> 可違。

首二句言從軍征吳。征遐路,即走遠道。東南夷,指孫權。“方舟
順廣川”以下十二句,抒發其對鄉梓之懷念,即“念所私”。方舟,
併兩船。廣川,指大江。安坻,張衡《思玄賦》舊注：“坻,所以止船
也。”《文選》六臣注：張銑曰：“安坻,謂繫舟於岸。”白日,乃日暮之
景,古詩《步出夏門行》：“行行復行行,白日薄西山。”桑、梓,二木
名。餘暉,日將夕。黃節補箋：“此言‘桑梓有餘暉’,謂日落處乃
父母之邦,與上首‘棄余親睦恩’相應。”蟋蟀、孤鳥,皆寫秋景。高
防,戍守之地。此情此景,聞見之間,令人悽愴,愁苦無所告訴。
“身服干戈事”以下,表示要排除私念,爲公事獻身。所私,李善
注：“情所親見。”即戎,《論語·子路》：“子曰：‘善人教民七年,亦
可以即戎矣。’”即從軍。授命,《論語·憲問》：“見危授命……亦
可以爲成人矣。”即交出自己的生命。謂既身服干戈,見危授命,乃
理所當然。其四云：

> 朝發鄴都橋,暮濟白馬津。逍遙河隄上,左右望我軍。連
> 舫踰萬艘,帶甲千萬人。率彼東南路,將定一舉勳。籌策運帷
> 幄,一由我聖君。恨我無時謀,譬諸具官臣。鞠躬中堅內,微
> 畫無所陳。許歷爲完士,一言猶敗秦。我有素餐責,誠愧伐檀
> 人。雖無鉛刀用,庶幾奮薄身。

首四句寫從征之路綫。白馬津,朱珔《文選集釋》卷十七云：“《方

興紀要》云:‘今大名府滑縣,本漢白馬縣,有白馬山,縣以山名。津去山可二十里許,即大河渡處。’《水經注》:‘津在白馬城西北,因名。’余謂如《紀要》所載,今之魏縣與滑皆大名所屬,魏縣至臨漳僅五十里,臨漳即鄴都也,白馬津亦在滑縣西。普泰三年,爾朱兆攻高歡於鄴,敗走滑臺,知其接壤矣。故詩言朝發鄴都而暮即濟此津也。”按白馬津故道,在今河南滑縣北,舊爲河水分流處,今已淤塞。“連舫”二句寫戰船、兵甲之盛。舫、併舟也。“率彼”二句,率,循也。東南路,指征吳之路。一舉,《戰國策》卷三《秦策》:“張儀謂秦王曰:‘一舉而伯王之名可成也。’”此言征吳之事,可以一舉成功。“籌策”二句,《史記》卷八《高祖本紀》:“夫運籌策帷帳之中,決勝於千里之外,吾不如子房。”聖君,指曹操。謂運籌謀劃,皆由曹操。“恨我無時謀”以下四句,自述於征吳無所作爲。時謀,《後漢書》卷六十三《朱浮傳》:“蓋聞知者順時而謀。”具官臣,《論語‧先進》:“季子然問:‘仲由、冉求可謂大臣與?’子曰:‘今由與求也,可謂具臣矣。’”謂毫無作爲,僅具名額之大臣。中堅,黃節補箋:“《後漢書‧光武紀》:‘衝其中堅。’注:‘凡軍事,中軍將最尊,居中,以堅銳自輔,故曰中堅。’《魏志‧曹真傳》:‘拜中堅將軍。’又:‘以許褚爲中堅將軍。’則爲官名矣。”微畫,《史記》卷七十九《蔡澤傳》:“昭王新説蔡澤計畫,遂拜爲秦相。”“許歷”二句,《史記》卷八十一《廉頗藺相如傳》:“趙奢者,趙之田部吏也。……秦伐韓……王乃令趙奢將,救之。兵去邯鄲三十里,而令軍中曰:‘有以軍事諫者死。’……軍士許歷請以軍事諫,趙奢曰:‘内之。’許歷曰:‘秦人不意趙師至此,其來氣盛,將軍必厚集其陣以待之。不然,必敗。’趙奢曰:‘請受令。’許歷曰:‘請就鈇質之誅。’趙奢曰:‘胥(須,待也)後令。’邯鄲(索隱曰“邯鄲”二字當爲“欲戰”,謂臨戰之時,許歷復諫也。)許歷復請諫,曰:‘先據北山上者勝,後

至者敗。'趙奢許諾，即發萬人趨之。秦兵後至，爭山不得上，趙奢
縱兵擊之，大破秦軍。"完，刑罰之一種，《史記》索隱引江遂曰："漢
令稱完而不髡曰耐。"《説文》髡下云："罪不至髡也，从之重文爲
耐。"段氏云："髡者剔髮也。不剔其髮，僅去須鬢曰耐，亦曰完。
謂之完者，言完其髮也。"《漢書》卷二十三《刑法志》："諸當完者，
完爲城旦舂。"又《漢舊儀》云："秦制：凡罪，男髡鉗爲城旦，女爲
舂，皆五歲，完四歲。"然則此詩意謂許歷乃城旦（罪名）之人，有罪
從軍，猶能出一言而敗秦也。"我有"二句，用《詩經·魏風·伐
檀》"坎坎伐檀兮，寘之河之干兮。……彼君子兮，不素餐兮"之
意，言己白吃飯，不幹事，愧對曹操。鉛刀用，李善注引《東觀漢
記》："班超曰：'冀立鉛刀一割之力。'"又《文選》班固《答賓戲》
曰："揱朽摩鈍，鉛刀皆能一斷。"言己雖無鉛刀一割之用，仍希望
奮力獻身。吳伯其云："運籌一由聖君，見魏武不聽人言。其云
'恨無所陳'，乃謙詞。觀'許歷'云云，當時仲宣定有所陳，魏武不
能用之耳。"乃深有體味之見。其五云：

> 悠悠涉荒路，靡靡我心愁。四望無烟火，但見林與丘。城
> 郭生榛棘，蹊徑無所由；雚蒲竟廣澤，葭葦夾長流。日夕涼風
> 發，翩翩漂吾舟。寒蟬在樹鳴，鸛鵠摩天游。客子多悲傷，淚
> 下不可收。朝入譙郡界，曠然消人憂；雞鳴達四境，黍稷盈原
> 疇；館宅充廛里，女士滿莊馗。自非聖賢國，誰能享斯休。詩
> 人美樂土，雖客猶願留。

此詩可分前後兩部分，前一部分自首句至"淚下不可收"，寫戰爭
對社會生産之破壞；後一部分自"朝入譙郡界"至"雖客猶願留"，
寫曹操在譙郡之治效。悠悠，《詩經·小雅·黍苗》："悠悠南行。"
長也。靡靡，《詩經·王風·黍離》："行邁靡靡，中心搖搖。"《毛

傳》：“靡靡猶遲遲也。搖搖，憂無所愬。”“四望”句，李善注引《東觀漢記》：“北夷作寇，千里無火烟。”此用其意。萑蒲，黃節補箋：“《爾雅·釋草》：‘萑，芄蘭。’陸璣云：‘一名蘿藦。幽州人謂之雀瓢。’”按：萑蒲，當即《左傳·昭公二十年》“鄭國多盜，取人於萑苻之澤”的萑苻，指盜賊出没之地。鸛鵠，胡紹煐《文選箋證》曰：“善鸛字無注。案此與上喈然感鶴鳴之鶴别是一鳥。《穆天子傳》：‘鸛雞飛八百里。’郭注：‘鸛雞即鶾雞，鵠屬。’《楚辭·大招》：‘鵾鴻群晨。’鴻即鵠，亦二鳥並舉。鸛爲鵠屬，故鸛鵠連文。若水鳥之鸛，不得云摩天飛矣。”入譙郡，《續漢書·郡國志》：“豫州沛國譙郡。”即今安徽亳縣治。《魏志·武帝紀》：“建安二十一年，冬十月治兵，遂征孫權，十一月至譙。”即其時也。“雞鳴”句，《孟子·公孫丑上》：“雞鳴狗吠相聞，而達乎四境，而齊有其民矣。”疇，《説文》田部：“疇，耕治之田也。”廛里，通言之，廛里皆居宅之稱；析言之，則庶人農工商等所居謂之廛，士大夫所居謂之里。莊馗，《爾雅·釋宫》：“六達謂之莊。”九交謂之馗。享斯休，享，受；斯，此；休，福。“詩人”句，《詩經·魏風·碩鼠》：“逝將去女，適彼樂土。樂土樂土，爰得我所。”鄭箋：“樂土，有德之國也。”雖客猶願留，即“爰得我所”也。按：其時兵亂相仍，郡國凋敝，《魏志·武帝紀》：“建安七年春正月，公軍譙，令曰：‘吾起義兵，爲天下除暴亂，舊土人民死喪略盡，國中終日行，不見所識，使吾悽愴傷懷。’”又：“建安九年，九月，令曰：‘河北罹袁氏之難，其令無出今年租賦，重豪彊兼併之法。’百姓喜悦。”裴注引《魏書》載操令曰：“有國家者，不患寡而患不均，不患貧而患不安。袁氏之治也，使豪彊擅恣，親戚兼併，下民貧弱，代出租賦，衒鬻家財，不足應命，審配宗族，至乃藏匿罪人，爲逋逃主。欲望百姓親附，甲兵彊盛，豈可得邪？其收田租，畝四升，户出絹二匹，綿二斤而已。他不得擅興發，郡國守

相,明檢察之,無令彊民有所隱藏,而弱民兼賦也。"曹操在自己治
内,采用壓制豪强,減輕人民負擔之措施,使社會生産得到發展。
據此詩所詠,可見行之十有餘年,已見成效。仲宣之言,良非溢美。

　　此五首詩都是記述其從軍征戰之艱辛,其中既描寫了曹操之
戰績與政績,又譏諷了其假公濟私、獨斷專行之作風,同時反映了
戰亂所造成的社會凋敝、生民塗炭,以及作者對這一時代所抒發的
感慨與悲嘆。與曹操《蒿里行》相同,都是那個戰亂時代的縮影。

　　(二)陳琳

　　陳琳與阮瑀齊名,以章表書記見稱,曹丕云:"琳、瑀之章表書
記,今之雋也。"(《典論·論文》)即説明他在這方面的成就。但從文
學發展的角度看,其對後代影響深遠者,還是他的樂府《飲馬長城
窟行》。詩云:

> 飲馬長城窟,水寒傷馬骨。往謂長城吏:"慎莫稽留太原
> 卒!""官作自有程,舉築諧汝聲。""男兒寧當格鬥死,何能怫
> 鬱築長城?"長城何連連!連連三千里。邊城多健少,内舍多
> 寡婦。作書與内舍:"便嫁莫留住。善事新姑嫜,時時念我故
> 夫子!"報書往邊地:"君今出語一何鄙?""身在禍難中,何爲
> 稽留他家子?生男慎莫舉,生女哺用脯。君獨不見長城下,死
> 人骸骨相撐拄?""結髮行事君,慊慊心意關。明知邊地苦,賤
> 妾何能久自全?"

此詩應爲古辭。當是依據秦始皇發動大批民伕構築長城,給人民
造成無窮痛苦的民間傳説編撰而成。楊泉《物理論》:"生男慎勿
舉,生女哺用脯。不見長城下,尸骸相支拄。"(《水經·河水注》引)
即由此詩截取而來。通篇采取問答形式。先是役夫與長城吏對
話。稽留,留住不放。太原卒,從太原(秦郡名,約在今山西省中部

地區）征調來的民伕。官作，官府之工程。程，期限。諧汝聲，官吏令役夫齊唱夯歌。格鬥，即搏鬥。怫鬱，即鬱悶。“長城何連連”以下四句，是望長城之漫長而興嘆。然後是役夫與妻子之書信往來。姑嫜，即婆、公。他家子，別人家之女子，指其妻。舉，養育成人。哺，喂。脯，乾肉。意謂生男多死邊城，不如不育，生女留在家裏，應當珍愛，用乾肉喂養。慊慊，念念不忘。關，牽繫。張玉穀《古詩賞析》云：“答辭四句，表白己之亦當從死，而夫之死終不忍言，只以‘苦’字代之，得體。”正體現其妻子的溫順善良。作者采用客觀敘事之法，沒有正面表示對事件之看法，而是通過對話流露出詩之內涵。沈德潛説：“無問答之痕，而神理井然，可與漢樂府競爽矣。”（《古詩源》卷六）徭役所加給人民的苦難自然地顯示出來。這種寫作手法直接爲杜甫、白居易所繼承和發展。

（三）左延年

左延年，生平事跡不可考，惟《宋書》卷十九《樂志》云：“左延年等，妙善鄭聲。”又《晉書》卷二十二《樂志》：“黄初中（公元二二〇——二二六）左延年之徒，復以新聲被寵，改其聲韻。”太和中（公元二二七——二三二）爲協律中郎將。他是一位妙解音律之人，所作樂府《秦女休行》最著名，此外還有一首《從軍行》。其《秦女休行》云：

> 步出上西門，遥望秦氏廬。秦氏有好女，自名爲女休。休年十四五，爲宗行復讎。左執白楊刃，右據宛魯矛。讎家便東南，仆僵秦女休。女休西上山，上山四五里。關吏呵問女休，女休前置辭：“平生爲燕王婦，於今爲詔獄囚。平生衣參差，當今無領襦。明知殺人當死，兄言快快，弟言無道憂。女休堅辭：爲宗報讎死不疑！”殺人都市中，徼我都巷西。丞卿羅，東向坐。女休悽悽曳梏前。兩徒夾我持刀，刀五尺餘，刀未下，

膧朧擊鼓赦書下。

此詩《樂府詩集》屬雜曲歌辭，內容是寫秦女休爲父報仇。按：漢末傳說烈女爲父報仇之事很多，如《後漢書》卷一百十四《列女傳》所載酒泉龐淯之母趙娥，曹植《精微篇》所詠之關東賢女蘇來卿等。可見此詩所寫乃當時之社會風習。曹植所詠之關東賢女云："關東有賢女，自字蘇來卿。壯年報父仇，身沒垂功名。女休逢赦書，白刃幾在頸。'俱上列仙籍，去死獨就生。'太倉令有罪，遠徵當就拘。自悲居無男，禍至無與俱。緹縈痛父言，荷擔西上書。'盤桓北闕下，泣淚何漣如！'"據此，女休報仇當是漢時事。首四句擬樂府古辭《陌上桑》。爲宗復仇，《白虎通》卷八《宗族》："宗者何謂也？宗尊也……宗人之所尊也。"即爲尊者報仇。白楊刃，《廣雅·釋器》："白楊，刀也。"王念孫《廣雅疏證》："《淮南子·修務訓》：'羊頭之銷。'高誘注：'白羊子刀也。'羊與楊通。"按：今天北方猶稱匕首爲"羊鑲子"。宛魯矛，黃節箋："《荀子·議兵篇》：'宛鉅鐵鈀。'楊倞注：'宛，地名，屬南陽。'徐廣曰：'大剛曰鉅。鈀與鉕同，矛也。言宛地出此剛鐵爲矛也。'鉅、魯音近，'宛魯'疑'宛鉅'之誤。""讎家"二句，言讎家便在秦氏廬東南，被女休所殺，僵臥在女休前面。燕王婦，按西漢武帝時，燕王旦謀反賜死，遂國除。終東漢之世，未立燕國。魏明帝太和六年，始封武帝子宇爲燕王，然其時代似過晚。據曹植《精微篇》，敘女休事在緹縈前，緹縈爲漢文帝時人，然則女休之傳說蓋甚早也。詔獄，《漢書》卷二十三《刑法志》："齊太倉令淳于公有罪，當刑，詔獄逮繫長安。"又《漢書》卷八十二《王商傳》："召商詣若盧詔獄。"如此，則《刑法志》所謂之詔獄，似指皇帝下詔給獄吏，《王商傳》所謂之詔獄，似指奉詔繫罪犯之所。此詩之意當屬後者。衣參差，《離騷》："高余冠之岌岌兮，長余佩之陸離。"王逸注："陸離，猶參差也。"此處之參差，約可包括貴婦人內外衣長短之不齊、色澤之光怪陸離和瓊玖玉佩之透迤流麗三種意義。領襦，領是衣服之量詞。襦，短衣。"兄言"二句，黃節箋："怏怏，志不滿也。無道，即上失其道也。"徼，《漢書》卷十九《百官公卿表》："中尉秦官，掌徼循京師。"師古注："徼，謂遮繞也。"案：遮繞當爲遮撓之誤，意即攔阻。都巷，《潛夫論·讚學》："倪寬賣力於都巷。"丞卿，即廷尉卿，《後漢書》卷三十五《百官志》："廷尉卿一人，掌平獄，奏當所應。凡郡國讞疑罪，皆處當以報。"又漢《城上烏》童謠："梁下有懸鼓，我欲擊之丞卿怒。"丞卿，乃漢代掌訴訟官吏之通稱。羅，列也。梏，《漢書·刑法志》："凡囚，上罪梏拲而桎，中罪梏桎，下罪梏。"曳梏，拖引着刑具。朣朧，黃節箋："鼓聲也。"此詩是贊美女休爲父報仇之舉，而漢律殺人者死，女休終被赦免，以其烈義也。

　　其詩風也格調獨具，《詩藪》云："左延年《秦女休行》，叙事真樸，黃初樂府之高者。傅玄《龐烈婦》蓋效《女休》作者。詞意高古，足亂東西京。"所謂"叙事真樸"，"詞意高古"，確是道着了此詩之特點。

　　《從軍行》，據《樂府詩集》卷三十二《從軍行》解題云："《古今樂録》曰：'《從軍行》王僧虔云：荀録所載左延年苦哉一篇，今不傳。'"但在其所引《廣題》中存六句。又《太平御覽》卷三百五十八《兵部》八十九存四句，其前六句云：

> 苦哉邊地人，一歲三從軍。三子到燉煌，二子詣隴西。五子遠鬥去，五婦皆懷身。

題爲從軍行，實則是一首反對戰爭之作。燉煌，漢郡名，治燉煌縣，即今甘肅敦煌市。隴西，郡名，秦置，治狄道，在今甘肅臨洮縣東北。懷身，《詩經·大雅·大明》："大任有身。"《毛傳》："身重也。"鄭箋："重謂懷孕也。"丈夫從軍,生死未卜,妻子已經身孕,奈何? 作者通過客觀的叙述,揭露戰爭給邊地人民造成的慘劇。又其後四句云:

> 從軍何等樂? 一驅乘雙駁。鞍馬照人白,龍驤自動作。

驅,《詩經·唐風·山有樞》:"子有車馬,弗馳弗驅。"孔疏:"走馬謂馳,策馬謂驅。"駁,《詩經·豳風·東山》:"皇駁其馬。"《毛傳》:"驪白曰駁。"陳奐曰:"驪爲赤馬。以驪馬而發白色者,是謂之駁。"龍驤,傅毅《舞賦》:"龍驤橫舉。"驤,昂首,引申爲高舉。此四句與前六句之意義不同,而是寫從軍戰士之鞍馬馳騁。

朱止谿云:"《從軍行》歌'苦哉',邊地人怨曲也。《晉書·樂志》:'黄初中,左延年以新聲被寵。'魏樂奏之爲新聲者歟?"要之,左延年存留之樂府詩歌不多,但從《宋書·樂志》、《晉書·樂志》和《魏志·杜夔傳》的記載看,他善音律,改聲韻,創新聲,卻使樂府復興於曹魏,把樂府推向新的發展階段。

第二節　西晉時期

西晉之樂府主要沿襲曹魏,並無新聲特創之制。《樂府詩集》卷一"郊廟歌辭"題解云:

> 晉武受命,百度草創,泰始二年,詔郊廟、明堂禮樂,權用魏儀,遵周室肇稱殷禮之儀,但使傅玄改其樂章而已。

司馬炎即位,是爲武帝,爲了制禮作樂以歌頌其開國業績,於泰始二年,詔令郊廟、明堂禮樂且用曹魏儀式,僅讓傅玄改其樂章。又《晉書》卷二十二《樂志》云:

（張華）又以魏氏歌詩或二言、或三言、或四言、或五言，與古詩不類，以問司律中郎將陳欣，欣曰：“被之金石，未必皆當。”故勖造晉歌，皆爲四言，唯《王公上壽酒》一篇爲三言、五言焉。

張華所作之晉歌，雖然予以不同的名稱，但其樂曲基本上是沿襲着曹魏的。經過荀勖等人的整理、加工，不僅樂曲古雅，其曲辭也多襲用《周頌》。《樂志》又云：

張華以爲魏《上壽》、《食舉》詩，及漢氏所施用，其文句長短不齊，未皆合古。蓋以依詠弦節，本有因循，而識樂知音，足以制聲度曲，法用率凡近之所能改，二代三京襲而不變，雖詩章辭異，廢興隨時，至其韻逗留曲折皆繫於舊，有由然也。是以一皆因就，不敢有所改易。

可見漢魏樂章在當時已經約定俗成，不可更改，荀勖、張華等只是在其基礎上略加修定整理而已。

晉時之樂府沿襲曹魏樂章，然又與曹魏有所不同，即曹魏樂府中借古題詠時事，而西晉樂府則是借古題叙古事，絕少關涉當時之現實。蓋因晉時國家統一，社會安定，文人士子生活閑逸，精神空虛，便寄情於雕章琢句，以擬古詠史爲職志。這，傅玄開其先路。

一、傅玄

傅玄（公元二一七——二七八），《晉書》卷四十七本傳記載，字休奕，北地泥陽（今陝西銅川市耀州區東南）人。少孤貧，博學善屬文，妙解音律，晉郊廟歌辭多出其手。魏末，舉秀才，除郎中，歷任安東衛軍參軍、弘農太守、散騎常侍，封鶉觚男。晉受禪，進爵爲子，加駙馬都尉，累遷侍中、御史中丞。泰始五年，轉司隸校尉，

坐事免官，尋卒。他性剛勁亮直，不能容人之短，屢上書言事。著
《傅子》一百二十卷，已佚。明人輯有《傅鶉觚集》，又清人方濬師
有集校本。他善長樂府，今存詩約百篇，大都爲樂府。《文心雕
龍》卷二《樂府》云："逮於晉世，則傅玄曉音，創定雅歌，以詠宗
祖。"但重要者不是他這些應制而作之郊廟樂章，也不是他那些純
爲擬古，毫無新意者如《惟漢行》、《秋胡行》、《艷歌行》等作品，而
是他在這種擬古風氣下所創作的具有一定現實內容，並保持漢魏
遺音之作。如《豫章行·苦相篇》：

> 苦相身爲女，卑陋難再陳。男兒當門户，墮地自生神。雄
> 心志四海，萬里望風塵。女育無欣愛，不爲家所珍。長大逃深
> 室，藏頭羞見人。垂淚適他鄉，忽如雨絕雲。低頭和顏色，素
> 齒結朱唇。跪拜無復數，婢妾如嚴賓。情合同雲漢，葵藿仰陽
> 春。心乖甚水火，百惡集其身。玉顏隨年變，丈夫多好新。昔
> 爲形與影，今爲胡與秦。胡秦時相見，一絕踰參辰。

《豫章行》屬相和歌清調曲。漢樂府有《白楊初生時》一篇，此是依
舊題作新詩，新詩即《苦相篇》。猶曹操作《短歌行》有《對酒篇》、
《步出夏門行》有《碣石篇》然。本篇是寫晉時重男輕女之社會風
氣及女子所遭受之諸般痛苦。苦相，猶薄命。首二句謂女子之痛
苦永遠說不完，所以領起全篇。"男兒當門户"以下四句，寫男子
天生受人們重視。"女育無所愛"以下四句，寫女子命中注定地位
卑下。"垂淚適他鄉"以下六句，寫女子出嫁後對公婆、丈夫以至
於婢妾之卑躬屈節。雨絕雲，言女子與家人分別，猶雨離開了雲一
般斷絕了關係。"情合同雲漢"以下四句，寫女子與丈夫之關係，
雲漢，即天河。葵藿仰陽春，曹植《求通親親表》："若葵藿之傾葉，
太陽雖不爲之迴光，然向之者誠也。臣願自比葵藿。"葵藿乃賤菜，

此用其意。言丈夫與其感情投合時，卻有銀河相隔，女子仰承丈夫
之愛情則猶葵藿傾向太陽之誠摯；當丈夫與其感情背戾時，便如水
火之不相容，指斥其一無是處。"玉顔隨年變"以下六句，寫丈夫
之喜新厭舊，當女子年長色衰，便將其抛棄了。胡與秦，古時中原
地區人們稱西方與北方的部族爲胡，西域人稱中原地區爲秦。此
借喻距離遥遠。參辰，兩個永不相見之星。《左傳·昭公元年》：
"昔高辛氏有二子，伯曰閼伯，季曰實沈，居於曠林，不相能也。日
尋干戈，以相征討。后帝不臧，遷閼伯於商丘，主辰。商人是因，故
辰爲商星。遷實沈於大夏，主參，唐人是因，以服事夏、商。"參在
西，辰在東。後因以比喻雙方隔絶。末謂胡秦還有相見之時，而女
子之被丈夫抛棄，比參辰二星之彼此隔絶猶有過之，永遠不能見面
了。全篇以女子自己之口吻叙述其一生之不幸遭遇，通過具體地
叙述，控訴了"苦相"即悲慘的命運所加給她的種種苦難。又《西
長安行》云：

> 所思兮何在？乃在西長安。何用存問妾？香橙雙珠環。
> 何用重存問？羽爵翠琅玕。今我兮聞君，更有兮異心。香亦
> 不可燒，環亦不可沈，香燒日有歇，環沈日自深。

此是模擬漢鐃歌《有所思》而作。内容是寫男女之戀情。前半篇
寫男子對女子之殷勤存問，後半篇寫女子聽説男子變心，而自己卻
不肯與其斷絶關係。香橙，毛織的貯有香料之帶。羽爵，雀形有頭
尾羽翼之酒器。琅玕，玉石。歇，銷耗。末四句謂自己不想把男子
饋贈之禮物都毀壞了，怕毀壞之後不能再得而後悔。面對男子之
變心，女子則表現出無限留戀之情，與漢鐃歌《有所思》中女子對
負心男子之決絶態度不同。與此題材相近者，又《車遥遥篇》：

> 車遥遥兮馬洋洋，追思君兮不可忘。君安游兮西入秦，願

爲影兮隨君身。君在陰兮影不見，君依光兮妾所願。

此寫女子對男子之思念。首二句寫女子時刻想象男子在外漫游之情景。遥遥，遠去。洋洋，無所歸，《楚辭·九章·哀郢》："順風波以從流兮，焉洋洋而爲客。"王逸注："洋洋，無所歸貌。"次二句女子希望與男子形影不離。末二句謂如果男子不走正道，女子也就不再願如影之隨身了。陰、光，比喻邪、正。含有女子對男子規勸之意。又其寫男子對女子之思慕，如《吳楚歌》：

燕人美兮趙女佳，其室則邇兮限層崖。雲爲車兮風爲馬，玉在山兮蘭在野。雲無期兮風有止，思多端兮誰能理？

首句化用古詩《燕趙多佳人》"燕趙多佳人，美者顏如玉"之意。次句用《詩經·鄭風·東門之墠》"其室則邇，其人則遠"意，言思慕而不得見。三四句謂要乘雲車風馬去求訪。五六句謂風雲不可期會，無窮之思緒也就無法寬解。表現了對燕趙佳人的執著之情。

傅玄之樂府以此類表現婦女不幸命運和男女愛戀相思者最有意義。此類樂府雖然偶爾也采用古題，但所詠之內容則比較新穎，是當時社會生活的一個側面。沈德潛《古詩源》卷七云："休奕詩，聰穎處時帶累句，大約長於樂府，而短於古詩。"其所長何在？陸時雍《詩鏡總論》云："傅玄得古之神。漢人樸而古，傅玄精而古。樸之至，妙若天成；精之至，粲若鬼畫。二者俱妙於思慮之先矣。"可見他之擬古，在某些方面仍有其情韻獨到處，神思妙慮頗得漢魏古風。

二、張華

張華（公元二三二——三〇〇），《晉書》卷三十六本傳記載，字茂先，范陽方城（今河北固安縣南）人。少孤貧，自牧羊，然勤於學業,博覽墳典,善屬文,著《鷦鷯賦》,爲阮籍所賞識,嘆爲"王佐之才也",聲名始顯。仕魏,爲太常博士,除佐著作郎,頃之,遷長史,兼中書郎。晉受禪,拜黃門侍郎,封關内侯。他强記默識,四海之内,若指諸掌。晉武帝常問漢宫室制度及建章千門萬户,他應對如流,畫地成圖。武帝異之,拜中書令,轉爲支度尚書,與武帝、羊祜共謀伐吴。後以平吴之功,進封廣武縣侯,出爲幽州都督、領護烏校尉、安北將軍。惠帝即位,爲太子少傅,拜右光禄大夫、侍中、中書監等要職,進封壯武郡公。元康六年,拜司空。後因拒絶參與趙王倫、孫秀之篡權陰謀,被趙王倫所殺。他博物洽聞,世無其比,著《博物志》十卷,傳世。文集十卷,已佚,明人輯有《張司空集》。今存詩約四十首,其中樂府十餘首。其名作《輕薄篇》云:

> 末世多輕薄,驕代好浮華。志意既放逸,貲財亦豐奢。被服極纖麗,肴膳盡柔嘉。僮僕餘粱肉,婢妾蹈綾羅。文軒樹羽蓋,乘馬鳴玉珂。横簪刻玳瑁,長鞭錯象牙。足下金鑷履,手中雙莫邪。賓從焕絡繹,侍御何芬葩!朝與金張期,暮宿許史家。甲第面長街,朱門赫嵯峨。蒼梧竹葉清,宜城九醞醝。浮醪隨觴轉,素蟻自跳波。美人興齊趙,妍唱出西巴。一顧傾城國,千金不足多。北里獻奇舞,大陵奏名歌。新聲踰激楚,妙妓絶陽阿。玄鶴降浮雲,鱄魚躍中河。墨翟且停車,展季猶咨嗟。淳于前行酒,雍門坐相和。孟公結重關,賓客不得蹉。三雅來何遲?耳熱眼中花。盤案互交錯,坐席咸諠譁。簪珥或墮落,冠冕皆傾邪。酣飲終日夜,明燈繼朝霞。絶纓尚不尤,安能復顧他?留連彌信宿,此歡難可過。人生若浮寄,年時忽蹉跎。促促朝霞期,榮樂遽幾何?念此腸中悲,涕下自滂沱。但畏執法吏,禮防且切磋。

《輕薄篇》屬雜曲。郭茂倩："《樂府解題》曰：《輕薄篇》言乘肥馬，衣輕裘，馳逐經過爲樂，與《少年行》同意。何遜云'城東美少年'，張正見云'洛陽美少年'是也。"此詩之內容即揭露貴族子弟荒淫無恥之生活。其所描寫，當非虛構，而是有現實根據的。按《宋書》卷三十《五行志》："晉惠帝元康中，貴游子弟相與爲散髮裸身之飲，對弄婢妾。逆之者傷好，非之者負譏，希世之士，恥不與焉。蓋胡翟侵中國之萌也，豈徒伊川之民，一被髮而祭者乎！"應即此詩產生之基礎。

　詩以首四句統領全篇。末世，猶衰世，所以貶晉。驕代，驕傲放縱於一代。意謂輕薄子出現於衰亂之世。以下便是具體的描寫，自"被服極纖麗"至"素蟻自跳波"，寫其浮華豐奢。柔嘉，指物嫩而香美，《國語·周語中》："無亦擇其柔嘉，選其馨香。"韋昭注："柔，脆也；嘉，美也。"文軒，彩飾之車。羽蓋，以翠羽爲飾之車蓋。玉珂，以貝爲飾、色白似玉之馬勒。玳瑁，動物名，似龜，甲片可作裝飾品。金鏤履，疑當爲金薄履，即貼金箔之履。莫邪，寶劍名，春秋時吳王闔閭令干將鑄劍，鐵汁不下，其妻莫邪自投爐中，鐵汁乃出，遂成二劍，雄名干將，雌名莫邪。芬葩，盛多也。金、張，即金日磾和張安世，皆漢宣帝時之高官。許、史，即許伯和史高，皆漢宣帝時之外戚。蒼梧，即今廣西梧州。竹葉清，酒名，張衡《七辯》："玄酒白醴，葡萄竹葉。"宜城，即今湖北宜城市。九醞，多次醞釀。醭，白酒。《北堂書鈔》："宜城九醞酒曰酘酒。"又曹植《酒賦》："宜城醪醴。蒼梧縹清。"兩地並出名酒。素蟻，酒面白色泡沫。寫其飲食之精，服飾之麗，乘坐之逸，侍從之盛，第宅崢嶸而嵯峨，相與交游皆權貴，奢侈豪華極矣。自"美女興齊趙"至"此歡難可過"，寫其輕薄放逸。齊、趙，齊都臨淄，趙都邯鄲，皆出著名女樂之地。妍唱，疑當作妍倡，即美麗之樂人。曹植《娛賓賦》："辦中廚之豐膳兮,作齊、鄭之妍倡。"西巴,指巴郡,出名舞之地,《後漢書》卷一百十六《西南夷傳》:"夷歌巴舞。""北里"二句,北里,舞名,《史記》卷三《殷本紀》:"於是使師涓作新淫聲,北里之舞,靡靡之樂。"大陵,地名,在今山西文水縣東北二十五里。《史記》卷三十四《趙世家》:"王游大陵。他日,王夢見處女鼓琴而歌。"意謂獻北里之奇舞,奏大陵之名歌。激楚,曲名,《楚辭·招魂》:"宫庭震驚,發《激楚》些。"陽阿,古時名倡,《淮南子》卷二《俶真訓》:"足蹀陽阿之舞。"注:"陽阿,古之名倡也。"言新聲超越《激楚》,妙舞蓋過陽阿。玄鶴,即黑鶴,司馬相如《子虚賦》:"雙鶬下,玄鶴加。"鱣魚,即鱘魚。皆言新聲之妙,即《荀子》卷一《勸學》"昔者瓠巴鼓瑟而流魚出聽,伯牙鼓琴而六馬仰秣"之意。墨翟停車,墨子非樂,尚停車欣賞。展季咨嗟,展季即春秋時人柳下惠,以不好色聞名,見舞女之美姿猶贊嘆不已。淳于,即戰國齊人淳于髠,滑稽善飲酒。雍門,即戰國齊人雍門周,善鼓琴。孟公,即漢之陳遵,字孟公,《漢書》卷九十二《陳遵傳》:"遵耆(讀曰嗜)酒,每大飲,賓客滿堂,輒關門取客車轄投井中,雖有急,終不得去。"言其閉門留客。三雅,即伯雅、仲雅、季雅,皆酒爵。此即曹植《妾薄命》"召延親好宴私,但歌杯來何遲"之意。絕纓不尤,用楚莊王宴群臣事,《説苑》卷六《復恩》:"楚莊王賜群臣酒,日暮酒酣,燈燭滅,乃有人引美人之衣者,美人援絕其冠纓,告王曰:'今者燭滅,有引妾衣者,妾援得其冠纓,持之,趣火來,上視絕纓者。'王曰:'賜人酒,使醉失禮,奈何欲顯婦人之節而辱士乎?'乃命左右曰:'今日與寡人飲不絕冠纓者不懽。'群臣百有餘人皆絕去其冠纓,而上火,卒盡懽而罷。"不尤,不以為過失。信宿,再宿,寫其歌舞之輕盈妙絕,聲伎之動心悦耳,宴會上杯盤交錯,酒酣耳熱,則簪珥墮落,冠冕傾斜,以至於扯美人之衣裙,絕賓客之冠纓。如此日以繼夜,永無休止。窮盡淫逸放蕩之樂。自"人生若浮寄"至"涕下自滂沱",寫其頹廢、没落之人生觀。
感嘆人生短促,時光易逝,榮樂時日不多了,故爲之傷心落淚。末
二句蓋深慨於禮法之廢絕。禮防,即禮法,謂禮法可以禁亂。

通篇采用鋪陳之手法,具體地描寫貴族子弟無所顧忌,利用一
切手段、方式來滿足自己的享樂慾望,描寫了他們醉生夢死、腐朽
墮落之精神世界,揭露了他們精神領域的空虛,爲當時豪門世族階
層之生活留下了珍貴的資料。語辭繁縟藻飾,綺麗華贍,趨向典
雅,形成西晉之詩風。

此外,其《游獵篇》亦寫當時貴族子弟之游獵放蕩生活,其構
思與此篇相同。值得注意者是其《博陵王宫俠曲》二首,乃歌詠俠
客以武犯禁之作,揭示了俠客所以"勇俠輕非"在於爲飢寒所迫,
贊揚了俠客那種英勇果敢、豪氣凌雲之精神。

張華之創作,鍾嶸將其列入中品,評云:"其源出於王粲。其體
華艷,興託不奇,巧用文字,務爲妍冶。"從總體上看,他的詩歌確是
重形式,輕內容,趨向形式主義,但有一部分詩歌也反映了當時的
社會生活,具有現實意義。

三、陸機

陸機之詩名重當時,所作一百餘首,其中樂府四十多首,大多
數爲擬作,此外還有擬《古詩十九首》十篇,擬古之作占他全部詩
歌半數以上。擬古之體制,雕飾之文辭,體現了西晉詩風。近人郝
立權《陸士衡詩注》,可供參考。

陸機之樂府以抒寫一己之情者最有意義,如《猛虎行》:

渴不飲盜泉水,熱不息惡木陰。惡木豈無枝?志士多苦
心。整駕肅時命,杖策將遠尋。飢食猛虎窟,寒棲野雀林。日
歸功未建,時往歲載陰。崇雲臨岸駭,鳴條隨風吟。靜言幽谷

底，長嘯高山岑。急絃無懦響，亮節難爲音。人生誠未易，曷云開此衿？眷我耿介懷，俯仰愧古今！

此詩屬相和歌平調曲，今存古辭。唐吳兢《樂府古題要解》卷下："陸士衡'渴不飲盜泉水'，言從遠役猶耿介，不以艱險改節也。"概括出此詩之主旨。首二句用《尸子》"孔子至於勝母，暮矣，而不宿；過於盜泉，渴矣，而不飲，惡其名也"之意。言志士以飲盜泉水、息惡木陰爲恥。次二句，江邃《文釋》："《管子》曰：'夫懷耿介之心，不蔭惡木之枝，惡木尚能恥之，況與惡人同處？'"言志士懷耿介之志，既以飲盜泉、陰惡木爲恥，則更何況與惡人同處呢？"整駕"二句，肅，敬也。時命，時君之命。言迫於君命而杖策遠行。"飢食"二句，《猛虎行》古辭："飢不從猛虎食，暮不從野雀棲。"此反用其意。言飢不擇食，寒不擇棲。"日歸"二句，日歸、時往，互文，指時光流逝。歲陰，即歲暮。感慨歲月已過，而功業未成。"崇雲"二句，崇，高也。駭，起也。鳴條，李善注引桓譚《新論》："雍門周曰：'秋風鳴條，則傷心矣。'"寫歲暮之景。"靜言"二句，《詩經・衛風・氓》："靜言思之。"岑，小而高之山。言入深谷而沉思，登高山而長嘯。"急絃"二句，急絃，節奏急速之弦樂。懦響，低沉之音。亮節，即高節。言急速之弦彈不出低沉之音，高風亮節之人難作諂諛之辭。"人生"二句，王粲《贈蔡子篤詩》："人生實難，願其弗與。"李善注："人生既多難苦，誠爲未易，何爲開此行役之衿乎？"末二句，耿介，即正直，《楚辭・離騷》："彼堯舜之耿介兮。"言回想自己之行止，俯仰隨人，有負平生之懷抱，愧對古今之賢者。抒發了作者雖懷高尚之節操，但迫於時命，功業未成，而產生了"亮節難爲音"之苦悶，流露了其在京都洛陽政局中仕宦失意之感慨。可見陸機是用樂府舊題寫自己之情感。至唐韓愈作《猛虎行》，則完全是依舊題敷衍，便毫無意義了。又《君子行》：

　　天道夷且簡,人道嶮而難。休咎相乘躡,翻覆若波瀾。去
疾苦不遠,疑似實生患。近火固宜熱,履冰豈惡寒?掇蜂滅天
道,拾塵惑孔顏。逐臣尚何有,棄友焉足嘆!福鍾恒有兆,禍
集非無端。天損未易辭,人益猶可歡。朗鑒豈遠假,取之在傾
冠。近情苦自信,君子防未然。

　　此詩亦屬相和歌平調曲,《樂府解題》云:"古辭云'君子防未然',
蓋遠嫌疑也。"陸機此作既保持了古辭之本旨,又融入了自己仕途
艱險之體驗。從詩中"防未然"的話看,應作於其因吳亡入洛之
後,和爲陷入"八王之亂"而死之前,抒發了作者在艱險仕途中憂
生懼禍之嗟。首二句概括天道、人事之不同,而重在人事之艱險。
以下十句即具體寫人事之艱險。"休咎"二句,《尚書》卷七《洪範》
有"休徵"和"咎徵"之言。乘,登也。躡,履也。言吉凶相因,猶波
瀾之翻覆。"去疾"二句,疾,惡也。《左傳·哀公元年》:"伍員曰:
'樹德莫如滋,去疾莫如盡。'"疑似,是非難辨。《呂氏春秋》卷二
十二《疑似》:"使人大迷惑者,必物之相似也。玉人之所患,患石
之似玉者……疑似之跡,不可不察,察之必於其人也。"言除掉邪惡
苦其不遠,善惡難辨即生禍患。"近火"二句,《論衡》卷十四《寒溫
篇》:"夫近水則寒,近火則溫,遠之漸微。何則?氣之所加,遠近
有差也。"言近火你固當適應熱,履冰你豈能厭惡冷?"掇蜂"二
句,掇蜂,指周代尹吉甫有妻二人,各生一子,後妻爲誣前妻之子伯
奇,取毒蜂置於自己衣領之上,騙伯奇掇之,吉甫遙見,誤以爲伯奇
對後母有心,怒而放逐於野。(見漢蔡邕《琴操》上《履霜操》)拾塵,指
孔子周游列國,窮於陳蔡之間,七日不得食。顏淵燒飯,炊灰落於
甑中,恐食不淨,用手抓食之。孔子見而誤以爲顏淵竊食。(見《呂
氏春秋·任數》)"逐臣"二句,"尚何有"與"焉可嘆"互文。意謂父
子、師生間尚產生誤會,朝臣之被遷逐,摯友之被遺棄,有何值得嘆

息呢？最後八句，發議論。"福鍾"二句，言福、禍之來，皆有其端
倪與徵兆。"天損"二句，言天道之損，非人力所能改變，故難辭；
人事之益，人力能起作用，故可歡。"朗鑒"二句，朗鑒，即明鏡。
李善注引《抱朴子》："明鏡舉，則傾冠見矣。"言明鏡不應置之太
遠，一旦帽子傾斜，可以及時借鑒。末二句，李善注："言小人近情，
苦自信而遇禍；君子遠慮，防未然而蒙福。"一語破的，深得結句之
妙。作者以見微知著、防患未然自律，然嚴酷之政治鬥爭，終於使
其被誣遇害。詩歌抒發了作者的憂生之嗟，從他的感慨、詠嘆中反
映出當時政治環境之險惡。又《門有車馬客行》：

> 門有車馬客，駕言發故鄉。念君久不歸，濡跡涉江湘。投
> 袂赴門塗，攬衣不及裳。撫膺攜客泣，掩淚叙溫涼。借問邦族
> 間，惻愴論存亡。親友多零落，舊齒皆彫喪。市朝互遷易，城
> 闕或丘荒。墳壟日月多，松柏鬱茫茫。天道信崇替，人生安得
> 長。慷慨惟平生，俛仰獨悲傷。

此詩屬相和歌瑟調曲，《樂府解題》云："曹植等《門有車馬客行》，
皆言問訊其客，或得故舊鄉里，或駕自京師，備叙市朝遷謝，親友彫
喪之意也。"此詩所詠與傳統題材基本一致，抒發了作者對故鄉之
思念和對吳亡後邦族親友零落喪亡之慨嘆。首二句，總叙門前客
來自故鄉，切題。駕言，猶駕焉，《詩經·邶風·泉水》："駕言出
游。"次二句，引述來客之言，濡，滯留。謂深念你浪跡江湘，日久不
歸。"投袂赴門塗"以下四句，寫迎客。投袂，即揮袖、甩袖，《左
傳·宣公十四年》："楚子聞之，投袂而起。"衣裳，古時上曰衣，下
曰裳。《易·系辭下》："黃帝、堯、舜，垂衣裳而天下治。"撫膺，捶
胸，表示悵恨、慨嘆。張華《雜詩》："永思慮崇替，慨然獨撫膺。"溫
涼，指春天和秋天，借喻離別之歲月。《尚書·堯典》："以殷仲

春。"鄭玄云:"春秋言温涼也。"言主人揮動衣袖,來不及提携下裳,便出門迎接,含着眼淚與來客握手,述叙別後之經歷。"借問邦族間"以下八句,是問訊。邦族,國家與宗族,《詩經·小雅·黄鳥》:"言旋言歸,復我邦族。"存亡,指生者與死者。舊齒,有德望之耆舊,《三國志·吴志》卷十二《陸績傳》:"虞翻舊齒名盛,龐統荆州令士,年亦差長,皆與績友善。"市朝,商賈匯集之地爲市,官府治事之所爲朝。《戰國策·秦策一》:"臣聞爭名者於朝,爭利者於市,今三川、周室,天下之市朝也。"古《出夏門行》:"市朝人易,千歲墓平。"此用其意。城闕,城樓,《詩經·鄭風·子衿》:"挑兮達兮,在城闕兮。"郝立權補注:"市朝城闕,皆指吴故都而言。"言家鄉親朋流落,耆舊喪亡,市朝互易,城樓荒廢,墳壟遍野,人烟稀少,一片蕭條悽涼景象。"天道信崇替"以下四句,抒發感慨。崇替,即滅亡,《國語·楚語下》:"吾聞君子唯獨居思念前世之崇替,與哀殯喪,於是有嘆,其餘則不。"韋昭注:"崇,終也;替,廢也。"俯仰,即周旋、應付。言天道已經滅絶,人生豈能長久? 回顧平生之周旋、應付,不勝慷慨悲傷! 詩歌不僅抒發了作者自己不幸的身世之感,而且抒發了對那個動亂時代之悲痛感慨。

　　以上作品説明,陸機之樂府,講究辭藻,力求工穩,但並非都繁冗乏味,其中一些抒一己之情的篇章,仍很有意義。即使有重文輕質之傾向,但他對詩歌對仗、煉字、聲色之講求,對樂府詩歌藝術的發展,仍有促進作用。《文心雕龍》卷二《樂府》云:"子建、士衡,咸有佳篇,并無詔伶人,故事謝絲管,俗稱乖調。"一方面説明陸機之樂府雖爲擬古體制,但仍有佳作,另一方面説明其未請樂師配樂,故世稱其爲不合曲調。實際上,晉人之擬樂府古曲、古題之作,並非都要配樂,陸機之作亦復如是。

四、劉琨

劉琨是永嘉時期之重要詩人,少負志氣,與祖逖爲友,同被共寢,聞雞起舞,以豪傑自命。又崇尚老莊,雅好聲色,常參與石崇金谷園之宴會,吟詠賦詩,生活極其放縱。永嘉之亂後,他爲并州刺史,這是他一生政治生命之轉折點,從此他肩負起抗擊匈奴之使命,轉戰北方,經歷了許多困苦,父母又遭殘害,國恨家仇,令其悲傷怨憤俱集,思想發生了深刻的變化,憂國傷時之感十分强烈。這爲他的詩歌創作注入了新的血液。他還擅長音樂,據《晉書》卷六十二本傳記載,他曾以吹奏卻敵:"在晉陽嘗爲胡騎所圍數重,城中窘迫無計。琨乃乘月登樓清嘯,賊聞之,皆悽然長歎;中夜奏胡笳,賊又流涕嘘欷,有懷土之切;向曉復吹之,賊並棄圍而走。"對音樂之嫻熟,有助於他樂府之創作。可惜今天僅存《扶風歌》一篇,乃善叙喪亂,頗多感恨之作:

> 朝發廣莫門,暮宿丹水山。左手彎繁弱,右手揮龍淵。顧瞻望宮闕,俯仰御飛軒。據鞍長歎息,淚下如流泉。繫馬長松下,發鞍高岳巔。烈烈悲風起,泠泠澗水流。揮手長相謝,哽咽不能言。浮雲爲我結,歸鳥爲我旋。去家日已遠,安知存與亡。慷慨窮林中,抱膝獨摧藏。麋鹿游我前,猨猴戲我側。資糧既乏盡,薇蕨安可食。攬轡命徒侶,吟嘯絕巖中。君子道微矣,夫子固有窮。惟昔李騫期,寄在匈奴庭。忠信反獲罪,漢武不見明。我欲竟此曲,此曲悲且長。棄置勿重陳,重陳令心傷!

此詩應作於永嘉元年任并州刺史時,他從洛陽赴晉陽途中,寫去晉陽途中之遭遇與見聞。扶風,郡名,在今陝西涇陽縣西北。廣莫門,洛陽城北門。丹水山,即丹朱嶺,丹水發源處,在今山西高平市北。丹水由此東南流入晉城市界,又南入河南省,經濟源、沁陽入沁水,是爲大丹河。劉琨到并州赴任,由洛陽出發,丹水爲其必經之地。繁弱,古弓名,《荀子》卷十七《性惡》:"繁弱、巨黍,古之良弓也。"龍淵,古韓國寶劍名。謂挽良弓,揮寶劍。發鞍,即卸鞍。相謝,指與京城辭別。摧藏,即悽愴,傷心感嘆貌。夫子,指孔子,《論語·衛靈公》:"在陳絶糧,從者病,莫能興。子路慍見曰:'君子亦有窮乎?'子曰:'君子固窮,小人窮斯濫矣。'"此二句謂君子之道衰微不行,像孔子那樣也有窮困之時。所以喻自己之困阨。李,指李陵。愆期,即愆期。謂李陵逾期未歸漢。司馬遷《報任安書》説李陵"身雖陷敗,彼觀其意,且欲得其當而報於漢",謂李陵忠信反而獲罪,不被武帝諒解。劉琨當時領匈奴中郎將,故以李陵自喻,説明自己抵禦外族入侵不見功效,耿耿孤忠,不見諒於朝廷。表現了對晉朝之赤膽忠心。慷慨悲歌,豪壯多氣。

劉琨憂國傷時,報國之志不得申,這種思想境遇,形成了他哀怨俊拔之詩風。沈德潛説:"越石英雄失路,萬緒悲涼,故其詩隨筆傾吐,哀音無次,讀者烏得於語句間求之。"(《古詩源》卷八)對其詩風之形成作了確切地叙述。在當時"晉朝遷播,夷羯竊據,其音分散"(《隋書·樂志》),樂府詩歌亦散亂之情況下,劉琨"隨筆傾吐"之作,卻可以雄蓋西晉。

從劉琨僅存的一篇《扶風歌》看,永嘉時期之樂府一方面保持着太康時期講求辭藻華美、對偶工穩的特點,另一方面又有新的變化,即由太康時期之綺文靡聲,演變爲有清拔之氣,重主觀抒情,以古題寫時事。這種變化,應當是永嘉大動亂之時代所賦予的。

永嘉之亂以後,元帝渡江,即位建業,始爲東晉,樂府也隨之轉入南方,便屬六朝樂府。

第五章　樂府二

　　樂府發展至六朝，與五言詩至宋，詩風爲之一變者不同，而是自東晉開始即發生新的變化，這種變化之標志即新聲之出現。郭茂倩《樂府詩集》卷六十一《雜曲歌辭》云：

　　　　自晉遷江左，下逮隋唐，德澤寖微，風化不競，去聖逾遠，繁音日滋，艷曲興於南朝，胡音生於北俗，哀淫靡曼之辭，迭作並起，流而忘返，以至陵夷。原其所由，蓋不能制雅樂以相變，大抵多溺於鄭衛，由是新聲熾而雅音廢矣。

他所貶斥之“艷曲”、“淫靡之辭”、“鄭衛之音”即當時流傳之新聲，亦即《清商曲辭》。《清商曲辭》之產生，並非如郭茂倩所說“蓋不能制雅樂以相變”，而是由東晉都城建康周圍富有新鮮的民間文學環境形成的。據《南齊書》卷三十三《王僧虔傳》記載：

　　　　僧虔好文史，解音律，以朝廷禮樂多違正典，民間競造新聲雜曲……上表曰：“今之《清商》，實由銅雀，三祖風流，遺音盈耳。……自頃家競新哇，人尚謠俗，務在噍殺，不顧音紀，流宕無崖，未知所極，排斥正曲，崇長煩淫。……故喧醜之制，日盛於廛里，風味之響，獨盡於衣冠。

善解音律的王僧虔是反對新聲的，因此上表請正聲樂，卻從反面道出了“人尚謠俗”、“競造新聲雜曲”之時尚。《清商曲辭》正是在這種環境中形成的。關於《清商曲辭》之演變軌跡，郭茂倩《樂府詩集》卷四十四叙述説：

　　《清商樂》，一曰《清樂》。《清樂》者，九代之遺聲，其始
即《相和三調》是也。並改漢魏已來舊曲，其辭皆古調及魏
三祖所作。自晉朝播遷，其音分散。……及宋武定關中，因
而入南。……故王僧虔論《三調歌》曰：“今之《清商》，實由
銅雀。”……京洛相高，江左彌重，而情變聽改，稍復零落。十
數年間，亡者將半。……後魏孝文討淮漢，宣武定壽春，收其
聲伎，得江左傳中原舊曲：明君聖主《公莫》、《白鳩》之屬，及
江南《吳歌》，荆楚《西聲》，總謂之《清商樂》。

意謂《清商樂》原爲漢魏舊曲，後來經過歷朝戰亂，聲辭散落。至
北魏孝文、宣武時收集中原舊曲及江左民間新聲，如《吳歌》、《西
曲》等，總謂之《清商樂》。故六朝樂府之於漢魏，曲調雖屬一脈相
傳，實則另起新聲，在詩歌史開一代詩風。

第一節　東晉時期

　　自元帝司馬睿入建業建立東晉王朝，北方大士族之南渡，北方
所保持之漢魏古曲也隨之入南。其初，南渡之北方士族，對南方之
樂歌皆采取排斥態度。後來，由於這些流傳日久之古曲，多陳陳相
因，毫無生氣，擬古樂府之作，日見其少，而南方新聲，辭語清麗，音
調委婉，十分動人，朝士大夫也傳誦於口，風氣所尚，便蓬勃發展
起來。

一、民間樂府

　　《清商曲辭》是六朝樂府之主要曲調，郭茂倩將其分爲六類，
即《吳聲歌》、《神弦歌》、《西曲歌》、《江南弄》、《上雲樂》、《雅歌》。
其中《神弦歌》是民間祭神鬼之樂章，意義不大。《江南弄》、《上雲

樂》是梁武帝改《西曲》而成。《雅歌》是梁代君臣對酒設樂之作，皆非民歌。故六朝新聲樂府主要是《吳歌》和《西曲》。

關於《吳歌》，《樂府詩集》卷四十四記述云：

> 《晉書·樂志》曰：“吳歌雜曲，並出江南，東晉已來，稍有增廣。其始皆徒歌，既而被之管絃。”蓋自永嘉渡江之後，下及梁陳，咸都建業，吳聲歌曲，起於此也。

郭茂倩不但記載着《吳歌》產生之時代是東晉，同時指出其產生之地域是都城建鄴。《吳歌》包括哪些曲調呢？據《樂府詩集》記載，凡二十三曲，即《子夜歌》、《子夜四時歌》、《大子夜歌》、《子夜警歌》、《子夜變歌》、《上聲歌》、《歡聞歌》、《歡聞變歌》、《前溪歌》、《阿子歌》、《團扇郎》、《七日夜女郎歌》、《長史變歌》、《黃生曲》、《黃鵠曲》、《碧玉歌》、《桃葉歌》、《長樂佳》、《歡好歌》、《懊儂歌》、《華山畿》、《讀曲歌》、《丁都護歌》。其中最重要的是《子夜歌》。

（一）《子夜歌》

《子夜歌》據《舊唐書》卷二十九《音樂志》云：

> 《子夜》，晉曲也。晉有女子名子夜，造此聲，聲過哀苦。

此言不足信。按：《子夜》之名，當取自十二地支之首“子”，時間正值夜半。從詩之首章“落日出門前”句及其他各章關於夜色之描述皆可佐證。其後人們對其解釋，一變爲人名，再變爲鬼曲，越變越離奇，以至於與作品所歌詠之內容全不相符。《樂府詩集》記載《子夜歌》四十二首，全爲抒發男女戀情之作。如男贈女云：

> 落日出前門，瞻矚見子度。冶容多姿鬢，芳香已盈路。

詠男子目睹女子之嫵媚多姿。瞻矚，觀望。子，即你，乃男稱女之詞。度，同踱，過路。冶容，《易·繫辭》：“冶容誨淫。”意爲過於修飾容貌。多姿鬓，鬓髮如雲，多姿態也。女子答男云：

> 芳是香所爲，冶容不敢當。天不奪人願，故使儂見郎。

女子自謙不敢承當嫵媚多姿之譽，天賜良緣，使自己得歆風采，感到十分榮幸。香，疑是“想”之隱語。儂，吳人自稱。以上兩首是男女贈答。但更多的是出於女子之吟詠。如：

> 宿昔不梳頭，絲髮被兩肩。婉伸郎膝上，何處不可憐？

宿昔，即早晚。婉伸，猶屈伸。寫女子在男子面前之嬌懶形態。如：

> 自從別歡來，奩器了不開。頭亂不敢理，粉拂生黄衣。

歡，江南女子對所戀愛男子之稱謂。奩器，女子梳妝盒。粉拂，撲粉用具。黄衣，黄苔。此猶《詩經·衛風·伯兮》“自伯之東，首如飛蓬。豈無膏沐，誰適爲容”之意也。如：

> 見娘善容媚，願得結金蘭。空織無經緯，求匹理自難。

結金蘭，《易·系辭》：“二人同心，其利斷金；同心之言，其臭如蘭。”“空織”句，乃歇後語。匹，雙關隱語。寫女子願與男子結爲同心之好。如：

> 始欲識郎時，兩心望如一。理絲入殘機，何悟不成匹？

絲，思之隱語。不成匹，以織絲不成匹段，隱喻戀人不成匹偶。寫女子與男子相愛之願望。如：

> 自從別郎來，何日不咨嗟？黄蘗鬱成林，當奈苦心多。

黄蘗，植物名，芸香料，落葉喬木，莖之內皮色黄，味苦。苦心，雙關隱語。寫女子懷念男子時內心之痛苦。如：

　　　　郎爲傍人取，負儂非一事。摛門不安横，無復相關意。

傍，今通用旁。摛，當是橫字之形誤，橫，即籬字之異體。横，即門
閂。此二句，上句是比喻，下句是正意。意謂作籬門而不安門閂，
豈不表明無關門之意？用關門之關，暗切關懷之關。寫女子對男
子負心之怨恨。如：

　　　　常慮有貳意，歡今果不齊。枯魚就濁水，長與清流乖。

齊，一心。枯魚句，古樂府：“枯魚過河泣，何當悔復及！作書與魴
鱮，相教慎出入。”此用其意。亦寫女子對男子負心之怨恨。如：

　　　　歡愁儂亦慘，郎笑我便喜。不見連理樹，異根同條起？

連理句，異根草木，枝幹連生，以喻男女相愛。寫男女愛情之專
一。如：

　　　　感歡初殷勤，歎子後遼落。打金側瑇瑁，外艷裹懷薄。

遼落，即冷落。側，包鑲。“打金”句，歇後語，意猶金箔嵌在瑇瑁
裹，外艷而内薄。寫女子指責男子情好不終，表裏不一致。
　　以上諸例，説明《子夜歌》或寫男女互相追慕，或寫同心相愛，
或寫相思之苦，或寫遺棄之恨，皆五言四句，文辭佳麗之樂歌。

（二）《子夜歌》之變曲

　　《子夜歌》産生之後，在人們傳唱過程中，又出現新的變化。
《樂府詩集》卷四十四引《樂府解題》云：

　　　　後人更爲四時行樂之詞，謂之《子夜四時歌》。又有《大
　　　子夜歌》、《子夜警歌》、《子夜變歌》，皆曲之變也。

即説明《子夜歌》在流傳過程中，又演變出新聲來。既然是《子夜
歌》之變曲，則其産生之時代，當晚於《子夜歌》，但具體年代多不

可考。

《子夜四時歌》見於《樂府詩集》者，凡七十五首，其内容沿襲《子夜歌》，也多詠男女之戀情。如《春歌》：

> 春林花多媚，春鳥意多哀。春風復多情，吹我羅裳開。
> 新燕異初調，杜鵑競晨鳴。畫眉忘注口，游步散春情。

注口，疑即抹口紅。如《夏歌》：

> 反覆華簟上，屏帳了不施。郎君未可前，待我整容儀。
> 田蠶事已畢，思婦猶苦身。當暑理絺服，持寄與行人。

簟，竹席。絺服，細葛布衣。如《秋歌》：

> 自從別歡來，何日不相思？常恐秋葉零，無復蓮條時。
> 掘作九州池，盡是大宅裏。處處種芙蓉，婉轉得蓮子。

蓮子，即憐子之雙關隱語。如《冬歌》：

> 淵水厚三尺，素雪覆千里。我心如松柏，君情復何似？
> 塗澀無人行，冒寒往相覓。若不信儂時，但看雪上跡。

這類詩歌寫男女之戀情真摯而細膩，以時令爲序，寓情於景，把内心的情感充分表述出來。

《大子夜歌》今僅存兩首，其内容與《子夜歌》之抒發作者自己之情感者不同，而是對《子夜歌》之贊頌。它可能是《子夜歌》之總解題，其稱爲《大子夜歌》，應當即“大”在此處。如：

> 歌謠數百種，《子夜》最可憐。慷慨吐清音，明轉出天然。
> 絲竹發歌響，假器揚清音。不知歌謠妙，聲勢出口心。

聲勢，指聲音韻味，聲出口而心出勢。意謂用管絃演奏發出之清音，不如口唱出於自然天籟之美妙。這反映了《子夜歌》“其始皆

徒歌,既而被之管絃"(《晉書·樂志》)的演變過程。在晉朝當時,人
們多認爲絲竹演奏,不如徒歌。如《晉書》卷九十八《孟嘉傳》
記載:

> (桓)温問嘉:"聽妓,絲不如竹,竹不如肉(口唱),何謂
> 也?"嘉答曰:"漸近自然。"一坐咨嗟。

孟嘉之觀點,與《大子夜歌》所持之看法完全一致。同時也可以説
明《子夜歌》之演唱與娼妓有一定的聯繫。

《子夜變歌》是緣其歌之末句"子夜變"而得名,乃名實相符之
《子夜歌》變曲。《樂府詩集》卷四十四引《古今樂録》云:

> 《子夜變歌》,前作"持子"送,後作"歡娱我"送。

"持子"、"歡娱我"當是泛聲。如:

> 人傳歡負情(持子),我自未常見(歡娱我)。三更開門去
> (持子),始知子夜變(歡娱我)。
> 歲月如流邁(持子),春盡秋已至(歡娱我)。熒熒條上花
> (持子),零落何乃馺(歡娱我)?

熒熒,猶光澤燦爛。馺,快速。前一首嘆情人負心,後一首傷時光
流逝。要之,《子夜歌》及其變曲,情真意摯,樸質自然,遇景得情,
任意落筆,極盡其妙!

(三)《上聲歌》、《歡聞歌》、《懊憹歌》

《上聲歌》凡八首,《樂府詩集》卷四十五引《古今樂録》云:

> 《上聲歌》者,此因上聲促柱得名。或用一調,或用無調
> 名,如古歌辭所言,謂哀思之音,不及中和。

郭茂倩作"晉宋齊辭",年代不甚可辨,或爲晉宋間之歌曲。促柱,

凡絲樂皆有柱以上弦，促柱則弦急。如庾信《烏夜啼》："促柱繁弦非《子夜》。"謂弦急調悲，即"哀思之音"也。如：

> 儂本是蕭草，持作蘭桂名。芬芳頓交盛，感郎爲《上聲》。

蕭，即蒿。頓，立刻。女子自謙以蕭草作蘭桂，芬芳交盛，感動男子爲其作《上聲歌》。如：

> 郎作《上聲曲》，促柱使弦哀。譬如秋風急，觸遇傷儂懷。

女子聽到男子所作《上聲歌》之悲調哀音，而不勝憂傷。如：

> 初歌《子夜》曲，改調促鳴箏。四座暫寂靜，聽我歌《上聲》。

前二首是男子作《上聲歌》，此首是女子自作《上聲歌》。初歌《子夜》，後歌《上聲》，曲調更迭不同。如：

> 裲襠與郎著，反繡持貯裏。汗污莫濺浣，持許相存在。

裲襠，即今天之背心，前則當胸，後則當背，故名。持，令也。貯裏，藏在裏面。許，猶如此。持許，即持此，指上句汗污。存在，猶存慰。女子以自製的背心存慰男子。按：庾信《詠舞》詩："頓履隨疏節，低鬟逐《上聲》。"則《上聲》曲，又可以配舞了。

《歡聞歌》僅一首，《樂府詩集》卷四十五引《古今樂錄》云：

> 《歡聞歌》者，晉穆帝升平初歌，畢輒呼"歡聞不？"以爲送聲，後因此爲曲名。

如歌云：

> 遙遙天無柱！流漂萍無根。單身如螢火，持底報郎恩？
> （歡聞不？）

底,猶何。《讀曲歌》:"月没星不亮,持底明儂緒?"此言持何物報
答郎恩? 寫女子身微體賤,無所報答男子之内疚。

《歡聞變歌》凡六首,《樂府詩集》卷四十五引《古今樂録》云:

> 《歡聞變歌》者,晉穆帝升平中,童子輩忽歌於道曰《阿子
> 聞》。曲終輒云"阿子汝聞不?"

> 無幾,而穆帝崩,褚太后哭"阿子汝聞不?"聲既悽苦,因
> 以名之。

按:此曲之内容,與現存歌辭不符。此亦《歡聞歌》之變曲,多詠男
女之戀情。如:

> 張罾不得魚,魚不櫓罾歸。君非鸕鶿鳥,底爲守空池?

罾,魚網。鸕鶿,捕魚水鴉。此以捕魚比喻對情人之追求。勸告求
愛者,求之不得,不要勉強,不要像鸕鶿那樣守無魚之水池,徒勞神
思。又如:

> 鍥臂飲清血,牛羊持祭天。"没命成灰土,終不罷相憐。"

鍥,即刻。古人鍥臂爲盟。飲血,盟誓時各吸一口牛羊血,謂之歃
血。末二句是男女同心相愛之誓辭。謂即使死後化爲灰土,仍不
變心。猶《鐃歌·上邪》"山無陵,江水爲竭,冬雷震震夏雨雪,天
地合,乃敢與君絶"之意也。

《懊儂歌》凡十四首,《樂府詩集》卷四十六引《古今樂録》云:

> 《懊儂歌》者,晉石崇緑珠所作,唯《絲布澀難縫》一曲而
> 已。後皆隆安(東晉安帝年號)初民間訛謡之曲。

又引《宋書·五行志》云:

> 晉安帝隆安中,民忽作《懊惱歌》,其曲中有"草生可攬

結,女兒可攬抱"之言。桓玄既篡居天位,義旗以三月二日掃
定京師,玄之宮女及逆黨之家,子女妓妾,悉爲軍賞。……時
則草可結,事則女可抱,信矣。

可見《懊儂歌》(又作《懊惱歌》)是晉安帝時民間極流行之歌曲。
其中之佳者如:

> 我與歡相憐,約誓底言者? 常歎負情人,郎今果成詐!

是女子對男子負情之譴責。如:

> 寡婦哭城傾,此情非虛假。相樂不相得,抱恨黄泉下。

寫寡婦精神上之痛苦及其抱恨終身等。如:

> 江陵去揚州,三千三百里。已行一千三,所有二千在。

寫羈旅異鄉者之歸心似箭。王漁洋《分甘餘話》卷三云:"樂府'江
陵去揚州'……愈俚愈妙,然讀之未有不失笑者。余因憶再使西蜀
時,北歸次新都,夜宿,聞諸僕偶語曰:'今日歸家,所餘道路無幾
矣,當酌酒相賀也。'一人問:'所餘幾何?'答曰:'已行四十里,所
餘不過五千九百六十里耳。'余不覺失笑,而復悵然有越鄉之悲。
此語雖謔,乃得樂府之意。"所謂樂府之意,即古雅雋永,俚趣橫生,
情韻無窮也。

　　從以上的論述中,我們可以清楚地看到東晉時期樂府新聲之
勃興與發達。由於音樂之關係,其句法多爲五言四句。其所表現
的青年男女思想之自由奔放,情感之坦誠率真,意緒之繁賾深摯,
以及詩風之清新矯健,曲調之細膩委婉,在詩歌史上別開生面,爲
詩歌發展注入了新的血液。

二、文人之擬樂府

樂府新聲之蓬勃興起,極大地吸引着一些文人士大夫,他們受這類新聲雜曲之影響,也唱起新調來了。如《世説新語·任誕》劉孝標注引鄧粲《晉紀》記載:

> 王導與周顗及朝士詣尚書紀瞻觀伎。瞻有愛妾,能爲新聲。

東晉王導及朝官到"江南之望"的紀瞻家觀看伎藝,很欣賞瞻之愛妾爲其所唱之吳聲歌曲。又《世説新語·言語》記載:

> 桓玄問羊孚:"何以共重吳聲?"羊曰:"當以其妖而浮。"

羊孚之所以重吳聲,乃爲吳聲之妖浮曲調所感動。這般南渡士子及貴族因此也循新聲制出新辭來。

(一)謝尚

謝尚(公元三〇八——三五七),是較早制作新歌之人。《樂府詩集》卷七十五引《樂府廣題》云:"謝尚爲鎮西將軍,嘗著紫羅襦,據胡牀,在市中佛國門樓上彈琵琶,作《大道曲》。市人不知是三公也。"謝尚是謝安之從兄,通音樂,多才藝,善爲《鴝鵒舞》。事見《晉書》卷七十九本傳。他於晉穆帝永和中爲鎮西將軍,距晉室南渡已三十餘年,可見當時新聲雜曲之爲上層統治者的喜愛。其《大道曲》云:

> 青陽二三月,柳青桃復紅。車馬不相識,音落黄埃中。

青陽,即春天。《爾雅·釋天》:"春爲青陽"。注:"氣清而温陽。"此寫謝尚在佛國門樓上所見春日裏街道上車馬熙來攘往之景況。

(二)孫綽

孫綽(公元三一四——三七一),也是當時用吳聲制新歌之人。《樂府詩集》卷四十五引《樂苑》云：“《碧玉歌》者，宋汝南王所作也。碧玉，汝南王妾名。以寵愛之甚，所以歌之。”按：宋無汝南王，其説自屬無稽。《玉臺新詠》録二首，題孫綽作。孫綽東晉人，何能爲宋汝南王作歌？疑宋汝南王當爲晉汝南王之訛。杜佑《通典》直作“《碧玉歌》者，晉汝南王妾名”。汝南王愛之，孫綽爲之作歌，乃順理成章之事。孫綽是孫楚之孫，博學善屬文，名冠江表，作《天臺山賦》，深受時人稱譽。事見《晉書》卷五十六本傳。《碧玉歌》五首，其二、四首云：

> 碧玉小家女，不敢攀貴德。感郎千金意，慚無傾城色。
> 碧玉破瓜時，郎爲情傾倒。感郎不羞郎，回身就郎抱。

俗以女二八爲破瓜。《歡好曲》：“窈窕上頭歡，那得及破瓜。”此兩首寫碧玉對戀情追求之大膽熱烈、坦誠率真。其後《懊儂歌》：“歡少四面風，趨使儂顛倒。”又《讀曲歌》：“雙眉畫未成，那能就郎抱？”其情致韻調皆本於此。

（三）王獻之

王獻之（公元三四四——三八六），作《桃葉歌》。《樂府詩集》卷四十五引《古今樂録》云：“《桃葉歌》者，晉王子敬之所作也。桃葉，子敬妾名。緣於篤愛，所以歌之。”又引《隋書·五行志》云：“陳時，江南盛歌王獻之《桃葉詞》。”《玉臺新詠》也題王獻之作，則其爲王作無疑。王獻之，字子敬，王羲之之幼子。少有盛名，高邁不羈，善詩文，精書法。事見《晉書》卷八十本傳。《桃葉歌》三首，《玉臺新詠》録二首云：

> 桃葉復桃葉，渡江不用楫。但渡無所苦，我自迎接汝。
> 桃葉復桃葉，桃葉連桃根。相憐兩樂事，獨使我殷勤。

不用楫者，謂橫波急也。殷勤者，情意懇切也。寫桃葉情感之纏綿悱惻、委婉深沉。

（四）沈充

沈充，生卒無考，作《前溪歌》。《晉書》卷二十三《樂志》：
“《前溪歌》者，車騎將軍沈充所作。”而《樂府詩集》卷四十五引
《宋書·樂志》作“沈玩所制”。按：《晉書》並無此人，當以沈充爲
是。充傳見《晉書》卷九十八，浙江武康縣人，武康毗鄰德清縣，據
《苕溪漁隱叢話後集》卷二云：“于競《大唐傳》：‘湖州德清縣南前
溪村，則南朝習樂之處，今尚有數百家習音樂，江南樂伎，多自此
出，所謂舞出前溪者也。”沈充以雄豪聞於鄉里，王敦引爲參軍，驕
奢放逸，家中多蓄歌舞伎人。他應即根據當地盛行之歌曲創制《前
溪歌》。《前溪歌》七首，如其一、六首：

> 憂思出門倚，逢郎前溪度。莫作流水心，引新都捨故。
> 黃葛結蒙籠，生在洛溪邊。花落逐水去，何當順流還？還
亦不復鮮！

前一首寫女子擔心男子喜新厭舊，有去無還。後一首女子表示即
使男子回來，也不再好了。《詩·邶風·新臺》：“燕婉之求，籧篨
不鮮。”《爾雅·釋詁》：“鮮，善也。”此是女子對男子決絕之辭。語
言明快、態度堅強果斷。

東晉後期，文人士子采集和演唱新聲蔚然成風，以上所述，乃
若干突出事例，然已足以見其對文人制作影響之大了。

綜觀自魏晉以來，樂府與兩漢之不同，在於兩漢樂府，一者依
據樂譜而後制辭，二者依據已有之詩辭制譜，三者在已有之詩辭基
礎上加以改造然後入樂。而魏晉樂府，除上述三者之外，更有據古
樂府題名而製之調，有用擬古樂府之名而倣制之詩。因此，有的樂

府篇什雖同被樂府之名，卻不能被諸樂器了。

第二節　劉宋時期

劉裕廢晉，自立爲帝，建立宋朝。宋朝在整個南朝是國力最強的朝代，社會相對安定，經濟比較發達，與之相應，民間歌舞也進一步發展起來。《宋書》卷九十二《良吏傳序》記述當時之情況云：

> 雖没世不徙，未及曩時，而民有所係，吏無苟得。家給人足，即事雖難；轉死溝渠，於時可免。凡百户之鄉，有市之邑，歌謡舞蹈，觸處成群，蓋宋世之極盛也。

説明是經濟之發展，培育了民間歌舞，使其興盛發達起來。

一、民間樂府

劉宋時期江南極盛之歌謡，即吳聲和西曲。《南齊書》卷四十六《蕭惠基傳》云：

> 自宋大明（宋孝武帝年號）以來，聲伎所尚，多鄭衛淫俗，雅樂正聲，鮮有好者。

所謂"鄭衛淫俗"，即吳聲、西曲，而"雅樂正聲"乃漢魏舊曲。吳聲、西曲爲人所尚，而雅樂正聲鮮爲人好。這正反映了新舊樂府之興衰過程。此時之樂府新聲主要是《華山畿》和《讀曲歌》。

（一）《華山畿》

《華山畿》據《樂府詩集》卷四十六引《古今樂録》云：

> 《華山畿》者，宋少帝時《懊惱》一曲，亦變曲也。

疑《懊惱》當是曲之總稱，《華山畿》則是其中有變格意味之一曲。

《華山畿》凡二十五首，其第六首之首句爲"懊惱不堪止"，第八首之首句爲"將懊惱"，第五首之全篇爲"未敢便相許，夜聞儂家論，不持儂與汝"，與《懊惱歌》最後一首相同，只是第一句，《懊惱歌》作"懊惱奈何許"，與此不同。足證《古今樂録》謂其爲《懊惱歌》之變曲爲可信。關於《華山畿》，《古今樂録》有以下一段記載：

> 少帝時，南徐一士子從華山畿往雲陽，見客舍有女子，年十八九，悦之，無因，遂感心疾。母問其故，具以啓母。母爲至華山尋訪，見女具説，聞感之因，脱蔽膝令母密置其席下，卧之當已。少日果差。忽舉席見蔽膝而抱持，遂呑食而死。氣欲絶，謂母曰："葬時車載華山度。"母從其意。比至女門，牛不肯前，打拍不動。女曰："且待須臾。"妝點沐浴，既而出，歌曰："華山畿，君既爲儂死，獨活爲誰施？歡若見憐時，棺木爲儂開！"棺應聲開，女遂入棺。家人扣打，無如之何，乃合葬，呼曰神女冢。

細檢詩歌所詠，與《古今樂録》記述之故事相符者，僅第一首。其餘二十四首皆獨立成章，與本事無涉，然亦皆寫青年男女愛戀過程中之痛苦與哀傷，具有濃鬱之悲涼氣氛。兹録若干首如下：

> 華山畿，君既爲儂死，獨生爲誰施？歡若見憐時，棺木爲儂開。

畿，旁，山腳下。爲誰施，作何用，有何意義？

> 未敢便相許，夜聞儂家論，不持儂與汝。

不持儂與汝，即不把我許配給你。

> 懊惱不堪止，上牀解要繩，自經屏風裏。

要繩，即腰帶。要，古腰字。自經，即自縊。

　　　啼著曙，淚落枕將浮，身沈被流去。

著曙，到天明。先寫枕浮，次寫身沉，終被流去，大有始也濫觴，而終也涯涘汪洋，不辨牛馬之勢。

　　　將懊惱，石闕晝夜題，碑淚常不燥。

將懊惱，承擔着煩惱。石闕，喻碑，暗切悲字。題，雙關啼，繫下淚字。

　　　別後常相思，頓書千丈闕，題碑無罷時。

頓書句，頓，讀如《列子》卷一《天瑞》“凡一氣不頓進，一形不頓虧”之頓，意即立刻。意謂想一氣呵成地寫完千丈高之石碑。題碑，雙關啼悲。

　　　奈何許！所歡不在間，嬌笑向誰緒？

奈何許，感嘆詞，意謂怎麼處喲！許，讀作滸。間，即此間，這裏。

　　　隔津歎，牽牛語織女，離淚溢河漢。

津，指天河。溢，泛濫。河漢，即天漢、天河。此意猶《古詩十九首》之“盈盈一水間，脈脈不得語”。

　　　啼相憶，淚如漏刻水，晝夜流不息。

漏刻水，古時夜間計時器叫漏，有刻度，使水漏刻而下以計時。

　　　腹中如湯灌，肝腸寸寸斷，教儂底聊賴？

湯，沸水。底，猶何，怎樣？底聊賴，怎樣挨得過去？蔡琰《悲憤詩》：“爲復强視息，雖生何聊賴？”

　　相送勞勞渚，長江不應滿，是儂淚成許！

勞勞渚，陳文述《秣陵集》卷首附圖云，東晉時，南京勞勞亭，在長江中白鷺洲邊。勞勞渚當即在此。成許，使它成這個樣子，乃呼應上句"長江不應滿"，意爲自己之眼淚令江水滿了。

　　奈何許！天下人何限？慊慊只爲汝。

慊慊，追求得不到滿足時的空虛之感。意謂自己之所以感到如此空虛，只是爲你一人。

　　長鳴雞，誰知儂念汝，獨向空中啼。

長鳴雞，女子自喻。言獨，謂無和者。啼向空中，説明没有回響。悲涼之心境可知。

　　《華山畿》在句法上與《子夜歌》、《懊儂歌》之五言四句者不同，多爲五言三句，或上一句三言，下二句五言，此亦由音樂之變化使然。在風格上似質而實文，似淺而實深，似淡而實濃，似素而實穠，全爲詠嘆，並無描寫，自有情味。

　　(二)《讀曲歌》

　　《讀曲歌》據《樂府詩集》卷四十六引《宋書·樂志》云：

　　　　《讀曲歌》者，民間爲彭城王義康所作也。其歌云"死罪劉領軍，誤殺劉第四"是也。

又引《古今樂録》云：

　　　　《讀曲歌》者，元嘉十七年，袁后崩，百官不敢作聲歌，或因酒讌，止竊聲讀曲細吟而已，以此爲名。

認爲《讀曲歌》是爲宋文帝劉義隆殺彭城王劉義康而作，乃附會之言。認爲是袁后死，百官不敢作聲歌，只能竊聲讀曲細吟，亦望文生義之説。皆與作品之實際内容無涉。實際情況,《讀曲歌》乃民間樂府新聲,所詠與《子夜歌》、《懊儂歌》相同,爲男女之間的戀情。兹録若干首爲例:

　　　　柳樹得春風,一低復一昂。誰能空相憶,獨眠度三陽?

柳樹,女子自喻。春風,喻所歡。三陽,即三春。

　　　　折楊柳。百鳥園林啼,道歡不離口。

意謂意念中之人時刻縈繞於腦海,至於聽到園林中百鳥啼叫,也好像在不斷地叫他了。

　　　　逋髪不可料,顉頷爲誰睹?欲知相憶時,但看裙帶緩幾許!

逋髪,不可解,疑是蓬髪之誤。料,即理。《懊儂歌》:"髪亂誰料理。"顉頷,猶憔悴。

　　　　奈何許!石闕生口中,銜碑不得語。

石闕,古人於墓道外立石,刻死者姓名官爵,稱石闕。這裏義同碑。銜碑,即含悲之雙關語。

　　　　白門前,烏帽白帽來,白帽郎,是儂良,不知烏帽郎是誰?

白門,劉宋都城建康城門。良,即良人,古時婦女對其丈夫之稱謂。末"誰"字下,疑省"良"字。

　　　　計約黄昏後,人斷猶未來。聞歡開方局,已復將誰期?

計約,即約會。人斷,意爲夜深,路上行人斷絶。開方局,意爲擺好棋盤。"期"與同音"棋"字關合。

　　　　黄絲呴素琴,泛彈弦不斷。百弄任郎作,唯莫《廣陵散》。

黄絲句，《淮南子》卷三《天文訓》："蠶珥絲而商弦絶。"高誘注："蠶老絲成，自中徹外，然視之如今精珥，表裏見，故曰珥絲。"此處"珥"字，意爲張弦，動詞。泛彈，即不按弦而彈，發音低，故弦不易斷。以喻求愛不易操之過急。弄，曲調名。《廣陵散》，琴曲名，魏嵇康所善彈。《夢溪筆談》卷五《樂律》解釋説："《廣陵散》者，以王陵、毋丘儉輩皆自廣陵敗散，言魏散亡，自廣陵始。""散"之引伸義爲分離，因此此句意謂只要不讓我們分離就好。

　　思歡不得來，抱被空中語。月没星不亮，持底明儂緒？

持底句，言拿什麽表明自己内心之苦悶？

　　詐我不出門，冥就他儂宿。鹿轉方相頭，丁倒欺人目。

冥，夜裏，暗中。儂，此處不作"我"解，作"人"解。鹿轉，猶旋轉。方相，最初爲官名，《周禮·夏官》有"方相氏"，戴"熊皮黄金四目"面具，掌驅疫。到了漢代，稱"顛頭"。《説文·頁部》："顛，醜也，今逐疫有顛頭。"成爲面目凶醜之驅疫神像。丁倒，即顛倒。意謂對方給人以假相欺人耳目。

　　打殺長鳴雞，彈去烏臼鳥。願得連冥不復曙，一年都一曉。

彈，用彈丸射擊。烏臼鳥，即鴉舅，似鴉而小，黎明即啼叫。吳融《富春》詩："二月辛夷猶未落，五更鴉舅最先啼。"都，猶只。

　　罷去四五年，相見論故情。殺荷不斷藕，蓮心已復生。

藕，雙關"偶"字，比喻夫妻匹配。蓮心，雙關"憐心"，意即愛情。謂夫妻因故離異，後又前嫌盡釋，言歸於好。

　　《讀曲歌》之句法，多爲五言四句，也有一句三言，兩句五言

者,另有五言三句或雜有一二句七言之雜言者。這種變化,究其源也是由於音樂之變化促成的。沈德潛《説詩晬語》卷上云:

> 樂府之妙,全在繁音促節,其來于于,其去徐徐,往往於迴翔屈折處感人,是即"依永""和聲"之遺意也。齊梁以來,多以對偶行之,而又限以八句,豈復有詠歌嗟嘆之意耶?

可見《讀曲歌》句法之變化,正是樂府之妙處。

二、文人樂府之重要作家鮑照

劉宋政權之創立,與東晉之依靠門閥士族不同,主要是選用寒門爲輔佐。他們爲了鞏固自己的政權,便從各方面抵制門閥士族的影響。在思想文化領域即采用民間歌舞,並擬民間樂歌制作新曲。如宋武帝劉裕時期,宫廷采用《丁督護歌》、《讀曲歌》等吳聲歌曲。宋少帝劉義符又據民謠《懊儂歌》,"更制新歌三十六曲"。尤其宋孝武帝劉駿特喜好民間歌舞,曾將此類被認爲是"淫聲"之樂歌,列爲正式音樂,並自己也擬作仿制,如《自君之出矣》即其擬《吳聲》、《西曲》之作。在此風氣影響下,一些地方節鎮也多擬民歌制新曲,如臧質之改制《石城樂》,劉義慶之改制《烏夜啼》,劉鑠之改制《壽陽樂》等。風氣所尚,"家競新哇,人尚謡俗",王僧虔等雖上表請正聲樂,也無可奈何了。正是在這種形勢下,出現了工於樂府之作的大家鮑照。

鮑照在劉宋時代與謝靈運、顔延之是鼎足而三的重要詩人。但他與顔、謝之多寫五言古詩不同,而是五言詩與樂府兼備,且尤長於樂府。《宋書》卷五十一附其傳云:"文辭瞻逸,嘗爲古樂府,文甚遒麗。"即説明他在這方面的成就。他的樂府創作既得益於漢魏古曲,也吸收了同時代之江南"吳聲"和荆楚"西曲"。他是六朝

時期學習"吳聲"、"西曲"創作之第一個重要作家。他曾采用民間
新曲，作《吳歌》和《采菱歌》，又能融民歌風格於漢魏古曲之中，或
自制新題，或借舊題寄新意，形成自己的風格。今存樂府八十餘
首，其中重要者爲自抒憤慨和抨擊時政之作。如《放歌行》：

> 蓼蟲避葵堇，習苦不言非。小人自齷齪，安知曠士懷？雞
> 鳴洛城裏，禁門平旦開。冠蓋縱橫至，車騎四方來。素帶曳長
> 飆，華纓結遠埃。日中安能止？鐘鳴猶未歸。夷世不可逢，賢
> 君信愛才。明慮自天斷，不受外嫌猜。一言分珪爵，片善辭草
> 萊。豈伊白璧賜，將起黃金臺。今君有何疾，臨路獨遲迴？

此詩朱乾以爲爲彭城王義康而作，吳汝綸以爲爲宋孝武帝而作，皆
道着一面，並不全面。實則此詩是在晉宋時期嚴酷的政治鬥爭形
勢下，鮑照爲了避免成爲政治鬥爭之犧牲品，而抒發其不求仕進、
曠達自放的憤懣情緒。李善注：《歌錄》："《孤子生行》，古辭曰《放
歌行》。"屬相和歌，本集有代字，下同。

　　首二句，蓼蟲，生於蓼上之蟲。蓼，草本植物，葉味辛辣。葵
堇，一種野菜，味甜。《楚辭·七諫·怨世》曰："蓼蟲不知徙乎葵
藿。"王逸注："言蓼蟲處辛辣，食苦惡，不徙葵藿食甘美者也。"次
二句，小人，指見聞淺薄之人，《荀子》卷一《勸學》："小人之學也，
入乎耳，出乎口。"齷齪，狹隘貌。謂小人不知曠士之心，猶蓼蟲不
知葵藿之美。以上四句所以喻己之辭祿仕，窮居野處，自以爲高
也。"雞鳴"二句，李善注：《史記》(曆書)："雞三號，平明。"(今通
行本《史記》作卒明)平旦，天正明，《孟子·告子》："平旦之氣。"
"冠蓋"二句，冠蓋，仕宦人之冠冕和車蓋。《史記》卷三十《平準
書》："使者分部護之，冠蓋相望。""素帶"二句，素帶，古時大夫之
衣帶。李善注：《禮記》(玉藻)曰："大夫帶素。"(今通行本《禮記》

作素帶）華纓，用彩色絲製成之冠纓。曹植《七啓》："華組之纓。"
曳長飆、結遠埃，皆狀在塵埃中奔馳之貌。"日中"二句，李善注：
《周易》(繫辭)曰："日中爲市。"後漢安帝《禁夜行詔》云："鐘鳴漏
盡，洛陽城中不得有行者。"謂達官貴人奔競之盛，置法令於不顧。
以上八句寫京城仕宦人等，四方遠集，朝夕不止。"夷世"二句，夷
世，太平之世。信，六臣本《文選》作"言"。此二句意同東方朔《答
客難》："周室大壞，諸侯不朝，力政爭權，相擒以兵。并爲十二國，
未有雌雄。得士者强，失士者亡，故説得行焉。""明慮"二句，天，
指君。猜，疑也。言君王之英明決斷，外來猜疑之辭，概不聽受。
"一言"二句，珪，是"守邑符信"(《左傳》哀公十四年杜注)，爵，是官
階。李善注：《漢書》(王莽傳)："張竦奏曰：'一言之勞，皆蒙丘山
之賞。'"揚雄《解嘲》曰："析人之珪，擔人之爵。"草萊，猶草莽或田
野。《莊子》卷八中《徐無鬼》曰："農夫無草萊之事則不比。"言只
要一言合理、片言應時，即分給珪爵，使辭別田野。"豈伊"二句，
伊，猶惟。黄金臺，李善注：《上谷郡圖經》曰："黄金臺，易水東南
十八里，燕昭王置千金於臺上，以延天下之士。"言若言合聖聽，豈
惟賜白璧而已，還將起黄金臺以待之。以上八句皆反語，明是贊
頌，實則暗爲譏諷。末二句設爲他人之詞以詰曠士。疾，《管子》
卷十六《小問》云："凡牧民者，必知其疾。"房玄齡注："謂患苦也。"
意謂有何苦衷，臨仕途而不進？蓋作者不求仕進，有難以語人者。
又如《東武吟》：

　　　主人且勿喧，賤子歌一言：僕本寒鄉士，出身蒙漢恩。始
　　隨張校尉，占募到河源。後逐李輕車，追虜窮塞垣。密塗亘萬
　　里，寧歲猶七奔。肌力盡鞍甲，心思歷涼温。將軍既下世，部
　　曲亦罕存。世事一朝異，孤績誰復論？少壯辭家去，窮老還入
　　門。腰鎌刈葵藿，倚杖牧雞狟。昔如韝上鷹，今似檻中猿。徒

結千載恨，空負百年怨。棄席思君幄，疲馬戀君軒。願垂晉主
惠，不愧田子魂。

此詩疑爲檀道濟部曲而作。《宋書》卷四十三《檀道濟傳》云："道
濟立功前期，威名甚重。左右腹心，並經百戰。諸子又有才氣，朝
廷疑畏之。太祖寢疾累年，屢經危殆，彭城王義康慮宮車晏駕，道
濟不可復制。（元嘉）十二年，上疾篤，會索虜爲邊寇，召道濟入
朝，既至，上問。十三年春，將遣道濟還鎮，已下船矣，會上疾動，召
人祖道，收付廷尉……伏誅。又收司空參軍薛彤……司空參軍高
進之，誅之。薛彤、進之，並道濟腹心，有勇力，時以比張飛、關羽。
初，道濟見收，脫幘投地曰：'乃復壞汝萬里長城！'"這段記載説明
宋文帝及其宗室，對抗擊北魏入侵的將領如檀道濟等人，采取牽
制、排擠和殺戮之政策，其結果是元康二十七年末索虜僞主進攻至
瓜步，造成建康城內外戒嚴之危機，恰巧應了檀道濟所云劉宋自壞
其長城之言。鮑照作此詩在一定程度上還"爲尊者諱"，但他對當
時朝廷政策之不滿，是顯而易見的。聞人倓《古詩箋》："東武，太
山下小山名。"李善注：左思《齊都賦》："《東武》、《太山》，皆齊之
土風，絃歌謳吟之曲名也。"屬楚調曲。
　首二句，擬漢代民歌"四坐且莫誼，願聽歌一言"發端。"始
隨"二句，張校尉，即張騫。李善注：《漢書》（張騫傳）曰："張騫，漢
中人也。騫以校尉隨大將軍，擊匈奴，知水草處，軍得以不乏。"占
募，報名應募。河源，黃河之源。李善注：班固《漢書》（張騫傳贊）
曰："自張騫使大夏之後，窮河源也。"（今通行本《漢書》無也字）
"後逐"二句，李輕車，即李蔡，李善注：《漢書》（李廣傳）曰："李廣
從弟蔡爲郎，事武帝。元朔中，爲輕車將軍，擊右賢王，有功，卒，封
樂安侯。"塞垣，指長城。按：《宋書·檀道濟傳》："義熙十二年，
高祖北伐，以道濟爲前鋒，出淮肥，所至諸城戍，望風降服。……

遂進洛陽,僞平南將軍陳留公姚沈歸順,凡拔城破壘,俘四千餘人。……進據潼關,與諸軍共破姚紹。長安既平,以爲征虜將軍。……景平元年,虜圍青州刺史竺夔於東陽城,夔告急,加道濟使持節監征討諸軍事,與王仲德救東陽。未及至,虜燒營,焚攻具遁走。……元嘉八年,劉彥之伐索虜,已平河南,尋復失之,金墉虎牢並没,虜逼滑臺,加道濟都督征討諸軍事,率衆北討,軍至東平壽張縣,值虜安平公乙旃眷,道濟率寧朔將軍王仲德,驍騎將軍段宏奮擊,大破之。轉戰至高梁亭,虜寧南將軍濟州刺史壽昌公悉頰庫結前後邀戰,道濟分遣段宏,及臺隊主沈虔之等奇兵擊之,即斬悉頰庫結,道濟進至濟上。”詩云張校尉、李輕車,皆借用。“密塗”二句,密,近也。亘,綿延之意。寧歲,安定年代。七奔,用《左傳》成語,《左傳·成公七年》:“巫臣請使於吳,晉侯許之,乃通吳於晉。吳始伐楚,子重奔命。吳入州來,子重、子反於是乎一歲七奔命。”“肌力”以下六句,歷凉溫,經歷無數寒暑。下世,死亡。部曲,漢代軍隊編制,營有部,部有曲。世事異。東方朔《答客難》:“時異則事異。”孤績,獨有之功績。“腰鎌”二句,鎌,即鐮。豴,即豚。言窮老還家,割葵藿,牧雞豚。“昔如”二句,韝,鷹所立之皮製臂衣。韝上鷹,檻中猿,以喻昔日之英駿,今日之困頓。“徒結”二句,千載恨、百年怨,言千百年不曾有之怨恨。徒、空,以示無人理解。李善注:“言怨在己,若何負之?”“棄席”句,謂被遺棄之席蓐尚念君主之帷帳。以喻棄臣不忘君。典出《韓非子》卷十一《外儲說左上》:“文公反國,至河,令籩豆捐之,席蓐捐之,手足胼胝,面目黧黑者後之。咎犯聞之而夜哭。公曰:‘寡人出亡二十年,乃今得反國,咎犯聞之不喜而哭,意不欲寡人反國邪?’犯對曰:‘籩豆所以食也,席蓐所以卧也,而君棄之;手足胼胝,面目黧黑,勞有功者也,而君後之。今臣有與在後中,不勝其哀,故哭。’文公乃止。”

"疲馬"句,謂疲病之馬尚戀君主之軒車。以喻老病之臣猶戀君。
典出《韓詩外傳》卷八:"昔者,田子方出,見老馬於道,喟然有志
焉。以問於御者曰:'此何馬也?'曰:'故公家畜也。罷而不爲用,
故出放也。'田子方曰:'少盡其力,而老去其身,仁者不爲也。'束
帛而贖之。窮士聞之,知所歸心矣。""願垂"二句,晉主,即晉文
公。田子,即田子方。魂,古與"云"通,《韓詩》(鄭風出其東門):
"縞衣綦巾,聊樂我魂。"全詩先叙身世之微,次陳征役之勞,更訴
窮老之苦,篇末猶有戀君之情,並望其垂惠。爲人臣子,忠誠如彼,
而遭遇如此,能無怨乎? 通篇怨君。又如《出自薊北門行》:

> 羽檄起邊亭,烽火入咸陽。徵騎屯廣武,分兵救朔方。嚴
> 秋筋竿勁,虜陳精且彊。天子按劍怒,使者遥相望。雁行緣石
> 徑,魚貫度飛梁。簫鼓流漢思,旌甲被胡霜。疾風衝塞起,沙
> 礫自飄揚。馬毛縮如蝟,角弓不可張。時危見臣節,世亂識忠
> 良。投軀報明主,身死爲國殤。

此詩黃節補注:郭茂倩《樂府詩集》曰:"曹植《艷歌行》:'出自薊北
門,遥望湖池桑。枝枝自相值,葉葉自相當。'《樂府解題》:'《出自
薊北門》,其致與《從軍行》同,而兼言燕、薊風物及突騎勇悍之
狀。'"即寫戰士從軍保衛國家之壯志與邊塞之風物。屬雜曲歌
辭。薊,古燕都,即今北京。

首二句,羽檄,古時軍事所以征召之公文,上插鳥羽,以示疾
速。邊亭,邊境伺候敵人之哨所。《風俗通》卷二《孝文帝》:"匈奴
數犯塞……候騎至甘泉,烽火通長安。"所以報警也。次二句,廣
武,縣名,在今山西省代縣北。朔方,郡名,在内蒙古自治區鄂爾多
斯右翼後旗地帶。李善注:班固《漢書》(匈奴傳)贊曰:"聚天下
兵,軍於廣武。"按:李善注引《匈奴傳》贊文過於簡略,不足以見詩

旨,今具引之如下:"逮至孝文,與(匈奴)通關市,妻以漢女,增厚其賂,歲以千金,而匈奴數背約束,邊境屢被其害。是以文帝中年,赫然發憤,遂躬戎服,親御鞍馬,從六郡良家材力之士,馳射上林,講習戰陣,聚天下精兵,軍於廣武。"據此則詩意豁然。"嚴秋"二句,筋,弓也。竿,箭也。虜陳,敵陣。此言匈奴於嚴秋季節,天氣乾燥,弓箭有力,隊伍精強。《漢書·匈奴傳》所謂"匈奴秋馬肥,大會蹛林"。"使者"句,遥相望,謂不絕於路。《漢書》卷二十四《食貨志》:"使者分部護,冠蓋相望。""雁行"二句,隊伍前進如雁行,前後相連如魚貫。"簫鼓"句,簫鼓,即鼓鉦簫笳之簡稱,乃漢代軍樂之樂器。班彪《王命論》:"今民皆謳吟,思漢鄉,仰劉氏。"謂軍樂傳達出漢人之思想感情。"馬毛"二句,《西京雜記》卷二:"元封二季,大寒,雪深五尺,野鳥獸皆死,牛馬皆踡蹜如蝟。"又《韋曜(按:當作昭,避晉諱改)集》(吳鼓吹曲秋風)曰:"秋風揚沙塵,寒露霑衣裳。角弓持弦急,鳩鳥化爲鷹。"謂天氣嚴寒,戰馬蜷縮如刺蝟,角弓拉不開。篇末謂"身死爲國殤",意猶《楚辭·九歌·國殤》:"身既死兮神以靈,魂魄毅兮爲鬼雄!"顯示願爲國犧牲之壯志。從軍出塞之作,多託薊北烈士言之。

但是,尤當重視者,是其《行路難》十八首。這是一組抒情歌曲,多吟詠人生之憂患。《樂府詩集》卷七十引《樂府解題》曰:"《行路難》,備言世路艱難及離別悲傷之意,多以君不見爲首。按《陳武別傳》曰:'武常牧羊,諸家牧豎,有知歌謠者,武遂學《行路難》。'則所起亦遠矣。"此詩本集上原有"擬"字,《樂府詩集·雜曲歌辭》無此字,今據删。蓋漢舊曲,晉人有新制,已不傳。兹録鮑作二首如下:

　　奉君金巵之美酒,瑇瑁玉匣之彫琴,七綵芙蓉之羽帳,九華蒲萄之錦衾。紅顏零落歲將暮,寒光宛轉時欲沈。願君裁

悲且減思，聽我抵節行路吟。不見柏梁銅雀上，寧聞古時清
吹音？

此詩感嘆時光易逝，當排除憂愁，及時行樂。首句以"奉"字貫下
四句，寫給人四件解憂之物。卮，酒器。七彩帳、九華衾，《西京雜
記》卷一："高祖斬白蛇劍，劍上有七彩珠、九華玉以爲飾。"此處皆
借用，形容羽帳、錦衾之色澤。"紅顔"二句，即《楚辭‧離騷》"惟
草木之零落兮，恐美人之遲暮"意也。時欲沈，即時將晚。"願君"
二句，裁悲減思，消減憂愁。抵，音紙，側擊也。節，樂器，即拊鼓。
《宋書‧樂志》"革音有節"引傅玄《節賦》："口非節不詠，手非節
不拊。"行路吟，指歌《行路難》曲。柏梁，臺名，《漢書》卷六《武帝
紀》："元鼎二年春，起柏梁臺。"銅雀，臺名，《三國志‧魏志》卷一
《武帝紀》："（建安十五年）冬，作銅雀臺。"清吹，陶潛《諸人共游
周家墓柏下》詩："清吹與鳴彈。"意謂如今柏梁、銅雀臺上，怎能聽
到古時悠揚的樂聲呢？說明應及時行樂。作勸人之言，實則自勸。
其六：

> 對案不能食，拔劍擊柱長歎息。丈夫生世能幾時？安能
> 蹀躞垂羽翼！棄置罷官去，還家自休息。朝出與親辭，暮還在
> 親側。弄兒牀前戲，看婦機中織。自古聖賢盡貧賤，何況我輩
> 孤且直！

此詩寫其辭官回家後之憤慨。首二句，錢振倫注：《史記‧萬石君
傳》："子孫有過失，不譙讓，爲便坐，對案不食。"聞人倓注：《漢書》
（叔孫通傳）："高祖悉去秦儀法爲簡易。群臣飲，爭功，醉或妄呼，
拔劍擊柱。"此抒發其憤激情緒。"安能"句，蹀躞，即蹀躅，小步
貌，《後漢書》卷一百一十下《禰衡傳》："衡方爲漁陽參撾，蹀躅而
前，容態有異。"垂羽翼，《周易‧明夷》："于飛，垂其翼。"謂怎能裹

足不前，垂翼不飛？"朝出"四句，寫朝暮親側，婦子歡聚之樂事，
實則猶江淹《恨賦》之以"左對孺人，顧弄稚子"爲恨耳。末二句，
孤，即孤寒，自謂出身寒微。直，耿直。此猶《論語·微子》："直道
而事人，焉往而不三黜？"表現孤耿剛直之性格，所謂龍章鳳質也。
許顗《彥周詩話》云："明遠《行路難》，壯麗豪放，若決江河，詩中不
可比擬，大似賈誼《過秦論》。"以上二例足可驗證許氏之言。

又《梅花落》一首，頗具特色。郭茂倩《樂府詩集》卷二十四入
"橫吹曲辭"，云："《梅花落》，本笛中曲也。按唐'大角曲'，亦有
《大單于》、《小單于》、《大梅花》、《小梅花》等曲，今其聲猶有存
者。"蓋亦當時流行民間樂曲之一種，鮑照采之而創作。詩云：

> 中庭雜樹多，偏爲梅咨嗟。問君何獨然？念其霜中能作
> 花，露中能作實。搖蕩春風媚春日，念爾零落逐寒風，徒有霜
> 華無霜質。

此詩疑爲諷士大夫中途之變節者，與孔稚珪《北山移文》同旨。其
中以梅喻變節者。君，作者自稱。梅冒嚴霜作花、凌繁露結實，以
喻士子早年之守苦節。搖蕩媚春日，零落逐寒風，以喻中年變節，
旋復凋殘，趨炎附勢。霜華，指花之顏色。霜質，指花之品格。即
《論語·子罕》"苗而不秀，華而不實"之意。"偏爲梅咨嗟"者，作
者爲士子之變節而慨嘆也。

《行路難》、《梅花落》之類七言和雜言樂府，音調、句法都有全
新的創造，在南朝文人樂府中獨標一幟。

鮑照樂府，既承受了漢魏古樂府之優良傳統，又吸取了南朝民
歌之新鮮養分，使古歌、新歌互相滲透，形成古歌、新歌相融匯之新
格調、新體式。《南齊書》卷五十二《文學傳》史臣云：

> 發唱驚挺，操調險急，雕藻淫艷，傾炫心魂，亦猶五色之有

紅紫,八音之有鄭衛,斯鮑照之遺烈也。

又陸時雍《詩鏡總論》云:

> 鮑照材力標舉,凌厲當年,如五丁鑿山,開人世之所未有。

即指出他在詩歌領域開拓之新境界,由板滯遲重演變爲流轉奔放。
這種新格調、新體式,"上挽曹、劉之逸步,下開李、杜之先鞭"(胡應
麟《詩藪》),於詩歌之發展,關係甚大。

第三節　蕭齊時期

劉宋王朝末期之君主如孝武帝和明帝,皆殘暴無道。他們骨
肉相殘,殺戮宗室、君臣疑忌,誅伐文武大臣,造成極端混亂之政治
局面。南兗州刺史蕭道成在這種混亂局勢中,篡奪了劉宋政權,建
立了齊朝,是爲齊高帝。

蕭齊建立之後,提倡節儉,政治比較嚴明,境内外十多年無戰
亂,人民得以安居,社會經濟得到一定的發展,民間歌舞也相應繁
榮起來。如《南齊書》卷五十三《良政傳序》記載:

> 永明(武帝年號)之世,十許年中,百姓無雞鳴犬吠之警。
> 都邑之盛,士女富逸,歌聲舞節,袨服華粧,桃花綠水之間,秋
> 月春風之下,蓋以百數。

這裏所謂之"歌聲舞節",即指吳聲和西曲。吳聲、西曲在當時流
行"蓋以百數",說明蕭齊時期民間歌曲之發達。

一、民間樂府

關於吳聲,前文已經論及。西曲,據《樂府詩集》卷四十七題

解云：

> 《西曲歌》出於荆、郢、樊、鄧之間。而其聲節送和，與《吳
> 歌》亦異，故依其方俗而謂之《西曲》云。

這不但説明西曲在"聲節送和"方面與吳聲不同，而且産地也與吳
聲異，乃在長江中流地區及漢水一帶。其所涵，據《樂府詩集》卷
四十七引《古今樂録》曰：《石城樂》、《烏夜啼》、《莫愁樂》、《估客
樂》、《襄陽樂》、《三洲歌》、《襄陽蹋銅蹄》、《采桑度》、《江陵樂》、
《青陽度》、《青驄白馬》、《共戲樂》、《安東平》、《女兒子》、《來羅》、
《那呵灘》、《孟珠》、《翳樂》、《夜度娘》、《長松標》、《雙行纏》、《黄
督》、《黄纓》、《平西樂》、《攀楊枝》、《尋陽樂》、《白附鳩》、《拔
蒲》、《壽陽樂》、《作蠶絲》、《楊叛兒》、《西烏夜飛》、《月節折楊柳
歌》，凡三十三曲。其中可以確定爲蕭齊時期之作者，有《女兒
子》、《三洲歌》、《楊叛兒》等。

（一）《女兒子》

《女兒子》，《南齊書》卷七《東昏侯紀》云："是夜，帝在含德殿
吹笙歌作《女兒子》。"但現在這二首歌辭，實爲民間歌曲。如其
一云：

> 巴東三峽猿鳴悲，夜鳴三聲淚沾衣！

此與後魏酈道元《水經注》卷三十四引漁人歌曰"巴東三峽巫峽
長，猿鳴三聲淚沾裳"不同，可能是一首歌，因入樂而異。然有異曲
同工之妙。其二云：

> 我欲上蜀蜀水難，蹋蹀珂頭腰環環。

寫蜀道之艱難，跋涉之勞苦。值得注意者，歌辭以七言二句爲一
曲，全用新腔，乃其所創。

(二)《三洲歌》

《三洲歌》,據《樂府詩集》卷四十八引《唐書·樂志》曰:"《三洲》,商人歌也。"《古今樂録》曰:"《三洲歌》者,商客數游巴陵、三江口,往還因共作此歌。其舊辭云:'啼將別共來。'天監十一年,武帝於樂壽殿道義竟留十大德法師,設樂,敕人人有問,引經奉答。次問法云:'聞法師善解音律,此歌何如?'法雲奉答:'天樂絶妙,非膚淺所聞。愚謂古辭過質,未審可改以不?'敕云:'如法師語音。'法雲曰:'應歡會而有別離,啼將別,可改爲歡將樂,故歌。'歌和云:'三洲斷江口,水從窈窕河傍流。歡將樂,共來長相思。'"按:現存《三洲歌》三首,並無"啼將別"、"歡將樂",則法雲所改當爲和聲。又其云"舊辭",可以推斷《三洲歌》之産生應在蕭梁之前,即蕭齊時期已在民間流傳了。三首皆作女子口吻,詠送別所愛。如其一云:

> 送歡板橋灣,相待三山頭。遥見千幅帆,知是逐風流。

板橋灣,即板橋浦,在今江蘇省江寧縣西南大勝關南。三山,在今江蘇省江寧縣西南,與板橋浦距離很近。風流,雙關隱語。其二云:

> 風流不暫停,三山隱行舟。願作比目魚,隨歡千里游。

風流不停,指商人行踪不定。山隱行舟,隱可作"藏"解,也可作"安頓"解。暗示商人到三山寄宿於倡家。末二句乃女子對商旅之送情語。其三云:

> 湘東醽醁酒,廣州龍頭鐺。玉樽金鏤椀,與郎雙杯行。

醽醁酒,《抱朴子·外篇》卷一《嘉遯》:"寒泉旨於醽醁。"按:醽醁亦作酃渌,《荆州記》卷三:"渌水出豫章康樂縣……取水爲酒,酒

極甘美,與湘東鄮湖酒……世稱醽涤酒。"龍頭鐺,應亦酒名,始見
於此詩。金鏤椀,即鑲嵌以金絲之酒杯。可見當時商人生活之
奢侈。

(三)《楊叛兒》

《楊叛兒》,據《樂府詩集》卷四十九引《唐書·樂志》曰:"《楊
叛兒》,本童謠歌也。齊隆昌時,女巫之子曰楊旻,少隨母入內,及
長,爲何后寵,童謠云:'楊叛兒,共戲來所歡。'語訛,遂成《楊伴
兒》。"按《古今樂錄》作《楊叛兒》,又一聲之訛。今存《楊叛兒》八
曲,所詠皆與楊旻事無涉,而爲民間情歌。如其二云:

> 暫出白門前,楊柳可藏烏。歡作沈水香,儂作博山鑪。

白門,都城建康之城門,之後成爲南京之別稱。沈水香,又名沈香,
置於鑪中燃燒,其味極香。博山鑪,香鑪之一種,所以燃燒沈香。
此曲與《讀曲歌》第七十六首相同,可以説明樂府中之同一歌辭可
以用不同的樂調演唱。其五云:

> 歡欲見蓮時,移湖安屋裏。芙蓉繞牀生,眠卧抱蓮子。

蓮、蓮子,皆雙關隱語。寫男女之間的愛憐。其八云:

> 楊叛西隨曲,柳花經東陰。風流隨遠近,飄揚悶儂心。

西隨曲,指西隨地方之樂曲。西隨,或云在今湖北省安陸市境內。
謂《楊叛兒》這一西隨之樂調,隨風飄揚,令我心中煩憂。這應當
是《楊叛兒》這組詩歌之結篇,對全詩之格調作了總的概括,即"聲
甚哀思"(《南史·袁廓之傳》)者也。

　　蕭齊時期,民間樂曲極爲發達,但時代多不可考,茲僅據確
知其爲蕭齊時期所作者,論述如上,以見其時民間樂府發展之
概況。

二、文人之擬樂府

蕭齊時期，在民間樂府發展之基礎上，文人樂府也有新的創作。究其原因，也與當時統治者之愛好和提倡密切相關。據歷史記載，蕭齊歷朝君主都喜愛民間俗樂。如《南史》卷二十二《王儉傳》云：

> （高帝）幸華林宴集，使各效伎藝，褚彥回彈琵琶，王僧虔、柳世隆彈琴，沈文季歌《子夜來》，張敬兒舞。

又《南史》卷二十八《褚彥回傳》云：

> 彥回善彈琵琶，齊武帝在東宮宴集，賜以金鏤柄銀柱琵琶。

又《南齊書》卷七《東昏侯紀》記載東昏侯蕭寶卷在“含德殿，吹笙歌作《女兒子》”等，都説明蕭齊統治者如高帝蕭道成、武帝蕭賾、東昏侯蕭寶卷之傾心於民間樂府，因此吳聲、西曲便大盛於宮廷。在這種風氣影響之下，一般貴族、文人也倣制起來。如《共戲樂》，《樂府詩集》卷四十九引《古今樂録》謂是“舊舞”，未説明出於何時，但其第一首云：“齊世方昌書軌同，萬寓獻樂列國風。”説明其爲蕭齊時期之舞曲。此歌凡四曲，乃用於宴會慶祝之作，旨在大家戲樂，故名《共戲樂》。如其二云：

> 時泰民康人物盛，腰鼓鈴柈各相競。

頌揚國泰民安，歌舞繁盛。伴以鈴鼓，與吳聲之用箜篌、琵琶者不同。其三云：

> 長袖翩翩若鴻驚，纖腰嫋嫋會人情。

詠舞女翩翩起舞,腰細體輕,有飄飄欲仙之致。其四云:

> 觀風采樂德化昌,聖皇萬壽樂未央。

觀風采樂,指采集土風民謠。乃以民間歌舞頌聖也。腔調是民間舞曲,歌辭是仕宦中人所制,内容無甚意義,但以二句爲一曲,亦猶《女兒子》,乃其新創。

(一)齊武帝蕭賾

齊武帝蕭賾(公元四四○——四九三),字宣遠,齊高帝蕭道成之長子。在位十一年,後爲明帝蕭鸞所弒。事見《南齊書》卷三《武帝紀》。他曾依《估客樂》作新曲。據《樂府詩集》卷四十八引《古今樂録》曰:"《估客樂》者,齊武帝之所製也。帝布衣時,嘗游樊、鄧。登祚之後,追憶往事而作歌。使樂府令劉瑤管絃被之教習,卒遂無成。有人啓釋寶月善解音律,帝使奏之,旬日之中,便就諧合。歌者常重爲感憶之聲,猶行於世。寶月又上兩曲。"又引《唐書·樂志》曰:"梁改其名,爲《商旅行》。"按:此詩實爲南齊武帝蕭賾回憶少年時隨父出征之往事,與估客無關。猶魏武帝作《薤露》、《蒿里》,與喪歌無涉然。詩云:

> 昔經樊、鄧役,阻潮梅根渚。感憶追往事,意滿辭不叙。

辭云"樊鄧役",不知所指哪次戰役。《南齊書》卷一《高帝紀》云:"宋元嘉二十三年,雍州刺史蕭思話鎮襄陽,啓太祖(蕭道成,賾父)自隨戍沔北,討樊鄧諸山蠻,破其聚落。"此時蕭賾七八歲,才能記事,所憶者當即此次戰役。梅根渚,疑即梅根河,在今安徽省池州市貴池區東四十五里,亦曰錢溪。附近有梅根冶,爲六朝以來鑄錢之地。"意滿"句,謂思想感情很多,非言辭所能表叙。此曲爲齊武帝作歌,釋寶月配樂。

（二）釋寶月

釋寶月，生卒年無考，齊武帝時僧人，善解音律。《古今樂錄》謂"寶月又上兩曲"，即指《估客樂》之第二、三兩首，如其二云：

> 郎作十里行，儂作九里送。拔儂頭上釵，與郎資路用。

資路用，指用作路上之盤費。其三云：

> 有信數寄書，無信心相憶。莫作瓶落井，一去無消息。

古時書信有別。信，指帶信之人。書，指書信。此二首皆以女子口吻，歌詠其與商客送別之戀情。又第四、五首，《古樂府》卷七、《詩紀》卷六十二亦作寶月所作，如其四云：

> 大艑珂峨頭，何處發揚州？借問艑上郎，見儂所歡不？

艑，船之一種。珂峨，猶嵬峨，高貌。張衡《西京賦》："狀嵬峨以岌嶪。"何處發揚州，自問自答，併爲一句，意爲來自何處？來自揚州。其五云：

> 初發揚州時，船出平津泊。五兩如竹林，何處相尋博？

平津泊，風平浪靜之渡口。五兩，楚人稱船上候風器爲五兩。尋博，尋覓之聲轉。以上兩首通過一問一答，表現女子與舟子之相互愛慕。此類《估客樂》新曲，語言明快，用意新巧，情感深長，皆具民歌本色。

（三）吳邁遠

吳邁遠，生卒年代不詳。曾任江州從事。善爲文章，好自誇耀，而蚩鄙他人，每作詩，得稱意語，輒擲地呼曰："曹子建何足數哉！"事見《南史》卷七十二《檀超傳》。其樂府多擬古之作，如《飛來雙白鵠》、《櫂歌行》、《胡笳曲》、《長別離》、《杞梁妻》、《楚朝曲》

等,但卻深受南方詩歌之影響,以致風格清新自然,宛轉流利。如
《長相思》:

> 晨有行路客,依依造門端。人馬風塵色,知從河塞還。時
> 我有同棲,結宦游邯鄲。將不異客子,分飢復共寒。煩君尺帛
> 書,寸心從此殫。道妾長憔悴,豈復歌笑顏？簷隱千霜樹,庭
> 枯十載蘭。經春不舉袖,秋落寧復看？一見願道意,君門已九
> 關。虞卿棄相印,擔簦爲同歡。閨陰欲早霜,何事空盤桓？

此詩《樂府詩集》編入《雜曲歌辭》,意爲女子託過路客寄書給在遠
方游宦的丈夫,勸其不要貪圖官祿,應早日回家。首四句寫過路客
風塵僕僕從河塞來。次四句是女子告訴過路客自己的丈夫宦游在
邯鄲。同棲,指丈夫。"煩君"四句,寫託過路客寄書。殫,盡也。
"簷隱"四句,女子以蘭、樹自喻,謂已經十載嚴霜,今春若不攀摘,
秋天再看不到了。不舉袖,即不舉手摘花。末六句,是書中勸其回
家之理由。君門九關,《楚辭·九辯》:"君之門以九重。"又《招
魂》:"君無上天些,虎豹九關啄害下人些。"言君門九重,不得親
近,是理由之一。虞卿棄相,虞卿是戰國游説之士,趙孝成王任以
上卿。後因救魏齊,便棄相位離開趙國。事見《史記》卷七十六
《虞卿列傳》。簦,長柄笠。猶今之傘。擔簦,即荷笠。指恢復貧
賤生活。是理由之二。盤桓,猶徘徊。末謂還有什麼理由猶豫不
回歸呢？又如《長別離》:

> 生離不可聞,況復長相思。如何與君別,當我盛年時。蕙
> 華每搖蕩,妾心長自持。榮乏草木歡,悴極霜露悲。富貴貌難
> 變,貧賤顏易衰。持此斷君腸,君亦且自疑。淮陰有逸將,折
> 羽謝翻飛。楚有扛鼎士,出門不得歸。正爲隆準公,仗劍入紫
> 微。君才定何如？白日下爭暉。

此詩《樂府詩集》編入《雜曲歌辭》，意爲妻子感傷丈夫之久別不歸。前十句慨嘆夫妻離別相思之苦。中間"持此"二句，爲全詩之轉折，妻子以其苦規勸丈夫。疑，估量，《儀禮·士相見禮》："凡燕見於君，必辯君之南面，若不得，則正方，不疑君。"疏："不可預度君之面位邪立嚮之。"且自疑，勸丈夫自己估量。末八句，是勸丈夫回家之理由。淮陰逸將，指漢淮陰侯韓信。逸，超絕。折羽謝翻飛，言韓信終被劉邦殺害，猶鳥之折翅不能再飛。扛鼎士，指項籍，《史記》卷七《項羽本紀》："籍長八尺餘，力能扛鼎。"隆準公，指漢高祖劉邦，《史記》卷八《高祖本紀》："高祖爲人，隆準而龍顏。"紫微，星名，像帝王所居。入紫微，即即帝位。"正爲"二句，謂韓信、項籍二人之努力恰巧幫助劉邦成就了帝業。"君才"句，謂你的才能比韓、項怎樣？"白日"句，謂你的才能比韓、項，猶與白日爭暉，遠遠不及。意者，以韓、項之才徒然身殉功名而不能自返，何況你呢？語曲而情摯。

吳邁遠之擬古樂府，篇幅較長，但受吳聲、西曲影響較深，特別是詠男女戀情，蘊涵有南方民歌之情味。

(四)謝朓

謝朓，少好學，有美名，與沈約、任昉、王融、范雲等爲竟陵八友之一，詩文俱名於當世。尤長五言。沈約嘗稱贊云："二百年來，無此詩也。"(《南齊書》卷四十七《謝朓傳》)劉孝綽則唯服謝朓："常以謝詩置几案間，動靜輒諷味。"(《顏氏家訓》卷四《文章》)梁武帝絕重謝詩云："三日不讀，即覺口臭。"(《漢魏六朝百三家集題辭注·謝宣城集》)足見謝朓詩歌在當時何其被推崇了。

謝朓樂府詩歌確有特殊成就，時人之稱贊，絕非虛譽。如其異於前者，是遣詞之自然，音調之和諧，令人有一種清新秀美之感。如《江上曲》：

易陽春草出,踟躕日已暮。蓮葉何田田,淇水不可渡。願子淹桂舟,時同千里路。千里既相許,桂舟復容與。江上可采菱,清歌共南楚。

此詩《樂府詩集》編入《雜曲歌辭》。歌詠女子對男子之愛情。首四句寫春季冶游之情景。易陽,易水之北。淇水,發源於河南省林州市臨淇鎮。二水皆非實指,乃借以寫男女間之相追慕。方東樹《昭昧詹言》卷七云:"此篇初未詳其特用易、淇二水之故……後讀枚乘《菟園賦》曰:'晚春早夏,邯鄲、襄國、易陽之容,麗人燕飾。'予乃悟古人以此地多游冶,故與淇上並稱之。"田田、蓮葉團團而圓之形。"願子"二句,子,指所愛之人。淹,停留。謂希望與之同舟,千里共載。"千里"二句,容與,舒閑貌。謂既得相許,便從容遠航。末二句,歌南楚,指楚地歌謠。《漢書》卷一《高帝紀》載劉邦對戚夫人云:"爲我楚舞,吾爲若楚歌。"此借指情歌。謂二人一邊采蓮,一邊共唱楚歌。有情韻繚繞之意。

謝朓樂府之異於前者,還在於講求聲律,注重對偶,成爲"新變體",或稱新體樂府。如《齊隋王鼓吹曲》十首之四《入朝曲》:

江南佳麗地,金陵帝王州。逶迤帶綠水,迢遞起朱樓。飛甍夾馳道,垂楊蔭御溝。凝笳翼高蓋,疊鼓送華輈。獻納雲臺表,功名良可收。

此詩是永明八年,他奉鎮西隋王教,於荊州道中作。詩旨是歌頌京都建業之壯麗輝煌。首四句寫京城形勢之勝,綠水逶迤,朱樓迢遞,所謂佳麗地也。"飛甍"二句,馳道,君王馳走車馬之道,即御道。御溝,流入宮內之河。甍夾馳道,楊蔭御溝,寫京城建築之美。"凝笳"二句,凝笳,音調徐緩之笳聲。疊鼓,輕微擊鼓。高蓋,高大之車。華輈,華彩之舟。此寫乘坐舟車之樂。雲臺,漢宮中高臺名。《後漢書》卷三十二《陰興傳》："後以興領侍中,受顧命於雲臺廣室。"注:"洛陽南宮有雲臺廣德殿。"明帝圖畫中興功臣三十二人於雲臺。此處借用,意謂表上良策於雲臺,即可取得功名。通篇對仗工整,音調鏗鏘,聲律和諧,體現了"新變體"之特點。

此外,他的一些佳制短篇,在體式上已經有似律絕。如《玉階怨》:

> 夕殿下珠簾,流螢飛復息。長夜縫羅衣,思君此何極?

此詩《樂府詩集》編入《相和歌楚調曲》。是一首宮怨詩,訴説宮女不得見君王之怨恨。首二句,寫夜晚君王已垂簾入寢,空有流螢飛動。末二句,寫宮女長夜不眠,縫制羅衣,對君王之思念無窮! 又如《王孫游》:

> 綠草蔓如絲,雜樹紅英發。無論君不歸,君歸芳已歇。

此詩《樂府詩集》編入《雜曲歌辭》。《楚辭·招隱士》:"王孫游兮不歸,春草生兮萋萋。"是本篇吟詠所從出。首二句,寫綠草如絲,雜樹開花,正是暮春季節。次二句,無論,即莫説。芳已歇,言春已盡。謂莫説你不回來,即使回來,春天也過去了。暗寓美人遲暮之感。又如《同王主簿〈有所思〉》:

> 佳期期未歸,望望下鳴機。徘徊東陌上,月出行人稀。

此詩《樂府詩集》編入《漢鐃歌》。是女子懷念行人之辭。同,猶和。王主簿,即王融。寫女子停止機織,徘徊東陌,盼望遠行之人,直到月出人稀之時,仍未見回來。其急切期待之心情,溢於言表。

以上三首歌詩,皆依舊曲制新辭,語言洗練,情韻雋永,極近唐人絕句。施補華《峴傭説詩》云"玄暉詩變有唐風",乃真確之論。又沈德潛《古詩源》卷十二云:"玄暉靈心秀口,每誦名句,淵然泠

然，覺筆墨之中，筆墨之外，別有一段深情妙理。"亦真正領悟到謝
朓樂府之神韻了。

　　蕭齊時期之樂府體現了古樂府向新體樂府之轉變，這種轉變
緣於江南民歌之影響。江南民歌清新之風格、短小之體制、自然之
音韻，都爲當時文人們所重視和學習，加之文人們在聲律上之探
究，在語言上之琢磨，形成了接近唐代近體詩之詩風，開唐代近體
風氣之先。

第四節　　梁、陳時期

　　蕭齊政權建立不到二十年，其政治狀況，亦如劉宋，宮室內部
互相殘殺，文臣武將人人自危，社會動亂，民不聊生。雍州刺史蕭
衍起兵攻入建康，滅齊，建立梁朝，是爲梁武帝。蕭梁政權經過五
十餘年之後，亦復大亂。西魏攻陷梁都江陵，殺梁元帝。在當時迎
立蕭方智或蕭淵明的鬥爭中，身爲司空兼揚州刺史的陳霸先殺死
擁戴蕭淵明的太尉王僧辯，篡奪了梁朝政權，建立了陳朝，是爲陳
武帝。此兩代開國之君，皆喜好音樂。蕭衍曾是竟陵八友之一，擅
長文學，陳霸先稱帝後，詔求梁樂，而恢復之。同時，陳朝又多用梁
朝文士，故有陳一代，歌樂多沿襲梁風。文士們攝取民間歌曲，雲
集殿庭，吟詠之，咀嚼之。風氣所向，此期之民間樂府亦時有新作
產生，雖無前此之繁盛，然亦鬱鬱然若春田之苗，生生不已。

一、民間樂府

　　梁、陳時期之民間樂府又出現新的變化，即其一方面繼承晉、
宋、齊以來之新聲，如《子夜歌》一類傳統，另一方面又創製新調，

改制新曲,如梁武帝之《江南弄》等。其可以確定爲此期之民間創
作者,有《莫愁樂》、《采桑度》、《攀楊枝》和《西洲曲》等。

(一)《莫愁樂》

《莫愁樂》,據《舊唐書》卷二十九《音樂志》記載:"《莫愁樂》
出於《石城樂》。石城有女子名莫愁,善歌謠。《石城樂》和中復有
'莫愁聲',故歌云……"按《石城樂》第二首有"捥指蹋忘愁"之
句,則可以證明"忘愁"或"莫愁"確爲《石城樂》之和聲。又據《舊
唐書·音樂志》,《石城樂》是宋臧質見群少年歌謠通暢,而作之
曲。《莫愁樂》既出於《石城樂》,是演《石城樂》而成,則其時代必
在《石城樂》之後,姑將其繫於梁代。至於莫愁爲何方人氏,衆説
紛紜。洪邁《容齋三筆》卷十一云:"莫愁者,郢州石城人。今郢有
莫愁村。"就《莫愁樂》隸屬產生於荆、郢之間的"西曲歌"而言,洪
邁之説是可信的。梁武帝《河中之歌》所詠之莫愁乃洛陽人氏,非
一人也。《莫愁樂》今存二首,見《樂府詩集》卷四十八,其一云:

> 莫愁在何處? 莫愁石城西。艇子打兩槳,催送莫愁來。

石城,即今湖北省鍾祥縣城。艇子,小船。打兩槳,雙槳在水面劃
動。此是男子等候莫愁之作。首二句自問自答,寫男子在候望。
末二句,寫莫愁之來,男子見而欣幸喜悦。其二云:

> 聞歡下揚州,相送楚山頭。探手抱腰看,江水斷不流。

楚山,指楚地之山。此是女子送別所愛之作。她於楚山之巔,"抱
腰看"遠去揚州之愛人,徘徊留戀,好像江水也爲之動情而不流。

(二)《采桑度》

《采桑度》,據《舊唐書》卷二十九《音樂志》記載:"《采桑》因
《三洲曲》而生此聲也。"謂是《三洲歌》之變曲。又《樂府詩集》卷
四十八引《唐書·樂志》:"《采桑度》,梁時作。"或謂梁代以前,或

近代之作,皆無確據。要爲梁代所作爲可信。采桑度,地名,即采
桑津。《水經·河水注》:"河又南爲采桑津。《春秋》僖公八年,晉
里克敗狄於采桑是也。"則《采桑度》應是當地之民間樂歌。今存
七首,見《樂府詩集》卷四十八,皆寫民間之采桑勞動。如其一云:

　　　蠶生春三月,春桑正含緑。女兒采春桑,歌吹當初曲。

歌吹,言歌唱與吹奏。初曲,應指《采桑度》樂調之序曲,即引子。
其二云:

　　　冶游采桑女,盡有芳春色。姿容應春媚,粉黛不加飾。

"粉黛不加飾"者,狀采桑女之自然美也。其五云:

　　　春月采桑時,林下與歡俱。養蠶不滿百,那得羅綉襦。

"林下與歡俱"者,寫男女共同采桑。百,即第三首"一頭養百埠"
之"百埠"。埠,沙堆。百埠,即百堆蠶。其六云:

　　　采桑盛陽月,緑葉何翩翩!攀枝上樹表,牽壞紫羅裙。

盛陽月,猶艷陽天,即春天。樹表,樹杪。其七云:

　　　偽蠶化作繭,爛熳不成絲。徒勞無所獲,養蠶持底爲?

爛熳,散亂貌。絲,思之隱語。持底爲,拿它做何用?

　　這類詩歌與其他民歌之單純抒發戀情者不同,而是寫在采桑
過程中的愛慕之情。這是南朝民間樂歌所僅見的。

　　(三)《攀楊枝》

　　《攀楊枝》,據《樂府詩集》卷四十九引《樂苑》曰:"攀楊枝,梁
時作。"僅一首云:

　　　自從別君來,不復著綾羅。畫眉不注口,施朱當奈何?

注口,抹口紅。施朱,塗粉。此猶《詩經·衛風·伯兮》"自伯之東,首如飛蓬。豈無膏沐,誰適爲容"之意也。

(四)《長干曲》

《長干曲》,《樂府詩集》入"雜曲歌辭",是古辭。但從詩歌之內容及所涉及之地點看,應是梁代江都附近長江邊上之漁歌。亦僅一首云:

> 逆浪故相邀,菱舟不怕搖。妾家揚子住,便弄廣陵潮。

長干,古金陵(今南京市)之里巷名。邀,阻攔。揚子,即揚子津,在今江蘇省揚州市南。便,習慣。廣陵潮,指揚子江之潮水。弄潮,駕舟在浪潮中行駛。

(五)《西洲曲》

《西洲曲》,《樂府詩集》卷七十二作古辭,《玉臺新詠》卷五題作江淹詩,但宋本不載。《詩鏡總論》又屬梁武帝名下。從詩之風格看,顯係經過文人加工過的民間歌曲。其產生應與梁武帝、江淹同時。詩云:

> 憶梅下西洲,折梅寄江北。單衫杏子紅,雙鬢鴉雛色。西洲在何處?兩槳橋頭渡。日暮伯勞飛,風吹烏白樹。樹下即門前,門中露翠鈿。開門郎不至,出門采紅蓮。采蓮南塘秋,蓮花過人頭。低頭弄蓮子,蓮子青如水。置蓮懷袖中,蓮心徹底紅。憶郎郎不至,仰首望飛鴻。飛鴻滿西洲,望郎上青樓。樓高望不見,盡日欄干頭。欄干十二曲,垂手明如玉。卷簾天自高,海水搖空綠。海水夢悠悠,君愁我亦愁。南風知我意,吹夢到西洲。

西洲,據唐溫庭筠《西洲曲》"西洲風色好,遙見武昌樓"之句推斷,可能即在荊州。此詩辭句不甚聯貫,故歷代人們對其內容之解釋也比較紛歧。要之爲寫女子對其所歡之思念。下，即去。紅，一本作黃。鴉鶵，小鴉。橋頭渡，指西洲所在。伯勞，即《禮記·月令》所謂"仲夏鵙始鳴"之鵙。《古微書》説："伯勞好單棲"。此處之伯勞可能即代指所憶之男子。烏臼樹，亦作烏柏樹，落葉喬木，夏月開花，色黃，單性。翠，即翠翹，女子首飾。鈿，女子頭上所戴之金花。蓮子，即憐子之隱語。徹底紅，言紅得通透底裏。飛鴻，古人認爲鴻雁能傳書，所以"望飛鴻"有盼望書信之意。青樓，女子所居之樓。曹植《美女篇》："青樓臨大路，高門結重關。"末四句乃女子自述相思之情，謂曾與所歡會於西洲，今日相思到極致，因而夢魂亦常縈繞西洲。此詩之特點在聲調節奏之婉轉曲折，《古詩源》卷十二云："續續相生，連跗接萼，搖曳無窮，情味愈出。似絶句數首，攢簇而成。樂府中又生一體。初唐張若虛、劉希夷七言古，發源於此。"沈德潛此論至爲確切。又此詩之風格，出於前此之《吳歌》、《西曲》，是《吳歌》、《西曲》中最成熟之作。其淵源流變，脈絡極爲清晰。

以上民間樂府，語俚而真，辭拙而巧，機趣橫生，音響流麗。其爲文人士子所喜愛、模擬，非無故也。

二、文人之擬樂府

梁、陳時期文人士子模擬民間樂府，大盛於前。這一方面由於他們對民間歌曲之愛好，另一方面由於音樂之感人。一時之間，模擬成風。在模擬過程中，内容日趨輕艷，形式也有新變。兹先從梁代談起。

(一)梁武帝蕭衍

梁代樂府擬作之發展，梁武帝起了推波助瀾的作用。

梁武帝蕭衍(公元四六四——五四九)，據《梁書》卷一、《南史》卷六本紀,字叔達,南蘭陵(今江蘇常州西北)人,齊高帝族孫。
他博學多藝,雅好詞賦。齊永明時,曾以文學游竟陵王蕭子良門
下,爲"竟陵八友"之一。齊末任雍州刺史,鎮守襄陽,喜愛襄陽民
間歌曲,擬作了許多民間小詩,如《子夜四時歌》、《襄陽蹋銅蹄》、
《楊叛兒》等。這類擬作,無論形式或内容,都與民歌相似,無甚差
別。今存樂府五十多首,如《河中之水歌》(雜歌謠辭):

> 河中之水向東流,洛陽女兒名莫愁。莫愁十三能織綺,十
> 四采桑南陌頭,十五嫁爲盧家婦,十六生兒似阿侯。盧家蘭室
> 桂爲梁,中有鬱金蘇合香。頭上金釵十二行,足下絲履五文
> 章。珊瑚挂鏡爛生光,平頭奴子擎履箱。人生富貴何所望?
> 恨不嫁與東家王。

此詩是歌詠洛陽女子莫愁嫁給富貴人家盧氏爲婦,仍有所怨,怨恨
其不曾嫁給所仰慕之東家王氏。平頭,頭巾名。平頭奴子,指戴平
頭巾之僮僕。東家王,應指王昌,《襄陽耆舊傳》:"王昌,字公伯,
爲東平相散騎,早卒。婦任城王曹子文女。"末二句是歌者代莫愁
申訴。何以怨恨不如嫁東家王氏? 張玉穀《古詩賞析》云:"結二
句忽然撇去,言如莫愁之早嫁富貴何敢遽望,但恨不早嫁如東家王
昌者,雖處貧賤倡隨足樂也。"可謂探賾索隱之論。情調全做民歌,
流麗自然,毫無雕飾。蕭衍不僅做作民歌,而且能改制新曲。據
《樂府詩集》卷五十引《古今樂録》曰:"梁天監十一年冬,武帝改
《西曲》制《江南》、《上雲樂》十四曲。《江南弄》七曲:一曰《江南
弄》、二曰《龍笛曲》、三曰《采蓮曲》、四曰《鳳笛曲》、五曰《采菱
曲》、六曰《游女曲》、七曰《朝雲曲》。"如其一《江南弄》云:

> 衆花雜色滿上林,舒芳耀綠垂輕陰,連手躞蹀舞春心。舞
> 春心,臨歲腴。中人望,獨踟躕。

《古今樂録》曰:"《江南弄》'三洲'韻。和云:'陽春路,娉婷出綺羅。'"可見是采用西曲《三洲歌》之和聲而成。躞蹀,往來小步貌,所以起舞也。歲腴,富裕年月。中人,平常人,《荀子》卷三《非相》:"中人羞以爲友。"其三《采蓮曲》云:

> 游戲五湖采蓮歸,發花田葉芳襲衣,爲君儂歌世所希。世所希,有如玉。江南弄,采蓮曲!

《古今樂録》曰:"《采蓮曲》,和云:'采蓮渚,窈窕舞佳人。'"《樂府詩集》卷二十六《江南》題解曰:"梁武帝作《江南弄》以代西曲,有《采蓮》、《采菱》,蓋出於此。"皆於芳晨麗景,嬉游得時之作。梁武帝改西曲制《江南弄》,句法大異,以三句七言和四句三言構成,而且第四句與第三句末三字相疊。七曲完全相同。此亦由樂調促成者。其韻腳之轉換,情意之綿渺,有一種舒緩、委婉之節奏美。

梁武帝制《江南弄》七曲之後,和者有梁昭明太子作《江南》、《龍笛》、《采蓮》三曲,沈約作《趙瑟》、《秦箏》、《陽春》、《朝雲》四曲,其句式、用韻,一如武帝所作。可見爲依曲填詞,乃後世"詞"作之濫觴。

(二) 沈約

沈約是梁代樂府之重要作家,在現存一百七十餘首詩中,有樂府約五十首。他對樂府的貢獻,一是創立四聲,這在詩歌史上是件大事,不僅使古體與近體判然分途,而且在樂府創作中往往注意辭語之對仗與協律。二是提出了"文章當從三易"(見《顏氏家訓》卷四《文章》)之主張,即易見事、易識字、易讀誦,一反雕章琢句,慣用僻典之時風,強調文詞通暢,音節流利。這,皆見諸他的樂府創作實踐。他的樂府無論寫宮闈生活或抒人生感嘆,都清朗明麗,易於誦讀。如《夜夜曲》(雜曲歌辭)二首其二云:

河漢縱復橫,北斗橫復直。星漢空如此,寧知心有憶?孤燈曖不明,寒機曉猶織。零淚向誰道?雞鳴徒嘆息。

寫女子自傷孤獨,情景俱現。又如《青青河畔草》(瑟調曲)云:

漠漠床上塵,心中憶故人。故人不可憶,中夜長嘆息。嘆息想容儀,不言長別離。別離稍已久,空床寄杯酒。

寫思婦懷念丈夫之悽苦心情。丈夫久別不歸,妻子徒有追憶,憂思難遣,只好借杯酒填補心靈之空虛了。此曲兩句一換韻,每句最後二字,與下句首二字相疊,前後氣運一脈相貫,具有顯著的民歌特點。沈約不但做作民歌,而且能創制新曲,如《六憶詩》(雜曲歌辭),今存四首,其一云:

憶來時,的的上堦墀。勤勤敘離別,慊慊道相思。相看常不見,相見乃忘飢。

的的,明白、昭著,《淮南子》卷十七《說林訓》:"的的者獲,提提者射。"注:"的的,明也。"勤勤,即殷勤,有訴說不盡之意。慊慊,心不滿足貌。曹丕《燕歌行》:"慊慊思歸戀故鄉,何爲淹留寄他方。"其二云:

憶坐時,點點羅帳前。或歌四五曲,或弄兩三弦。笑時應無比,嗔時更可憐。

點點,細小零散貌。嗔,怒、生氣。其三云:

憶食時,臨盤動容色。欲坐復羞坐,欲食復羞食。含哺如不飢,擎甌似無力。

含哺,口中所含之食物。甌,盆盂類瓦器。其四云:

憶眠時,人眠強未眠。解羅不待勸,就枕更須牽。復恐傍

　　人見，嬌羞在燭前。

四首皆寫女子之來、坐、食、眠時的嬌羞體態，内容毫無意義。值得
注意者，是其句式之變化，由一句三言、五句五言成章，四首相同，
當爲依曲填詞，亦開後世"詞"作之先。

　　（三）吳均

　　吳均也是此期樂府創作較多的作家，今存三十餘首。他的樂
府體格清拔，有古氣，人多效之，時稱吳均體。又其性格耿直，或忤
當權者，因遭迫害，常懷憤懑不平之氣。這，自然流露於他的詩歌
之中，其《行路難》五首可爲代表。如第一首云：

　　　　洞庭水上一株桐，經霜觸浪困嚴風。昔時抽心曜白日，今
　　　日卧死黄沙中。洛陽名工見咨嗟，一剪一刻作琵琶。白璧規
　　　心學明月，珊瑚映面作風花。帝王見賞不見忘，提携把握登建
　　　章。掩抑摧藏張女彈，殷勤促柱楚明光。年年月月對君子，遥
　　　遥夜夜宿未央。未央綵女棄鳴簾，爭先拂拭生光儀。茱萸錦
　　　衣玉作匣，安念昔日枯樹枝？不學衡山南嶺桂，至今千載猶
　　　未知。

此詩託物爲喻，以桐樹喻受珍愛者，以桂樹喻被冷落者。"昔時"
二句，言桐樹今昔之不同。抽心，指枝幹伸長。"白璧"二句，寫琵
琶上之裝飾。"帝王"以下八句，寫琵琶受珍愛於宮廷。建章，漢
長安宮名。張女彈，古曲名。楚明光，琴曲名，據《琴操》，楚大夫
明光被讒，見怒於楚王，因作此曲。未央，漢長安宮名。鳴簾，古管
樂器名。末四句，茱萸錦衣，有茱萸圖案之錦罩。言今日之琵琶錦
衣玉匣，何其榮耀！衡山老桂千年尚不爲人知，豈不可卑？正言若
反，實則可卑者恰是琵琶。製作琵琶之桐樹以富貴而戕生，何如桂
樹寂寞而自全？是得是失，情理判然。這正是此詩之深層涵意，也

是作者之精神意向所在。與此詩題材相同者，還有《雉子班》（鐃歌）、《雉朝飛操》（琴曲）等，皆託物抒情。

吳均還寫了一些切盼立功邊塞之作，如《入關》：

> 羽檄起邊庭，烽火亂如螢。是時張博望，夜赴交河城。馬頭要日落，劍尾掣流星。君恩未得報，何論身命傾！

首二句寫邊警緊急。鮑照《代出薊北門行》：“羽檄起邊亭，烽火入咸陽。”此化用其意。次二句，寫壯士勇赴國難。張博望，即漢張騫，他出使西域，因功封博望侯。這裏借指守邊將領。交河，古城名，漢時爲車師前國首府，即今新疆吐魯番縣西北之雅爾和屯。“馬頭”二句，寫壯士之馬首遮掩將落之夕陽，劍光猶閃耀之流星。要，攔截、遮留。末二句收束全篇，寫壯士舍生忘死，以報君恩。亦作者卒章顯志！此外，《從軍行》詠相似內容，不同者是壯士流露出一種不被重用之感慨！

以上諸例說明，吳均之樂府多爲擬古之作，偶有新體，卻不多。或謂其才氣俊邁，有似太白，是矣。

（四）柳惲

柳惲（公元四六五——五一七），據《梁書》卷二十一、《南史》卷三十八本傳，字文暢，河東解（今山西運城市西北）人。齊時，曾爲法曹參軍，累遷太子洗馬，試守鄱陽相。入梁，除長史，與沈約共定新律。曾兩次爲吳興太守，爲政清靜。少好學，善彈琴。其詩清新秀逸，長於游子思婦之辭，尤工寫景，嘗以《擣衣》詩“亭臯木葉下，隴首秋雲飛”之句見賞於王融。有集十二卷。今存詩約二十首，其中樂府五首，如《江南曲》（相和歌辭）云：

> 汀洲采白蘋，日暖江南春。洞庭有歸客，瀟湘逢故人。故人何不返？春花復應晚！不道新知樂，祇言行路遠。

此寫游子之久客不歸，乃因樂有新知。意謂自洞庭回鄉之游子，路經瀟湘，逢見故人，因問故人春華已晚，何以不作還鄉之計？故人辭以路途遥遠，不言有新歡之樂。詩歌從迤邐委婉的語氣中，流露了對故人喜新厭舊行爲之批判。又《獨不見》（雜曲歌辭）云：

> 別島望雲臺，天淵臨水殿。芳草生未積，春花落如霰。出從張公子，還過趙飛燕。奉帚長信宮，誰知獨不見？

此詠漢成帝宮人班倢伃爲趙飛燕所譖，退處東宮，不得見成帝之哀思。首二句寫長安的苑池樓閣。張衡《西京賦》："長風激於別島。"雲臺，漢宮中高臺名。天淵、水殿，《初學記》："漢上林有池十五所，一曰天泉池，上有連樓閣道，中有紫宮。"又《述異記》卷下："漢武帝……立豫樟宮於昆明池中，作豫樟水殿。"即此所詠。次二句寫春日之景。霰，微小的雪珠。"出從"二句，張公子，即漢富平侯張放，常伴隨成帝微服出游。言成帝出游則張放隨從，歸來則趙飛燕陪伴。末二句，奉帚，持帚灑掃。長信宮，漢宮名。吳均《行路難》："班姬失寵顏不開，奉箒供養長信宮。"與此詩意同。成帝時童謡："燕燕尾涎涎。張公子，時相見。"言張公子常陪成帝到飛燕處尋歡作樂，而班倢伃卻幽居獨處思念成帝竟不得見也。

以上兩詩皆五言八句，平仄對仗，日趨工整，乃五言律之濫觴。"獨不見"末句切題，《樂府解題》云："獨不見，傷思而不得見也。"手法源於《子夜變歌》。梁時之重要樂府，略述如上。

至陳，樂府雖然仍沿襲梁末側艷之風，但也有所發展，即情意更其輕浮放蕩，音聲益其柔弱綺靡。徐陵、陳後主、江總爲其代表。

（五）徐陵

徐陵是自梁入陳之文士，是著名的宮體詩人。宮體詩之首倡者"梁簡文帝爲太子，好作艷詩……乃令徐陵撰《玉臺》集，以大其體”（劉肅《大唐新語》卷三）。徐陵對《玉臺新詠》之編集，雖然是爲了推廣這種艷體詩，供貴族士女消閑，客觀上卻保存了許多民間歌曲，不能不説是對樂府的一項貢獻。今存樂府十九首，其中多數爲側艷之音。如《烏棲曲》（西曲歌）：

> 繡帳羅帷隱燈燭，一夜千年猶不足。惟憎無賴汝南雞，天河未落猶爭啼！

此寫男女歡娱放蕩之作。無賴，即無奈、無可如何。汝南雞，汝南之長鳴雞。樂府《雞鳴歌》（雜歌謡辭）：“東方欲明星爛爛，汝南晨雞登壇唤。”由於歡娱嫌夜短，對長鳴雞天未明即報曉而無可奈何！極清綺妖艷之致。

　　徐陵的樂府也有一部分洗淨鉛華，寫征夫、思婦離别之苦者。如《長相思》（雜曲歌辭）二首：

> 長相思，望歸難。傳聞奉詔戍皋蘭。龍城遠，雁門寒。愁來瘦轉劇，衣帶自然寬。念君今不見，誰爲抱腰看？

> 長相思，好春節。夢裏恒啼悲不泄。帳中起，窗前咽。柳絮飛還聚，游絲斷復結。欲見洛陽花，如君隴頭雪。

兩詩皆寫思婦懷念遠戍之丈夫。皋蘭，山名，在今甘肅省皋蘭縣。龍城，在今内蒙古錫林郭勒盟境内。雁門，在今山西省北部。此皆征夫遠戍之地。言遠、寒者，所以爲念也。悲不泄，悲傷發散不盡。“柳絮”、“游絲”二句，言柳絮、游絲尚能聚合、接續，自己竟柳絮、游絲之不如。洛陽花，應指白牡丹。言見到洛陽之白牡丹，聯想到猶如征夫所在之皚皚白雪，正所謂長相思也。詩之體式爲長短句，自梁時起，《長相思》一調，即演變爲長短句並用。徐陵此作，當亦依曲填詞。同樣題材，又如《關山月》（横吹曲辭）二首，其一：

關山三五月，客子憶秦川。思婦高樓上，當窗應未眠。星旗映疏勒，雲陣上祁連。戰氣今如此，從軍復幾年？

此詩與前一首詠思婦思念征夫不同，而是詠征夫思念妻子。首二句寫征夫思家。秦川，即關中，指從隴山東至函谷關地區。次二句寫征夫想象妻子也在思念自己。"星旗"二句，寫征戰之象。旗，星名，《史記》卷二十七《天官書》："東北曲十二星曰旗。"張守節《正義》："兩旗者，左旗九星，在河鼓左也；右旗九星，在河鼓右也。皆天之鼓旗，所以爲旌表。占：欲其明大光潤，將軍吉；不然，爲兵憂；及不居其所，則津梁不通；動搖，則兵起也。"可見星旗乃征戰之象。疏勒，漢西域國名，故城在今新疆疏勒縣。雲陣，雲形似軍陣。祁連，山名，即今新疆之天山。言兵象屢現，戰雲密布。末二句感嘆戰爭氣氛仍濃，不知從軍至何時？歸期無望。無限悲傷在其中。徐陵於梁時曾兩度出使東魏與北齊，對北方的風習有切身體驗，因此能在宮體之外，另辟新境，寫邊塞題材。

（六）陳後主叔寶

陳後主叔寶（公元五五三——六〇四），據《陳書》卷六、《南史》卷十本紀，字元秀，小字黃奴，吳興長城（今浙江長興）人，生於江陵。天嘉三年（五六二）爲安成王世子，太建元年（五六九）立爲皇太子，十四年（五八二）即帝位。在位七年，爲隋文帝所滅，被俘，文帝仁壽四年（六〇四）病卒於洛陽。在位期間，荒於酒色，淫逸無度，常引賓客於後庭游宴，使諸貴人、女學士與狎客共賦新詩，互相唱和，競制淫詞艷曲。宮體詩自簡文帝提倡以來，經過徐陵等人的創作，至陳後主集其大成。後主原有集三十九卷，已佚。明人輯有《陳後主集》。今存詩九十餘首，其中樂府約四十首，多描寫宮闈私情，如《玉樹後庭花》（吳聲歌曲）云：

麗宇芳林對高閣，新粧艷質本傾城。映户凝嬌乍不進，出
帷含態笑相迎。妖姬臉似花含露，玉樹流光照後庭。

以玩賞的態度寫女子之形體與容貌，嬌羞嫵媚之態躍然紙上，即所
謂淫詞艷曲。又其《自君之出矣》（雜曲歌辭）六首，與這類淫詞艷
曲不同，全倣民間曲調，内容比較可取。如其二、五云：

自君之出矣，房空帷帳輕。思君如晝燭，懷心不見明。
自君之出矣，綠草遍堦生。思君如夜燭，垂淚著雞鳴。

此寫女子對所歡者之思念。以晝燭之有芯，比喻人有心，而不被人
理解。又以夜燭之淚垂滴至天明，比人長久思念之悲痛。以燭爲
喻，新巧而貼切，形象鮮明。又其《隴頭水》（横吹曲辭）二首，別是
一種風致。如其一云：

塞外飛蓬征，隴頭流水鳴。漠處揚沙暗，波中燥葉輕。地
風冰易厚，寒深溜轉清。登山一回顧，幽咽動邊情。

前六句全寫塞外之景，所以表現最後兩句，即征夫對故鄉之思念。
最後兩句是詩之主旨所在。“動邊情”者，逗引起遠在邊關不得還
鄉之情也。陳後主此類樂府皆以民間樂調自寫新詞，不同於輕薄
艷靡之音，風格清雋，具有民間樂曲之特點。

（七）江總

江總是陳時寫作樂府較多的人。他初仕梁，入陳被擢爲僕射
尚書令。位居權宰，卻不持政務。好作浮艷之詞，爲後主所愛幸。
今存樂府三十餘首，詩風與徐陵、陳後主相似，如《雜曲》（雜曲歌
辭）三首，其一云：

行行春逕藦蕪綠，纖素那復解琴心？乍惵南階悲綠草，誰
堪東陌怨黄金！紅顔素月俱三五，夫婿何在今追虜。關山隴

月春雪冰,誰見人啼花照户。

此寫少婦思念征夫。首二句,逕,與徑通,小路。蘼蕪,草名。古詩《上山采蘼蕪》:"上山采蘼蕪,下山遇故夫。……新人工織縑,故人工織素。"此活用其意。琴心,以琴達意,《史記》卷一百十七《司馬相如傳》記載,卓文君新寡,司馬相如以琴心挑之。此反用其意,言雖與丈夫久別,但愛心不變。次二句,乍,暫。愜,愉快。黄金,指春天呈淡黄色之柳葉。言感春傷別,剛産生一點愉快心情,也變成悲怨了。"紅顏"二句,三五,即十五。言紅顏之少婦猶十五之明月,正當盛時,而丈夫卻遠戍邊關。末二句,言丈夫身臨關隴,唯見冰雪,哪見自己春日悲愁之狀?極寫少婦傷春之苦。詩風即所謂"傷於浮艷"者也。但是,江總不僅有浮艷之作,還有蒼凉之篇,如其《雨雪曲》(横吹曲辭)云:

> 雨雪隔榆溪,從軍度隴西。遠陣看狐跡,依山見馬蹄。天寒旗彩壞,地暗鼓聲低。漫漫愁雲起,蒼蒼別路迷。

此寫征人思鄉之作。首二句,寫征戍之地。榆溪,即榆谿塞,秦長城所在,故址在今內蒙古準格爾旗。隴西,郡名,秦置,故址在今甘肅省東南。次二句,寫邊塞之荒凉,所見唯狐狸與戰馬。"天寒"二句,寫邊塞之嚴寒,天昏地暗,旌旗之彩繪壞損,鼓角之聲音低沉。末二句,漫漫,無際貌。蒼蒼,空闊貌。言鄉愁彌漫,路途渺茫,何時得歸?則迷惘不可知。無限愁苦盡在其中。詩風蒼凉勁直,別具一格。

梁、陳時期之文人樂府,皆以"綺艷相高"(《隋書·音樂志上》),因此詩風基本一致。在學習民間樂府創作和受民間樂府影響方面,亦皆各盡其能事。其異於前者,前此人們多依舊曲製新詞,梁陳時除此之外,開始依詩配曲,且所配者往往是自制之新曲。這種依詩配制新曲之作，正是梁陳時期樂府之新發展。

綜觀南朝民間樂府，其影響當時文人創作者至深且廣。正是由於民間樂府之滋養，才產生了當時文壇如此多的詩人，從而使樂府這一特殊文體發生了很大變化。即由敘事演變爲抒情，由"觀風俗，知薄厚"之社會作用，演變爲單純抒發個人的愛好與追求，由古樸之詩風演變爲情詞艷曲，由古體樂府演變爲近體樂府。總之，一反傳統的文學形式與觀念，形成具有時代特徵的文學與思潮。上承兩漢樂府之餘緒，下開唐宋聲詩之先河。

第五節　北朝時期

北朝自魏道武帝拓跋珪登國元年（三八六），迄北周靜帝宇文闡大定元年（五八一）滅於隋，約二百年之歷史，都處在少數民族交侵，戰亂頻仍，生民塗炭的環境中，一般文人士子無心於文學創作。因此，一時之間文壇冷落，詩界寂寥，唯樂府一體尚有所發展，茲論述如下。

一、民間樂府及其重要篇章《木蘭詩》

源北朝樂府興起之過程，始於魏道武帝開國之初成立樂府，盛於魏太武帝統一北朝與孝文帝崇尚華風之後。它是在各少數民族及拓跋部族與漢族逐漸匯合，並使自己之文化融匯於漢文化之過程中產生的。其初，只是一種虜音歌曲，所謂"其辭虜音，竟不可曉"（《舊唐書》卷二十九《音樂志》）。之後，發展爲龜茲樂與漢族音樂混合之樂曲，即《秦漢樂》，至魏孝文帝倡導漢化，詔令嚴禁北語，改用漢人語言文字，遂使樂府發生很大的變化。《魏書》卷二十一上《咸陽王禧傳》記載：

> 高祖曰：“今欲斷諸北語，一從正音。年三十以上，習性已
> 久，容或不可卒革，三十以下，現在朝廷之人，語音不聽仍舊，
> 若有故爲，當降爵黜官，各宜深戒！如此漸習，風化可新。若
> 仍舊俗，恐數世之後，伊洛之人，復成被髮之人。

此類詔令對漢語歌曲之發達影響極大。《梁鼓角橫吹曲》即是在
這種環境中產生的。

《橫吹曲》是胡樂，乃軍中馬上所奏，漢代即輸入中原。李延
年根據《摩訶兜勒》一曲，更造新聲二十八解，今天已“不復具存”，
“而世所用者有《黃鵠》等十曲，其辭後亡”（《樂府詩集》卷二十一《橫
吹曲辭》題解）。因此，今所傳之北朝樂府，以《橫吹曲辭》爲最早、最
有代表性，其在北朝詩歌史上地位之重要，與《清商曲》在南朝詩
歌史上之地位相等。

然則，何以稱《梁鼓角橫吹曲》？按梁、陳以來北方樂曲多有
傳入南方者，如“陳後主常遣宮女習北方簫鼓，謂之《代北》，酒酣
則奏之”（《樂府詩集》卷十六《鼓吹曲辭》題解），即其一例，而且把這種
軍中之樂，用作私宴娛樂。這些樂曲傳入南方，保存於南朝樂府官
署，其見於梁朝樂府官署者，陳人智匠作《樂録》時，即題作《梁鼓
角橫吹曲》，後世因循不改，皆冠“梁”字，實爲北歌。

關於《梁鼓角橫吹曲》，《樂府詩集》卷二十五引陳人智匠《古
今樂録》云：

> 《梁鼓角橫吹曲》有《企喻》、《瑯琊王》、《鉅鹿公主》、《紫
> 騮馬》、《黃炎思》、《地驅樂》、《雀勞利》、《慕容垂》、《隴頭流
> 水》等歌三十六曲。二十五曲有歌有聲，十一曲有歌。是時樂
> 府胡吹舊曲，有《大白淨皇太子》、《小白淨皇太子》、《雍臺》、

《擒臺》、《胡遵》、《利粃女》、《淳于王》、《捉搦》、《東平劉生》、《單迪歷》、《魯爽》、《半和企喻》、《比敦》、《胡度來》十四曲。三曲有歌，十一曲亡。又有《隔谷》、《地驅樂》、《紫騮馬》、《折楊柳》、《幽州馬客吟》、《慕容家自魯企由谷》、《隴頭》、《魏高陽王樂人》等二十七曲。合前三曲，凡三十曲，總六十六曲。

《古今樂錄》所録北朝樂府凡三類，即《梁鼓角橫吹曲》、"胡吹舊曲"和不具名稱之《隔谷》、《地驅樂》等。基本上涵蓋了北朝樂府之全部。這些樂歌，時代多不可考，故僅能擇其要者論列之。

《企喻歌辭》，《樂府詩集》卷二十五《梁鼓角橫吹曲》有《企喻歌》四首。其一云：

男兒欲作健，結伴不須多。鷂子經天飛，群雀兩向波。

作健，去行豪健也。作，動詞。《世説新語》下卷下《輕詆》："庾（恒）復云：'頗似，足作健不？'"與此作健同意。又同卷《任誕》："阮渾亦欲作達。"《華山畿》："憶歡作嬌時"，諸"作"字之文法，皆與"作健"之"作"同。鷂子，即鷹。兩向波，"波"是語尾足句字，後世作"啵"。兩向，兩面分逃也。以鷹鷂逐群雀，群雀左右分飛，喻健兒英勇，所向披靡。其二云：

放馬大澤中，草好馬著膘。牌子鐵裲襠，鉐鉾雉尾條。

著膘，上膘，馬長肥。牌子鐵裲襠，疑爲用鐵片鎖成牌子甲做的背心。裲襠，即背心。鉐鉾，當即兜鍪，鋼盔也。雉尾，即雉尾。寫勇士馭肥馬、着鎧甲之威武雄姿。其三云：

前行看後行，齊著鐵裲襠。前頭看後頭，齊着鐵鉐鉾。

一、三句互文。寫軍陣行列之整齊。其四云：

男兒可憐蟲，出門懷死憂。尸喪狹谷中，白骨無人收。

《古今樂錄》云："最後'男兒可憐蟲'一曲是苻融詩。本云'深山解
谷口，把骨無人收。'"按苻融是前秦君主苻堅之季弟，淝水大戰中
被殺。細味此詩，並非出自苻融口吻，可能是當時人詠嘆從軍將士
英勇殺敵、野死不葬之情景。胡應麟《詩藪》云："《企喻歌》，元魏
先世風謠也。其詞剛猛激烈。如云'男兒欲作健，結伴不須多'等
語，真《秦風·小戎》之遺。"

《琅琊王歌辭》，《樂府詩集》卷二十五引《古今樂錄》云："《琅
琊王歌》八曲。……最後云'誰能騎此馬，唯有廣平公'。按《晉
書·載記》：'廣平公姚弼，興之子，泓之弟也。'"其一云：

新買五尺刀，懸著中梁柱。一日三摩娑，劇於十五女。

摩娑，用手撫摩。劇，急切，甚也。言愛刀勝於愛少女。其三云：

東山看西水，水流盤石間。公死姥更嫁，孤兒甚可憐。

公，即翁。姥，即媽。此猶漢樂府《孤兒行》之意，寫孤兒的可悲遭
遇。其四云：

琅琊復琅琊，琅琊大道王。鹿鳴思長草，愁人思故鄉。

琅琊，郡名，六朝時先屬宋，後沒於後魏。在今山東諸城、臨沂等
市。琅琊大道王，晉王導一系出琅琊，爲士族家世。北朝時可能仍
有居於北方者，故望故鄉而愁思。其七云：

客行依主人，願得主人強。猛虎依深山，願得松柏長。

猛虎，作者自喻。深山，喻主人。言勇士得其所依，才能發揮更大
的作用。其八云：

憎馬高纏鬃，遥知身是龍。誰能騎此馬，唯有廣平公。

憷,即快。龍,馬八尺以上爲龍種。廣平公,即姚弼,後秦姚興之子,姚泓之弟。據《晉書》卷一百十八《姚興傳》,姚弼有武力,赫連勃勃難起,後秦將士多敗亡,獨姚弼率衆應戰,大破之。後因欲奪姚泓太子之位,潛謀作亂,被賜死。此詩即贊揚其果敢驍勇。《琅琊王歌》八首,主要寫北人之尚武精神。

《紫騮馬歌辭》,《樂府詩集》卷二十五引《古今樂録》云:"'十五從軍征'以下是古詩。"此歌凡六曲,後四曲即拆用漢樂府古辭《十五從軍征》作歌。前二曲,其一云:

> 燒火燒野田,野鴨飛上天。童男娶寡婦,壯女笑殺人。

首二句以火燒田野驚動野鴨爲興,末二句寫寡婦配童男,被人嘲笑。北朝人輕視寡婦,如齊神武帝高歡"請釋芒山俘桎梏,配以人間寡婦"(《北史》卷六《齊本紀上》),即以寡婦配俘虜。此詩乃記實也。其二云:

> 高高山頭樹,風吹葉落去。一去數千里,何當還故處?

此詩以葉落離枝,難還故處,喻戰士從軍,轉戰南北,難還故鄉。此固北朝樂府所慣用之題材。

《地驅樂歌辭》,《樂府詩集》卷二十五引《古今樂録》云:"'側側力力'以下八句是今歌有此曲。最後云'不可與力',或云'各自努力'。"此歌凡四曲,其一云:

> 青青黃黃,雀石頽唐。槌殺野牛,押殺野羊。

雀石,石塊之大小如雀者。頽唐,石墜貌。我國西北地區地層多朽壤,中含石塊,最易崩頽。槌殺,即搥殺。押殺,即壓殺。其二云:

> 驅羊入谷,白羊在前。老女不嫁,蹋地喚天。

蹋,即踏。蹋地唤天者,頓足悲號也。其三云:

> 側側力力,念君無極。枕郎左臂,隨郎轉側。

側側力力,猶言急刺刺地。其四云:

> 摩捋郎鬚,看郎顔色。郎不念女,不可與力。

摩捋,即撫摩。不可與力,猶不可勉強。此四曲皆情歌,表現女子
對男子戀情之爽利、潑辣。

《隔谷歌》,《樂府詩集》卷二十五引《古今樂録》云:"前云無
辭,樂工有辭如此。"如:

> 兄在城中弟在外。弓無弦,箭無栝,食糧乏盡若爲活? 救
> 我來! 救我來!

栝,箭杆後端有叉,所以夾弦者稱栝。若,有奈何意。若爲,猶今言
怎麽辦? 六朝時有此用法。此似寫兄被圍困於城中向城外弟弟
求援。

《捉搦歌》凡四曲,乃男女調謔之辭(爲男調女)。其一云:

> 粟穀難舂付石臼,弊衣難護付巧婦。男兒千凶飽人手,老
> 女不嫁只生口。

言粟穀難於舂搗即用石臼,破衣難於護體,即交付巧婦補綻。男子
縱有千般凶惡,畢竟有養活一家人之技能,女子老而不嫁,只能坐
食而已。其二云:

> 誰家女子能行步,反著袂襌後裙露。天生男女共一處,願
> 得兩個成翁嫗。

袂,即夾衣。襌,襜褕之省,女人上衣。袂襌不該翻穿,後裙不該暴
露於外,而此女子竟如此穿着,有討好男子之意。成翁嫗,成夫妻,

即白頭偕老之意。其三云：

> 華陰山頭百丈井，下有流泉徹骨冷。可憐女子能照影，不
> 見其餘見斜領。

華陰，縣名，故治在今陝西省華陰市東南。寫女子汲水時，見井中
之影，而顧影自憐。其四云：

> 黃桑柘屐蒲子履，中央有系兩頭繫。小時憐母大憐婿，何
> 不早嫁論家計。

言木屐與草鞋都有繩連繫兩頭，借喻母家與婿家，以興末二句女子
盼望早出嫁之意。家計者，一家之生計也。此類詩歌之歌辭，皆日
常用語，一經道出，便自然淳真。

《折楊柳歌辭》凡五曲，或寫客愁，或寫愛情，或頌駿馬。如其
一云：

> 上馬不捉鞭，反折楊柳枝。蹀座吹長笛，愁殺行客兒。

此寫離別之愁，古俗折柳贈別。蹀，古訓行履、蹈踏，即實踐之意。
言就座吹長笛。其二云：

> 腹中愁不樂，願作郎馬鞭。出入擐郎臂，蹀座郎膝邊。

此寫女子對男子之戀情。擐，音患，貫串之意。擐郎臂，即鞭子圍
繞着胳臂。蹀座句，言郎下馬就座，馬鞭仍得在郎膝邊。其四云：

> 遙看孟津河，楊柳鬱婆娑。我是虜家兒，不解漢兒歌。

此為漢譯虜音歌曲。孟津，黃河渡口名，在今河南省孟縣南，亦名
河陽渡。婆娑，楊柳搖曳多姿貌。虜漢，猶胡、漢。其五云：

> 健兒須快馬，快馬須健兒。跋跋黃塵下，然後別雄雌。

此寫馬之英駿。趿，用腳擊地。趿跋，馬快跑貌。雄雌，謂勝負。北方之土風謠俗，歷歷可見。

《幽州馬客吟歌辭》凡五曲，多寫男女愛戀之情，唯第一曲寫貧苦人民之苦況：

> 快馬常苦瘦，勮兒常苦貧。黃禾起羸馬，有錢始作人。

勮，勞。勮兒，即勞動人民。羸，瘦弱。以黃禾能起瘦馬，比勞苦人民有錢才能做人，反之則不過是奴隸而已。

《隴頭歌辭》凡三曲，皆寫行役之苦和思鄉之悲。其一云：

> 隴頭流水，流離山下。念吾一身，飄然曠野。

隴山，即隴頭山，在陝西隴縣，西北跨甘肅清水縣，亦名隴坻、隴坂。《秦州記》：“隴山東西四百八十里，登山巔東望秦川四五百里。山東人行役升此而顧瞻者，莫不悲。”流水，按隴頭水有甜苦二水，分流合一。其二云：

> 朝發欣城，暮宿隴頭。寒不能語，舌捲入喉。

欣城，地名待考。疑當是“秦”之誤字，聲相近也。行役之苦，以至天寒舌捲，不能成言。其三云：

> 隴頭流水，鳴聲幽咽。遙望秦川，心肝斷絕。

秦川，指北魏時之秦州。秦州距隴頭（當時稱渭州隴西郡）約三百餘里，秦州在東南，隴頭在西北，地高天寒，故詩人以到隴頭爲苦。此三首歌辭，按其內容，應以“朝發欣城，暮宿隴頭”爲第一首，以“隴頭流水，鳴聲幽咽”爲第二首，以“隴頭流水，流離山下”爲第三首。詩人發秦城到隴頭，回望秦城而眷戀，及見隴水四散，又自傷無所寄託也。

　　以上皆《梁鼓角橫吹曲》，此外，《雜歌謠辭》中也有值得注意
之北朝樂歌，如《隴上歌》：

　　　　隴上壯士有陳安，軀幹雖小腹中寬，愛養將士同心肝。驦
　　聰父馬鐵鍛鞍，七尺大刀奮如湍，丈八蛇矛左右盤，十盪十決
　　無當前。戰始三交失蛇矛，棄我驦聰竄巖幽，爲我外援而懸
　　頭。西流之水東流河，一去不還奈子何！

陳安，晉王司馬保之故將，曾與十六國前趙主劉曜多次爭戰，兵
敗身亡。《晉書》卷一百零三《劉曜傳》："曜親征陳安，圍安於隴
城……安既出，知上邽被圍，平襄已敗，乃南走陝中。曜使其將軍
平先丘中伯率勁騎追安……安與壯士十餘騎，於陝中格戰，安左手
奮七尺大刀，右手執丈八蛇矛，近交則刀矛俱發，輒害五六，遠則帶
鞬服，左右馳射而走。平先亦壯健絕人，勇捷如飛，與安搏戰，三
交，奪其蛇矛而退……斬安於澗曲。……安善於撫接，吉凶夷險，
與衆同之。及其死，隴上歌之曰……曜聞而嘉傷，令樂府歌之。"即
此詩所詠。驦，應是"躡"之假借字，即"蹈"之意也，此處作"馳"
解。聰，語根是"蔥"，作形容詞。父馬，是牡馬。聰父馬，即青色
之公馬。鐵鍛鞍，用鐵製做之馬鞍。湍，打旋水。盪、決，古代衝鋒
陷陣之術語。"爲我"句，《晉書·劉曜傳》："（陳安）匿於溪
澗……輔威呼延清尋其徑跡，斬安於澗曲，曜大悅。"未說明呼延清
是誰所遣。或者呼延清本是聲援陳安的，及見其敗，便斬陳安以邀
功，故云"爲我外援而懸頭"。"西流"句，按陳安死於清水河流域，
據《水經注》此河發源於大、小隴山，西南流入渭水，故云"西流之
水"，而"東流河"自是指渭水而言。或謂指洮水，此處距洮水尚
遠，於地理不合。此詩贊揚了陳之驍勇善戰，描述其英武精神栩栩
如生！

《敕勒歌》,《樂府詩集》卷八十六引《樂府廣題》曰:"北齊神武(高歡)攻周玉壁,士卒死者十四五,神武恚憤疾發。周王下令曰:'高歡鼠子,親犯玉壁。劍弩一發,元凶自斃。'神武聞之,勉坐以安士衆,悉引諸貴,使斛律金唱《敕勒》,神武自和之。其歌本鮮卑語,易爲齊言,故其句長短不齊。"其辭云:

> 敕勒川,陰山下。天似穹廬,籠蓋四野。天蒼蒼,野茫茫,風吹草低見牛羊。

敕勒,種族名,在今青海省,則敕勒川亦必在青海省。穹廬,即氈帳,俗稱蒙古包。《碧雞漫志》卷一云:"金不知書,能發揮自然之妙如此,當時徐、庾輩不能也。吾謂西漢後,獨《敕勒歌》近古。"詩格蒼莽,詩風雄渾,一派北方自然風物遼闊壯美之景象。

《木蘭詩》屬《梁鼓角橫吹曲》,它是北朝民間樂府之代表,集中體現了北朝民間樂府之成就,故置於本節之末,作爲此一時期民間樂府之終結。詩云:

> 唧唧復唧唧,木蘭當戶織。不聞機杼聲,唯聞女歎息。問女何所思? 問女何所憶? 女亦無所思,女亦無所憶。昨夜見軍帖,可汗大點兵。軍書十二卷,卷卷有爺名。阿爺無大兒,木蘭無長兄。願爲市鞍馬,從此替爺征。
>
> 東市買駿馬,西市買鞍韉。南市買轡頭,北市買長鞭。朝辭爺孃去,暮宿黃河邊。不聞爺孃喚女聲,但聞黃河流水鳴濺濺! 旦辭黃河去,暮至黑山頭。不聞爺孃喚女聲,但聞燕山胡騎鳴啾啾!
>
> 萬里赴戎機,關山度若飛。朔氣傳金柝,寒光照鐵衣。將軍百戰死,壯士十年歸。歸來見天子,天子坐明堂。策勳十二轉,賞賜百千強。可汗問所欲,木蘭不用尚書郎。願借明駝千

里足,送兒還故鄉。

　　爺孃聞女來,出郭相扶將。阿姊聞妹來,當户理紅妝。小弟聞姊來,磨刀霍霍向猪羊。開我東閣門,坐我西間牀。脱我戰時袍,着我舊時裳。當窗理雲鬢,對鏡帖花黄。出門看火伴,火伴皆驚忙:同行十二年,不知木蘭是女郎! 雄兔腳撲朔,雌兔眼迷離。雙兔傍地走,安能辨我是雄雌?

此詩是贊揚女子木蘭代父從軍之英勇事跡。始見録於陳釋智匠所編之《古今樂録》。之後,唐人李元《獨異志》、宋人魏泰《臨漢隱居詩話》、程大昌《演繁露》、朱熹《語類》卷一百四十、劉克莊《後村詩話》、元人劉廷直所撰之《木蘭墓碑》(見舊《直隸完縣志》引)、《明一統志》、徐渭《四聲猿》、《清一統志》、《商邱縣志》、閻若璩《古文尚書疏證》卷五、姚瑩《康輶紀行》、宋翔鳳《過庭録》、俞正燮《癸巳存稿》、李慈銘《越縵堂日記》以及近人姚大榮《木蘭從軍時地表微》(《東方雜誌》二十二卷二號)、徐中舒《木蘭歌再考》(《東方雜誌》二十二卷十四號)、《木蘭歌再考補編》(《東方雜誌》二十三卷十一號)、余冠英《樂府詩選》、羅根澤《木蘭詩産生的時代和地點》(《光明日報·文學遺産》第五期),對此詩都有所涉及、介紹和論證。從他們的論述中,我們可以得出以下的認識:木蘭詩産生於西魏,地點在陝西、甘肅北部和内蒙古之西南端。當時之敵國是柔然。由於流傳到南方,被智匠列入《梁鼓角横吹曲》中。

　　全詩可分爲四段。第一段寫從軍的原因。唧唧,即札札之聲轉,古詩:"札札弄機杼。"木蘭,其姓氏里居説法很多,或謂姓魏,或謂姓朱,或謂姓花,或謂木蘭是姓,而名不詳,疑不能明。其里居,或謂譙郡,或謂宋州,或謂黄州和商邱,然以此詩之産地爲其里居爲可信。蓋木蘭英雄事跡之傳播始於其鄉里而形成歌曲也。軍帖,即征兵之名册,杜甫《新安吏》中稱府帖。西魏統治集團爲拓跋氏,稱其君爲可汗。十二卷,此詩多用十二之數,如十二轉,十二年,這可能是實數,也可能是作者隨意點染,表明其多。爺,即爹。市鞍馬,説明自備鞍馬,《新唐書》卷五十《兵志》:"十人爲火,火有長。火備六馱馬。凡火具烏布幕、鐵馬盂、布槽、鍤、钁、鑿、碓、筐、斧、鉗、鋸皆一,甲牀二,鎌二;隊具火鑽一,胸馬繩一,首羈足絆皆三;人具弓一,矢三十,胡禄橫刀、礪石、大觿、氈帽、氈裝、行縢皆一,麥飯九斗,米二斗,皆自備。並其介胄戎具,藏於庫,有所征行,則視其入而出給之。"此即自西魏至唐相沿不變自備鞍馬之府兵制。可與此詩相印證。

第二段寫從軍途中之見聞與感慨。東、西、南、北市,雖爲民間歌曲慣用之鱗次寫法,但也可看作當時商業都市已經有以行會爲區分之規劃。鞍韉,韉馬具,上曰鞍,下曰韉。黑山,即殺虎山,在内蒙古西南部,原名阿巴漢喀喇山。燕山胡騎,即指柔然騎兵。柔然當後魏時,奄有内外蒙古諸地。燕山,即燕然山,在今蒙古人民共和國三音諾顏部境内之杭愛山。啾啾,馬鳴聲。

第三段寫克敵制勝,受賞還鄉之榮耀。戎機,即軍機。金柝,即銅刁斗。鐵衣,即鎧甲。明堂,北魏建明堂始於孝文帝太和十五年,乃天子祭祀、朝諸侯、聽政、教學、選士之所。策勛十二轉,將勛位分爲若干等,每升一等爲一轉。《唐六典》卷二:"司勛郎中員外郎,掌邦國官人之勛級。凡勛十有二等,十二轉爲上柱國,比正二品;十一轉爲柱國,比從二品;十轉爲上護軍,比正三品;九轉爲護軍,比從三品;八轉爲上輕車都尉,比正四品;七轉爲輕車都尉,比從四品;六轉爲上騎都尉,比正五品;五轉爲騎都尉,比從五品;四轉爲驍騎尉,比正六品;三轉爲飛騎尉,比從六品;二轉爲雲騎尉,比正七品;一轉爲武騎尉,比從七品。"此爲唐高祖武德七年頒布之戎勛制度。前此西魏只有"八柱國",北周只有柱國至上大將軍八

級,隋代只有都督至上柱國十一級。如此則確認此詩寫於西魏,與
西魏之勳級不符。按此應爲唐人潤飾所致。賞賜百千强,言賞賜
之物千百不止。尚書郎,漢以來尚書省分曹,任曹務者稱尚書郎。
按尚書郎不在戎勳十二轉之數,不用尚書郎者,亦作者隨意點染之
也。明駝,《酉陽雜俎》:"駝卧,腹不帖地,屈足漏明,故曰明駝。"

　　第四段寫回鄉後與家人團聚之歡樂。霍霍,磨刀急遽之聲,
《説文·隹部》霍字下説解云:"雨而雙飛者,其聲霍然。"貼花黄,
六朝以來,女子有黄額裝,在額間塗黄。《戩山筆塵》:"古時婦人
之飾,率用粉黛;粉以傅面,黛以填額。元魏時禁民間婦人不得施
粉黛,自非宫人,皆黄眉黑裝。古《木蘭辭》有'對鏡貼花黄'之
句。"按今所見敦煌壁畫,六朝婦女往往以黄點額或面,應即"貼花
黄"也。撲朔,跳躍急速之貌。迷離,恍惚難辨之態。篇末言兔由
於善跑,而雄雌難辨,猶木蘭之驍勇善戰,故伙伴不知其爲女郎。

　　《木蘭詩》是群衆創作的,集中體現了群衆之智慧,體現了群
衆之思想、感情。不僅木蘭代父從軍建立功勳,爲人民群衆所贊
揚,即其功成受賞還鄉,過和樂的家庭生活,也爲人民群衆所向往。
且語言風格流麗樸厚,自然天成,其中如"東市買駿馬"一節,"爺
孃聞女來"一節,"雄兔腳撲朔"一節,皆姿致諧適,俚趣橫生,具有
民間歌曲之本色。張玉穀《古詩賞析》云:"木蘭千古奇人! 此詩
亦千古傑作!《焦仲卿妻》後,罕有其儔!"誠非過譽!

　　北朝之民間樂府,略述如上。其數量雖不及南朝,内容卻比南
朝豐富多樣,其中有關北朝之社會生活、精神形態、民俗風情以及
民族性格都得到鮮明的表現。與南朝之多爲艷詞麗曲者全異
其趣!

二、文人之擬樂府

北朝文人樂府,自魏孝文帝元宏遷洛、崇尚漢化之後,始有萌生之象。這之前,尚處於沉滯狀態。孝文帝提倡漢化,重視漢文學,在宮廷中也采用漢族樂府舊制。因此,當時貴族豪門都趨之若鶩。以北人而接受漢文化,即促成了南北文化之交流與融匯。胡太后所作之《楊白花歌》,便是這種南北文化融匯而成的新詩格。其後,到魏宣武帝元恪和孝明帝元詡,漢文化對北方文化的影響更大了,不僅貴族豪門之創作,而且一般文人士子也多學習南歌。沈約"四聲論"傳入北方,像一股狂飆,震撼着北方文人之心靈,引起很大的反響。在這種形勢下,北人采用民間樂曲創作,多模擬南朝樂府之形式與技巧,形成一種具有南方風致之詩歌,與北方之"詞義貞剛,重乎氣質"者不同。可以説,是漢文化不斷北侵,促成北朝文人樂府之發展。

(一)温子昇

温子昇,北魏著名詩人。《北史》卷八十三本傳記載,他文章清婉,文筆傳於江外,梁武帝稱贊之爲"曹植、陸機復生於北土"。濟陰王暉業嘗云:"江左文人,宋有顏延之、謝靈運,梁有沈約、任昉,我子昇足以陵顏轢謝含任吐沈。"可見他在北朝文壇地位之高。今存樂府僅七篇,多用北方樂曲,如《白鼻騧》、《安定侯曲》、《燉煌樂》、《涼州樂歌》等。其《燉煌樂》(雜曲)云:

> 客從遠方來,相隨歌且笑。自有燉煌樂,不減安陵調。

燉煌是涼州文化之中心,其樂曲是西涼樂之代表。安陵,漢屬扶風郡,故城在今陝西咸陽市東。意爲燉煌樂之美,不亞於安陵之樂調。又《涼州樂歌》二首,其一云:

路出玉門關，城接龍城坂。但事弦歌樂，誰道山川遠！

據《隋書》卷十三《音樂志》，西涼樂爲北魏之主要樂曲。此曲所詠意爲從玉門關至龍城坂的遙遠路程，因有弦歌之樂，也就無山川跋涉之苦了。亦贊揚西涼樂調之美。這類歌曲皆語言明快，風格樸實，仍是北歌特色。而《搗衣》一首則不同，全是南朝艷麗之詩風，如：

長安城中秋夜長，佳人錦石搗流黃。香杵紋砧知近遠，傳聲遞響何悽涼！七夕長河爛，中秋明月光。蠮螉塞邊絕候雁，鴛鴦樓上望天狼。

此爲閨怨詩，寫婦女於秋季爲遠征的丈夫做寒衣，在搗衣時觸動了思念之情。前四句寫夜深人靜，搗衣聲聞遠近，悲傷悽涼。中二句以七夕牛郎織女相會，反襯自己之孤獨。末二句抒發其對征夫久絕音信之怨和切盼征夫回歸之想。蠮螉塞，《晉書》卷一百零九《慕容皝傳》：“（皝）於是率騎二萬，出蠮螉塞，長驅至於薊城。”不詳何處，或云即今北京之居庸關。絕候雁，謂音信斷絕。鴛鴦樓，思婦所居。天狼，星名。《晉書·天文志》云天狼主侵掠。望天狼，意謂希望天狼隱沒，敵人侵掠得以制止，征夫得早歸還。詩中狀搗衣石爲錦石，狀黃絹爲流黃，杵爲香杵，砧爲紋砧。極盡雕琢、藻飾之能事，皆齊、梁詩風。

（二）邢邵

邢邵，北齊詩人，他與魏收都傾心於南朝文學，因此，他們的創作南歌之色彩較濃。今存樂府僅一首，即《思公子》。詩云：

綺羅日減帶，桃李無顏色。思君君未歸，歸來豈相識？

此寫女子對丈夫之思念。羅帶日減，言其消瘦；桃李無顏，言其色衰。由於體態、容貌之變化,想象丈夫回來不得相識。其風格、色調與南歌相似。

(三)魏收

魏收,北齊時與邢邵齊名,世稱邢、魏。邢邵晚年"被疏出",他便獨據文壇,當時北齊文宣帝高洋重用權臣楊愔,朝廷之詔令,軍國之詔書,皆出魏收之手筆。楊愔被殺後,他處境艱難,遂沉湎於聲歌之中。今存樂府五首,其《永世樂》(雜曲)云:

> 綺窗斜影入,上客酒須添。翠羽方開美,鉛華汗不霑。關門今可下,落珥不相嫌。

此詠美女之形態。翠羽,喻美女之眉,《玉臺新詠》卷二傅玄《艷歌行》:"蛾眉兮翠羽,明目發清揚。"鉛華,搽臉粉,《文選》曹子建《洛神賦》:"芳澤無加,鉛華弗御。"皆狀女子之貌美。又《挾瑟歌》(雜謠歌辭)云:

> 春風宛轉入曲房,兼送小苑百花香。白馬金鞍去未返,紅妝玉筯下成行。

此寫女子對久別未歸男子之思念。曲房,即密室,《文選》枚乘《七發》:"往來游醼,縱恣於曲房隱閒之中。"玉筯,喻眼淚,梁劉孝威《獨不見》:"誰憐雙玉筯,流面復流襟。"言女子懷念心切,竟至於淚流成行。魏收諸作,語艷情靡,畢肖任昉。

(四)王褒

王褒,是由梁入周之人。在北朝詩人中,他所作之樂府較多,今存十八首。他在梁曾都督軍事,在西魏任車騎大將軍、儀同三司,在北周也曾任武職,以文人而總兵戎,故多邊塞從軍之作。他的名篇《燕歌行》(相和歌辭),即寫邊塞苦寒之狀,備受稱譽。《北史》卷八十三本傳記載:"褒曾作《燕歌》,妙盡塞北寒苦之狀。元帝及諸文士并和之，而競爲悽切之辭，至此方驗焉。"此詩作於梁亡之前，作者並無實際之邊塞生活，待江陵爲魏師所破，元帝出降，對詩歌所詠才有所體驗。真正體現作者之真實情感者，是其入北周後之作。如《出塞》（橫吹曲辭）云：

> 飛蓬似征客，千里自長驅。塞禽唯有雁，關樹但生榆。背山看故壘，繫馬識餘蒲。還因麾下騎，來送月支圖。

寫塞外千里，惟有飛蓬、孤雁、獨榆、故壘、蒲草，一片荒凉景象。月支，即月氏，古西域國名。其族先居今甘肅敦煌市及青海祁連縣之間。漢文帝時被匈奴攻破，一部分西遷至今伊犁河上游，稱大月氏。其餘者入祁連山區，稱小月氏。來送月支圖者，所以攻取之也。又如《關山月》（橫吹曲辭）云：

> 關山夜月明，秋色照孤城。影虧同漢陣，輪滿逐胡兵。天寒光轉白，風多暈欲生。寄言亭上吏，游客解雞鳴。

影虧、輪滿，皆指月。言月虧之形有同兵陣，月滿之形猶逐胡兵。"天寒"二句，言天寒則月色蒼白，月暈則象征多風。直是塞外之景。游客，自謂。雞鳴，即雞鳴起舞，《晉書》卷六十二《祖逖傳》："（祖逖）與司空劉琨俱爲司州主簿，情好綢繆，共被同寢。中夜聞荒雞鳴，蹴琨覺曰：'此非惡聲也。'因起舞。"雞半夜鳴，非其時也，故曰荒。後世以聞雞起舞喻志士勤勉奮發。末謂寄語亭吏，自己理解雞鳴起舞之意。王褒另有六言樂府，如《高句麗》（雜曲歌辭），極具特色：

> 蕭蕭易水生波，燕趙佳人自多。傾杯覆盌漼漼，垂手奮袖婆娑。不惜黃金散盡，只畏白日蹉跎。

此寫燕趙慷慨悲歌之士。蕭蕭，風聲。《史記》卷八十六《荆軻傳》

易水歌:"風蕭蕭兮易水寒,壯士一去兮不復還。"此用其意。燕趙佳人,即荆軻一類壯士。灌灌,積聚貌,形容傾注杯碗中之酒很多。垂手,《樂府詩集》卷七十六引《樂府解題》曰:"大垂手、小垂手,皆言舞而垂其手也。"是舞之一種。準此,則奮袖當爲另一種舞。篇末謂黃金散盡可復得,不足惜,可怕者是光陰虛度,功名難就。詩人嗟日短,嘆流年,故悲歌慷慨!

王褒之作皆有切身之生活體驗在其中,不爲文造情。格調蒼凉,筆勢雄健,但仍具有一種委婉纏綿之致,未脱南朝之詩風。陳胤倩《古詩選》評云:"傷心北地,如夏蟬經秋,獨樹孤吟,纏綿不已。"信如斯言!

(五)庾信

庾信,也是由梁入周之人,今存樂府比王褒多,凡二十一首。與其五言詩相同,由於前後經歷之不同,其樂府前期與後期之格調也迥然有別。前期綺麗浮艷,宮體意味很濃,後期則慷慨沉鬱,多鄉關之思。其成就或影響,遠非王褒所能及了。然其前期之作很少,多數爲後期所作,其主要價值也在後期之作。如《出自薊北門行》(雜曲歌辭)云:

> 薊門還北望,役役盡傷情。關山連漢月,隴水向秦城。笳寒蘆葉脆,弓凍紵絃鳴。梅林能止渴,複姓可防兵。將軍朝挑戰,都尉夜巡營。燕山猶有石,須勒幾人名?

此寫邊塞征戍之苦。首二句切題。薊,州名,即今北京市南。薊門,指薊州北門。役役,指守邊將士勞苦不堪。次二句,寫邊塞景色。隴水,陝西隴縣西北之隴山,其坂九回,上有清水四注下流,謂之隴頭水。秦城,陝西地區之城,秦擁陝西一帶地。"笳寒"二句,笳,捲蘆葉而吹之樂器。紵絃,麻製之弓弦。言由於天寒樂器之聲調特異。"梅林"二句,梅林止渴,《世說新語》下卷下《假譎》:"魏武(曹操)行役,失汲道,軍皆渴,乃令曰:'前有大梅林,饒子,甘酸可以解渴。'士卒聞之,口皆出水,乘此得及前源。"複姓,後周姓宇文,武將多複姓,故云可防兵。"將軍"二句,將軍、都尉,皆武官。挑戰,挑動敵人出戰。巡營,巡邏軍營。末二句,燕山,即燕然山,即今蒙古人民共和國之杭愛山。勒,刻記。東漢和帝永元元年,竇憲爲車騎將軍,與北單于戰於稽落山,大破之,遂登燕然山,刻石紀功而還。須勒幾人名者,感嘆能留名後世者少。又《烏夜啼》(清商曲辭)云:

> 桂樹懸知遠,風竿詎肯低?獨憐明月夜,孤飛猶未棲。虎賁誰見惜,御史詎相携。雖言入弦管,終是曲中啼。

此寫烏鴉無枝可依之哀鳴。首二句,言桂樹在遠方,風竿在近處,但太低,皆不可棲息。懸知,料想。風竿,上有占風旗之竿。次二句,言在明月之夜,仍未覓得棲息之所。憐,猶哀。"虎賁"句,虎賁,武官名。東漢明帝東巡泰山,至滎陽,有烏飛鳴乘車上,虎賁王吉射之,中左腋。言不曾被虎賁愛惜。"御史"句,《漢書》卷八十三《朱博傳》:"又其(御史)府中列柏樹,常有野烏數千棲宿其上,晨去暮來,號曰'朝夕烏'。"言御史朱博豈能相助收容?篇末云自己之聲音雖已入了管弦(指琴曲《烏夜啼》),但樂曲中仍然是無枝可依之啼泣聲。詩人應是以烏自喻,借烏抒發梁亡後,無家可歸之悲痛!此外,《怨歌行》(相和歌辭)也是一篇有深刻寓意之作:

> 家居金陵縣前,嫁得長安少年。回頭望鄉落淚,不知何處天邊?胡塵幾日應盡?漢月何時更圓?爲君能歌此曲,不覺心隨斷弦。

此以少女遠嫁思鄉寄託自己聘魏未歸之鄉關之思。金陵,梁,武帝時之都城。長安，魏、周所都。首四句以金陵少女嫁長安少年，喻己聘魏羈留長安之苦。"胡塵"句，言魏、周統治幾日終了。"漢月"句，言梁室何時復興。末二句云爲此怨歌，而心隨絃斷。無限感慨在其中。

庾信之樂府多采用南方曲調，其寄託、寓意之方法亦猶南歌，但其沉鬱之情調和鄉關之思緒，則具有新的成就。

王褒、庾信與溫子昇、邢邵、魏收等以北人學習南歌不同，而是將齊、梁詩風帶至北方，由於社會環境、個人身世之變化和影響，詩風也産生很大的變化。他們在保持南方樂歌艷麗纏綿之同時，也融匯了北方樂歌慷慨蒼凉之特點，形成了一種沉鬱剛健之詩風。

第六節　隋朝時期

隋文帝楊堅，其父楊忠是北周之勳臣，其女是周宣帝之正后。他系出華陰楊氏，是氏族中之高門，因此，得入宮輔政，獨攬大權。公元五八一年，他乘機奪取宇文氏之政權，自立爲帝，定都長安，建立了統一的政權。

一、南北文學之進一步融匯

隨着隋王朝政治上的統一，文學也呈現進一步融匯之趨勢。韻書之編纂便是有力的證明。韻書之産生，本爲撰寫詩文之需要。曹魏時李登作《聲類》十卷，西晉呂靜作《韻集》五卷，皆適應當時這種需要而作，但過於簡單。至隋統一，一般文人士子咸感無標準韻書之苦，這在陸法言《與兄平原書》（見《陸清河集》）中説得尤爲明顯。於是陸法言編纂之《切韻》出現了。他在《切韻》序中説：

　　　論及音韻，以古今聲調既自有別，諸家取舍亦復不同，吳、越則時傷輕淺,燕、趙則多傷重濁,秦、隴則去聲爲入,梁、益則平聲似去。又支脂魚虞,共爲一韻,先仙尤候,俱論是切。欲廣文路,自可清濁皆通,若賞知音,即須輕重有異……因論南北是非,古今通塞,欲更捃選精切,除削疏緩,蕭(該)、顔(之推)多所決定。魏著作(彦)謂法言曰:"向來論難,疑處悉盡,何不隨口記之? 我輩數人,定則定矣。"法言即燭下握筆,略記綱紀。博問英辯,殆得精華。……取諸家音韻,古今字書,以前所記者,定之爲《切韻》五卷。剖析毫釐,分別黍累……

陸法言具體說明他編纂《切韻》之原因與過程:顔之推、蕭該、長孫訥言與他討論音韻,皆以四方聲調分歧很大,須定南北之是非,古今之異同。他將他們的意見記錄之,又經過自己多年之斟酌,製成《切韻》五卷。《切韻》是綜合古今南北多種語音,吸收前人韻書所有長處之一部巨著。自《切韻》行世,人們作詩撰文,皆以其爲標準,尊奉之爲典範。又隋時還有一部韻書,即《韻纂》三十卷,乃秦孝王俊所編撰。此書雖佚,但潘徽之序文尚存,從潘氏之序中可以了解,此書比《切韻》更擴大了,其中增加了類書部分,是類書與韻書之合成體,類乎《佩文韻府》。這更方便詩文之寫作了。總之,標準韻書之出現,說明文學創作進一步融匯之趨向。

二、文人之擬樂府

隋時之民間樂府保存者很少,故略而不論,寫作樂府之著名文士不過十餘人,其中重要者僅盧思道、楊素、薛道衡諸人而已。茲臚列如下。

(一)盧思道

盧思道(公元五三五——五八六),據《隋書》卷五十七、《北史》卷三十本傳,字子行,范陽(今河北涿縣)人。少時師事邢邵,

發憤讀書，數年之間，才學兼著。北齊文宣帝天保年間，經楊愔舉
薦，官司空行參軍，長兼員外散騎侍郎，直中書省，待詔文林館。文
宣帝卒，他以所作挽歌八首爲時人所重。周武帝平齊，授儀同三
司。後因參與祖英伯擁立北齊文宣帝子高紹義，而舉兵作亂，幾乎
被殺，終以文才見宥。楊堅爲丞相，他出爲武陽太守，不得志，作
《孤鴻賦》以寄情。楊堅代周，官散騎侍郎，以母老辭歸，著《勞生
論》，指切當時。開皇六年卒，年五十二。有集三十卷，已佚，明張
溥輯有《盧武陽集》。今存詩三十餘首，其中樂府十一首。名作
《從軍行》（平調曲），如：

> 朔方烽火照甘泉，長安飛將出祁連。犀渠玉劍良家子，白
> 馬金羈俠少年。平明偃月屯右地，薄暮魚麗逐左賢。谷中石
> 虎經銜箭，山上金人曾祭天。天涯一去無窮已，薊門迢遞三千
> 里。朝見馬嶺黃沙合，夕望龍城陣雲起。庭中奇樹已堪攀，塞
> 外征人殊未還。白雪初下天山外，浮雲直上五原間。關山萬
> 里不可越，誰能坐對芳菲月？流水本自斷人腸，堅冰舊來傷馬
> 骨。邊庭節物與華異，冬霰秋霜春不歇。長風蕭蕭渡水來，歸
> 雁連連映天没。從軍行，軍行萬里出龍庭。單于渭橋今已拜，
> 將軍何處覓功名？

此寫征夫久戍不歸，孤妾在深閨思念。首八句寫出征將士奮戰朔
北之戎馬生活。朔方，漢時以河南地爲朔方郡。其地在今内蒙古
自治區境内。這裏泛指北方邊境。甘泉，漢宮名，在今陝西淳化縣
甘泉山上。《史記》卷一百一十《匈奴傳》，漢文帝後元七年："胡騎
入代句注邊，烽火通於甘泉、長安。"飛將，漢時李廣號飛將軍。祁
連，山名，今甘肅西部和青海省東北部山地之總稱，主峰是酒泉市
南之祁連山。犀渠，盾之一種。良家子，漢時指清白人家之子弟。

《史記》卷一百零九《李將軍列傳》：“孝文帝十四年，匈奴大入蕭
關，而廣以良家子從軍擊胡。”偃月，一種半月形陣營。右地，漢時
對西北地區之稱呼。魚麗，指行軍之陣容，猶游魚連貫附麗前進。
左賢，即左賢王，匈奴之軍事統帥。屯右地、逐左賢，皆指李廣。
“谷中”句，《李將軍列傳》：“廣出獵，見草中石，以爲虎而射之，中
石没鏃，視之石也。”“山上”句，漢匈奴休屠單于曾於山上立金人
以祭天，霍去病出征，獲勝，“收休屠祭天金人”。以上主要寫李
廣，以李廣喻當時能征善戰之將士。次四句寫戰爭深入到匈奴王
庭。薊門，即薊丘，在今北京市西北土城一帶。馬嶺，關名，在今山
西太谷縣東南馬嶺山上。龍城，即龍庭，匈奴之王庭，在漠北塔朱
爾河一帶。自“庭中奇樹已堪攀”以下皆寫思婦對征夫之懷念。
庭中奇樹，古詩十九首之八：“庭中有奇樹，春來發華滋，攀條折其
榮，將以遺所思。”此用其意。天山，即今新疆維吾爾自治區境内之
天山。五原，塞名，在今内蒙古自治區境内。流水斷腸，用樂府《隴
頭歌辭》“隴頭流水，鳴聲嗚咽。遥望秦川，心肝斷絶”之意。堅冰
傷骨，用陳琳《飲馬長城窟行》“飲馬長城窟，水深傷馬骨”之意。
以下皆想象邊地之苦寒，蕭蕭長風，連連歸雁，寄託着孤妾之無限
情思。末四句作結。渭橋，長安渭水之橋。謂單于已來長安朝拜，
將軍還將到哪裏去尋求功名呢？意在言外，遠戍將士總該回來吧！
情深而意曲。

　　北朝文士還有以《從軍行》樂府舊題寫時事者，但卻没有本篇
所表現之強烈現實感受。蓋自北齊、北周至隋，當盧思道生活之時
代，征戰之事時有發生，戍邊之舉經常出現，此詩當爲紀實之作。
詩人既寫了將士出征，又寫了思婦閨怨；既具“長安飛將出祁連”
之剛勁雄健，又具“誰能坐對芳菲月”之清麗哀怨；融南北詩風爲
一體。又《有所思》（鼓吹曲辭）云：

　　　　長門與長信，憂思并難任。洞房明月下，空庭緑草深。怨
　　歌裁潔素，能賦受黄金。復聞隔湘水，猶言限桂林。悽悽日已
　　暮，誰見此時心？

此寫詩人遭貶後，仍寄望於君王能再次重用。前六句用漢時陳皇
后、班倢伃被疏，作詩賦以表心跡之事。陳皇后因妒失寵，退居長
門宮，愁悶悲思，乃奉黄金百斤，令司馬相如爲解愁之辭，以感悟武
帝。《長門賦》有句云：“懸明月以自照兮，徂清夜於洞房。”班倢伃
入宫，爲趙飛燕所譖，退處長信宫，作歌自傷。《怨歌行》有云：“新
裂齊紈素，皎潔如霜雪。”希望重蒙恩幸。“復聞”二句，用張衡《四
愁詩》意，《四愁詩》有句云：“我所思兮在桂林，欲往從之湘水深。”
意在以道術報効明君。此詩不但用其事，而且用其辭。末二句卒
章顯志，“誰見此時心”者，即仰望國君能再次任用之意也。詩人
以宫人失寵爲喻，追求對仗工整，語辭清麗，此爲其融匯南朝之詩
風。但其中不無身世之感慨，人生之咨嗟，又是北歌之特質。《隋
書·盧思道傳》稱其所作之《聽鳴蟬篇》，以“詞意清切”爲庾信深
加讚嘆。然則豈獨雜言詩《聽鳴蟬篇》，其樂府歌辭又何嘗不
如此！

　　（二）楊素

　　楊素（？——公元六〇六），據《隋書》卷四十八本傳，字處道，
弘農華陰（今屬陝西）人。少有大志，不拘小節，好學，善屬文，工
草隸。初仕北周，歷中外記室、禮曹、大都督、車騎大將軍儀同三
司。後協助楊堅定天下，封越國公，轉内史令、尚書左僕射。曾參
與楊廣奪嫡之陰謀。煬帝立，遷尚書令，拜太子太師，改封楚國公。
權傾朝野，驕恣專橫，親朋攀附，皆爲顯貴。人多鄙薄其爲人。大
業二年，病卒。有集十卷，已佚。今存詩十九首，其《贈薛播州詩》
十四章，史傳稱其“詞氣宏拔，風韻秀上，亦爲一時盛作”。所作樂

府僅《出塞》(橫吹曲辭)二首，然堪與盧、薛諸作比并。如其二云：

> 漢虜未和親，憂國不憂身。握手河梁上，窮涯北海濱。據鞍獨懷古，慷慨感良臣。歷覽多舊跡，風日慘愁人。荒塞空千里，孤城絕四鄰。樹寒偏易古，草衰恒不春。交河明月夜，陰山苦霧辰。雁飛南入漢，水流西咽秦。風霜久行役，河朔備艱辛。薄暮邊聲起，空飛胡騎塵。

此借古題詠時事。按《隋書·楊素傳》：“開皇十八年，突厥達頭可汗犯塞，以素爲靈州道行軍總管，出塞討之。”又云：“仁壽初……其年以素爲行軍元帥，出雲州擊突厥，連破之。”此詩爲紀實之作。首二句是一篇之綱。漢虜未和，化用鮑照《擬古》“漢虜方未和，邊城屢翻覆”意。以下皆寫其“憂國不憂身”。次二句寫送別，化用李陵《與蘇武》詩“携手上河梁，游子暮何之”意。“據鞍”二句寫懷古，化用《戰城南》“思子良臣，良臣誠可思，朝行出攻，暮不夜歸”意。言若有良臣，縱然打仗，亦可少死傷。自“歷覽多舊跡”以下十句，寫塞外之風物。交河，古城名，在今新疆維吾爾自治區吐魯番市西北之雅爾和屯。陰山，今河套以北，大漠以南之統稱。城孤、樹寒、草衰、風慘、交河明月、陰山苦霧、雁飛入漢、隴水咽秦，極目千里，一片荒凉悽切景象。末四句抒發感慨，喟嘆長期征役，備嘗艱辛。然感慨未竟，邊聲又起，胡塵更飛，則邊釁無窮盡也。此作者寫其切身感受，故情感真實，筆力雄健。亦可稱之爲“詞氣宏拔，風韻秀上”了。

(三) 薛道衡

薛道衡(公元五四○——六○九)據《隋書》卷五十七本傳，字玄卿，河東汾陰(今山西萬榮縣東北)人。六歲而孤，專精好學，年十三讀《左傳》，見子產相鄭之功，作《國僑贊》，見者奇之。仕北齊,始爲司州兵曹從事,遷太尉府主簿。陳使臣傅縡來北齊,他兼主客郎,接對之。縡贈詩五十韻,道衡和之,南北稱美。後待詔文林館,與盧思道、李德林齊名,並友善。入北周,爲御史二命士,歷陵州、邛州刺史。隋初爲内事舍人,遷吏部侍郎,因事流放嶺南,後徵授内史侍郎,進位上開府。曾使陳,於陳每有所作,無不傳誦。久居樞要,才名益顯,太子諸王爭與之交,高熲、楊素極相推重。煬帝時,爲播州刺史,入拜司隸大夫,上《高祖父皇帝頌》,煬帝以爲借思念文帝諷刺自己,賜自盡。年七十。有集七十卷,已佚,明人張溥輯有《薛司隸集》。今存詩約二十首,其中擬古樂府五首,七言長歌《豫章行》(相和歌辭)云:

> 江南地遠接閩甌,山東英妙屢經游。前瞻疊嶂千重阻,卻帶驚湍萬里流。楓葉朝飛向京洛,文魚夜過歷吳洲。君行遠度茱萸嶺,妾住長依明月樓。樓中愁思不開嚬,始復臨窗望早春。鴛鴦水上萍初合,鳴鶴園中花併新。空憶常時角枕處,無復前日畫眉人。照骨金環誰用許?見膽明鏡自生塵!蕩子從來好留滯,況復關山遠迢遞。當學織女嫁牽牛,莫作姮娥叛夫壻。偏訝思君無限極,欲罷欲忘還復憶。願作王母三青鳥,飛去飛來傳消息。豐城雙劍昔曾離,經年累月復相隨。不畏將軍成久別,只恐封侯心更移!

按《隋書》本傳記載:"仁壽中,楊素專掌朝政,道衡既與素善,上不欲道衡久知機密,因出檢校襄州總管。道衡久蒙驅策,一旦違離,不勝悲戀,言之哽咽。高祖愴然改容曰:'爾光陰晚暮,侍奉誠勞,朕欲令爾將攝,兼撫萌俗。今爾之去,朕如斷一臂。'於是賚物三百段,九環金帶,并時服一襲,馬十匹,慰勉遣之。"蕭滌非先生云:"是篇之作,殆爲此事。道衡開皇初嘗聘陳,後又配防嶺表,至是復出爲襄州總管，皆江南地，故借《豫章行》以自寫耳，非真爲孤妾鳴冤也。"其意見可取。此詩是借閨怨抒懷。首八句寫丈夫遠行。閩，今福建。甌，今浙江溫州。山東英妙，作者自謂。茱萸嶺，生長茱萸之山嶺，非專名詞，與明月樓相對。中十二句寫孤妾之思念。照骨金環，《西京雜記》卷一："戚姬以百煉金爲彄環，照見指骨"。金環誰用、明鏡生塵，暗喻自己被疏。末八句抒發孤妾之願望與憂心。豐城雙劍，據《晉書·張華傳》和馬縞《中華古今注》，傳說三國吳未滅時，斗、牛二星之間常有紫氣。及吳平，紫氣愈明。豫章人雷煥妙達緯象，言紫氣爲豫章豐城寶劍之精，上徹於天。尚書令張華即補煥爲豐城令，密令尋之。煥到縣，掘獄屋基，得雙劍，一贈張華，一自佩。後張華子張韙佩之過延平津，劍躍入水，使人尋找，則化爲龍。雷煥卒，其子也佩之，過延平津，亦躍入水，化爲龍。此言豐城雙劍雖曾分離，尚能最終相會相隨，何況人乎！篇末謂不怕長久離別，但怕封侯之後變心。蕭滌非先生謂"頗懷弓藏狗烹之憂"，道破結語之底蘊。通篇隔句押韻，對偶工整，且善用虛詞，如空憶、無復、從來、況復、當學、莫作、不畏、只恐等，蟬聯而下，情意委婉，氣運流暢，把七言歌行推進至一個新階段。又其名作《昔昔鹽》(近代曲辭)云：

　　垂柳覆金堤，蘼蕪葉復齊。水溢芙蓉沼，花飛桃李蹊。采桑秦氏女，織錦竇家妻。關山別蕩子，風月守空閨。恒斂千金笑，長垂雙玉啼。盤龍隨鏡隱，彩鳳逐帷低。飛魂同夜鵲，倦寢憶晨雞。暗牖垂珠網，空梁落燕泥。前年過代北，今歲往遼西。一去無消息，那能惜馬蹄？

《樂府詩集》卷七十九引《樂苑》："《昔昔鹽》，羽調曲，唐亦爲舞曲。"昔昔，猶夕夕，即夜夜。《列子》卷三《周穆王》："昔昔夢爲國君。"注:"夜夜也。"鹽,同艷,曲之別名。古曲有艷、趨、亂等。此爲一篇閨怨詩。秦氏女,指羅敷,漢樂府《陌上桑》:"秦氏有好女,自名爲羅敷。羅敷善蠶桑,采桑城南隅。"竇家妻,指晉竇滔妻蘇惠,字若蘭,竇滔被謫戍流沙,若蘭織錦爲迴文《璇璣圖》詩寄滔,以示相思。盤龍,銅鏡背面雕鑄之花紋。思婦無心梳妝,鏡被收起,盤龍自隨之而隱。彩鳳,帷帳上所綉之花紋。帷帳被放下,彩鳳自隨之而低。"飛魂"句,用曹操《短歌行》"月明星稀,烏鵲南飛。繞樹三匝,何枝可依"意。言心魂不定。"暗牖"句,用《詩·豳風·東山》"蠨蛸在户"意,言庭户荒凉。惜馬蹄,言憐惜馬蹄而不肯回家。即蘇伯玉妻《盤中詩》"何惜馬蹄歸不數"意也。陳胤倩《古詩選》云:"空梁落燕泥,固以自然爲勝。結亦悠揚。"同樣寫閨怨,但比其《豫章行》體現之南朝詩風更濃。

(四)隋煬帝楊廣

隋煬帝楊廣(公元五六九——六一八),據《晉書》卷三、四《煬帝紀》,一名英,小字阿𡡉,弘農華陰(今屬陝西)人,文帝第二子。開皇元年立爲晉王。後以陰謀廢奪太子勇,得立爲太子。又五年弑父自立。在位十二年,窮奢極欲,荒淫暴虐,多次對西域、高麗用兵,並開鑿運河,三幸江都。兵役徭役繁重,以致民不堪命,到處暴發了農民起義。義寧二年,被部將宇文化及所殺。年五十。楊廣在政治上是一個好大喜功、溺於淫樂之暴君,但在樂府創作上卻是有成績的。據歷史記載,他醉心於南朝樂歌,因此"括天下周、齊、梁、陳樂家子弟,皆爲樂户。其六品已下至民庶,有善音樂及倡優百戲者,皆置太常,是後異技淫聲,咸萃樂府"(《隋書》卷六十七《裴藴傳》)。但是,他不僅采用梁、陳艷曲,而且還製作新聲,曾"大製艷篇,辭極淫綺,令樂正白明達(龜兹王白姓)造新聲,刱《萬歲樂》、《藏鈎樂》、《七夕相逢樂》、《投壺樂》、《舞席同心髻》、《玉女行觸》、《神仙留客》、《擲磚續命》、《鬥雞子》、《鬥百草》、《泛龍舟》、《還舊宮》、《長樂花》及《十二時》等曲，掩抑摧藏，哀音斷絕”(《隋書》卷十五《樂志》)。這些樂曲，除《泛龍舟》外，其餘皆失傳了。但從製造者爲龜兹人白明達推斷，其中肯定融入了北方民族之曲調。且其“掩抑摧藏，哀音斷絕”之聲調，當非純爲南音，亦應有北調。他是融匯北方民族之樂歌而創製的。又從僅存之《泛龍舟》看，此歌在《樂府詩集》中被列入“吳聲歌曲”類，而《隋書·樂志》卻將其叙於龜兹樂題目之下，這種或此或彼之類別，説明兩方面的曲調都具備，可見楊廣創製之新聲，是把南北樂調融爲一體了。楊廣有文集五十五卷，已佚，明人張溥輯有《隋煬帝集》。今存詩四十餘首，其中樂府十九首。其所製之新聲，如《泛龍舟》：

> 舳艫千里泛歸舟，言旋舊鎮下揚州。借問揚州在何處？淮南江北海西頭。六轡聊停御百丈，暫罷開山歌棹謳。詎似江東掌間地，獨自稱言鑑裏游。

《舊唐書》卷二十九《樂志》：“《泛龍舟》，隋煬帝江都宮作。”《隋書》卷二十四《食貨志》：“煬帝即位……造龍舟、鳳艒、黃龍、赤艦、樓船、篾舫，募諸水工，謂之殿腳。衣錦行勝，執青絲纜挽船，以幸江都。帝御龍舟，文武百官五品已上給樓船，九品已上給黃篾舫，舳艫相接，二百餘里。”此詠其事。楊廣開皇年間嘗爲揚州總管，故云“言旋舊鎮”。百丈，指挽船之青絲纜。棹謳，船工行船時所唱之歌。漢武帝《秋風辭》：“簫鼓鳴兮發棹歌，歡樂極兮哀情多。”掌，澤也。《釋名·釋水》：“水泆出所爲澤曰掌，水停處如手掌中也。”鑑，猶鏡。鏡中游，極言游幸之樂也。與此詩體格相同者，又有《江都宮樂歌》(近代曲辭)：

> 江都舊處可淹留，臺樹高明復好游。風亭芳樹迎早夏，長

皋麥隴送餘秋。渌潭桂檝浮青雀，果下金鞍躍紫騮。緑觴素
蟻流霞飲，長袖清歌樂戲州。

青雀，江東人船前作青雀，謂之青雀舫。紫騮，駿馬。蟻，酒滓。張
衡《南都賦》："醪敷徑寸，浮蟻若萍。"李善注："酒有汎齊，浮蟻在
上，汎汎然如萍之多者。"流霞，泛指美酒。庾信《衛王贈桑落酒奉
答》詩："愁人坐狹邪，喜得送流霞。"戲，逸樂。言飲美酒，賞歌舞，
江都誠樂戲之州。以上兩詩皆寫楊廣之游樂與荒淫奢侈之生活。
聲律和諧，對偶工整，儼然是七言律詩之體式。然楊廣不僅創製了
七言律體之長歌，還創製了長短不齊之樂曲。如《紀遼東》（近代
曲辭）二首，即七言五言相間，上四句爲一韻，下四句爲另一韻，形
式比較自由。如其二云：

秉旄仗節定遼東，俘馘變夷風。清歌凱捷九都水，歸宴洛
陽宮。策功行賞不淹留，全軍藉智謀。詎似南宮複道上，先封
雍齒侯？

《隋書·煬帝紀》："大業八年……三月甲午，車駕度遼，大戰於東
岸，擊賊敗之，進圍遼東。七月……癸卯班師。九月庚辰，上至東
都。"此詩爲紀實之作。東都，即洛陽。詩云"歸宴洛陽宮"，當作
於凱旋歸來之時。首四句寫勝利班師。九都，應即九原。《史記》
卷六《秦始皇本紀》："三十五年，除道，道九原抵雲陽，塹山堙谷，
直通之。"裴駰《集解》："《地理志》五原郡有九原縣。"末四句寫計
功封賞。用漢高祖劉邦先封仇人雍齒，以安定群臣之事。《史記》
卷五十五《留侯世家》："上（高祖）在雒陽南宮，從複道望見諸將往
往相與坐沙中語。上曰：'此何語？'留侯曰：'陛下不知乎？此謀
反耳。'……上乃憂曰：'爲之奈何？'留侯曰：'上平生所憎，群臣所
共知，誰最甚者？'上曰：'雍齒與我故，數嘗窘辱我。我欲殺之，爲

其功多，故不忍。'留侯曰：'今急先封雍齒以示群臣，群臣見雍齒封，則人人自堅矣。'於是上乃置酒，封雍齒爲什方侯。"言論功行賞，公平合理。

從以上諸例看，楊廣所作之樂府，語辭雕飾，風格綺麗，仍承襲着梁、陳詩風。他所創製之新聲，雖然吸收了北方民族某些曲調，但主要還是確立了南朝樂府綺羅香澤之正統地位。

隋朝統一，其歷史作用，與秦朝有相似之處。秦朝統一，結束了戰國長期紛爭之局面，創立了秦制，爲漢以後歷代所沿襲。隋平息了三百多年戰亂之形勢，創立了隋制，爲唐以後各朝所遵循。它們在歷史上作出了重要貢獻。在文學方面也有相似之處，秦朝隨着天下一統，百家爭鳴之文風與豐富多彩之文體，也逐漸臻於整齊劃一，《呂氏春秋》之出現，即這種文學統一之標志。隋朝統一，南北朝時期文學百花爭艷之局面已消失，統治者集南北文化、音樂在一起，促成南北文學之融匯。儘管當時詩文之風格還不能融匯無間，以至或肖南歌，或肖北曲，但總的趨向是向統一的方向演變。與其在歷史上有重要貢獻不同，秦、隋在文學上卻沒有什麼創造。秦朝文學是戰國文學之遺響、戰國文學之附庸，隋朝文學則主要是南朝文學之因襲、南朝文學之餘風。文學的發展與歷史并不是平衡的。待至唐朝，文學始吸收南北之英華，開創出新的詩風、新的境界來！

第六章　賦

　　"賦"之形成與發展歷史很長,而且不同時期具有不同的形式。這裏論述者是作爲漢末至六朝主要體裁的俳賦及其向律賦的演變過程。漢代之賦作多爲古賦,後世尚俳偶,故至魏晉則變而爲俳賦,劉宋時聲律之説興起,詩文創作多講求聲律,與此相適應,律賦開始萌生了。

第一節　漢末建安時期

　　俳賦又稱駢賦,其體裁特點是對仗工整,音節和諧,詞藻華麗。這種文體的形成並非偶然,而與當時統治階級的提倡有密切關係。東漢末年,靈帝即喜好華麗文風,特設鴻都門學,延攬詞賦文士,造作新語,因而賦風華麗。又曹丕在《典論·論文》中提出"詩賦欲麗"的主張,強調詩賦形式應當華美。由於他們的愛好和提倡,形成社會上追求華美的文風。劉師培在《論文雜記》中説:

> 建安之世,七子繼興,偶有撰述,悉以排偶易單行。即非有韻之文,亦用偶文之體,而華靡之作,遂開四六之先,而文體復殊於東漢。

這説明建安時期之文風是由質樸轉變爲華麗,文體是由單行轉變爲排偶。俳賦正是在這種文化環境和文學觀念中形成的。建安時

期,俳賦已經萌芽和形成。這,我們從王粲、曹植的作品可以得到
説明。

一、王粲

　　王粲是建安時期之詩人,也是當時著名的辭賦家。曹丕《典論
·論文》説:"王粲長於辭賦……如粲之《初征》、《登樓》、《槐賦》、
《征思》……雖張、蔡不過也。然於他文,未能稱是。"曹丕認爲王
粲辭賦之作,遠勝於他的詩文。其言當有所據,惟今存賦二十二
篇,多殘缺不全,《登樓賦》一篇完好無損,爲其代表作。此賦寫其
流落荆州依附劉表,又不被劉表重用,心懷憂鬱,借登樓抒發其時
難未平,壯志難申之感慨。如其寫城樓所在之景物:

　　　　挾清漳之通浦兮,倚曲沮之長洲。背墳衍之廣陸兮,臨皋
　　隰之沃流。北彌陶牧,西接昭邱。華實蔽野,黍稷盈疇。雖信
　　美而非吾土兮,曾何足以少留!

其中除末二句外,皆爲俳對。而其"鍾儀幽而楚奏兮,莊舄顯而越
吟"用鍾儀、莊舄之事典,以寓一己懷鄉之意,對仗尤爲工巧。又其
《神女賦》寫女子之美貌、體態有云:

　　　　税衣裘兮免簪笄,施華的兮結羽儀。揚娥微盼,懸眇流
　　離;婉約綺媚,舉動多宜。稱詩表志,安氣和聲;探懷授心,發
　　露幽情。彼佳人之難遇,真一遇而長別。

不但句式俳對,而且詞藻妍麗,情韻深美,正體現了俳賦之特點。

二、曹植

　　建安晚期,俳體進一步發展,更追求詞句之偶對。曹植之作可
爲代表。曹植也是詩人兼辭賦家,他曾自集所作賦爲《前録》,《自

序》説："余少而好賦，其所尚也，雅好慷慨，所著繁多。雖觸類而作，然蕪穢者衆，故删定，别撰爲《前録》七十八篇。"今僅存四十餘篇，亦多殘缺，其中最著名者爲《洛神賦》。此賦序文自云"黄初三年，余朝京師，還濟洛川"，有感於"宋玉對楚王説神女之事"而作。然考之史籍，曹植黄初三年無朝京師之事，而四年曾與其弟曹彰共朝京師，"三"疑爲"四"之誤。篇首引御者之言曰："臣聞河洛之神，名曰宓妃，然則君王之所見，無乃是乎？"然後描寫洛神之綽約風姿：

> 其形也，翩若驚鴻，婉若游龍。榮曜秋菊，華茂春松。髣髴兮若輕雲之蔽月，飄飖兮若流風之迴雪。遠而望之，皎若太陽升朝霞；迫而察之，灼若芙蕖出淥波。穠纖得衷，修短合度。肩若削成，腰如約素。延頸秀項，皓質呈露。芳澤無加，鉛華弗御。雲髻峨峨，修眉聯娟。丹唇外朗，皓齒内鮮。明眸善睞，靨輔承權。瓌姿艷逸，儀静體閑。柔情綽態，媚於語言。奇服曠世，骨像應圖。……

此賦吸收了宋玉《神女賦》之寫作手法，但在對仗之工整，詞采之華茂，韻律之和諧方面，比《神女賦》更勝一籌，並以這種形式描寫人神之間相追慕，又不能達到目的，終於含悲忍恨分離的纏綿、悱惻、哀怨之情緒。此賦在俳體形成過程中有重要意義。又其《幽思賦》亦爲俳體，如：

> 倚高臺之曲隅，處幽僻之閒深。望翔雲之悠悠，羌朝霽而夕陰。顧秋華而零落，感歲莫而傷心。觀躍魚於南沼，聆鳴鶴於北林。搦素筆而慷慨，揚大雅之哀吟。仰清風以歎息，寄余思於悲絃。信有心而在遠，重登高以臨川。何余心之煩錯，寧翰墨之能傳。

這是一篇抒情之作,與其《愍志賦》、《靜思賦》相同,可能有所寄託。對偶工整,聲調優美,以簡短的體制言情。劉熙載《藝概·賦概》云:

> 建安名家之賦,氣格遒上,意緒綿邈;騷人清深,此種尚延一綫。後世不問氣格若何,但於辭上爭辯,賦與騷始異道矣。

其言甚爲確切。建安以前之賦,多爲散制,假設問答,排比錯綜,猶有韻之散文。自建安以迄東晉,大都結體六言,不設問答,含章振藻,俳對流麗,則俳體之賦已臻形成。

第二節　西晉太康時期

賦體到了西晉太康時期,發展了建安時期之重抒情、尚文采之文風,把俳賦從形成之初期,推演到成熟階段。當時的作家如陸機、潘岳等自覺地追求句式駢儷,用典繁巧,辭藻華妍。陸機《文賦》提出"其會意也尚巧,其遣言也貴妍。暨音聲之迭代,若五色之相宣"的觀點,認爲詩賦應當把情感通過妍麗流美的形式表現出來。《文賦》又提出:"普辭條與文律,良余膺之所服。"即他心中常體會辭條文律,所謂"辭條文律",是指詩賦形式華美諸要素。

一、陸機

陸機賦今存三十篇,亦多殘缺不全,就其全者觀之,便體現了他的創作主張。如其名作《文賦》論文辭體式云:

> 體有萬殊,物無一量,紛紜揮霍,形難爲狀。辭程才以效伎,意司契而爲匠,在有無而僶俛,當淺深而不讓。雖離方而遯員,期窮形而盡相。故夫誇目者尚奢,愜心者貴當,言窮者

無隁，論達者唯曠。詩緣情而綺靡，賦體物而瀏亮。碑披文以相質，誄纏綿而悽愴。銘博約而溫潤，箴頓挫而清壯。頌優游以彬蔚，論精微而朗暢。奏平徹以閑雅，説煒曄而譎誑。雖區分之在兹，亦禁邪而制放。要辭達而理舉，故無取乎冗長。

他以精巧的對仗、妍麗的詞藻論述詩賦風格之不同、體制之差異。句式整齊，説理綿密，即其所追求之"辭條文律"也。

二、潘岳

潘岳也是此期的重要辭賦家，其賦今存二十篇，以《秋興賦》、《西征賦》、《閑居賦》最負盛名。《西征賦》是他西赴任長安令時所作。體制取法於劉歆《遂初》、班彪《北征》、蔡邕《述行》諸賦，但規模宏大，徵引廣博，是一篇氣度更加闊大的抒情之作。記述了他赴長安途中所經歷的山川形勝、人物古跡和鄉土風情等，睹物感懷，發思古之幽情：

> 爾乃越平樂，過街郵；秣馬皋門，税駕西周。遠矣姬德，興自高辛。思文后稷，厥初生民。率西水滸，化流岐齒。祚隆昌發，舊拜維新。旋牧野而歷兹，愈守柔以執競。夜申旦而不寐，憂天保之未定。惟泰山其猶危，祀八百而餘慶。鑒亡王之驕淫，竄南巢以投命。坐積薪以待然，方指日而比盛。人度量之乖舛，何相越之遼迥。考土中於斯邑，成建都而營築。既定鼎於郟鄏，遂鑽龜而啓繇。……

其中以六言駢對爲主，間雜四言，文采流麗，韻律和諧。徵引了大量的歷史故實，並熟練地運用這些典實，褒貶人物，寄託了自己對現實的感慨。劉勰稱其"鍾美於《西征》"，良有以也。

三、張華

張華是西晉文壇上有資望的人物。其賦今存七篇,重要者如《歸田賦》爲模擬張衡同題之作,《感婚賦》爲模擬曹植同題之作,《鷦鷯賦》爲模擬禰衡《鸚鵡賦》所作。《歸田賦》不僅內容與張衡之作所寫田園生活相同,而且體制也擬張作,可稱爲最早的一篇俳賦。如:

> 隨陰陽之開闔,從時宜之卷舒。冬奧處以城邑,春游放於田廬。歸郊廓之舊里,託言靜以閑居。育草木之藹蔚,因地勢之邱墟。豐荒果之林錯,茂桑麻之紛敷。用天道以取資,行藥物以爲娛。時逍遥於洛濱,聊相伴以縱意。目白沙與積礫,玩衆卉之同異。揚素波以濯足,泝清瀾以蕩思。低徊往留,棲遲晻藹。存神忽微,游精域外。籍纖草以爲茵,援垂陰以爲蓋。瞻高鳥之凌風,臨儵魚於清瀨。眇萬物而遠觀,修自然之通會。以退足於一壑,故處否而忘泰。

此賦雖然是蹈襲張衡之作,但也有所翻新,其新即在形式工麗,情味寡淡。以此抒寫其有感於世路艱難,因而避禍遠害,歸隱田園,過怡然自得的生活。

《文心雕龍》卷二《明詩》云:

> 晉世群才,稍入輕綺。張潘左陸,比肩詩衢。采縟於正始,力柔於建安;或柝文以爲妙,或流靡以自妍,此其大略也。

這是評西晉之詩,認爲西晉詩人用事、煉句、對偶、音節方面追求形式上之美觀,已不像建安時詩之文質並茂了。然與詩並時之賦又何嘗不如此! 我們也可以用劉勰的觀點説明賦之創作,在當時更講求用事、煉句、對偶、音節之完美了,則俳賦已經成熟。

第三節 東晉時期

東晉初年,一些清談家逃到江南,他們所作詩賦多用老莊語和佛經語,因而玄言賦盛行。《文心雕心》卷九《時序》云:"自中朝貴玄,江左稱盛,因談餘氣,流成文體。是以世極迍邅,而辭意夷泰,詩必柱下(老子)之旨歸,賦乃漆園(莊子)之義疏。"又《宋書》卷六十七《謝靈運傳論》云:"有晉中興,玄風獨振,爲學窮於柱下,博物止乎七篇,馳騁文辭,義殫乎此。自建武(元帝年號)暨乎義熙(安帝年號),歷載將百,雖綴響聯辭,波屬雲委,莫不寄言上德(老子哲學),託意玄珠(莊子哲學),遒麗之辭,無聞焉爾。"即説明當時玄風盛行之情況。受玄風影響創作玄言賦之作家是孫綽,受玄風影響又不被玄風束縛之作家是郭璞和陶潛。

一、孫綽

孫綽少時與許詢都有高尚之志,寓居會稽,游放山水,十有餘年,乃作《遂初賦》,以致其意。官至散騎常侍,領著作郎。博學善屬文,"絶重張衡、左思之賦,每云《三都》、《二京》五經之鼓吹也"(《晉書》卷五十六本傳)。嘗作《天台山賦》,辭致甚工。所作《遂初賦》和《望海賦》皆殘,唯《天台山賦》完好。這是一篇有代表性的玄言賦,兹録其一節云:

> 追羲農之絶軌,躡二老之玄蹤。陟降信宿,迄於仙都。雙闕雲竦以夾路,瓊臺中天而懸居。朱闕玲瓏於林間,玉堂陰映於高隅。彤雲斐斖以翼櫺,曒日炯晃於綺疏。八桂森挺以凌霜,五芝含秀而晨敷。惠風佇芳於陽林,醴泉涌流於

陰渠。……於是游覽既周,體靜心閑。害馬已去,世事都捐。
投刃皆虛,目牛無全。凝思幽巖,朗詠長川。爾乃羲和亭午,
游氣高褰。法鼓琅以振響,衆香馥以揚烟。肆覲天宗,爰集通
仙,挹以玄玉之膏,嗽以華池之泉。散以象外之説,暢以無生
之篇。悟遣有之不盡,覺涉無之有閒。泯色空以合跡,忽即有
而得玄。釋二名之同出,消一無於三幡。……

其中表現了濃厚的玄言氣息,流露了熾烈的佛老思想。在體制上,
四言六言錯綜排比,各自屬對,麗而不靡。儼然是一篇俳賦。

二、郭璞

　　郭璞是晉室南渡後之重要作家。他博學有膽識,能洞察晉時
動亂之端。性格剛毅,臨危不懼,是一位憂國傷時之士。其賦今存
十篇,最著名者爲《江賦》,《文選》李善注引《晉中興書》云:“璞以
中興,王宅江外,乃著《江賦》,述川瀆之美。”他以雄偉的氣魄,廣
博的取材,述寫江東川瀆之美,所以穩定士大夫立國江東之信心。
但此賦爲體物之作,作爲俳體的重要因素之抒情,則體現在其《登
百尺樓賦》中,其辭云:

　　在青陽之季月,登百尺之高觀。嘉斯游之可娛,乃老氏之
所嘆。撫凌檻以遥想,乃極目而肆運,情眇然以思遠,悵自失
而潛愊。瞻禹臺之隆崛,奇巫咸之孤峙。美鹽池之滉汗,蒸紫
霧而霞起。異傅巖之幽人,神介山之伯子,揖首陽之二老,招
鬼谷之隱士。嗟王室之蠢蠢,方構怨而極武,哀神器之遷浪,
指綴旒以譬主。雄戟列於廊板,戎馬鳴乎講柱。寤苕華而增
怪,歎飛駟之過户。陟兹樓以曠眺,情慨爾而懷古。

這是一首抒情短賦,爲作者南渡時經過山西夏縣之禹臺、巫咸山、

鹽池等地所作。描寫晉末動亂之情景，抒發了他對時代之哀傷。文風不同於玄言賦之平淡，而文采清綺；不同於玄言賦之浮淺，而寓意慷慨。在玄風極盛之時，他能逆時風而創作，卓然自立，可謂俊傑之士。

三、陶淵明

東晉另一位重要作家陶潛，與郭璞相同，受玄風影響，而不爲玄風束縛，詩賦創作表現出自己的個性，具有一種反流俗的精神。陶潛賦僅三篇，即《感士不遇賦》、《閑情賦》和《歸去來辭》。《歸去來辭》是其代表作，爲歷代人們所傳誦，寫其辭彭澤令歸隱田園後之心境與樂趣，反襯出他對污濁官場之厭棄。《感士不遇賦》是有感於董仲舒《士不遇賦》和司馬遷《悲士不遇賦》而作，抒發了志士不遇之感慨。這兩篇賦都很有意義。但是，從俳賦形成的角度看，《閑情賦》更重要。《閑情賦》據《自序》説是取意於張衡《定情賦》。《定情賦》殘缺不全，從其殘文看，《閑情賦》是充分發揮了它的內容，寫男子對艷麗女子之熱烈追求。情致深厚纏綿，實爲情賦之傑作。茲録其一節云：

> 褰朱幬而正坐，汎清瑟以自欣。送纖指之餘好，攘皓袖之繽紛。瞬美目以流眄，含言笑而不分。曲調將半，景落西軒。悲商叩林，白雲依山。仰睇天路，俯促鳴絃。神儀嫵媚，舉止詳妍。激清音以感余，願接膝以交言。欲自往以結誓，懼冒禮之爲愆。待鳳鳥以致辭，恐他人之我先。意惶惑而靡寧，魂須臾而九遷。願在衣而爲領，承華首之餘芳，悲羅襟之宵離，怨秋夜之未央。願在裳而爲帶，束窈窕之纖身，嗟溫良之異氣，或脱故而服新。願在髮而爲澤，刷玄鬢於頹肩，悲佳人之屢沐，從白水以枯煎。……考所願而必違，徒契闊以苦心。擁勞

情而罔訴，步容與於南林。棲木蘭之遺露，翳青松之餘陰。儻
行行之有覿，交欣懼於中襟。竟寂寞而無見，獨悁想以空
尋。……

其中描寫女子容貌超群、體態綽約、品德高尚，男子則以"十願"表
示對女子之無限傾慕，但終不可得，陷入深沉的哀思。文字宛轉清
綺，誠所謂"析句彌密，聯字合趣，剖毫析釐"（《文心雕龍》卷七《麗
辭》）。鉛黛不飾，而顧盼生於淑姿；烟靄天成，則濃纖貴乎偶合。
極爲傳神。蘇軾稱譽之云："淵明《閑情賦》所謂'國風好色而不
淫'，正使不及《周南》，與屈宋何異？"（《題文選》）

　　清人孫梅《四六叢話》卷四論述俳賦之形成過程云："左、陸以
下，漸趨整鍊，齊、梁而降，益事妍華，古賦一變而爲駢賦。江、鮑虎
步於前，金聲玉潤；徐、庾鴻騫於後，綉錯綺交。固非古音之洋洋，
亦未如律體之靡靡也。"蓋建安以來，文尚騁馳，六言爲體，多不齊
一。太康之後，文貴清綺，六言句式，間以四言。辭藻錯綜，流靡成
體，上承建安之風，下開六朝之緒，其演變軌跡蓋亦漸矣。

第四節　劉宋時期

　　劉宋時期，俳賦進一步發展，緣於當時學術、文學領域分科之
加細。如前所述，宋文帝時於儒學、玄學、史學三館之外，別立文學
館（《宋書》卷五本紀），使司徒參軍謝元掌之（《南史》卷七十五《雷次宗
傳》）。明帝時立總明觀，分儒、道、文、史、陰陽五部（《宋書》卷八本
紀），皆將文學別立一科。就簿錄之學而言，晉荀勖因魏《中經》區
分書目爲四部，其丁部中，詩、賦、圖讚與汲冢書並列。至齊王儉撰
《七志》，標"文翰"之名，梁阮孝緒撰《七錄》，易"文集"之目，而

“文集録”中，又區分楚辭、別集、總集、雜文爲四部。此又將文學別立一部。文詠別自成科，其對詩文創作之探求必然益細、更精，於是便促成俳賦之發展。

又緣於當時聲律説之興起。聲律説不始於沈約，其前之范曄已深識聲律了。范曄在其《獄中與諸甥侄書以自序》中稱自己“性別宮商，識清濁。……觀古今文人，多不全瞭此處。……年少中謝莊最有其分，手筆差易，文不拘韻故也。”他説自己深通聲律，古今人都不懂。年輕人中只有謝莊懂得。謝莊是俳賦作家，他通聲律，自然促使俳賦聲律化。

以上諸因素促成俳賦的發展，使此期出現了重要作家如謝惠連、謝莊、鮑照等。

一、謝惠連

謝惠連（公元四〇七？——四三三）是謝靈運之族弟，十歲能屬文，受謝靈運的嘉賞。元帝元嘉七年，爲司徒彭城王義康法曹行參軍，世稱“謝法曹”。年約三十七卒。今存賦五篇，以《雪賦》成就最高。此賦假設梁王與鄒陽、枚乘和司馬相如在菟園設宴賞雪，命司馬相如賦雪，引發正文：

> 相如於是避席而起，逡巡而揖曰：“臣聞雪宮建於東國，雪山峙於西域。岐昌發詠於來思，姬滿申歌於黄竹。曹風以麻衣比色，楚謡以幽蘭儷曲。盈尺則呈瑞於豐年，袤丈則表沴於陰德。雪之時義遠矣哉！請言其始：若乃玄律窮，嚴氣升，焦溪涸，湯谷凝，火井滅，温泉冰。沸潭無涌，炎風不興。北户墐扉，裸壤垂繒。於是河海生雲，朔漠飛沙。連氛累靄，掩日韜霞。霰淅瀝而先集，雪紛糅而遂多。其爲狀也，散漫交錯，氛氳蕭索，藹藹浮浮，瀌瀌奕奕，聯翩飛灑，徘徊委積。始緑萼而

冒棟，終開簾而入隙。初便娟於墀廡，末縈盈於帷席。既因方
而爲珪，亦遇圓而成璧。眄隰則萬頃同縞，瞻山則千巖俱白。
於是臺如重壁，逵似連璐。庭列瑤階，林挺瓊樹。皓鶴奪鮮，
白鷴失素。紈袖慙冶，玉顔掩嫮。若乃積素未虧，白日朝鮮，
爛兮若爛龍銜曜照崑山。爾其流滴垂冰，緣霤承隅，粲兮若馮
夷剖蚌列明珠。至夫繽紛繁騖之貌，皓汗皎潔之儀，迴散縈積
之勢，飛聚凝曜之奇，固展轉而無窮，羌難得而備知。若乃申
娛玩之無已，夜幽靜而多懷。風觸楹而轉響，月承幌而通暉。
酌湘吳之醇酎，御狐狢之兼衣。對庭鷗之雙舞，瞻雲雁之孤
飛。折園中之萱草，摘階上之芳薇。踐雪霜之交積，憐枝葉之
相違。馳遙思於千里，願接手而同歸。”

描寫雪落之象和雪後之景，以時序的變遷，借物賦形，呈現出瑞雪
浸潤覆蓋萬物之景觀。其體物之工，可稱妙絶。玩賞之中，有感於
歲月易逝，當及時行樂，流露出消極、頹廢的情緒。隸事用典繁富，
幾乎每句皆用，而且圓潤工切，無生澀之感。句式以四六言爲主，
對偶整齊精當。繁辭麗藻，聯綴成章，是一篇嚴整的俳賦。《宋
書》本傳稱其“爲《雪賦》，以高麗見奇”。文風確如所言。

二、謝莊

謝莊(公元四二一——四六六)，七歲能屬文，善辭令，是謝靈
運之族侄。歷仕宋文帝、宋孝武帝、宋明帝三朝，官至中書令，加金
紫光祿大夫，世稱“謝光祿”。今存賦四篇，即文帝元嘉末年奉詔
所作之《赤鸚鵡賦》和孝武帝大明年間奉詔所作之《舞馬賦》。此
外有著名之《月賦》和殘缺不全之《悦曲池賦》。《月賦》是假設曹
植、王粲月夜游賞展開對月色之描寫的。其辭云：

若夫氣霽地表，雲斂天末，洞庭始波，木葉微脫。菊散芳於山椒，雁流哀於江瀨。升清質之悠悠，降澄輝之藹藹。列宿掩縟，長河韜映，柔祇雪凝，圓靈水鏡，連觀霜縞，周除冰淨。君王乃厭晨歡，樂宵宴，收妙舞，弛清縣，去燭房，即月殿，芳酒登，鳴琴薦。

若乃涼月自悽，風篁成韻；親懿莫從，羈孤遞進；聆皋禽之夕聞，聽朔管之秋引。於是絲桐練響，音容選和；徘徊《房露》，惆悵《陽阿》；聲林虛籟，淪池滅波；情紆軫其何託，愬皓月而長歌。歌曰：美人邁兮音塵闕，隔千里兮共明月。臨風歎兮將焉歇，川路長兮不可越。

此賦與謝惠連《雪賦》之正面寫雪，以景說理不同，而是通過側面烘託，緣景抒情。篇首"數語無一字說月，卻無一字非月。清空澈骨，穆然可懷"(《六朝文絜箋注》卷一許槤評)。篇末託言美人，抒發思友念親之情。在描寫手法上，亦猶劉勰論詩所謂"儷采百字之偶，爭價一字之奇，情必極貌以寫物，辭必窮力而追新"(《文心雕龍》卷二《明詩》)。其中多律句，是謝莊通聲律，使其所作向律賦轉變。又其《赤鸚鵡賦》云：

徒觀其柔儀所踐，頳藻所挺，華景夕映，容光晦鮮，惠性昭和，天機自曉。審國音於寰中，達方聲於裔表。及其雲移霞峙，霰委雪翻，陸離翬漸，容裔鴻軒，躍林飛岫，煥若輕電，溢烟門集，場棲圉曄，若夭桃被玉園。至於氣淳體浮，霧下崖沈，月圓光於綠水，雲寫影於青林，遡還風而聳翮，霑清露而調音。

賦文多殘缺，不能見其所寫鸚鵡之全貌。然其音節之和諧，屬對之工切，則可以領會得到，是律賦之濫觴。

三、鮑照

鮑照少有才情，文辭贍逸，爲時人所賞識。今存賦十篇，其特點是把俳對形式與抒情內容完美地結合起來，表現深沉的人生感慨和志士失意的悲憤。風格雄渾凌厲，具有蒼涼慷慨之氣。其最負盛名之作是《蕪城賦》。這篇賦是宋文帝元嘉二十七年，北魏太武帝南侵，兵至瓜步，廣陵太守劉懷之逆燒城府乘船，盡率其民渡江。後大明三年，竟陵王劉誕據廣陵反，沈慶之討平之。十年之間，廣陵兩遭兵禍。鮑照有感於此，作賦以抒發其歷史興衰之慨。其辭云：

當昔全盛之時，車掛轊，人駕肩，廛閈撲地，歌吹沸天。孳貨鹽田，鏟利銅山。才力雄富，士馬精妍。故能參秦法，佚周令，劃崇墉，刳濬洫，圖修世以休命。是以板築雉堞之殷，井幹烽櫓之勤，格高五嶽，袤廣三墳，崒若斷岸，矗似長雲，製磁石以禦衝，糊赬壤以飛文。觀基扃之固護，將萬祀而一君。出入三代，五百餘載，竟瓜剖而豆分。

澤葵依井，荒葛罥塗。壇羅虺蜮，階鬥麏鼯。木魅山鬼，野鼠城狐。風嗥雨嘯，昏見晨趨。飢鷹厲吻，寒鴟嚇雛。伏虣藏虎，乳血飧膚。崩榛塞路，崢嶸古馗。白楊早落，塞草前衰。稜稜霜氣，蔌蔌風威。孤蓬自振，驚沙坐飛。灌莽杳而無際，叢薄紛其相依。通池既已夷，峻隅又以頹。直視千里外，唯見起黃埃。凝思寂聽，心傷已摧。

若夫藻扃黼帳，歌堂舞閣之基；琁淵碧樹，弋林釣渚之館；吳蔡齊秦之聲，魚龍爵馬之玩；皆薰歇燼滅，光沉響絕。東都妙姬，南國麗人，蕙心紈質，玉貌絳脣。莫不埋魂幽石，委骨窮塵。豈憶同輿之愉樂，離宮之苦辛哉？天道如何，吞恨者多，

抽琴命操,爲《蕪城之歌》。歌曰:邊風急兮城上寒,井逕滅兮
丘隴殘。千齡兮萬代,共盡兮何言!

此賦以今昔對比描寫廣陵之變化,既描繪出其昔日之形勝繁華,又
描繪出其今天大亂後之荒涼、冷落,一片殘破景象。寫景則循聲而
得貌,狀物則旁暢而曲呈,極盡工巧之致。悲歌慷慨,淋漓悽切,感
人肺腑。詞藻遒麗典雅,句式排比整齊,韻律和諧清亮,體現了向
律賦過渡的形態。

要之,宋時俳賦已經成熟,並開始聲律化。

第五節　齊、梁時期

這一時期,繼宋代之後,俳賦又有新的發展。其原因,一者是
“永明聲律説”興起之促使。由於“永明聲律説”興起,使駢文演變
爲四六,古詩演變爲新體,俳賦受時風之熏染也以聲律諧暢爲美。
尤其駢體文之盛行,更直接影響俳賦。駢體文所具備的諸因素如
講求隸事、聲律、對偶和藻飾等,同時也是俳賦所應體現者,只是後
者要求更嚴格而已。二者是更加强調文學之特性。梁蕭繹在《金
樓子·立言》中提出文學之界説:“吟詠風謠,流連哀思者,謂之
文。”并具體論述説:“至如文者,惟須綺縠紛披,宮徵靡曼,脣吻遒
會,情靈搖蕩。”認爲文應當詞藻華麗,音律諧暢,情感哀怨,即須將
情感通過妍麗流美的形式表現出來,達到盡善盡美的藝術境界。
正是這種文學觀念,孕育着俳賦的新變。

一、沈約

沈約是齊梁文壇上的領袖人物,是四聲八病説的倡導者。他

博學多才,文筆兼長,所作詩賦頗合聲律。今存賦十一篇,多殘缺,其中最近於律體者爲《郊居賦》和《桐賦》。《郊居賦》是長篇巨製,乃倣效謝靈運《山居賦》而作,規模不及《山居賦》闊大,而模寫精細則過之。茲錄其一節云:

> 爾乃傍窮埶抵荒郊,編霜菼葺寒茅。摛棲噪之所集,築町疃之所交。因犯檐而刊樹,由妨基而剪巢。決淳洿之汀濙,塞井甃之淪坳。菥芳枳於北渠,樹修楊於南浦。遷甕牗於蘭室,同肩牆於華堵。織宿楚以成門,籍外扉而爲户。既取陰於庭樾,又因籬於芳杜。開閣室以遠臨,闢高軒而旁覬。漸沼沚於雷垂,周塍陌於堂下。其水草則蘋萍芰荇,菁藻兼菰。石衣海髮,黄荇綠蒲。動紅荷於輕浪,覆碧葉於澄湖。飧嘉實而卻老,振羽服於清都。其陸卉則紫鼈綠葹,天著山韭。雁齒麋舌,牛脣彘首。布濩南池之陽,爛熳北樓之後。或幂渚而芘地,或縈窻而窺牗。若乃園宅殊製,田圃異區。李衡則橘林千樹,石崇則襍果萬株。並豪情之所侈,非儉志之所娛。欲令紛披蓊鬱,吐緑攢朱。羅窗映户,接霤承隅。開丹房以四照,舒翠葉而九衢。抽紅英於紫蔕,衒素藥於青跗……

這是描寫自己如何開拓、修葺郊居環境以及郊居自然環境之優美。屬對工巧,音韻和諧,具有音律整齊之美。據《梁書》卷三十三《王筠傳》記載:“約製《郊居賦》,構思積時,猶未都畢,乃要筠示其草。筠讀至‘雌霓(五激反)連蜷’,約撫掌欣抃曰:‘僕嘗恐人呼爲霓(五雞反)。’”沈約所以稱贊王筠讀霓爲“五激反”,緣五激反是仄聲,以與其下蜷字之平聲相配,如讀爲“五雞反”則爲平聲,與下蜷字成爲平平,於平仄聲律不諧。可見沈約行文重視斟酌字音之平仄以及平仄聲在字句中之調配了。又其《桐賦》具有同樣特點，如：

> 龍門之桐，遠望青葱。專巖擅嶺，或孤或叢。枝封暮雲，葉映畫虹。抗蘭橑以棲龍，拂雕窗而團露。喧密葉於鳳晨，宿高枝於鸞暮。合影陽崖，摽峰東陸。俯結玄陰，仰成翠屋。乍髣髴於行雨，時徘徊於丹轂。遠六綵於碧林，豈慚光於若木。

此賦是奉竟陵王蕭子良之命而作。描寫梧桐之雄姿及神韻，以四六言爲基本句式，音節流暢，開篇即扣題，是律賦體制。這兩篇可謂律賦之先祧。

二、江淹

江淹是詩人，也是重要賦家。他的賦今存二十八篇，是當時文人中作賦最多者。他與沈約同時，而且都歷仕宋、齊、梁三朝，但與沈約交往很少。良由文風不同，故趨向各異。他的賦蒼勁含蓄，頗近晉宋詩風。沈賦清麗華靡，體現齊梁詩之正格。然就其追求對偶、用典、儷詞等，則與沈作是一致的。他的《恨賦》、《別賦》是俳賦之名篇。

《恨賦》是組合歷史上各種人物之懊恨以成文。《別賦》則是組合歷史上各色人物之離愁以成文。這種以某一類情感作爲詠嘆內容的體制，源於孫楚的《笑賦》和陸機的《別賦》，體現了作爲一種特殊文體之賦，從體物到抒情的轉變。如《恨賦》寫古人不稱其意飲恨而死云：

> 試望平原，蔓草縈骨，拱木斂魂。人生到此，天道甯論！於是僕本恨人，心驚不已，直念古者，伏恨而死。
>
> 至如秦帝按劍，諸侯西馳，削平天下，同文共規。華山爲城，紫淵爲池。雄圖既溢，武力未畢。方架黿鼉以爲梁，巡海

右以送日。一旦魂斷，宮車晚出。

若乃趙王既虜，遷於房陵。薄莫心動，昧旦神興。別艷姬與美女，喪金輿及玉乘。置酒欲飲，悲來填膺，千秋萬歲，爲怨難勝。

至於李君降北，名辱身冤，拔劍擊柱，弔影慚魂。情往上郡，心留雁門。裂帛繫書，誓還漢恩。朝露溘至，握手何言？

……

及夫中散下獄，神氣激揚。濁醪夕引，素琴晨張。秋日蕭索，浮雲無光。鬱青霞之奇意，入修夜之不暘。

或有孤臣危涕，孽子墜心。遷客海上，流戍隴陰。此人但聞悲風汩起，血下霑衿。亦復含酸茹歎，銷落湮沈。

若乃騎疊跡，車屯軌，黃塵匝地，歌吹四起。無不煙斷火絕，閉骨泉裏。

已矣哉！春草莫兮秋風驚，秋風罷兮春草生。綺羅畢兮池館盡，琴瑟滅兮丘隴平。自古皆有死，莫不飲恨而吞聲。

其中描寫了帝王將相、美女才人、孤臣孽子、貧民寒士的覆亡之恨、冤屈之恨、去國之恨等，有史以來不論富貴者或貧寒者，達官顯宦或平民百姓，最終都要魂歸丘壠，免不了一死，榮枯同歸於盡。此其所以爲"恨"也。通篇風格奇陗諧韻，語言錘煉精工，筆法簡勁，慷慨激昂，悲思淋漓！《別賦》寫古人離別之痛，生離亦猶死別：

黯然銷魂者，唯別而已矣。況秦吳兮絕國，復燕宋兮千里。或春苔兮始生，乍秋風兮蹔起。是以行子斷腸，百感悽惻。風蕭蕭兮異響，雲漫漫而奇色。舟凝滯於水濱，車逶遲於山側。櫂容與而訨前，馬寒鳴而不息。掩金觴而誰御，橫玉柱而霑軾。居人愁臥，怳若有亡。日下壁而沈彩，月上軒而飛

光。見紅蘭之受露，望青楸之離霜。巡層楹而空揜，撫錦幕而
虛涼。知離夢之躑躅，意別魂之飛揚。

　　故別雖一緒，事乃萬族。至若龍馬銀鞍，朱軒繡軸，帳飲
東都，送客金谷。琴羽張兮簫鼓陳，燕趙歌兮傷美人。珠與玉
兮艷莫秋，羅與綺兮嬌上春。驚駟馬之仰秣，聳淵魚之赤鱗。
造分手而銜涕，感寂寞而傷神。

　　乃有劍客慚恩，少年報士。韓國趙廁，吳宮燕市。割慈忍
愛，離邦去里。瀝泣共訣，抆血相視。驅征馬而不顧，見行塵
之時起。方銜感於一劍，非買價於泉裏。金石震而色變，骨肉
悲而心死。

　　……

　　下有芍藥之詩，佳人之歌，桑中衛女，上宮陳娥。春草碧
色，春水綠波。送君南浦，傷如之何！至乃秋露如珠，秋月如
珪。明月白露，光陰往來。與子之別，思心徘徊。

　　是以別方不定，別理千名。有別必怨，有怨必盈。使人意
奪神駭，心折骨驚。雖淵、雲之墨妙，嚴、樂之筆精。金閨之諸
彥，蘭臺之群英。賦有凌雲之稱，辯有雕龍之聲。誰能摹暫離
之狀，寫永訣之情者乎？

其中以"黯然銷魂者，唯別而已矣"一句爲全篇之骨，以下分別描
摹公卿之別、俠客之別、將士之別、游子之別、夫妻之別、方士之別、
情侶之別的黯然銷魂之狀。然"別雖一緒，事乃萬族"，並非這幾
類所能涵蓋得了，實則罄竹難書！所賦縷縷入情，如泣如訴，如怨
如慕，言簡而情長。風格與《恨賦》之慷慨激昂不同，而是柔婉隱
秀，於柔婉中見精神。

　　當然，《恨賦》與《別賦》也有共同特點，即幾乎句式皆駢四儷
六，除虛詞外，俱異字相對，既工整又自然。語言雕琢工巧，如"孤

臣危涕,孽子墜心",《文選》李善注:"然心當云危,涕當云墜。江氏愛奇,故互文以見義。"將墜與危互倒,更具風骨。精於寫景狀物,如"至於秋露如珠,秋月如珪。明月白露,光陰往來",寫秋夜之景,歷歷如繪。故俱爲俳賦佳構。

三、蕭繹

　　蕭繹(公元五〇八——五五四)是梁武帝第七子,自號金樓子。秉性矯飾殘忍,權利慾極强。但博學多能,其兄蕭綱(簡文帝)嘗稱許其文學才能:"文章未墜,必有英絶,領袖之者,非弟而誰?"(《全梁文》卷十一)他是一位宮體詩作家,其詩風特點是"其意淺而繁,其文匿而彩,詞尚輕險,情多哀思"(《隋書》卷七十六《文學傳序》),即更追求形式之新奇華美,加之聲律説之提倡,重視音調之和諧,進一步促使其向律賦演變。蕭繹賦今存九篇,以寫艷情見長。能體現其特色者爲《蕩婦秋思賦》和《采蓮賦》。如《蕩婦秋思賦》云:

　　　　蕩子之別十年,倡婦之居自憐。登樓一望,唯見遠樹含烟。平原如此,不知道路幾千。天與水兮相逼,山與雲兮共色。山則蒼蒼入漢,月則涓涓不測。誰復堪見鳥飛,悲鳴雙翼?秋何月而不清,月何秋而不明?況乃倡樓蕩婦,對此傷情。於時露萎庭蕙,霜封階砌。坐視帶長,轉看腰細。重以秋水文波,秋雲似羅。日黯黯而將暮,風騷騷而渡河。妾怨迴文之錦,君思出塞之歌。相思相望,路遠如何?鬢飄蓬而漸亂,心懷愁而轉嘆。愁容翠眉斂,啼多紅粉漫。已矣哉!秋風起兮秋葉飛,春花落兮春日暉。春日遲遲猶可止,客子行行終不歸。

寫蕩婦對客子之思念,以凝練之語詞,鏗鏘之音調,傾訴其在秋月之下徘徊留連、愁思鬱結、哀怨幽憤之情。最後以春日尚可期望,客子之歸期不可期望了結全篇,則蕩婦之思念無窮盡矣。清人許槤評云"語淺而情深"(《六朝文絜箋注》卷一),信然。又如《采蓮賦》云:

> 紫莖兮文波,紅蓮兮芰荷。綠房兮翠蓋,素實兮黃螺。於時妖童媛女,蕩舟心許。鷁首徐迴,兼傳羽杯。棹將移而藻挂,船欲動而萍開。爾其纖腰束素,遷延顧步。夏始春餘,葉嫩花初。恐沾裳而淺笑,畏傾船而斂裾。故以水濺蘭橈,蘆侵羅襪,菊澤未反,梧臺迴見。荇溫霑衫,菱長繞釧。泛柏舟而容與,歌采蓮於江渚。歌曰:碧玉小家女,來嫁汝南王。蓮花亂臉色,荷葉雜衣香。因持薦君子,願襲芙蓉裳。

寫江南少女采蓮之圖景。雖爲艷情之作,但比較莊重,再現了江南的民間風俗。其中之"紫莖"、"紅蓮"、"綠房"、"翠蓋"、"素實"、"黃螺"等詞,正體現了齊梁俳賦喜用華麗詞藻的特點,通過這些華麗詞藻,把采蓮環境描繪得色彩鮮明。然後寫一群少年男女蕩舟采蓮,互訴衷情。蕭繹擅長文學之外,又工繪畫。《南史》卷八《梁元帝紀》記載其"及長好學,博極群書","工書畫"。又其《謝上畫蒙敕褒賞啓》亦云:"臣簿領餘暇,竊愛丹青。"因此,這篇賦應即將其繪畫之設色、襯託、描繪神態等技巧應用其中,融畫境入文。其寫法,誠可謂"體物瀏亮,斯爲不負"(《六朝文絜箋注》卷一許槤評)。

蕭繹之俳賦,主抒情,其流麗工巧具有六朝民間樂府的韻味。

四、吳均

吳均出身寒微,有才學,所作以小品書札見長。工於寫景,清新秀逸,在當時文壇上影響很大。時人多效其體,稱"吳均體"。
今存賦五篇,以《八公山賦》和《吳城賦》較出色。如《八公山
賦》云:

> 峻極之山,蓄聖表仙。南參差而望越,北邐迤而懷燕。爾
> 其盤桓基固,含陽藏霧,絕壁嶮巇,層巖迴互。桂皎月而常團,
> 雲望空而自布。袖以華閭,帶以潛淮。文星亂石,藻日流堦。
> 若夫神基巨鎮,而卓舉荆河。箕風畢雨,育嶺生峨。高岑直兮
> 蔽玉盤,見雲夢之千樹,笑江陵之十蘭。葉葉之雲,共琉璃而
> 並碧;枝枝之日,與金輪而共丹。若乃穠夜初露,長郊欲素。
> 風費寒而北來,雁衡霜而南渡。方散藻於季深,遂凝貞於
> 冬暮。

此賦描寫八公山之景,是以景抒情之短制。對景物之描寫只寥寥
數筆,便情致宛然,韻味無窮! 屬對工切,音節和諧,構成許多律
句,頗近於律賦的形式。李調元《賦話》卷一云:"梁吳均《八公山
賦》云'桂皎月而常團,雲望空而自布',又'文星亂石,藻日流階',
章句益工,而氣味漸薄。初唐人沿襲此體,遂一變而有律賦。"此賦
與上文所論述的沈約之《桐賦》等,都是俳賦演變爲律賦之顯例,
是俳賦向律賦過渡之津梁。不過,齊梁時這種近於律體之賦,大抵
皆短篇,而且句法或對偶,或不對,或合律,或不合。待至北周之庾
信,遂衍爲長篇,句法益加工整,聲律益加和諧,把俳賦律體化更向
前推進一步。吳訥《文章辨體序》云:

> 至晉陸士衡輩《文賦》等作,已用俳體。流至潘岳,首尾
> 絕俳。迨沈休文等出,四聲八病起,而俳體又入於律矣。徐庾
> 繼出,又復隔句對聯,以爲駢四儷六;簇事對偶,以爲博物洽
> 聞。有辭無情,義亡體失。此六朝之賦所以益遠於古。

其論六朝賦體之演變，略具梗概。

第六節　北朝時期

晉室南渡，北方士族文人也隨之南遷。北方少數民族文化比較落後，因此文壇冷清，幾乎無文學可言。自北魏孝文帝遷都洛陽，倡導漢化開始，才有少量文學產生。其後，北魏分裂爲東魏與西魏，梁朝發生了侯景之亂，西魏滅梁，南朝文人又多流入北朝，北朝文學因而繁榮起來。此期之重要作家爲顔之推和庾信。

一、顔之推

顔之推（公元五三一——五九一），字介，琅琊臨沂（今山東臨沂）人。博覽群書，有辯才。初仕梁爲掌書記。梁元帝即位，官散騎侍郎。西魏破江陵，被俘入關中。不願爲國仇作臣屬，率妻子奔北齊，官至黃門侍郎、平原太守。齊亡入北周，爲御史上士。隋開皇中，太子召爲學士，不久病卒。所著《顔氏家訓》二十篇，文多駢偶。曾與陸法言討論聲韻之學，參與《切韻》之編撰。這對他的詩文創作頗有影響。今僅存《觀我生賦》一篇，僅此一篇亦足以顯示其在北朝賦作中之重要地位。這是一篇自傳性的作品。作者親歷侯景之篡弑，梁元帝與北齊後主之覆亡，乃以自己之所見所聞描述了這段歷史，抒發了自己的悲傷和憤慨。如其描述侯景叛亂之情況云：

> 養傅翼之飛獸，子貪心之野狼。初召禍於絶域，重發釁於蕭牆。雖萬里而作限，聊一葦而可航。指金闕以長鎩，向王路而蹳張。勤王踰於十萬，曾不解其搤吭。嗟將相之骨鯁，皆屈體於犬羊。武皇忽以厭世，白日黯而無光。既饗國而五十，何

克終之弗康。嗣君聽於巨猾，每凜然而負芒。自東晉之違難，寓禮樂於江湘。迄此幾於三百，左袵夾於四方。詠苦胡而永歎，吟微管而增傷。

描寫侯景叛亂之由，及其攻入建業之後，梁王朝一片荒亂之景象，宛然在目。賦中標舉"內諸夏而外夷狄"，表現了民族大義，對叛亂者、入侵者極其仇視，對自己屈身事敵深感羞愧與懊恨。如其篇末慨嘆云：

> 予一生而三化，備荼苦而蓼辛。鳥焚林而鎩翮，魚奪水而暴鱗。嗟宇宙之遼曠，愧無所而容身。夫有過而自訟，始發矇於天真。遠絕聖而棄智，妄鎖義以羈仁。舉世溺而欲拯，王道鬱以求申。既銜石以填海，終荷戟以入秦。亡壽陵之故步，臨大道以逡巡。向使潛於草茅之下，甘爲畎畝之人。無讀書而學劍，莫抵掌以膏身。委明珠而樂賤，辭白璧而安貧。堯舜不能榮其素樸，桀紂無以汙其清塵。此窮何由而至，茲辱安所自臻。而今而後，不敢怨天而泣麟也。

其心情沉痛不能自已。俳賦之作，如此真實、全面地描寫重大歷史事件，並抒發自己對歷史的認識和感慨，是不多見的。其在這方面的成就高於沈炯的《歸魂賦》、李諧的《述身賦》，而僅次於庾信的《哀江南賦》。其賦風，正如《北齊書》本傳所云"文致清遠"。這體現了他的文學主張："當以理致爲心腎，氣調爲筋骨，事義爲皮膚，華麗爲冠冕。"（《顏氏家訓》卷四《文章》篇）具有一種遒勁之骨氣。由於他通聲韻之學，所以俳偶之中多合聲律。

二、庾信

庾信是南北朝時期最大、最傑出的賦家，他的賦作集南北文學之大成，勿論對偶之工整，或聲韻之和諧，都達到新的水平。王闓運《湘綺樓論文》即云："駢儷之文起於東漢，大抵書奏之用，舒緩其詞，經傳雖有偶對，未有通篇整齊者也。自劉宋以後，日加綿密，至齊梁純爲排比，庾徐又加抑揚，聲韻彌諧，意趣益俗。"因此，他的賦作在律體形成過程中具有重要意義。今存賦十五篇，可分爲前後兩期。前期在梁時所作，如《春賦》、《七夕賦》、《燈賦》、《對燭賦》、《鏡賦》、《鴛鴦賦》、《蕩子賦》七篇。內容多寫宮廷生活和嬪妃宮女等，形式則鋪采摛文，以對偶工麗，音節和諧見長。後期在西魏、北周時所作，如《三月三日華林園馬射賦》、《小園賦》、《枯樹賦》、《傷心賦》、《象戲賦》、《竹林賦》、《邛竹林賦》、《哀江南賦》八篇。此期由於他出使被强留北方，政治遭遇之巨變，令其賦之內容多鄉關之思、亡國之痛。賦風由華艷新巧轉變爲沉鬱悲愴。

其前期之作《燈賦》，是一篇詠物賦，但描寫燈的筆墨並不多，主要是寫燈下之人的生活，即貴族的華貴生活。如：

> 九龍將暝，三爵行棲。瓊鉤半上，若木全低。窗藏明於粉壁，柳助暗於蘭閨。翡翠珠被，流蘇羽帳。舒屈膝之屏風，掩芙蓉之行障。卷衣秦后之牀，送枕荊臺之上。乃有百枝同樹，四照連盤。香添然蜜，氣雜燒蘭。爐長宵久，光青夜寒。秀華掩映，虬膏照灼。動鱗甲於鯨魚，斂光芒於鳴鶴。蛾飄則碎花亂下，風起則流星細落。況復上蘭深夜，中山醑清。楚妃留客，韓娥合聲。低歌著節，游絃絕鳴。輝輝朱爐，焰焰紅榮。乍九光而連綵，或雙花而並明。寄言蘇季子，應知餘照情。

通過詠燈，寫閨閫之思。最後用甘茂對蘇秦所講之寓言"寄言蘇季子，應知餘照情"（《戰國策·秦策》）以示讓無這種富貴生活的貧苦人民分享一點華燭之餘光，亦曲終奏雅之意。全篇除首二句外，皆四六對偶，且音韻諧暢，平仄相間。許槤評云："音簡韻健，光彩煥鮮，六朝中不可多得。"(《六朝文絜箋注》卷一)在形式上達到爐火純青之境界。庾信前期之賦大多如此。

庾信最傑出的作品是他後期所寫的《哀江南賦》。此賦取意於《楚辭·招魂》"魂兮歸來哀江南"，是有感於屈原憂國傷時精神之作，是繼《離騷》之後出現的最優秀的自傳性篇章，其成就之高可與《離騷》前後交輝。據《北史》卷八十三《庾信傳》稱：信晚年屈仕異國，"雖位望通顯，常有鄉關之思，乃作《哀江南賦》，以致其意"。"哀江南"者，悼梁朝之覆亡也。通篇以作者之身世為經，梁朝覆亡前後之歷史巨變為緯，揭示梁朝政治之腐敗，統治者之昏庸及其必然滅亡之命運。表現了作者深邃的歷史觀點，開拓了以賦寫史之新途徑。如其寫侯景之亂前夕梁朝之政治情況：

> 於時朝野歡娛，池臺鐘鼓。里為冠蓋，門成鄒魯。連茂苑於海陵，跨横塘於江浦。東門則鞭石成橋，南極則鑄銅為柱。樹則園植萬株，竹則家封千户。西賮浮玉，南琛没羽。吳歈越唫，荆艷楚舞。草木之藉春陽，魚龍之得風雨。五十年中，江表無事。王歊為懿親之侯，班超為定遠之使。馬武無預於兵甲，馮唐不論于將帥。豈知山嶽闇然，江湖潛沸。漁陽有閭左戍卒，離石有將兵都尉。天子方刪詩書，定禮樂；設重雲之講，開士林之學。譚劫燼之灰飛，辯常星之夜落。地平魚齒，城危獸角。卧刁斗於滎陽，絆龍媒於平樂。宰衡以干戈為兒戲，縉紳以清譚為廟略。乘漬水以膠船，馭奔駒以朽索。小人則將及水火，君子則方成猿鶴。弊算不能救鹽池之鹹，阿膠不能止黃河之濁。既而魴魚頳尾，四郊多壘。殿狎江鷗，宮鳴野雉。湛盧去國，艅艎失水。見被髮於伊川，知百年而為戎矣。

當時朝野歡娛，鐘鼓之聲相聞，冠蓋之里相望，疆土廣大，民衆殷富，歌舞昇平，國泰民安，不修武備，不論兵事。梁武帝潛心於儒經釋典，删詩書，定禮樂，談佛理，辨星相，以維護其腐朽統治。宰輔以干戈爲兒戲，百官以清談爲謀略。豈料危機暗伏，禍端萌生，侯景作亂，人民俱陷水火，百官皆遭劫難。頃刻之間，土崩瓦解，社稷傾覆！把梁朝之所以傾覆及其過程真實地揭示出來。又其寫江陵城被西魏攻陷後之情況：

> 下江餘城，長林故營。徒思箝馬之秣，未見燒牛之兵。章曼支以轂走，宫之奇以族行。河無冰而馬渡，關未曉而雞鳴。忠臣解骨，君子吞聲。章華望祭之所，雲夢偽游之地。荒谷縊於莫敖，冶父囚乎群帥。硎穽摺拉，鷹鸇批攢。冤霜夏零，憤泉秋沸。城崩杞婦之哭，竹染湘妃之淚。水毒秦涇，山高趙陘。十里五里，長亭短亭。饑隨蟄燕，闇逐流螢。秦中水黑，關上泥青。於時瓦解冰泮，風飛電散。渾然千里，淄澠一亂。雪暗如沙，冰橫似岸。逢赴洛之陸機，見離家之王粲。莫不聞隴水而掩泣，向關山而長歎。

寫梁元帝忌賢妒能，忠臣義士報國無門，皆疾速逃離。梁城防空虛，守備薄弱。魏軍入城，大肆殺戮，百官遭難，生民塗炭，大批臣民被擄至關中，跋山涉水，備嘗艱辛，沿途所見，一片殘破景象。在長安故舊相見，皆掩面而泣，對天長歎。把國亡之痛、家破之悲表現得淋漓盡致。篇末慨嘆自己之身世：

> 且夫天道回旋，生民預焉。余烈祖於西晉，始流播於東川。洎余身而七葉，又遭時而北遷。提挈老幼，關河累年，死生契闊，不可問天。況復零落將盡，靈光巋然。日窮於紀，歲將復始。逼迫危慮，端憂暮齒。

謂自己慘遭國難，提挈家小北遷，羈留不歸，死生離合，無可問訊。親朋知交多零落謝世，自己則孑然獨存，暮年爲各種愁思憂慮所煎迫。悲憤之極，詰問茫茫蒼天："以鶉首而賜秦，天何爲而此醉？"上天何以糊塗到如此程度，把梁朝的國土讓西魏占領？切題"哀江南"，抒發其對梁亡之沉痛悼念！通篇用典，其用典不僅僅是隸事，且講求用辭。用典是用古事以申今情，用辭是引成辭以明此義。作者把二者完美地融匯爲一體，達到辭約意豐和精潤圓熟之境界。語句以四六對偶爲主，工整自然，無刻意造作之痕跡。間以三、五、七、八、九言等句法，使氣勢流宕起伏。

《枯樹賦》是一篇寓言體之作，作者以枯樹自比，以樹擬人，借枯樹暗寓自己一生不幸之遭遇，抒發自己身世之悲、鄉關之思、家國之痛。如其寫枯樹之備受摧折云：

　　夫松子、古度，平仲、君遷。森稍百頃，槎枿千年。秦則大夫受職，漢則將軍坐焉。莫不苔埋菌壓，鳥剝蟲穿。或低垂於霜露，或撼頓於風烟。東海有白木之廟，西河有枯桑之社。北陸以楊葉爲關，南陵以梅根作冶。小山則叢桂留人，扶風則長松繫馬。豈獨城臨細柳之上，塞落桃林之下。

　　若乃山河阻絶，飄零離別。拔木垂淚，傷根瀝血。火入空心，膏流斷節。橫洞口而欹卧，頓山腰而半折。文斜者百圍冰碎，理正者千尋瓦裂。戴瘿銜瘤，藏穿抱穴。木魅睒睗，山精妖孽。

寫枯樹以前曾被封爲大夫，被將軍倚靠，今天則爲苔菌所埋壓，爲鳥蟲所剝穿，甚而被拔本、掘根，欹卧於洞口，半折於山腰，成爲山鷹野鼠之巢穴。人亦猶樹，豈不痛哉！然後直接抒發自己之悲痛云：

　　　　況復風雲不感，羈旅無歸。未能采葛，還成食薇。沉淪窮
　　巷，蕪没荆扉。既傷摇落，彌嗟變衰。淮南子云：木葉落，長年
　　悲。斯之謂矣。

感慨自己屈體魏、周，思念故國，以至衰老，猶樹木於秋季之摇落枯
朽時也。字血聲淚，沉痛之極！作者融化許多關於枯樹的典實以
成篇，如羚羊挂角，無跡可求。又篇首殷仲文悲嘆："此樹婆娑，生
意盡矣。"篇末桓温感慨："樹猶如此，人何以堪！"以事典始，亦以
事典終，終始相應，尤見風神！

　　《小園賦》也是一篇工整的俳體。描寫他羈旅長安時，但求容
身，不求仕進，而又不得不屈仕魏、周之痛苦心情。他筆下小園的
玲瓏精巧之景致，優美清靜之環境，都是爲了擺脱痛苦而追求的一
種精神境界。他以自然景色自娛，也以自然景色慰藉心靈上的創
傷。然仍不能掩飾隨時流露於筆端的悽苦與隱痛。全賦可分前後
兩部分，前一部分主要寫小園之景，後一部分主要寫鄉關之思。如
其寫小園之景云：

　　　　爾乃窟室徘徊，聊同鑿壞。桐間露落，柳下風來。琴號珠
　　柱，書名《玉杯》。有棠梨而無館，足酸棗而非臺。猶得欹側
　　八九丈，縱横數十步，榆柳兩三行，梨桃百餘樹。撥蒙密兮見
　　竅，行欹斜兮得路。蟬有翳兮不驚，雉無羅兮何懼！草樹混
　　淆，枝格相交。山爲簣覆，地有堂坳。藏狸並窟，乳鵲重巢。
　　連珠細菌，長柄寒匏。可以療飢，可以棲遲。敧陋兮狹室，穿
　　漏兮茅茨。簷直倚而妨帽，戶平行而礙眉。坐帳無鶴，支牀有
　　龜。鳥多閒暇，花隨四時。心則歷陵枯木，髮則睢陽亂絲。非
　　夏日而可畏，異秋天而可悲。

小園之面積不過"欹側八九丈，縱横數十步"。其中榆、柳、梨、桃

羅列成行,而無館臺之設。草樹任其所長,山池隨其凸坳,皆自然成趣。自己並鳥獸棲遲,以草實療飢,心灰如槁木,髮白如亂絲。唯畏怖與悲涼而已。最終仍流露出難以掩飾的恐懼與哀傷。如其寫故國之思云:

> 遂乃山崩川竭,冰碎瓦裂,大盜潛移,長離永滅。摧直彎於三危,碎平途於九折。荊軻有寒水之悲,蘇武有秋風之別。《關山》則風月悽愴,《隴水》則肝腸斷絕。龜言此地之寒,鶴訝今年之雪。百齡兮儵忽!菁華兮已晚!不雪雁門之踦,先念鴻陸之遠。非淮海兮可變,非金丹兮能轉。不暴骨於龍門,終低頭於馬坂。諒天造兮昧昧,嗟生民兮渾渾。

侯景之亂,國家傾覆,自己遭此喪亂,聘魏而不得復返,不能死節,反而屈體魏、周,豈不羞辱!駢四儷六,隔句作對,奇偶相生,文氣流蕩。清許槤所謂"駢語至蘭成,所謂采不滯骨,雋而彌絜"(《六朝文絜箋注》卷一),且聲調鏗鏘,音律諧暢,再稍加潤飾,即成律賦了。

《三月三日華林園馬射賦》是一篇應詔之作,乃歌頌北周武帝游獵之舉,內容無甚意義,但形式已近於律體。如其前半篇云:

> 歲次昭陽,月在大梁。其日上巳,其時少陽。春史司職,青祇效祥。徵萬騎於平樂,開千門於建章。屬車釃酒,複道焚香。皇帝翊四圍於帝閑,迴六龍於天苑。對宣曲之平林,望甘泉之長坂。華蓋平飛,風烏細轉。路直城遙,林長騎遠。帷宮宿設,帳殿開筵。旁臨細柳,斜界宜年。開鶴列之陣,靡魚鱗之斿。行漏抱刻,前旌載鳶。河湄蓯草,渭口澆泉。堋雲五色,的暈重圓。陽管既調,春絃實撫。總章協律,城均樹羽。翔鳳爲林,靈芝爲圃。草御長帶,桐垂細乳。鳥轉歌來,花濃雪聚。玉律調鐘,金錞節鼓。

寫帝王游獵之場面極爲壯觀。對偶工整,聲律謹嚴,除去不講求限韻之外,與唐朝律賦相去不遠了。《賦話》卷一云:"古變爲律,兆於吳均、沈約諸人,庾子山信衍爲長篇,益加工整,如《三月三日華林園馬射賦》及《小園賦》皆律賦之所自出。"即説明這兩篇賦與律賦的淵源關係。

　　從總體上看,庾信的賦作在俳體向律體演變過程中起了重要作用。它具備了律賦應有的諸條件,如在用典和鑄辭之精工方面,能把二者完美地統一起來。清李兆洛《駢體文鈔》卷三云:

　　　　隸事之富,始於士衡;織詞之縟,始於延之;詞事并繁,極於徐庾,而皆骨足以載之。

在對聲律之講求方面,能達到更加工巧、謹嚴的境地。《六朝文絜箋注》卷八清許槤云:

　　　　駢語至徐庾,五色相宣,八音迭奏。可謂六朝之渤澥,唐代之津梁。

又《賦話》卷一云:

　　　　沈約諸人,音節諧和,屬對密切,而古意漸遠。庾子山沿其習,開隋唐之先躅。古變爲律,子山實開其先。

他們都正確評價了庾信之賦作在律賦形成過程中之歷史地位,是從俳體到律體的津梁。當然,庾信之賦與唐宋律賦又不同,庾信賦爲長篇,不限韻,而"唐時律賦,字有定限,鮮有過四百字者"(李調元《賦話》卷四)。即以四平四仄八韻爲限,篇幅皆止於四百字。這與唐代科舉考試制度密切相關,其對形式之要求更嚴格了。

　　總覽賦之發展過程,就形式而論,句法講求工整。這一特殊文體，從楚辭以至西漢武帝時期發展到了極點，其影響所及，使當時的散文辭賦化。這種辭賦化的散文進一步發展，便形成爲駢體文。至魏晉宋齊時期，駢體文最爲發達，反過來又影響到賦，使原來的古賦演變爲俳賦。齊梁時聲律説興起，駢體文（包括四六文）繼續影響俳賦，於是至唐代完成了律賦。迨至兩宋，純散體之古文極端發達，影響到四六文，於是完成了宋四六，又影響到賦，完成了文賦。這便是賦與文在形式上互相影響、互相促進之發展關係。又律賦之四六句式，對八股文的産生影響很大，可以説明清時的八股文即脱胎於律賦。

第七章　駢　文

本書第一章我們曾將魏晉六朝的文體分爲文、筆、言三類。前此所論列者如五言詩、樂府以及辭賦等有韻之文皆屬"文"類，而此章將論述的稍加文飾之駢文則屬於"筆"類。駢文起於西漢，形成於東漢，至魏晉已臻於成熟並興盛發達起來。魏晉駢文句法整齊而疏散，色澤淺淡而華美，聲調平緩而抑揚，境界特高。東晉駢文繼承西晉餘風，氣韻清靜而流蕩，言辭質直而暢達，體兼駢散，風格獨具。至宋則偏重辭采，句必偶對，言必用事，惟形式之美是求。齊梁時，永明體刻意求工、精心藻飾，尤傾心於修辭，遂開四六之門徑。梁陳時徐庾體精於裁對，諧於聲調，長於敷藻，已形成原始之四六體。南朝駢文之演變過程唯追求形式之美，徐庾所作可謂達到美之極致。自西漢以來，駢文體制屢變，最終形成四六文，而庾信之作是此過程中之津梁。

第一節　漢末建安時期

漢末建安時期駢文呈現出繁榮之局面，其具體表現：一爲各種文體如詔令、箋啓、序跋、論説、奏疏、碑銘、史傳、雜文等無不滲透有駢辭儷句，形成莊重凝練，辭采飛揚之文風；二爲作家們能巧妙地運用這種嚴格的文學形式敘事、抒情、狀物和議論，並達到很高之藝術水平，發揮着各種社會功能。以曹氏父子爲核心的作家群是這一時期駢文創作之代表。諸葛亮不屬於這一文學集團，但他作有優秀的駢文，並年歲長於曹丕、曹植，因此於本節首先論述之。

一、諸葛亮

諸葛亮（公元一八一——二三四）據《三國志·蜀志》卷五本傳，字孔明，琅琊陽都（今山東沂水縣西南）人，漢末隱居隆中（今湖北襄陽西），躬耕隴畝，好爲《梁父吟》，時稱“卧龍”。劉備屯新野，曾三次往顧，問以天下大計。他根據當時形勢，提出西據荆、益，南撫夷、越，以與孫權、曹操鼎立，觀時乘變，圖霸興漢之主張，即所謂“隆中對”。劉備重用之，建立蜀漢，任爲丞相。劉備死，又輔佐其子劉禪，曾六次出兵攻魏，病死五丈原軍中。本傳附載《諸葛氏集》目錄十四篇，已散佚。今傳《諸葛忠武侯文集》四卷，附錄二卷，《諸葛故事》五篇，乃清人張澍所編。其文章最爲人們傳誦者爲《出師表》，此文被收錄入以“事出於沈思，義歸乎翰藻”爲標準的《文選》之中，受到駢文家蕭統之重視。《出師表》只有一篇，《文選》也僅錄一篇，無前後之分。《三國志·蜀志》裴注引《漢晉春秋》云另一表：“此表亮集所無，出張儼《默記》。”因此有後《出師表》之説，實則不可信。對此前人已多所考證，如清人黃式三《儆居集》集二《史説》一《讀蜀志諸葛傳》云：

> 世傳諸葛武侯有前後出師之表。……前表悲壯，後表衰颯；前表意周而辭簡，後表意窘而辭繁。豈街亭一敗，遂足以褫其魄而奪其氣乎？以是知後表之爲贋也。……郭冲五事甚重諸葛之權智，裴世期引而駁之，以解謬譽。裴氏既見《武侯文集》原無後表之篇，所引張儼《默記》正郭冲五事之比，而疑以傳疑，未及辯駁。……且不知後表之贋者，獨不思《趙雲傳》乎？《雲傳》曰：“建興五年，隨諸葛亮駐漢中。明年，亮出軍揚聲就斜谷道，曹真遣大衆當之。亮令雲及鄧芝往拒，七

年,卒。"而後表作於六年之十一月,已言趙雲之喪,其謬著矣。藉曰《雲傳》七年之字有譌,則傳連記五年六年七年之事,無由改七爲六也。《武侯文集》二十四篇,陳承祚所定,而不載後表,《文選》録武侯之表,而不題前《出師表》,則後表之贋,昔人固知之矣。

黄式三具體論證了後表所叙史事多所牴牾,非出於諸葛亮之手,應是贋品。又黄以周《默記》叙(見《儆季雜著》"子叙")云:

> 《默記》吳張儼撰。儼字子節,吳人,事跡見《吳志・孫皓傳》注。《隋志》雜家傅子下云:"梁有《默記》三卷,亡。"《唐志》復著録,今書已逸。《蜀志・諸葛亮傳》注載《述佐篇》及武侯後《出師表》一篇,皆儼所作也。……後表不載於《武侯文集》,亦不見於陳壽《志》。裴松之注引《漢晉春秋》有此表,而又溯其所出云"此亮集所無,出張儼《默記》"。則此表爲張儼擬作明矣。

黄以周是黄式三之子,他不但論證後《出師表》是膺品,而且進而斷其爲吳張儼擬作。那麽,我們可以得出以下認識,即《出師表》只有一篇,後來有人擬作,所以分爲前後兩篇,前表是諸葛亮所作,後表則是僞作。我們以前表爲準,以見其骈文之成就。此表是諸葛亮率軍北駐漢中(今陝西漢中市),準備伐魏,出兵之前向後主劉禪所上之奏疏,勸誡劉禪尊賢納諫,嚴明法治,並説明出師的目的和任務。其披露自己之忠心一段最爲動人:

> 臣本布衣,躬耕於南陽,苟全性命於亂世,不求聞達於諸侯。先帝不以臣卑鄙,猥自枉屈,三顧臣於草廬之中,諮臣以當世之事,由是感激,遂許先帝以驅馳。後值傾覆,受任於敗軍之際,奉命於危難之間,爾來二十有一年矣。先帝知臣謹

慎，故臨崩寄臣以大事也。受命以來，夙夜憂嘆，恐託付不效，以傷先帝之明，故五月渡瀘，深入不毛。今南方已定，兵甲已足，當獎率三軍，北定中原，庶竭駑鈍，攘除奸凶，興復漢室，還於舊都。此臣所以報先帝，而忠陛下之職分也。至於斟酌損益，進盡忠言，則攸之、褘、允之任也。願陛下託臣以討賊興復之效；不效，則治臣之罪，以告先帝之靈。若無興德之言，則責攸之、褘、允等之慢，以彰其咎。陛下亦宜自謀，以咨諏善道，察納雅言。深追先帝遺詔，臣不勝受恩感激。今當遠離，臨表涕泣，不知所云。

其中的駢詞儷句並不很多，但從全文看，則語言恰切，句法整齊，情韻自然。近人孫德謙《六朝麗指》說："駢文宜純任自然，方是高格。"諸葛亮此作正是如此，其於整齊句法中含有流暢、疏蕩之氣，不失爲駢文上品。他以懇切的言辭，表述自己之耿耿忠心。不但文高，人品也高，受到後人的稱許和傳誦，陸游即稱贊云："《出師》一表千載無，遠比管、樂蓋有餘！"（《游諸葛武侯書臺》）

二、孔融

孔融（公元一五三——二○八）是建安文學集團中年輩最長者。據《後漢書》卷一百本傳，字文舉，魯國（今山東曲阜）人，孔子二十世孫。少有俊才，謁李膺，膺與賓客莫不奇之。獻帝時爲北海（今山東壽光）相，歷官至將作大匠，遷少府。值漢室之亂，志在靖難。然才疏意廣，迄無成功。後爲曹操所忌，被殺。原有集十卷，已散佚，明人輯有《孔北海集》一卷。文章詞藻華美，駢儷之風較濃，深受曹丕之欣賞，史載："魏帝深好融文辭，嘆曰：'楊、班儔也。'募天下有上融文章者，輒賞以金帛。"故得列爲"七子"之首。孔融文章今存者惟《文選》所錄《論盛孝章書》及《薦禰衡表》最負

盛名,皆馳言騁辭之駢體。禰衡爲人剛直,有才辯,能抗言高議,孔融上表薦之於獻帝。表云:

> 竊見處士平原禰衡,年二十四,字正平,淑質貞亮,英才卓躒;初涉藝文,升堂覩奧。目所一見,輒誦於口;耳所暫聞,不忘於心。性與道合,思若有神。弘羊潛計,安世默識,以衡準之,誠不足怪。忠果正直,志懷霜雪。見善若驚,疾惡若仇。任座抗行,史魚厲節,殆無以過也!……如得龍躍天衢,振翼雲漢,揚聲紫微,垂光虹蜺,足以昭近署之多士,增四門之穆穆。鈞天廣樂,必有奇麗之觀;帝室皇居,必蓄非常之寶。若衡等輩,不可多得。《激楚》《陽阿》,至妙之容,掌技者之所貪;飛兔騕褭,絕足奔放,良樂之所急也。臣等區區,敢不以聞?陛下篤慎取士,必須效試,乞令衡以褐衣召見,必無可觀采,臣等受面欺之罪!

書表首先推重禰衡之品德和才能,然後說明如被任用,必喜慶得人。行文屬對雖不很工麗,但卻駢整有致。此正是漢末駢文之本色。又其《論盛孝章書》是寫盛孝章爲孫策所忌,擔憂其被害,因此修書勸曹操營救。文題,據劉盼遂先生《文選篇題考誤》說:“按‘論’上當有‘與曹公’三字,不然則此書無着,似人物論一篇矣。李善、李周翰皆曰‘與魏太祖’也。融死時魏未受命,依《會稽典錄》作‘與曹公’爲是。本書牋、奏、書、啓,標目皆出受書之人,此不應獨缺也。”(《國學論叢》第一卷、第四號)所言極是。兹錄其一節云:

> 今之少年,喜謗前輩,或能譏評孝章,孝章要爲有天下大名,九牧之人,所共稱嘆。燕君市駿馬之骨,非欲以騁道里,乃當以招絕足也;惟公匡復漢室,宗社將絕,又能正之,正之之

術,實須得賢;珠玉無脛而自至者,以人好之也,況賢者之有足
乎! 昭王築臺以尊郭隗,隗雖小才,而逢大遇,竟能發明主之
至心,故樂毅自魏往,劇辛自趙往,鄒衍自齊往;向使郭隗倒懸
而不解,臨難而王不拯,則亦將高翔遠引,莫有北首燕路者矣。
凡所稱引,自公所知,而復有云者,欲公崇篤斯義,因表不悉。

極力説明拯救盛孝章之利,在於能招引天下賢士接踵而至。文章
如《薦禰衡表》所云:"飛辯騁辭,溢氣坌涌。"句式排比駢整,亦漢
末駢文之一例也。

三、曹丕、曹植

曹丕、曹植兄弟二人,是建安文壇之領袖,建安文風主要以他
們爲代表。然而他們的成就又有所不同,曹丕在文學理論方面高
於他的創作實踐,曹植則在文學創作方面獨領風騷。曹丕之駢文
主要是他所撰寫的那些詔、令、書、教等。《文選》收録其《與吳質
書》兩篇和《與鍾大理書》一篇,其中尤以《與吳質書》最有名,是駢
文之上乘。吳質字季重,濟陰(今山東定陶縣)人,曾爲朝歌(今河
南淇縣)令,與曹丕、曹植交好。建安二十二年(公元二一七)瘟疫
盛行,"七子"之中多有染疾死亡者,次年他修此書給吳質,表示沉
痛之悼念與誠摯之友情。書云:

　　歲月易得,別來行復四年。三年不見,《東山》猶嘆其遠,
況乃過之,思何可支? 雖書疏往返,未足解其勞結。昔年疾
疫,親故多離其災,徐、陳、應、劉,一時俱逝,痛可言邪? 昔日
游處,行則連輿,止則接席,何曾須臾相失? 每至觴酌流行,絲
竹並奏,酒酣耳熱,仰而賦詩;當此之時,忽然不自知樂也。謂
百年已分,可長共相保;何圖數年之間,零落略盡,言之傷心!

頃撰其遺文,都爲一集,觀其姓名,已爲鬼録。追思昔游,猶在
心目;而此諸子,化爲糞壤,可復道哉? ……年行已長大,所懷
萬端;時有所慮,至通夜不瞑。志意何時復類昔日? 已成老
翁,但未白頭耳。光武言:"年三十餘,在兵中十歲,所更非
一。"吾德不及之,年與之齊矣。以犬羊之質,服虎豹之文;無
衆星之明,假日月之光;動見瞻觀,何時易乎? 恐永不復得昔
日游也。少壯真當努力,年一過往,何可攀援? 古人思炳燭夜
游,良有以也。頃何以自娛? 頗復有所述造不? 東望於邑,裁
書叙心。丕白。

書爲曹丕三十二歲所作,其中先追述昔年之游樂,而今親故凋零,
深感人生之無常。次寫當前身爲魏王太子,仰承父恩,卻無所建
樹,不勝慚愧。情感真切動人! 行文雖非全爲對偶,但句法整齊,
排比有致,深受骈文家之青目。此外,其《與鍾大理書》也對偶工
切,辭采繽紛,然内容無意義,故略而不論。

曹植文章比其兄詞采更爲華麗、屬對更加精工,建安時之骈
文,當以他爲首選。李兆洛《骈體文鈔》録其文十四篇,《文選》録
有《與楊德祖書》、《與吳季重書》、《求自試表》、《求通親親表》、
《王仲宣誄》等。《與楊德祖書》應作於建安二十一年(公元二一
六)。德祖是楊修的字,曹植的好友。此書是向好友表述其文學見
解和政治抱負。書云:

僕少小好爲文章,迄至於今,二十有五年矣,然今世作者,
可略而言也。昔仲宣獨步於漢南,孔璋鷹揚於河朔,偉長擅名
於青土,公幹振藻於海隅,德璉發跡於此魏,足下高視於上京。
當此之時,人人自謂握靈蛇之珠,家家自謂抱荆山之玉,吾王
於是設天網以該之,頓八紘以掩之,今悉集茲國矣。然此數

子，猶復不能飛軒絕跡，一舉千里。以孔璋之才，不閑於辭賦，而多自謂能與司馬長卿同風，譬畫虎不成反爲狗也。前書嘲之，反作論盛道僕讚其文。夫鍾期不失聽，於今稱之，吾亦不能忘嘆者，畏後世之嗤余也。

其論諸家之文，采用一系列排比句，氣勢流蕩，文采飛揚。又其論文章各有所好，不能隨意詆毁云：

　　蓋有南威之容，乃可以論其淑媛；有龍泉之利，乃可以議其斷割。劉季緒才不能逮於作者，而好詆訶文章，掎摭利病。昔田巴毁五帝，罪三王，呰五霸於稷下，一旦而服千人，魯連一說，使終身杜口。劉生之辯，未若田氏，今之仲連，求之不難，可無息乎？人各有好尚，蘭茝蓀蕙之芳，衆人所好，而海畔有逐臭之夫；咸池六莖之發，衆人所共樂，而墨翟有非之之論。豈可同哉！

言文章固各有短長，論者也宜有特識，偏私之論，不足取。最後叙述自己之抱負在治國安民，建立功勛，名垂後世。不得已求其次，也要做司馬遷那樣的歷史家，明辨時俗之得失，著書立說，成一家之言。句法有隔句對和長隔對，意之相屬，句之相駢，皆自然成文。用典靈活自如，水到渠成，並不生僻，形成圓潤秀美之風格。其《求自試表》，據《三國志·魏志》卷十八本傳記載："太和（明帝年號）二年，復還雍丘，植常自憤怨，抱利器而無所施，上疏求自試。"可能由於曹丕卒，明帝即位，政治環境對自己有利，所以上表要求試用。表云：

　　臣聞士之生世，入則事父，出則事君；事父尚於榮親，事君貴於興國。故慈父不能愛無益之子，仁君不能畜無用之臣。夫論德而授官者，成功之君也；量能而受爵者，畢命之臣也。

故君無虛授，臣無虛受；虛授謂之謬舉，虛受謂之尸禄，《詩》之“素餐”所由作也。

首先説明君之所以爲君，臣之所以爲臣，君無虛授，臣無虛受，爲自己求試之出發點。繼而列舉自春秋迄漢代忠臣事君之實例，然後落實到自己説：

> 竊不自量，志在效命，庶立毛髮之功，以報所受之恩。若使陛下出不世之詔，效臣錐刀之用，使得西屬大將軍，當一校之隊；若東屬大司馬，統偏師之任，必乘危蹈險，騁舟奮驪，突刃觸鋒，爲士卒先。雖未能擒權馘亮，庶將虜其雄率，殲其醜類，必效須臾之捷，以滅終身之愧；使名挂史筆，事列朝榮。雖身份蜀境，首懸吳闕，猶生之年也。如微才不試，没世無聞，徒榮其軀而豐其體，生無益於事，死無損於數。虛荷上位而忝重禄，禽息鳥視，終於白首，此徒圈牢之養物，非臣之所志也。

全文從求自試到感嘆自己之不被重用，采用了七十多個偶句，曲折變化，情辭并茂，抒發其耿耿忠心，真切動人。劉勰《文心雕龍·章表》評云：

> 陳思之表，獨冠群才；觀其體贍而律調，辭清而志顯，應物制巧，隨變生趣，執轡有餘，故能緩急應節矣。

即文體富贍，聲律諧調，語辭清峻，意旨顯豁，寫物精巧，情趣多變。這不僅是曹植章表之作的特點，也是其骈文的特點，是其骈文創作所達到的高度。

綜觀兩漢文章之骈化傾向是以排句爲主，魏晉文則是嚴整的對偶句，而漢末建安文章是逐漸以對偶句取代排比句的過渡，骈偶中往往有散行,因而具有騰躍、疏蕩之氣勢。

第二節　魏、晉時期

魏晉時期之駢文有新的發展,《文心雕龍》卷七《麗辭》所謂
"至魏晉群才,析句彌密,聯字合趣,剖毫析釐",即更著意於對偶
工整,情趣相合,用字輕重得當。劉師培將魏代文章分爲兩派,其
論《魏晉文學之變遷》云:

> 魏代自太和以迄正始,文士輩出。其文約分兩派:一爲王
> 弼、何晏之文,清峻簡約,文質兼備,雖闡發道家之緒,實與名、
> 法家言爲近者也。此派之文,蓋成於傅嘏,而王、何集其大成;
> 夏侯玄、鍾會之流,亦屬此派。溯其遠源,則孔融、王粲實開其
> 基。一爲嵇康、阮籍之文,文章壯麗,摠采騁辭,雖闡發道家之
> 緒,實與縱橫家言爲近者也。此派之文,盛於竹林諸賢;溯其
> 遠源,則阮瑀、陳琳已開其始。惟阮、陳不善持論,孔、王雖善
> 持論,而不能藻以玄思。故世之論魏、晉文學者,昧厥遠源之
> 所出。(《中古文學史》)

王弼、何晏之文奢談玄理,文學價值不高,故置而不論。應當論述
者爲嵇康、阮籍之文。

一、嵇康

嵇康,《三國志・魏志》卷二十一《王粲傳》稱其"文辭壯麗"。
又《晉書》卷四十九本傳稱其"高情遠趣,率然玄遠"。其重要文章
有《聲無哀樂論》、《難自然好學論》、《難宅無吉凶攝生論》、《養生
論》、《與山巨源絕交書》等,多爲論難性文章。李兆洛《駢體文鈔》

收録兩篇，《文選》收録其《養生論》和《與山巨源絶交書》。《與山
巨源絶交書》尤能見其人生出處、思想和性格。據《三國志·魏
志》裴松之注引山濤行狀，知爲景元二年（公元二六一）所作。山
濤字巨源，竹林七賢之一，嵇康的好友，時爲選曹郎（即尚書吏部
郎），將遷爲大將軍從事郎中，擬薦舉嵇康代替自己的職務，嵇康修
此書予以拒絶。文章很長，不便備録，兹擇要如下，以見其騈偶體
勢。文章先叙述其絶交之原因云：

　　　足下昔稱吾於潁川，吾常謂之知言；然經怪此意，尚未熟
悉於足下，何從便得之也？前年從河東還，顯宗、阿都説足下
議以吾自代，事雖不行，知足下故不知之。足下傍通，多可而
少怪；吾直性狹中，多所不堪，偶與足下相知耳。間聞足下遷，
惕然不喜，恐足下羞庖人之獨割，引尸祝以自助；手薦鸞刀，漫
之羶腥，故具爲足下陳其可否。

又叙述其賦性疏懶，不堪用世云：

　　　吾昔讀書，得并介之人，或謂無之，今乃信其真有耳。性
有所不堪，真不可强；今空語同知有達人，無所不堪，外不殊
俗，而内不失正，與一世同其波流，而悔吝不生耳。老子、莊
周，吾之師也，親居賤職；柳下惠、東方朔，達人也，安乎卑位，
吾豈敢短之哉！又仲尼兼愛，不羞執鞭；子文無欲卿相，而三
登令尹；是乃君子思濟物之意也。所謂達能兼善而不諭，窮則
自得而無悶。以此觀之，故堯、舜之君世，許由之巖棲，子房之
佐漢，接輿之行歌，其揆一也。仰瞻數君，可謂能遂其志者也。
故君子百行，殊塗而同致；循性而動，各附所安。故有處朝廷
而不出，入山林而不反之論。且延陵高子臧之風，長卿慕相如
之節，志氣所託，不可奪也。

然後用“七不堪”、“二甚不可”之排比對偶句式,叙述其“不堪流
俗,而非薄湯武”(《三國志·魏志·王粲傳》裴松之注引《魏氏春秋》)之
意向,表現了“剛腸疾惡,輕肆直言”的思想品格。劉勰贊嘆云:
“嵇康《絶交》,實志高而文偉矣。”(《文心雕龍》卷五《書記》)嵇康還
長於以駢文進行論難。本來駢文之爲體,更適於抒情,不宜於説
理,而嵇康卻能很好地運用其闡發玄理。如《養生論》即闡述其養
生之道。兹録其首節云:

> 夫神仙雖不目見,然記籍所載,前史所傳,較而論之,其有
> 必矣。似特受異氣,禀之自然,非積學所能致也。至於導養得
> 理,以盡性命,上獲千餘歲,下可數百年,可有之耳,而世皆不
> 精,故莫能得之。何以言之?
>
> 夫服藥求汗,或有弗獲;而愧情一集,涣然流離。終朝未
> 餐,則囂然思食;而曾子銜哀,七日不飢。夜分而坐,則低迷思
> 寢;内懷殷憂,則達旦不瞑。勁刷理鬢,醇醴發顔,僅乃得之;
> 壯士之怒,赫然殊觀,植髮衝冠。由此言之,精神之於形骸,猶
> 國之有君也。神躁於中,而形喪於外;猶君昏於上,國亂於下
> 也。夫爲稼於湯之世,偏有一溉之功者,雖終歸燋爛,必一溉
> 者後枯。然則一溉之益,固不可誣也。而世常謂一怒不足以
> 侵性,一哀不足以傷身,輕而肆之,是猶不識一溉之益,而望嘉
> 穀於旱苗者也。是以君子知形恃神以立,神須形以存。悟生
> 理之易失,知一過之害生。故修性以保神,安心以全身;愛憎
> 不棲於情,憂喜不留於意;泊然無感,而體氣和平。

以駢儷之句法,鮮明之譬喻,説明靜心養性的道理。雖然是説理,
而形象生動,並不枯燥。不僅此節,全文莫不如此,其他各篇也同
一文風。這是嵇康以論難爲内容的駢文之一大特色。

二、阮籍

阮籍,《三國志·魏志·王粲傳》稱其"才藻艷逸"。明人陳德文《刻阮嗣宗集叙》稱其"諸文辭,率激烈慷慨"。他的文章骈化程度比嵇康高,主要有《爲鄭冲勸晉王牋》、《答伏義書》、《奏記詣蔣公》、《通易論》、《達莊論》、《樂論》以及《大人先生傳》等。《骈體文鈔》收録四篇,《文選》收録兩篇。劉師培云:"若《文選》所録《爲鄭冲勸晉王牋》、《詣蔣公奏記辭辟命》,文雖雄健,非阮氏文章之本色也。"(《中古文學史·魏晉文學之變遷》)從骈文之角度看,確然如此,如果我們既着眼骈文成就,又着眼文章内容,則《大人先生傳》無疑是最重要的作品。這是一篇表現阮籍思想、品格之作。據《三國志·魏志·王粲傳》裴松之注引《魏氏春秋》云:"籍少時嘗游蘇門山。蘇門山有隱者,莫知姓名。有竹實數斛,臼杵而已。籍從之,與談太古無爲之道及論五帝三王之義,蘇門生蕭然曾不經聽。籍乃對之長嘯,清韻響亮。蘇門生逌爾而笑。籍既降,蘇門生亦嘯,若鸞鳳之音焉。至是乃假蘇門先生之論,以寄所懷,其歌曰……"其所寄懷和所歌即《大人先生傳》。然則此作既有隱士蘇門生之原型,又有作者的身影,是阮籍之自况。文章很長,不便備録,僅録兩節以爲例:

> 大人先生蓋老人也,不知姓字。陳天地之始,言神農黄帝之事,昭然也。莫知生年之數。嘗居蘇門之山,故世或謂之閑。養性延壽,與自然齊光。其視堯、舜之所事,若手中耳。以萬里爲一步,以千歲爲一朝。行不赴而居不處,求乎大道而無所寓。先生以應變順和,天地爲家。運去勢隤,魁然獨存。自以爲能足與造化推移,故黙探道德,不與世同。自好者非之,無識者怪之,不知其變化神微也。而先生不以世之非怪而

易其務也。先生以爲中區之在天下,曾不若蠅蚊之着帷,故終
不以爲事,而極意乎異方奇域。游鑒觀樂,非世所見,徘徊無
所終極。遺其書於蘇門之山而去,天下莫知其所如往也。

這位不知生年之數的老人,"與自然齊光","與造化推移","應變
順和","魁然獨存",正是作者理想之化身,是作者精神之寄託。
此非作者之消極避世,而是其憤世疾俗思想之表現。他有感於當
時江山易代之頻繁,提出"無君"説:

> 且近者夏喪於商,周播於劉,耿薄爲墟,豐鎬成邱。至人
> 來一顧,而世代相酬。厥居未定,他人已有;汝之茅土,將誰與
> 久?是以主人不處而居,不脩而治,日月爲正,陰陽爲期。豈
> 丟情乎世繫,累於一時?來東雲,駕西風;與陰守雌,據陽爲
> 雄;志得欲從,物莫之窮。又何不能自達而畏夫世笑哉?

> 昔者天地開辟,萬物並生。大者恬其性,細者靜其形;陰
> 藏其氣,陽發其精;害無所避,利無所爭;放之不失,收之不盈;
> 亡不爲夭,存不爲壽;福無所得,禍無所咎;各從其命,以度相
> 守。明者不以智勝,闇者不以愚敗;弱者不以迫畏,强者不以
> 力盡。蓋無君而庶物定,無臣而萬事理,保身養性,不違其紀。
> 惟兹若然,故能長久。

所謂"夏喪於商,周播之劉";"耿薄爲墟,豐鎬成邱";"厥居未定,
他人已有";"汝之茅土,將誰與久";都是感慨江山易代之頻仍,朝
政變幻之迅速。因此,他嚮往原始時期無君之社會,認爲"無君而
庶物定,無臣而萬事理",並進而揭露君是社會動亂之根源:

> 今汝造音以亂聲,作色以詭形;外易其貌,内隱其情;懷欲
> 以求多,詐僞以要名;君立而虛興,臣設而賊生。坐制禮法,束
> 縛下民。欺愚誑拙,藏智自神;强者睽眠而凌暴,弱者憔悴而

事人；假廉以成貪，内險而外仁；罪至不悔過，幸遇則自矜。馳
此以奏除，故循滯而不振。夫無貴則賤者不怨，無富則貧者不
爭，各足於身而無所求也。恩澤無所歸，則死敗無所仇；奇聲
不作，則耳不易聽；淫色不顯，則目不改視。耳目不相易改，則
無以亂其神矣。此先世之所至止也。今汝尊賢以相高，競能
以相尚；爭勢以相君，寵貴以相加；驅天下以趣之，此所以上下
相殘也。竭天地萬物之至，以奉聲色無窮之欲，此非所以養百
姓也。於是懼民之知其然，故重賞以喜之，嚴刑以威之。財匱
而賞不供，刑盡而罰不行，乃始有亡國戮君潰敗之禍。此非汝
君子之爲乎？汝君子之禮法，誠天下殘賊亂危死亡之術耳，而
乃目以爲美行不易之道，不亦過乎？

即説明"君"是社會一切罪惡産生之總根源。其所制訂之禮法，皆
愚民、虐民之工具，乃"天下殘賊亂危死亡之術耳"。阮籍所揭露
和批判者有其對曹氏和司馬氏政權之切身經歷在，非虛誕之詞，有
着深厚的現實基礎。全文或骈、或散，或韻，或否，間以各體詩歌，
形成一篇體制獨特之骈文。

阮籍文章骈化傾向最强者爲《通易論》、《達莊論》和《樂論》，
劉師培稱"此數篇爲至美"(《中古文學史·魏晉文學之變遷》)如《達莊
論》之一節云：

於是先生乃撫琴容與，慨然而嘆，俛而微笑，仰而流盼，噓
噏精神，言其所見曰：昔人有欲觀於閶峰之上者，資端冕，服驊
騮，至乎崑崙之下，没而不反。端冕者，常服之飾；驊騮者，凡
乘之耳。非所以矯騰增城之上，游玄圃之中也。且燭龍之光，
不照一堂之上，鍾山之口，不談曲室之内。今吾將墮崔巍之
高，杜衍護之流，言子之所由，幾其寤而獲及乎！天地生於自

　　然,萬物生於天地。自然者無外,故天地名焉;天地者有内,故
萬物生焉。……天地合其德,日月順其光。自然一體,則萬物
經其常。入謂之幽,出謂之章。一氣盛衰,變化而不傷。是以
重陰雷電,非異出也;天地日月,非殊物也。故曰:自其異者視
之,則肝膽楚越也;自其同者視之,則萬物一體也。

他以《易》説莊,認爲人的身體和精神皆自然界之産物,主張清静
自然,保持自然之性和調養自然之神。文章精於對偶,並多用韻,
氣韻兼長。劉師培評云:

　　　　《通易》綜貫全經之義,以推論世變之由,其文體奇偶相
成,間用韻語。《達莊論》亦多韻語,然詞必對偶,以氣騁詞。
《樂論》文尤繁富,輔以壯麗之詞。(《中古文學史·魏晉文學之變
遷》)

對此三論文體特點之概括極爲準確,説明阮籍之創作把駢文的發
展推向新階段。

　　西晉之文人,有三張二陸兩潘一左之論,但從駢文創作看,當
首推陸機和潘岳。

三、陸機

　　陸機,據《晉書》卷五十四本傳記載:"少有異才,文章冠世。"
"天才秀逸,辭藻宏麗。"葛洪著書稱:"機文猶玄圃之積玉,無非夜
光焉;五河之吐流,泉源如一焉。其弘麗妍贍,英鋭漂逸,亦一代之
絶乎?"其爲人們推服如此!他確是在詩文創作方面成就特出。駢
文至他,也出現了明顯的變化,其一,對偶句增加了,而且出現了四
六句型;其二,用典緝事增多了,所謂"隸事之富,始於士衡"(《駢體

文鈔》卷三、顏延之《三月三日曲水詩序》)。著録於《文選》中之《辨亡論》、《豪士賦序》、《漢高祖功臣頌》、《弔魏武帝文》、《謝平原内史表》、《五等諸侯論》和《演連珠》五十首,皆其有代表性之駢文。此外,還有見於《全上古三代秦漢六朝文》中之表、箋、策、箴、誄等十餘篇。他能運用駢體寫各類文章,則駢文之爲體,日臻成熟與完備。《豪士賦序》作於永寧元年(公元三〇一),據《晉書·陸機傳》記載:"(司馬)冏既矜功自伐,受爵不讓。機惡之,作《豪士賦》以刺焉。"又《晉書》卷五十九《齊王冏傳》記載:司馬冏輔政,"大築第館","沉於酒色","惟寵親昵","驕恣日甚,終無悛志",機作此賦所以爲刺。但賦文不到二百字,疑非全文。其序長近千言,則是一篇優秀之駢文。兹録兩節爲例:

> 夫立德之基有常,而建功之路不一。何則? 循心以爲量者,存乎我;因物以成務者,繫乎彼。存乎我者,隆殺止乎其域;繫乎物者,豐約唯所遭遇。落葉俟微風以隕,而風之力蓋寡;孟嘗遭雍門而泣,而琴之感以末。何者? 欲隕之葉,無所假烈風;將墜之泣,不足繁哀響也。是故苟時啓於天,理盡於民,庸夫可以濟聖賢之功,斗筲可以定烈士之業。故曰:才不半古,而功已倍之。蓋得之於時勢也。

意謂庸人得遇其時,也可以成功,以見功之不足矜。又云:

> 且夫政由甯氏,忠臣所爲慷慨;祭則寡人,人主所不久堪。是以《君奭》鞅鞅,不悦公旦之舉;高平師師,側目博陸之勢。而成王不遺嫌吝於懷,宣帝若負芒刺於背,非其然者與? 嗟乎! 光於四表,德莫富焉;王曰叔父,親莫昵焉。登帝大位,功莫厚焉;守節没齒,忠莫至焉。而傾側顛沛,僅而自全。則伊生抱明允以嬰戮,文子懷忠敬而齒劍,固其所也。因斯以言,

夫篤聖穆親，如彼之懿，大德至忠，如此之盛，尚不能取信於人主之懷，止謗於衆多之口，過此以往，惡覩其可？安危之理，斷可識矣。又況乎饕大名以冒道家之忌，運短才而易聖哲所難者哉！

意謂功高位重，聖賢居之，尚遭疑謗，況矜功怙位之人呢？文章辭藻華麗，對偶工切，並徵引許多歷史故實，以説明君臣關係中，臣子權勢太重，必遭群臣之不滿和人主之猜忌，終於"名編凶頑之條，身默荼毒之痛"，導致殺身之禍。此其所以諷也。通篇論證綿密，叙説透辟，尤見神理。

《弔魏武帝文》也是其駢體名篇。此文正文之前有序，劉勰云："陸機《弔魏武》，序巧而文繁。"（《文心雕龍》卷三《哀弔》）認爲其序文精巧，正文繁冗，序文優於正文。序文叙述弔文寫作之緣起及一代梟雄臨終時分香賣履卑瑣不堪之情景。文情並茂，悽切動人：

> 元康八年，機始以臺郎出補著作，游乎祕閣，而見魏武帝《遺令》，愾然嘆息，傷懷者久之。

> 客曰："夫始終者，萬物之大歸；死生者，性命之區域。是以臨喪殯而後悲，覩陳根而絶哭。今乃傷心百年之際，興哀無情之地，意者無乃知哀之可有，而未識情之可無乎？"機答之曰："夫日食由乎交分，山崩起於朽壤，亦云數而已矣。然百姓怪焉者，豈不以資高明之質，而不免卑濁之累；居常安之勢，而終嬰傾離之患故乎？夫以迴天倒日之力，而不能振形骸之内；濟世夷難之智，而受困魏闕之下。已而格乎上下者，藏於區區之木；光於四表者，翳乎蕞爾之土。雄心摧於弱情，壯圖終於哀志，長筭屈於短日，遠跡頓於促路。嗚呼！豈特瞽史之異闕景，黔黎之怪頹岸乎？

　　"觀其所以顧命冢嗣,貽謀四子,經國之略既遠,隆家之訓
亦私。又云:'吾在軍中,持法是也。至小忿怒,大過失,不當
效也。'善乎達人之讜言矣。持姬女而指季豹以示四子曰:
'以累汝。'因泣下。傷哉!曩以天下自任,今以愛子託人。
同乎盡者無餘,而得乎亡者無存。然而婉變房闥之內,綢繆家
人之務,則幾乎密與。又曰:'吾婕好妓人,皆著銅爵臺。於臺
堂上施八尺牀繐帳,朝晡上脯糒之屬。月朝十五,輒向帳作
妓。汝等時時登銅爵臺,望吾西陵墓田。'又云:'餘香可分與
諸夫人。諸舍中無所爲,學作履組賣也。吾歷官所得綬,皆著
藏中;吾餘衣裘,可別爲一藏。不能者,兄弟可共分之。'既而
竟分焉。亡者可以勿求,存者可以勿違,求與違不其兩傷乎!

　　"悲夫!愛有大而必失,惡有甚而必得。智惠不能去其
惡,威力不能全其愛,故前識所不用心,而聖人罕言焉。若乃
繫情累於外物,留曲念於閨房,亦賢俊之所宜廢乎!"於是遂憤
懣而獻弔云爾。

其中充滿了對曹操之哀輓與同情,曾經有"迴天倒日之力"、"濟世
夷難之智"的一代豪傑,當今卻"雄心摧於弱情,壯圖終於哀志",
臨終前眷戀於妻子兒女之情。"傷心百年之際,興哀無情之地",
感慨極深!哀弔正文與序文基本一致,不同者是句式全爲六言駢
偶,如:"接皇漢之末緒,值王途之多違。佇重淵以育鱗,撫慶雲而
遐飛;運神道以載德,乘靈風而扇威;摧群雄而電擊,舉勍敵其如
遺。……"通篇駢儷嚴整,實爲駢文之創格,乃前此所未有。

　　《辨亡論》上下是兩篇史論。辨亡者,辨吳之所以亡也,乃總
結東吳敗亡之教訓。此文當是作者退居舊里時所作,其中流露了
故國之哀。如其下篇末節云:

　　夫四州之萌，非無衆也；大江之南，非乏俊也；山川之險易
守也，勁利之器易用也，先政之策易循也。功不興而禍遘者，
何哉？所以用之者失也。是故先王達經國之長規，審存亡之
至數；謙己以安百姓，敦惠以致人和；寬沖以誘俊乂之謀，慈和
以結士民之愛。是以其安也，則黎元與之同慶；及其危也，則
兆庶與之共患。安與衆同慶，則其危不可得也；危與下共患，
則其難不足恤也。夫然，故能保其社稷，而固其土宇；《麥秀》
無悲殷之思，《黍離》無愍周之感矣。

他認爲吳之亡乃在於"所以用之者失也"，即罪責全在孫皓一人。
文章取法賈誼《過秦論》，劉勰認爲："陸機《辨亡》，效《過秦》而不
及，然亦其美矣。"(《文心雕龍》卷四《論說》)所謂"不及"，當指他爲
文務繁。劉勰在《才略》篇評陸機文章"思能入巧，而不制繁"，則
其所不及者即不若《過秦論》之省淨明通，然文辭壯麗，全用駢偶，
仍不失爲一篇美文。對以上諸文，張溥給以很高的評價：

　　《弔魏武》而老奸掩袂，《賦豪士》而驕王喪魄，《辨亡》懷
宗國之憂，《五等》陳建侯之利，北海以後，一人而已。(《漢魏
六朝百三家集·陸平原集題辭》)

這雖然是就其社會作用說的，但也是作爲駢文這種形式所達到的
藝術效果。

　　陸機之文，駢儷化最強者爲《演連珠》。這是一種特殊之文學
體裁，劉勰推崇之說："文小易周，思閑可贍。足使義明而詞淨，事
圓而音澤，磊磊自轉，可稱珠耳。"(《文心雕龍》卷三《雜文》)如：

　　臣聞積實雖微，必動於物；崇虛雖廣，不能移心。是以都
人冶容，不悅西施之影；乘馬班如，不輟太山之陰。
　　臣聞良宰謀朝，不必借威；貞臣衛主，修身則足。是以三

晉之强，屈於齊堂之俎；千乘之勢，弱於陽門之哭。

臣聞因雲灑潤，則芬澤易流；乘風載響，則音徽自遠。是以德教俟物而濟，榮名緣時而顯。

值得注意者，其中句法出現了新變，即“四六”句式之形成。劉勰云：“自《連珠》以下，擬者間出。……惟士衡運思，理新文敏，而裁章置句，廣於舊篇。”(《文心雕龍·雜文》)所謂“裁章置句，廣於舊篇”，應即包括對四六句型之構建。所以，陸機《演連珠》之産生，實開“四六”文之先聲。

四、潘岳

潘岳之駢文成就，主要表現於其所撰寫的哀誄之辭。《晉書》卷五十五本傳云：“岳美姿儀，辭藻絶麗，尤善爲哀誄之文。”他以誄文見長。《文選》所録爲《楊荆州誄》、《楊仲武誄》、《夏侯常侍誄》、《馬汧督誄》、《哀永逝文》，皆駢文中之名篇。《馬汧督誄》，據李善注引臧榮緒《晉書》云：“汧督馬敦，立功孤城，爲州司所枉，死於囹圄，岳誄之。”馬敦是晉將，督守邊塞汧城(今陝西隴縣)，爲氐族叛軍圍困，他堅守孤城，克敵制勝，建立功勛，然爲雍州有司所誣陷，死於獄中。潘岳作誄，表其忠貞。誄文云：

知人未易，人未易知。嗟兹馬生，位末名卑。西戎猾夏，乃奮其奇。保此汧城，救我邊危。彼邊奚危，城小粟富。子以眇身，而裁其守。兵無加衛，墉不增築。婪婪群狄，豺虎競逐。羣更恣睢，潛跱官寺。齊萬虓闞，震驚臺司。聲勢沸騰，種落煽熾。旌旗電舒，戈矛林植。彤珠星流，飛矢雨集。惴惴士女，號天以泣。爨麥而炊，負户以汲。累卵之危，倒懸之急。馬生爰發，在險彌亮，精冠白日，猛烈秋霜。稜威可厲，懦夫克壯。……功存汧城,身死汧獄。凡爾同圍,心焉摧剝。扶老携幼,街號巷哭。嗚呼哀哉!明明天子,旌以殊恩;光光寵贈,乃牙其門。司勳頒爵,亦兆後昆;死而有靈,庶慰冤魂。嗚呼哀哉!

全文皆以四言排對,對馬敦之功過褒貶允當,是非分明。其哀惋之情,溢於言表。劉勰謂其“巧於序悲,易入新切”(《文心雕龍》卷三《誄碑》),即其駢體所發揮之效能。又其《哀永逝文》全爲六言駢偶,間雜“兮”字,則另是一種體式。如:

> 風泠泠兮入帷,雲霏霏兮承蓋;鳥俛翼兮忘林,魚仰沫兮失瀨。悵悵兮遲遲,遵吉路兮凶歸。思其人兮已滅,覽餘跡兮未夷。昔同塗兮今異世,憶舊歡兮增新悲。謂原隰兮無畔,謂川流兮無岸;望山兮寥廓,臨水兮浩汗;視天日兮蒼茫,面邑里兮蕭散。匪外物兮或改,固歡哀兮情換。

這是悼念其妻子之作,可與其《悼亡詩》互相參證。情感沉痛悲傷,哀惋悽切,不假修飾語詞,而自然偶句聯綴,亦駢文之佳構。張溥評云:

> 予讀安仁《馬汧督誄》,惻然思古義士,猶班孟堅之傳蘇子卿也。及《悼亡》詩賦、《哀永逝文》,則又傷其閨房辛苦,有古落葉哀蟬之嘆。(《漢魏六朝百三家集·潘黃門集題辭》)

說明他長於以駢體寫誄文,以及這種駢體誄文所達到的抒情效果。

潘岳在西晉與陸機齊名,世稱潘陸。但其文風并不完全相同,孫綽説:“潘文淺而淨,陸文深而蕪。”(《世説新語》上卷下《文學》)即道出他們各具之特點。

從以上之論述中，我們可以得出如下的認識：駢文形成於東漢，至魏晉而成熟，並達到高峰，可以運用於各種文體如章表、論說、書札、哀誄等之撰寫，且特具風格，其意象之美，境界之高，難以追攀。

第三節　東晉時期

東晉駢文繼承西晉餘風，但不尚藻飾，以言辭質直爲勝。《文心雕龍》卷九《時序》論東晉百年間文章之演變云：

> 元皇（東晉元帝司馬睿）中興，披文建學；劉（隗）、刁（協）禮吏而寵榮，景純文敏而優擢。逮明帝（元帝子司馬紹）秉哲，雅好文會，升儲御極，孳孳講藝，練情於誥策，振采於辭賦；庾（亮）以筆才逾親，温（嶠）以文思益厚，揄揚風流，亦彼時之漢武也。及成（成帝司馬衍）、康（康帝司馬岳）促齡，穆（穆帝司馬聃）、哀（哀帝司馬丕）短祚，簡文（簡文帝司馬昱）勃興，淵乎清峻，微言精理，函滿玄席，澹思濃采，時灑文囿。至孝武（孝武帝司馬曜）不嗣，安（安帝司馬德宗）、恭（恭帝司馬德文）已矣；其文史則有袁（宏）、殷（仲文）之曹，孫（盛）、干（寶）之輩，雖才或淺深，珪璋足用。

劉勰從“世情”與“時序”兩方面論述文章之演變與興衰。從總的傾向看，東晉文章崇玄言，尚清談，所謂“微言精理，函滿玄席，澹思濃采，時灑文囿”，不如西晉之繁盛。在駢文方面值得稱述者，有兩晉之際的劉琨以及其後之郭璞、王羲之、孫綽等。兹以王羲之、孫綽爲例而論述之。

一、王羲之

王羲之(公元三〇三——三七九),據《晉書》卷八十本傳,字逸少,琅琊臨沂(今山東臨沂)人,後定居會稽山陰(今浙江紹興)。出身於世家大族。初爲秘書郎,歷任征西將軍、寧遠將軍、江州刺史,後又任護軍將軍,遷右軍將軍、會稽内史,故世稱王右軍。他人品高尚、有政治識見,因與揚州刺史王述不和,稱病離郡,寄情山水之間。年七十七卒。他以善書法名世,"論者稱其筆勢以爲飄若浮雲,矯若驚龍"。同時也善爲文章,原有集十卷,已散佚,明人輯有《王右軍集》二卷。所作多爲書簡雜帖,或議論時政,或抒寫情志,質直盡言,以達意爲主,不事彩飾。由於其文風質直,而不被《文選》所采録,人們便不以駢文目之。實則其《與會稽王牋》、《報殷浩書》、《與謝安書》、《與謝萬書》以及《蘭亭詩序》、《父墓前自誓文》等,皆體兼駢散,就風格論,應屬駢文範疇,並爲駢文之上乘。《與會稽王牋》是勸會稽王司馬昱阻止揚州刺史殷浩倉促北伐之事。兹節録一段如下:

夫廟算決勝,必宜審量彼我,萬全而後動。功就之日,便當因其衆而即其實。今功未可期而遺黎殲盡,萬不餘一。一旦千里饋糧,自古爲難;況今轉運供繼,西輸許洛,北入黄河。雖秦政之弊,未至於此。而十室之憂,便以交至。今運無還期,徵求日重,以區區吳越,經緯天下十分之九,不亡何待?而不度德量力,不弊不已,此封内所痛心嘆悼,而莫敢吐誠。往者不可諫,來者猶可追。願殿下更垂三思,解而更張,令殷浩荀羨還據合肥,廣陵、許昌、譙郡、梁、彭城諸軍皆還保淮,爲不可勝之基。須根立勢舉,謀之未晚。此實當今策之上者。若不行此,社稷之憂,可計日而待;安危之機,易於反掌。考之虚實，著於目前。願運獨斷之明，定之於一朝也。

其意則憂國傷時，爲政治、軍事形勢籌劃；其文則詞諧句暢，不事藻采，足於表現其政治上之遠見卓識。又其《報殷浩書》云：

> 吾素自無廟廊，直王丞相時，果欲内吾，誓不許之。手跡猶存，由來尚矣。不於足下參政而方進退。俟兒婚女嫁，便懷向子平之志，數與親知言之，非一日也。若蒙驅使，關隴巴蜀，皆所不辭。吾雖無專對之能，直謹守時命，宣國家威德，固當不同於凡使。必令遠近咸知朝廷留心於無外，此所益殊不同居護軍也。漢末使太傅馬日磾慰撫關東，若不以吾輕微，無所爲疑，宜及冬初以行。吾惟恭以俟命。

既表明自己"懷向子平(後漢隱士)之志"，又表示願出使域外，即"若蒙驅使，關隴巴蜀，皆所不辭"，並"謹守時命，宣國家威德"，願在對外關係上爲國家建立功業。王羲之並非一般文人書生，而具有非凡的政治才能，他的一些書箋即表現了其這方面之才能。張溥稱贊說："此數札者，誠東晉君臣之良藥。"(《漢魏六朝百三家集·王右軍集題辭》)允矣，信矣！

王羲之最重要的、爲歷代人們所傳誦的文章是《蘭亭集序》。東晉穆帝永和九年(三五三)，羲之五十二歲，好服食養性，不樂在京師，初渡浙江，便有終老之志，與孫綽、謝安等四十一人宴集於山陰之蘭亭，"羲之自爲作序，以申其志"云：

> 永和九年，歲在癸丑，暮春之初，會於會稽山陰之蘭亭，修禊事也。群賢畢至，少長咸集。此地有崇山峻嶺，茂林修竹，又有清流激湍，映帶左右，引以爲流觴曲水，列坐其次，雖無絲竹管絃之盛，一觴一詠，亦足以暢叙幽情。是日也，天朗氣清，惠風和暢，仰觀宇宙之大，俯察品類之盛，所以游目騁懷，

足以極視聽之娛，信可樂也。

　　夫人之相與，俯仰一世，或取諸懷抱，悟言一室之内；或因寄所託，放浪形骸之外。雖趣舍萬殊，靜躁不同，當其欣於所遇，暫得於己，快然自足，曾不知老之將至；及其所之既倦，情隨事遷，感慨係之矣！向之所欣，俛仰之間，已爲陳跡，猶不能不以之興懷；況修短隨化，終期於盡，古人云：“死生亦大矣。”豈不痛哉！每覽昔人興感之由，若合一契，未嘗不臨文嗟悼，不能喻之於懷。固一死生爲虛誕，齊彭、殤爲妄作，後之視今，亦猶今之視昔。悲夫！故列叙時人，録其所述，雖世殊事異，所以興懷，其致一也。後之覽者，亦將有感於斯文。

此爲東晉清談家最大之一次集會，王羲之所作此序，乃申述清談家共同之意志。文中直斥莊周“一死生爲虛誕，齊彭、殤爲妄作”，而稱道：“當其欣於所遇，暫得於己，快然自足，曾不知老之將至；及其所之既倦，情隨事遷，感慨係之矣！”乃是欣賞當前現實之景物，慨嘆人生之無常。與老莊之逃避現實和虛無主義思想全異其趣了。其文或駢或散，散則錯落有致，駢則整齊優美，駢散兼行，並得其優長。吉光片羽，彌足珍矣。

二、孫綽

　　孫綽以作玄言詩名世，但他的詩不如文，其駢文創作在東晉尤爲突出，據《晉書》卷五十六本傳記載：“綽少以文才垂稱，於時文士，綽爲其冠。温（嶠）、王（導）、郗（鑒）、庾（亮）諸公之薨，必須綽爲碑文，然後刊石焉。”即説明其駢文成就主要表現於對碑誄文之作上。《文心雕龍》卷三《誄碑》則云：“孫綽爲文，志在碑誄，温、王、郗、庾，辭多枝雜，《桓彝》一篇，最爲辨裁矣。”只肯定了其《桓彝碑》，對其他諸碑則頗有微辭。但《桓彝碑》已經散佚，無從考

察。從殘存之《丞相王導碑》、《太宰郗鑒碑》、《太尉庾亮碑》看,未
盡如其所言"辭多枝雜"。如《丞相王導碑》云:

> 公胄興姬文,氏由王喬;玄聖陶化以啓源,靈仙延祉以分
> 流。賢俊相承,世冠海岱。二儀交泰,妙氣發暉,醇曜所鍾,公
> 實應之。玄性合乎道旨,冲一體之自然;柔暢協乎春風,温煥
> 侔於冬日。信人倫之水鏡,道德之標準也。惠、懷之際,運在
> 大過,皇德不建,神轡再絶;獫狁孔熾,凶類猋起。公見機而
> 作,超然玄悟,遂扶翼王室,協蕃東岳,弘大順以一群后之望,
> 仗王道以應天人之會。於時乾維肇振,創制理物,中宗拱己,
> 雅仗賢相;尚父之任,具瞻在公。存烹鮮之義,殉易簡之政,大
> 略宏規,卓然可述。公雅好談詠,恂然善誘。雖管綜時務,一
> 日萬機,夷心以延白屋之士,虛己以招巖穴之俊,逍遥放意,不
> 峻儀軌。公執國之鈞,三十餘載,時難世故,備經之矣。夷險
> 理亂,常保元吉,匪躬而身全,遺功而勳舉。非夫領鑒玄遠,百
> 鍊不渝,孰能莫忤於世,而動與理會者哉?

叙述王導之家世、性行及功德,是贊頌,但無誄辭,全爲記實文字。
作者思如泉涌,語如貫珠,鍊之以字詞,諧之以音聲,意之所到,筆
隨而逮之,不期然而然者爲駢體之佳品。《晉書》本傳史臣贊云:
"彬彬藻思,綽冠群英。"非虛言矣。

　　要之,東晉駢文,文辭質直,唯求達意,不事藻飾,此其所以異
於西晉者也。

第四節　劉宋時期

　　宋代之駢文與東晉比較,又出現了新變。劉勰《文心雕龍》卷

六《通變》云：“宋初訛而新。”即謂其時之文章詭誕而新奇。這自
然是就整體文風而言，但作爲文體之一的駢文亦不例外。這種“訛
而新”之變化，即由東晉平淡演爲綺麗，由典雅演爲新奇。其形成
與當時統治階級之好尚有密切關係。據《南史》卷二十二《王儉
傳》記載：“宋孝武好文章，天下悉以文采相尚。”又《南史》卷一《武
帝紀》稱武帝“才藻甚美”。又《南史》卷十三《臨川王義慶傳》記
載：“上（文帝）好文章，自謂人莫能及。”《宋書》卷八《明帝紀》稱
“帝愛文義”。其他藩王喜好文章者也很多。上有所好，下必甚
焉。在他們的影響下，一般文人皆趨之若鶩。加之當時文人所作
多係應酬文字，爲投其所好，也便競爲華辭麗藻了。其表現於駢文
創作者，一爲駢偶益嚴，對仗益工，駢四儷六，隔句作對，向“四六”
體式發展。二爲用典使事，更趨繁密，緝事比類，非對不發，借古語
以申今情。此期作家有謝靈運、顏延之、傅亮、何承天、范曄、鮑
照等。

一、顏延之

　　顏延之、謝靈運本以詩名世，在駢文方面也各有成就，然《文
選》對謝文一篇未錄，卻收錄顏文六篇，如《赭白馬賦并序》、《三月
三日曲水詩序》、《陽給事誄》、《陶徵士誄》、《宋文元皇后哀策
文》、《祭屈原文》。説明蕭統對顏、謝之不同評價。實際上顏延之
之駢文創作確是高於謝靈運。他早期之創作《祭屈原文》，是宋少
帝時，以員外常侍出任始安太守，道經汨羅江，爲湘州刺史張邵所
作。其辭云：

　　　　惟有宋五年月日，湘州刺史吳郡張邵，恭承帝命，建旗舊
　　　楚。訪懷沙之淵，得捐珮之浦。弭節羅潭，艤舟汨渚。乃遣戶
　　　曹掾某，敬祭故楚三閭大夫屈君之靈。蘭薰而摧，玉縝則折；

物忌堅芳，人諱明潔。曰若先生，逢辰之缺。溫風怠時，飛霜急節。嬴芈遘紛，昭懷不端。謀折儀尚，貞蔑椒蘭。身絕郢闕，跡遍湘干。比物荃蓀，連類龍鸞；聲溢金石，志華日月。如彼樹芳，實穎實發。望汨心欷，瞻羅思越。藉用可塵，昭忠難闕。

全文主要采用四字對偶句，句無不對，對無不工地表現對屈原遭讒遇毀之深切同情，並以“比物荃蓀，連類龍鸞；聲溢金石，志華日月”比擬、贊揚屈原品格之純潔與高尚。與《祭屈原文》同時所作，還有《陶徵士誄》，此亦其出任始安郡太守，道經潯陽，常飲酒陶淵明家，自晨達昏，相知甚深，淵明卒，因作此誄，極其思致。誄文前有序，誄與序俱駢，與一般辭賦之序皆散體不同。如：

夫璿玉致美，不爲池隍之寶；桂椒信芳，而非園林之實。豈期深而好遠哉！蓋云殊性而已。故無足而至者，物之藉也；隨踵而立者，人之薄也。若乃巢、高之抗行，夷、皓之峻節，故已父老堯、禹，錙銖周、漢。而縣世浸遠，光靈不屬，至使菁華隱沒，芳流歇絕，不其惜乎！雖今之作者，人自爲量，而道路同塵，輟塗殊軌者多矣。豈所以昭末景，汎餘波！

其中徵引了一些上古隱逸高士，以爲淵明寫照。句法宕逸，骨勁色蒼，格調獨具。正文敘寫其立身行事，贊揚其高尚之人品和孤耿之性格。和《祭屈原文》相同，多用四字對偶句，茲錄其中一節爲例：

物尚孤生，人固介立。豈伊時遘，曷云世及？嗟乎若士！望古遙集。韜此洪族，蔑彼名級。睦親之行，至自非敦。然諾之信，重於布言。廉深簡絜，貞夷粹溫，和而能峻，博而不繁。依世尚同，詭時則異，有一於此，兩非默置。豈若夫子，因心違事，畏榮好古，薄身厚志。世霸虛禮，州壤推風。孝必義養，道

必懷邦。人之秉彝，不隘不恭。爵同下士，禄等上農。度量難
鈞，進退可限。長卿棄官，稚賓自免。子之悟之，何悟之辨！
賦詩歸來，高蹈獨善。……

以繁密之用典隸事，精細之煉詞造句，將陶淵明樂尚自然之生活情
趣和廉潔方正之精神面貌表現出來。當陶在南朝不被重視之情況
下，顏延之對他的認識無疑高出同時代人，給以公允的評價，也是
這篇誄文之價值所在。最後追念往昔知己之情云：

> 深心追往，遠情逐化。自爾介居，及我多暇。伊好之洽，
> 接閈鄰舍。宵盤晝憩，非舟非駕。念昔宴私，舉觴相誨："獨正
> 者危，至方則閡，哲人卷舒，布在前載。取鑒不遠，吾規子佩。"
> 爾實愀然，中言而發。"違衆速尤，迕風先蹷。身才非實，榮聲
> 有歇。"叡音永矣，誰箴余闕？嗚呼哀哉！

句法駢整，言詞情深，摹擬陶淵明規諷之語，勸戒之言，口吻、聲勢
栩栩如生。文筆瑣瑣叙述，彌表永懷，即所以衷心悼念之也。

明人張溥認爲顏延之"文莫長於《庭誥》，詩莫長於《五君》"
（《漢魏六朝百三家集·顏光禄集題辭》）。《庭誥》一篇，見《宋書》卷七
十三本傳，是訓誡親子之文。一般説來，家誡並非莊重文字，不需
要雕章琢句斟文酌詞，然顏延之也唯偶儷是求。如其中之一節云：

> 習之所變亦大矣。豈唯蒸性移身，乃將移智易慮。故曰：
> 與善人居，如入芝蘭之室，久而不聞其芬，與之化矣；與不善人
> 居，如入鮑魚之肆，久而不知其臭，與之變矣。是以慎所與處。
> 唯夫金真玉粹者，乃能盡而不污爾。故曰：丹可滅而不能使無
> 赤，石可毀而不能使無堅。苟無丹石之性，必慎浸染之由；能
> 以懷道爲人，必存從理之心。道可懷而理可從，則不議貧，議
> 所樂耳。

以駢詞儷語進行論説，圓潤靈活，而不板滯，其駢偶之工，對仗之巧，可以得其概略矣。顏延之能用駢文撰寫書、表、序、論等各種文體，亦猶鍾嶸論其詩云："體裁綺密，情喻淵深。動無虛散，一句一字，皆致意焉。"鋪錦列綉，繁於用典，密於隸事，乃一代駢文之宗，開出六朝文學來。

二、范曄

范曄（公元三九八——四四五），據《宋書》卷六十九本傳，字蔚宗，順陽（今河南淅川縣東）人。歷任新蔡太守、尚書吏部郎、宣城太守，官至左衛將軍、太子詹事。因與孔熙先等謀弑文帝，立宣城王劉義康，元嘉二十二年事泄被殺。曄多才好學，博涉經史，善文章，曉音律。任宣城太守時，删取諸家後漢史書，著《后漢書》紀傳八十卷（十志未及撰成），成爲史學名著。其中收録了大量的政論辭賦等，兼具一代文章總集性質。本傳中存其《獄中與諸甥侄書》，提出文章"以意爲主，以文傳意"、"文患其事盡於形，情急於藻，義牽其旨，韻移其意"之主張，其著述即體現了這種主張。值得注意者，《後漢書》之紀傳皆散體，而論贊則全爲駢文，他自負其論贊之作云："至於《循吏》以下，及《六夷》諸序論，筆勢縱放，實天下之奇作。其中合者，往往不減《過秦》篇。……贊自是吾文之傑思，殆無一字空設。奇變不窮，同舍異體，乃自不知所以稱之。此書行，故應有賞音者。"他以論贊自負，實以其駢文爲高。蕭統爲其賞音者，故《文選》收録他的論贊五篇，如《後漢書皇后紀論》、《宦者傳論》、《逸民傳論》、《後漢光武紀贊》、《後漢二十八將論》。其《宦者傳論》末節云：

若夫高冠長劍，紆朱懷金者，布滿宮闈；苴茅分虎，南面臣民者，蓋以十數。府署第館，基列於都鄙；子弟支附，過半於州

國。南金和寶冰紈霧縠之積，盈牣珍藏；嬙媛侍兒歌童舞女之
玩，充備綺室。狗馬飾彫文，土木被緹繡。皆剝割萌黎，競恣
奢欲；搆害明賢，專樹黨類。其有更相援引，希附權強者，皆腐
身薰子，以自衒達。同弊相濟，故其徒有繁，敗國蠹政之事，不
可殫書。所以海內嗟毒，志士窮棲，寇劇緣間，搖亂區夏。雖
忠良懷憤，時或奮發，而言出禍從，旋見孥戮。因復大考鉤黨，
轉相誣染，凡稱善士，莫不罹被災毒。竇武何進，位崇戚近，乘
九服之囂怨，協群英之勢力，而以疑留不斷，至於殄敗，斯亦運
之極乎！雖袁紹襲行，艾夷無餘，然以暴易亂，亦何云及！自
曹騰說梁冀，竟立昏弱，魏武因之，遂遷龜鼎。所謂君以此始，
必以此終。信乎其然矣！

論述東漢王朝宦官篡權亂政、禍國殃民之歷史教訓，揭露其結黨營
私、排斥異己、損害忠良、倒行逆施之作爲，痛責其盤剝人民，以逞
其驕奢淫逸之行徑。這種論贊，即其“文之傑思，殆無一字空設，奇
變不窮”者，踵事增華，“精意深旨”，有漢魏遺風。又因其“性別宮
商，識清濁”，故所作四六句法，平仄協調，頗合聲律。從范曄開始，
駢文之作有聲律之講求。

三、鮑照

鮑照以詩名世，在駢文方面也是宋代之大家，六朝之俊傑。今
存《鮑參軍集》有表六、疏四、啓九、書一、銘四、揭文一，皆駢體。
其《登大雷岸與妹書》爲諸作中之上乘。此文應作於元嘉十六年
（公元四三九），臨川王劉義慶出鎮江州（今江西九江市），鮑照爲
屬吏，隨其自建康（今南京市）赴江州，水路經過大雷岸（今安徽望
江縣），寫此信給其妹鮑令暉，訴說長途跋涉之艱辛，離別之傷痛。
如篇首云：

　　吾自發寒雨,全行日少。加秋潦浩汗,山谿猥至,渡泝無邊,險徑游歷,棧石星飯,結荷水宿,旅客貧辛,波路壯闊。始以今日食時,僅及大雷。塗登千里,日踰十晨;嚴霜慘節,悲風斷肌。去親爲客,如何如何! 向因涉頓,憑觀川陸,遶神清渚,流睇方曛。東顧五洲之隔,西眺九派之分;窺地門之絕景,望天際之孤雲。長圖大念,隱心者久矣。

其中多四字偶句,時或用韻,以表現秋風悽雨之中,風餐露宿,顛沛勞頓,來到大雷岸之行程。然後描述大雷岸周邊之景色,重巒疊嶂,山水相連,氣勢雄偉,如遠望廬山一段,極爲壯觀:

　　西南望廬山,又特驚異,基獻江湖,峰與辰漢連接,上常積雲霞,雕錦縟,若華夕曜,巖澤氣通,傳明散綵,赫似絳天。左右青靄,表裏紫霄。從嶺而上,氣盡金光;半山以下,純爲黛色。信可以神居帝郊,鎮控湘漢者也。

山峰高與星辰相接,晚霞騰飛,雲霏夕照,山巔一片金光,山腰則呈黛色,誠乃神仙境界。許槤云:"烟雲變滅,盡態極妍,即使李思訓數月之功,亦恐畫所難到。"(《六朝文絜箋注》卷七)句句錘煉,文筆精絕。《石帆銘》也是一篇寫景名作,通體四言,全爲偶對,將荆州石帆山之風景寫得氣象萬千。

　　應風剖流,息石橫波;下深地軸,上獵星羅;吐湘引漢,歙蠡吞沱;西歷岷冢,北瀉淮河;雲旌未起,風柯不吟;崩濤山墜,鬱浪雷沈。……二崝虎口,周王凤趨;九折羊腸,漢臣電驅。潛鱗浮翼,爭景乘虛。衡石頰鰠,帝子察岨;青山斷河,后父沈軀。川吏掌津,敢告訪途。

屬對精覈,煉字幽深,皆四字作對,乃駢文之創格。許槤評云:"明遠駢體,高際六代。文通稍後出,差足頡頏,而奇峭幽潔不逮也。"
(《六朝文絜箋注》卷十)良非過譽。鮑照駢文,實爲六朝之冠。

第五節　齊、梁時期

齊梁是駢文之鼎盛期,當時文壇幾乎全爲駢文所占據,駢文是
文章之正宗。這時的文章除了在隸事、敷采、對偶方面繼承前人並
有所發展外,永明聲律説之産生,又將平仄相調之聲調規則運用到
創作中來,形成駢四儷六,平仄相間,音韻鏗鏘之格調,進一步向四
六化發展。這方面有成就之作家有王融、丘遲、孔稚珪、劉勰、陶弘
景、任昉、沈約等,發展至徐陵,成爲最規範、最典型之駢文作家。
兹分别論述之。

一、王融

王融(公元四六七——四九三),據《南齊書》卷四十七本傳,
字元長,琅琊臨沂(今山東臨沂市)人。少舉秀才,累遷太子舍人。
爲齊武帝蕭賾所賞識,曾任中書郎兼主客郎。竟陵王蕭子良舉爲
寧朔將軍,與子良友善,爲"竟陵八友"之一。武帝病篤,他企圖擁
立子良不成,鬱林王蕭昭業繼位,下獄賜死,年僅二十八。他文藻
富麗,才思敏捷,爲文援筆可待。精通音律,嘗謂鍾嶸云:"宮商與
二儀俱生,自古詞人不知之。惟顔憲子(顔延之諡憲子)乃云律吕
音調,而其實大謬;惟見范曄、謝莊頗識之耳。嘗欲進《知音論》,
未就。"(《詩品》序)故其駢文之作,多清濁通流,口吻調利。原有集
十卷已散佚,明人輯有《王寧朔集》。今存文五十餘篇,《文選》收
録有《三月三日曲水詩序》一篇,與顔延之同題之文,皆永明九年
奉命所作。文章内容歌功頌德,並無意義,但其體式則華采連翩,

對偶工切，文藻富麗，聲調和諧，不愧爲駢文佳作。又其《永明九年策秀才文》亦駢體之名篇，收入《六朝文絜》中。此爲代國君所擬之策問，以求秀才們應答。如：

> 昔周宣惰千畝之禮，虢公納諫；漢文缺三推之義，賈生置言。良以食惟民天，農爲政本。金湯非粟而不守，水旱有待而無遷。朕式照前經，寶兹稼穡。祥正而青旗肅事，土膏而朱紘戒典。將使杏花菖葉，耕穫不愆；清畊泠風，述遵無廢。而釋耒佩牛，相沿莫反；兼貧擅富，寖以爲俗。若爰井開制，懼驚擾愚民；烏鹵可腴，恐時無史、白。興廢之術，矢陳厥謀。

文章以勸農爲主，援古證今，立言不苟，是代國君所擬策問，亦自己政治思想之體現。行文駢整，隔句作對，乃精美之篇章。其他書、疏、啓之作，亦復如此，不再列舉。

二、丘遲

丘遲（公元四六四——五〇八），據《梁書》卷四十九本傳，字希范，吳興烏程（今浙江吳興縣）人。八歲能屬文，有才名。齊時任殿中郎。入梁，官中書侍郎，遷司空從事中郎。梁武帝蕭衍作《連珠》，詔群臣繼作者數十人，遲文最美。先是陳伯之爲梁江州刺史，降北魏，天監四年（五〇五），率魏軍與梁相拒。時丘遲爲梁軍統帥蕭宏諮議參軍，領記室，以書喻之，伯之遂降。此即人們所傳誦之《與陳伯之書》。原有集十一卷，已散佚，明人輯有《丘司空集》。今存文十餘篇，《文選》唯録其《與陳伯之書》。書中陳説利害，曉以大義，動之以鄉關之情，喻之以家國之理，義正而辭嚴。如其論梁朝兵威之盛和北魏亡在旦夕云：

> 夫以慕容超之强，身送東市；姚泓之盛，面縛西都。故知

霜露所均,不育異類;姬漢舊邦,無取雜種。北虜僭盜中原,多
歷年所,惡積禍盈,理至燋爛。況僞孽昏狡,自相夷戮;部落攜
離,酋豪猜貳。方當繫頸蠻邸,懸首藁街。而將軍魚游於沸鼎
之中,燕巢於飛幕之上,不亦惑乎!

北魏虜盜中原,罪惡累累,内部又自相殘殺,滅亡在即。指出其處
境猶"魚游於沸鼎之中,燕巢於飛幕之上",岌岌可危。然後陳述
江南之美景,以喚起其故國之思:

　　　暮春三月,江南草長,雜花生樹,群鶯亂飛。見故國之旗
鼓,感平生之疇日,撫絃登陴,豈不愴恨。所以廉公之思趙將,
吳子之泣西河,人之情也;將軍獨無情哉! 想早勵良規,自求
多福。

以江南暮春之景與陣前故國之軍容結合,更令人移情,因而陳伯之
率衆八千自壽陽歸降。文章用典貼切,裁對工整,起承轉合,調度
自如,作爲勸降書,自有其個性、特色。

三、孔稚珪

孔稚珪(公元四四〇——五〇一),據《南齊書》卷四十八本
傳,字德璋,會稽山陰(今浙江紹興)人。少涉學,有美譽。始爲宋
安成王車騎法曹行參軍,入齊歷任驍騎將軍、御史中丞、南郡太守,
官至太子詹事,加敬騎常侍。風韻清疎,好文詠,不樂世務。居宅
盛營山水,門庭之内,草萊不剪,中有蛙鳴,則當兩部鼓吹,其自怡
樂也如此。原有集十卷,已散佚,明人輯有《孔詹事集》。《文選》、
《六朝文絜》收録其《北山移文》一篇,爲駢文之精品。文章假託北
山神靈責讓周顒先隱後仕之行爲。據《文選》吕向注:"鍾山在都
北,其先,周彦倫(周顒字)隱於此山,後應詔出爲海鹽縣令,欲卻

過此山。孔生乃假山靈之意移之,使不許得至。故云《北山移文》。"後人多取吕説。按:《南齊書·周顒傳》周顒不曾爲海鹽令,亦無先隱後仕之事,吕説與史實不符。且文章作者也不曾反對過仕宦,本文當出於朋友間戲謔之作。(説見《漢魏六朝百三家集·孔詹事集題辭》)文章之首段云:

> 鍾山之英,草堂之靈。馳烟驛路,勒移山庭。夫以耿介拔俗之標,瀟灑出塵之想,度白雪以方絜,干青雲而直上,吾方知之矣。若其亭亭物表,皎皎霞外,芥千金而不盼,屣萬乘其如脱,聞鳳吹於洛浦,值薪歌於延瀨,固亦有焉。豈期終始參差,蒼黄翻覆,淚翟子之悲,慟朱公之哭,乍迴跡以心染,或先貞而後黷,何其謬哉!嗚呼!尚生不存,仲氏既往,山阿寂寥,千載誰賞!

謂隱者志節高潔,氣度非凡,草芥金錢,糞土王侯。然蒼黄翻覆,變化莫測,竟染心功名,垢污前貞,令墨子、楊朱爲之慟哭悲泣。對隱者之變節,流露了悲憫之情。此所以隱括全篇,爲周顒一生行跡張本。文辭瑰麗奇邁,刻鏤精絶。許槤評云:"此六朝中極雕繪之作。鍊格鍊詞,語語精辟,其妙處尤在數虚字旋轉得法。當與徐孝穆《玉臺新詠序》,並爲唐人軌範。"(《六朝文絜箋注》卷八)孔稚珪之駢體,能巧妙地於偶句中間以虚字,以免於板滯,而使文氣跌宕、抑揚,表現出特有之氣格與神韻。

四、劉勰

劉勰(公元四六五——五二〇)不僅是文學理論家,而且是駢文創作罕見之能手。據《梁書》卷五十本傳,字彦和,東莞莒(今山東日照市)人。早孤,篤志好學,家貧不婚娶,依著名和尚僧佑居處十餘年，博通經論，編定定林寺經藏及《弘明集》行世。天監初，起家奉朝請。後歷任臨川王記室、太末令、南康王記室兼東宮通事舍人等，深得昭明太子蕭統器重。晚年出家爲僧，改名慧地，不及一年即病逝。年三十餘撰成《文心雕龍》，時人無注意者，後經學界名人沈約肯定，始被重視。他是虔誠的佛教徒，但《文心雕龍》卻完全從儒學立場立論，認爲文學是儒家經典之枝條，形式必須有新變，因而著《通變》篇，而内容卻不能脱離聖人之道，所以著《原道》、《徵聖》、《宗經》諸篇。其褒貶是非，唯以儒家經典爲準則，擯斥一切佛教思想和佛教詞語，表現了嚴肅的學風。

《文心雕龍》五十篇，全用駢文寫成，是一部科條分明、邏輯周密、優秀、規範之駢文著作。這部完美的創作，是建立在作者對駢文理論精湛研究基礎之上的，是其理論之具體實踐。其中之《麗辭》、《事類》、《聲律》、《章句》、《比興》、《誇飾》、《練字》諸篇，分别對偶對、隷事、聲律、句式、藻采等構成駢文之諸要素進行全面地論述。如其論對偶，《麗辭》篇開宗明義即云：“造化賦形，支體必雙，神理爲用，事不孤立。夫心生文辭，運裁百慮，高下相須，自然成對。”認爲文章對偶，是自然形成者，猶人之手足。乃造化使然，不可或缺。把對偶在文章中之作用強調到極點。並贊譽揚雄、司馬相如、張衡、蔡邕等人之作“麗句與深采並流，偶意共逸韻俱生”，稱道魏晉諸家之作“析句彌密，聯字合趣，割毫析釐”。相反，認爲不重視行文對偶，“若兩事相配，而優劣不均，是驥在左驂，駑爲右服也。若夫事或孤立，莫與相偶，是夔之一足，跿踦而行也”。因此，“必使理圓事密，聯璧其章”，一定要使偶句理論圓轉，用事貼切，如雙璧一樣呈現文采。

又論用典，《事類》篇云：“據事以類義，援古以證今者也。”即援引古事以證今義。進而説明：“明理引乎成辭，徵義舉乎人事，迺聖賢之鴻謨，經籍之通矩也。"認爲用典是古聖賢爲文之通用規範。然能熟練地運用典故，必須具備博學與才能，他説："文章由學，能在天資。才自内發，學以外成。有學飽而才餒，有才富而學貧。學貧者迍邅於事義，才餒者劬勞於辭情，此内外之殊分也。是以屬意立文，心與筆謀，才爲盟主，學爲輔佐，主佐合德，文采必霸，才學褊狹，雖美少功。"認爲學問淺薄徵引事義，即感到艱難；才能不足表現文情，即顯得勞累。二者結合，始能使文章具有文采。并且提出"綜學在博，取事貴約，校練務精，捃理須覈"，如此乃能使才能與學問之優勢都發揮出來。

又論聲律，劉勰講求聲律，但反對沈約提出之八病説，故《聲律》篇僅論述"飛沈"與"雙聲疊韻"在文章中之作用。如云："凡聲有飛沈，響有雙疊。雙聲隔字而每舛，疊韻雜句而必睽。沉則響發而斷，飛則聲揚不還。並轆轤交往，逆鱗相比，迂其際會，則往蹇來連，其爲疾病，亦文家之吃也。"他所説之"聲有飛沈"，即《宋書‧謝靈運傳》所謂"前有浮聲，後有切響"之"浮聲"、"切響"。飛聲、浮聲指聲大，即平聲；沉聲、切響指聲細，即上去入，爲仄聲，"聲有飛沈"即聲有平仄。"雙聲隔字而每舛"猶沈約八病説中之傍紐；"疊韻雜句而必睽"猶八病説中之大病、小病。他認爲聲調配合不當，讀之繞口，有若文章家之口吃，主張爲文在聲律上應前後照應，使語言有和諧流轉之美。如此"則聲轉於吻，玲玲如振玉；辭靡於耳，纍纍如貫珠矣"。並强調這種聲律之調配，猶"古之珮玉，左宮右徵，以節其步。聲不失序，音以律文，其可忽哉！"

又論情采，《情采》篇云："夫鉛黛所以飾容，而盼倩生於淑姿；文采所以飾言，而辯麗本於情性。故情者文之經，辭者理之緯；經正而後緯成，理定而後辭暢；此立文之本源也。"情即情理，文即文采，情是經，理是緯，經緯交織而成文章。他進而申述説："夫能設謨以位理,擬地以置心,心定而後結音,理正而後摛藻;使文不滅質,博不溺心,正采耀乎朱藍,間色屛於紅紫;乃可謂雕琢其章,彬彬君子矣。"即根據所要表達之思想情感,選擇體裁,調配音律,運用辭藻,使文采不掩蓋内容,廣泛的事例不淹没感情,令正色光采照耀,把雜色予以屛除,如此始可謂善於修飾文辭,成爲情文並茂之作。這種理論上之完善,推動了六朝駢文的發展。如其優秀篇章《神思》論述創作構思云:

> 古人云:"形在江海之上,心存魏闕之下。"神思之謂也。文之思也,其神遠矣。故寂然凝慮,思接千載;悄焉動容,視通萬里;吟詠之間,吐納珠玉之聲;眉睫之前,卷舒風雲之色;其思理之致乎? 故思理爲妙,神與物游。神居胸臆,而志氣統其關鍵;物沿耳目,而辭令管其樞機。樞機方通,則物無隱貌;關鍵將塞,則神有遁心。是以陶鈞文思,貴在虛靜,疏瀹五藏,澡雪精神。積學以儲寶,酌理以富才,研閱以窮照,馴致以懌辭,然後使玄解之宰,尋聲律而定墨;獨照之匠,窺意象而運斤;此蓋馭文之首術,謀篇之大端。

此爲文章之首段,總論爲文應如何構思,認爲精神要受心志之主宰。"神與物游",即受心志主宰之精神與外物相交接,方能達到構思之妙。又構思要虛靜,唯虛靜,方能對外界事物進行認真之觀察,並寫出好文章來。又《物色》論述情景之關係云:

> 是以詩人感物,聯類不窮;流連萬象之際,沉吟視聽之區。寫氣圖貌,既隨物以宛轉;屬采附聲,亦與心而徘徊。故"灼灼"狀桃花之鮮,"依依"盡楊柳之貌,"杲杲"爲出日之容,"瀌瀌"擬雨雪之狀,"喈喈"逐黄鳥之聲,"喓喓"學草蟲之韻。"皎日""嘒星",一言窮理;"參差""沃若",兩字窮形:並以少

總多,情貌無遺矣。雖復思經千載,將何易奪?及《離騷》代興,觸類而長,物貌難盡,故重沓舒狀,於是"嵯峨"之類聚,"葳蕤"之群積矣。及長卿之徒,詭勢瑰聲,模山範水,字必魚貫,所謂詩人麗則而約言,辭人麗淫而繁句也。

此爲文章中之一段,以《詩經》爲例,説明"情以物遷,辭以情發"。情與景結合,既貼切地描寫自然景物,又表達作者之內心情感,要做到"既隨物以宛轉","亦與心而徘徊",使情景交融。這兩篇文章,其對偶既有言對、事對,也有正對、反對,而且"貴在精巧","務在允當"。其章句則以四字或六字爲基本句式,使文氣"密而不促","格而非緩"。其聲律注重和音協韻,使聲調"沉則響發而斷,飛則聲揚不還"。其敷藻能將形文、聲文、情文三者融匯無間,形成統一的優美風格。這些創作,如孫梅所云:"探幽索隱,窮形盡狀,五十篇之内,百代之精華備矣。"(《四六叢話》卷之十一)

五、陶弘景

陶弘景(公元四五六——五三六),據《梁書》卷五十一本傳,字通明,丹陽秣陵(今南京市)人。"幼有異操,年十歲,得葛洪《神仙傳》,晝夜研尋,便有養生之志"。宋末曾爲奉朝請,齊時官至左衛殿中將軍,後隱居句曲山(茅山)。梁武帝即位,禮聘不出,但每有大事,輒就諮詢,時稱"山中宰相"。卒謚貞白先生。好道術,愛山水,善琴棋,工書法,精通醫學,擅長駢文。原有集三十卷,已散佚,明人輯有《陶隱居集》。今存賦、表、書、啓、序、論、頌、銘、碑各若干篇。世傳其《答謝中書書》(《藝文類聚》卷三十七)爲駢體名篇。如:

山川之美,古來共談。高峰入雲,清流見底。兩岸石壁,五色交輝；青林翠竹，四時俱備。曉霧將歇，猿鳥亂鳴；夕日欲頹，沉鱗競躍。實是欲界之仙都。自康樂以來，未復有能與其奇者。

謝中書，即謝徵，字元度，陳郡夏陽人。曾任中書鴻臚。陶弘景此信，稱道江南山水之美，並自許自謝靈運之後，唯他能領略其中之妙趣。許槤評云："演迤澹沱，蕭然塵埃之外。"（《六朝文絜箋注》卷七）可謂得其意旨矣。篇章雖短，然流利俊逸，妍雅自然，不失爲優秀之山水小品。其他如《尋山志》（見《藝文類聚》卷三十六）諸文，也多以清麗之辭，嚴整之體，描寫山水勝境。不復徵引。

六、吳均

吳均與陶弘景相同，也擅長以駢體描寫自然景物，今存《與宋元思書》、《與施從事書》、《與顧章書》三篇，都是以駢體寫景之作。其中以《與宋元思書》爲人所稱誦，被收錄入《六朝文絜》中，書云：

> 風烟俱淨，天山共色。從流飄蕩，任意東西。自富陽至桐廬，一百許里，奇山異水，天下獨絕。水皆縹碧，千丈見底，游魚細石，直視無礙。急湍甚箭，猛浪若奔。夾岸高山，皆生寒樹，負勢競上，互相軒邈，爭高直指，千百成峰。泉水激石，泠泠作響；好鳥相鳴，嚶嚶成韻。蟬則千轉不窮，猿則百叫無絕。鳶飛戾天者，望峰息心；經綸世務者，窺谷忘反。橫柯上蔽，在畫猶昏；疏條交映，有時見日。

宋元思，字玉山，劉峻有《與宋玉山元思書》。吳均此信是稱道自富陽至桐廬山光水色之秀麗。水流激湍，清澈見底，游魚可數；山勢險峻，千百成峰，猿鳥啼噪；別是一番清幽境界，許槤評云："掃除浮艷，澹然無塵，如讀靖節《桃花源記》、興公《天台山賦》。"（《六朝

文絜箋注》卷七)文章音韻和諧,語言清新,風格峻拔,恬淡自然。又其《與施從事書》云:

故鄣縣東三十五里,有青山,絶壁干天,孤峰入漢;緑嶂百重,青川萬轉。歸飛之鳥,千翼競來;企水之猨,百臂相接。秋露爲霜,春蘿被徑;風雨如晦,雞鳴不已。信足蕩累頤物,悟衷散賞。

以四字句偶對,寫青山之奇山異水,與上文同一機杼。

七、任昉

任昉是六朝著名之駢文作家,與沈約齊名,時稱"任筆沈詩",謂沈以詩名,任以文著。《南史》卷五十九本傳稱:"昉尤長載筆……才思無窮。"其文章被收入《文選》者凡十九篇,如《宣德皇后令》、《天監三年策秀才文》三首、《爲齊明帝讓宣城郡公第一表》、《爲范尚書讓吏部封侯表》、《爲蕭揚州薦士表》、《爲褚蓁讓代兄襲封表》、《爲范始興作求立太宰碑表》、《奉答勑示七夕詩啓》、《爲卞彬謝修卞忠貞墓啓》、《啓蕭太傅固辭奪禮》、《奏彈曹景宗》、《奏彈劉整》、《到大司馬記室牋》、《勸進今上梁高祖武皇帝牋》、《王文憲集序》、《劉先生夫人墓志》、《齊竟陵文宣王行狀》等,是《文選》選文最多之作家,其"生平筆長,可悉推見"(《漢魏六朝百三家集·任彦昇集題辭》)。王僧孺《太常敬子任府君傳》稱:"辭賦極其清深,筆記尤盡典實。若聞金石,似注河海。少孺速而未工,長卿工而未速,孟堅辭不逮理,平子意不及文,孔璋傷於健,仲宣病於弱,其有集論借書,窮文質之敏,駐馬停信,極罷罷之切,莫尚於斯焉。"(《藝文類聚》卷四十九)即説明任昉章、表、書、檄既富文辭,又具意理,不傷於健,不病於弱,勝於漢代枚皋、司馬相如、班固、張衡、

陳琳、王粲諸人之作。在《文選》收録其文章中,以《奏彈曹景宗》
最負盛名。此文作於天監三年(公元五〇四)任御史中丞時,北魏
兵圍司州治所義陽(今河南信陽),梁武帝遣郢州刺史曹景宗率步
騎三萬援救。曹中途逗留三關,按兵不進,致使義陽淪陷,三關失
守。文章即彈劾曹畏敵不前,延誤軍機之行爲。兹録其一節爲例:

> 竊尋獫狁侵軼,暫擾疆陲。王師薄伐,所向風靡。是以淮
> 徐獻捷,河兗凱歸。東關無一戰之勞,塗中罕千金之費。而司
> 部懸隔,斜臨寇境。故使狡虜憑陵,淹移歲月。故司州刺史蔡
> 道恭,率屬義勇,奮不顧命,全城守死,自冬徂秋,猶有轉戰無
> 窮,亟摧醜虜。方之居延,則陵降而恭守;比之疎勒,則耿存而
> 蔡亡。若使郢部救兵,微接聲援,則單于之首,久懸北闕,豈直
> 受降可築,涉安啓土而已哉!寔由郢州刺史臣景宗,受命致
> 討,不時言邁,故使蝟結蟻聚,水草有依,方復按甲盤桓,緩救
> 資敵,遂令孤城窮守,力屈凶威。雖然,猶應固守三關,更謀進
> 取,而退師延頸,自貽虧衄,疆場侵駭,職是之由。不有嚴刑,
> 誅賞安寔,景宗即主。

説明司州刺史蔡道恭孤軍守城,而曹景宗援軍不至,遂使蔡道恭兵
敗身亡。曹景宗是此次戰役失敗之罪魁禍首,應當受到嚴懲。然
後論述蔡道恭死國與曹景宗偷生人格之優劣云:

> 且道恭云逝,城守累旬;景宗之存,一朝棄甲。生曹死
> 蔡,優劣若是!惟此人斯,有靦面目。

懸蔡道恭於凌烟閣,置曹景宗於恥辱架。以排比之句式表現雄壯
健盛的審判力,辭鋒凌厲,所向風靡。又其《王文憲集序》亦駢儷
化極强之作,如其中之一節云:

公在物斯厚，居身以約。玩好絶於耳目，布素表於造次。室無姬姜，門多長者。立言必雅，未嘗顯其所長；持論從容，未嘗言人所短。弘長風流，許與氣類。雖單門後進，必加善誘，勖以丹霄之價，弘以青冥之期。公銓品人倫，各盡其用。居厚者不矜其多，處薄者不怨其少，窮涯而反，盈量知歸。

此爲贊揚王文憲人品之高尚。四六句式聯綴而成，辭義兼長。是其多爲趨時應命之作中之可取者。張溥云："居今之世，爲今之言，違時抗往，則聲華不立，投俗取妍，則爾雅中絶。求其儷體行文，無傷逸氣者，江文通、任彦昇，庶幾近之。"（《漢魏六朝百三家集·任彦昇集題辭》）意謂爲文既不能摹古，又不能趨時，駢儷之作，無傷逸氣，而主聲華，繼雅正，唯江淹、任昉差不多才能做到。確然如此。

八、沈約

沈約以詩名，然其文章成就，也爲時人所矚目。《南史》卷五十七本傳云："謝玄暉善爲詩，任彦昇工於筆，約兼而有之，然不能過。"一生著述很多，除史書及詩文之外，文則有詔、敕、制、疏、表、章、彈文、啓、書、序、論、義、頌、贊、銘、記、碑、哀策、謚議、墓志銘、行狀、連珠等各種文體，皆駢儷之作。爲《文選》所録者有《宋書·謝靈運傳論》和《恩倖傳論》兩篇。《謝靈運傳論》既爲文論名篇，又是駢體佳構。其所論述者爲情與文之關係和聲律之講求兩個問題，對聲律之講求，沈約自矜爲獨得之秘。他説：

若夫敷衽論心，商榷前藻，工拙之數，如有可言。夫五色相宣，八音協暢，由乎玄黄律呂，各適物宜。欲使宮羽相變，低昂互節。若前有浮聲，則後須切響。一簡之内，音韻盡殊；兩句之中，輕重悉異。妙達此旨，始可言文。至於先士茂製，諷

高歷賞:子建函京之作,仲宣灞岸之篇,子荆零雨之章,正長朔
風之句,並直舉胸情,非傍詩史,正以音律調韻,取高前式。自
靈均以來,多歷年代,雖文體稍精,而此秘未覩。至於高言妙
句,音韻天成,皆闇與理合,匪由思至。張、蔡、曹、王,曾無先
覺;潘、陸、謝、顏,去之彌遠。世之知音者,有以得之,知此言
之非謬。如曰不然,請待來哲。

其所講述者雖爲詩歌之音律,但同樣適用於駢文。即認爲詩文應
"五色相宣,八音協暢,由乎玄黃律吕,各適物宜。欲使宫羽相變,
低昂互節;若前有浮聲,則後須切響。一簡之内,音韻盡殊;兩句之
中,輕重悉異"。首創四聲説。在其倡導之下,詩文聲律由自然之
闇合,演變爲自覺之運用,將詩文之音節美提到首要地位。行文駢
四儷六,音韻諧暢,可謂理論與創作雙絶。其他表、贊、書、啓諸作,
雖皆駢體,但内容、形式都比較平庸,無明顯特點,故略而不論。

如上所述,齊梁綺麗之駢,語必對偶,辭尚雕琢,進一步推動四
六文之形成。

張溥云:"江南文體,入陳更衰,非徐僕射、沈侍中,代無作
者。"(《漢魏六朝百三家集·沈侍中集題辭》)蓋六朝之文演變至陳,益
其衰微,可稱道者,唯徐陵、沈炯而已。故將其附於齊梁之後論述。
沈炯與徐陵生於同時,其卒卻早於徐陵二十餘年,先談沈炯。

九、沈炯

沈炯(公元五〇二——五六〇),據《陳書》卷十九本傳,字禮
明,吳興武康(今浙江德清武康區)人。梁時曾任吳令。侯景之亂
失敗,王僧辯素聞其名,以錢十萬於軍中購得,掌記室。江陵淪陷,
被西魏擄去,授儀同三司。顧念老母,常思歸國,恐魏人愛其才而
留之,所作文章,即棄毀,不令流布。後歸梁,任司農卿,遷御史中

丞。陳時加通直散騎常侍,年五十九卒。"少有雋才,爲當時所重"。所作羽檄、文、書、章、表,"其文甚工,當時莫有逮者"。有集二十卷,已散佚,明人輯有《沈侍中集》,收其各類體裁之文章二十篇,多爲駢儷之作。如《經通天臺奏武帝表》是其在長安時,"嘗獨行經漢武通天臺,爲表奏之,陳己思歸之意"。表云:

> 臣聞喬山雖掩,鼎湖之靈可祠;有魯既荒,大庭之跡無泯。伏惟陛下,降德猗蘭,纂靈豐谷;漢道既登,神仙可望。射之罘於海浦,禮日觀而稱功;橫中流於汾河,指柏梁而高宴。何其樂也,豈不然歟?既而運屬上仙,道窮晏駕。甲帳珠簾,一朝零落;茂陵玉椀,宛出人間。陵雲故基,共原田而臒臒;別風餘趾,對陵阜而茫茫。覊旅縲臣,能不落淚?昔承明既厭,嚴助東歸;駟馬可乘,長卿西返。恭聞故實,竊有愚心;黍稷非馨,敢忘徼福?但雀臺之弔,空愴魏君;雍丘之祠,未光夏后。瞻仰烟霞,伏增悽戀。

沈炯以梁人而表奏數百年前之漢帝,自是託意寄情。此種體式乃前人所未有,而爲沈炯所首創。文章駢四儷六,隔句作對,用典繁巧,遣詞妍雅,是極爲規範之駢文。又其《爲陳太傅讓表》,被張溥稱爲"義正辭壯"之作,亦優秀之駢體。

十、徐陵

徐陵是極重要之駢文作家,今存詔、策、書、啓、檄、碑、序、銘、頌、章、表、墓誌諸作約八十篇。據《陳書》卷二十七本傳稱:"其文頗變舊體,緝裁巧密,多有新意。"即齊梁時所謂"新變"。其駢體名篇爲《玉臺新詠序》。《玉臺新詠》一書,收錄漢魏以來涉及婦女之詩篇,主要爲宮體之作。與其內容相適應,此序也是一篇宮體駢

文,特點是先叙女子之貌,次叙女子之才,終叙女子之思,而以編書宗旨,繫之篇末。如其寫宮人之佳麗與才情云:

　　夫凌雲概日,由余之所未窺;千門萬户,張衡之所曾賦。周王璧臺之上,漢帝金屋之中,玉樹以珊瑚作枝,珠簾以玳瑁爲柙,其中有麗人焉。其人也,五陵豪族,充選掖庭;四姓良家,馳名永巷。亦有潁川、新市,河間、觀津,本號嬌娥,曾名巧笑。楚王宫裏,無不推其細腰;衛國佳人,俱言訝其纖手。閲詩敦禮,豈東鄰之自媒;婉約風流,異西施之被教。弟兄協律,生小學歌;少長河陽,由來能舞。琵琶新曲,無待石崇;箜篌雜引,非關曹植。傳鼓瑟於楊家,得吹簫於秦女。……雖非圖畫,入甘泉而不分;言異神仙,戲陽臺而無别。真可謂傾國傾城,無對無雙者也。加以天時開朗,逸思雕華,妙解文章,尤工詩賦。瑠璃硯匣,終日隨身;翡翠筆牀,無時離手。清文滿篋,非唯芍藥之花;新製連篇,甯止蒲萄之樹。九日登高,時有緣情之作;萬年公主,非無累德之辭。其佳麗也如彼,其才情也如此。

這位佳麗與才情具備之婦女,在"絳鶴晨嚴,銅蠡晝静"之時,"無怡神於暇景,唯屬意於新詩",於是"燃脂暝寫,弄筆晨書,撰録艷歌,凡爲十卷"。其中既有"往世名篇",更有"當今巧製","曾無忝於雅頌,亦靡濫於風人",意欲與《風》《雅》同列。文章如許槤所云:"是篇尤爲聲偶兼到之作。鍊格鍊詞,綺縐繡錯,幾於赤城千里霞矣。"(《六朝文絜箋注》卷八)文體綺麗,音調和諧,且多四六句式,駢體文風演變之消息,於此中可以參透之矣。徐陵之文,並非全爲宮體,其羈留北齊時所寫之書信,多表現鄉關之思,情意悲切,哀婉動人。李兆洛亦云:"書記是其所長。"(《駢體文鈔》卷十九)如《在北齊與楊僕射書》是對楊愔反駁齊人不許其南歸之理由不足據。文章條分縷析，説理透闢，最後叙述其家國之痛：

> 歲月如流，平生何幾？晨看旅雁，心赴江淮；昏望牽牛，情馳揚越。朝千悲而掩泣，夜萬緒而回腸。不自知其爲生，不自知其爲死也！足下素挺詞鋒，兼長理窟。匡丞相解頤之説，樂令君清耳之談，向所詺疑，誰能曉喻？若鄙言爲謬，來旨必通，分請灰釘，甘從斧鑊。何但規規點點，齰舌低頭而已哉？若一理存焉，猶希矜眷。何必期令我等必死齊都，足趙魏之黃塵，加幽并之片骨！遂使東平拱樹，長懷向漢之悲；西洛孤墳，恒表思鄉之夢。千祈以屢，哽慟增深。

全爲抒情文字，情感激越，聲淚俱下，句法工整，言語流暢，情詞兼美，讀後爲之動容。此外，如《在北齊與宗室書》、《在北齊與梁太尉王僧辯書》等，皆長篇巨製，並爲駢文佳構。對徐陵駢文成就，張溥評云：

> 余讀其《勸進元帝表》，與代貞陽侯書，感慨興亡，聲淚並發；至羈旅篇牘，親朋報章，蘇李悲歌，猶見遺則。代馬越鳥，能不悽然？然夫三代以前，文無聲偶，八音自諧，司馬子長所謂鏗鏘鼓舞也。浸淫六季，制句切響，千英萬傑，莫能逃脱，所可自異者，死生氣別耳。歷觀駢體，前有江（淹）、任（昉），後有庾（信）、徐（陵），皆以生氣見高，遂稱俊物……

他説明徐陵之作，不但長於抒情，重視聲律，而且具有生氣，與江淹、任昉、庾信并爲六朝駢體文之模範。

第六節　北朝時期

北朝幾乎無駢文可言，"北地三才"温子昇、邢邵、魏收之作，也是受南朝文學影響而取得的。這在前文，我們已經談過。如邢邵嘗毁魏收於任昉文章"非直模擬，亦大偷竊"，魏收則反駁云："伊常於沈約集中作賊。"（《北史》卷五十六《魏收傳》）又濟陰王暉業嘗云："我子昇足以陵顏轢謝，含任吞沈。"說明他們的文章多模擬顏延之、謝靈運、任昉、沈約。既爲模擬，自然無特色和創造，可稱道者絶少。張溥即指出温子昇之"表碑具在，頗少絶作，陵顏轢謝，含任吞沈，亦磽確自雄，北方語耳"（《漢魏六朝百三家集·温侍讀集題辭》），認爲濟陰王暉業之言，不過是北方人"自雄"而已。又張溥謂邢邵之作"置學一奏，事關典教，餘文無絶殊者"（《漢魏六朝百三家集·邢特進集題辭》），也只肯定其《置學奏》一篇，然爲其"事關典教"，並非文章本身好。這都說明北朝駢文之無足稱道。只有當西魏陷江陵，王褒、庾信先後由南入北，將南方文學體制傳入北方，又由於他們切身之遭際、政治處境之巨變，使其創作也隨之發生變化，文風由南朝宫體之綺麗浮艷，演變爲沉鬱頓挫，内容由寫景演變爲思鄉，從而提高了他們創作之價值。因此，我們論述北朝駢文，以他們爲代表。

一、王褒

王褒仕西魏、北周，深受各代君主之器重。史載周明帝"每游宴，命褒賦詩談論，恒在左右"。他不但賦詩，而且還撰寫了許多文章，周武帝"建德以後，頗參朝議，凡大詔册，皆令褒具草"（以上皆見《北史》卷八十三《王褒傳》）。所作文章，今存詔、表、啓、書、序、箴、銘、碑等二十六篇。其中最富情致、真切動人者《寄梁處士周弘讓書》，爲《六朝文絜》所收録。此書，據《北史·王褒傳》云："初，褒與梁處士汝南周弘讓相善，及讓兄弘正自陳來聘，帝（周武帝）許褒等通親知音問。褒贈弘讓詩并書焉。"書云：

　　嗣宗窮途，楊朱歧路。征蓬長逝，流水不歸。舒慘殊方，炎涼異節，木皮春厚，桂樹冬榮，想攝衛惟宜，動靜多豫。賢兄入關，敬承款曲。猶依杜陵之水，尚保池陽之田。鏟跡幽隴，銷聲窮谷，何其愉樂，幸甚幸甚！弟昔因多疾，亟覽九仙之方；晚涉世途，常懷五嶽之舉。同夫關令，物色異人；譬彼客卿，服膺高士。上經說道，屢聽元牝之談；中藥養神，每稟丹砂之説。頃年事道盡，容髮衰謝，芸其黃矣，零落無時，還念生涯，繁憂總集。視陰愒日，猶趙孟之徂年；負杖行吟，同劉琨之積慘。河陽北臨，空思鞏縣；霸陵南望，還見長安。所冀書生之魂，來依舊壤；射聲之鬼，無恨他鄉。白雲在天，長離別矣！會見之期，邈無日矣！援筆攬紙，龍鍾橫集。

周弘讓乃梁故處士，隱於句曲之茅山。庾信亦有《尋周處士弘讓》詩。此借寄弘讓書，抒發其不得迴鄉之悲：“所冀書生之魂，來依舊壤；射聲之鬼，無恨他鄉。”願魂歸故土，恨爲他鄉之鬼。沉痛哀切之至！張溥所謂“蓋外糜周爵，而情切土風，流離寄欷，亦徐孝穆之《報尹義尚》，庾子山之《哀江南》也”（《漢魏六朝百三家集·王司空集題辭》），可謂得此文之神韻。

二、庾信

　　庾信與徐陵並爲六朝末駢文集大成之作家。他們的家世及個人經歷極其相似，庾信父庾肩吾爲梁太子中庶子，掌管記，徐陵父徐摛爲左衛率，陵與信並爲鈔撰學士，徐、庾兩家皆在東宮，“出入禁闥，恩禮莫與比隆。既文並綺艷，故世號爲‘徐庾體’焉”（《北史》卷八十三《庾信傳》），俱爲宮體文學之代表。元帝蕭繹即位江陵時，他們各自出使北朝兩次，都曾被羈留。不同者是梁亡之後，徐陵得隨蕭淵明南歸，後入陳，而庾信卻南歸不得，遂仕西魏、北周以至周亡。因此，徐陵之文風變化不大，基本上保持南方之情韻與氣格，而庾信之作卻發生了很大變化，杜甫所謂“庾信生平最蕭瑟，暮年詩賦動江關”（《詠懷古跡五首》其一）者是。作爲駢文集大成之作家，在南方爲徐陵，在北方爲庾信。今本《庾子山集》中駢文有表一卷、書啓一卷、連珠一卷、贊一卷、教、文、序、傳一卷、銘一卷、碑志四卷，凡十卷。宇文逌《庾子山集序》評云：“妙善文詞，尤工詩賦，誅奪安仁之美，碑有伯喈之情，箴似揚雄，書同阮籍。”體裁豐富，成就卓異。單純從文章形式角度評價，確是如此，若結合其內容看，則多爲與周貴族交往應酬之作，價值不大，其最有意義并體現駢文最高成就者，是那些寄寓故國之思的篇章，如《哀江南賦序》、《思舊銘并序》等。

　　庾信羈留北方所作之賦，往往有駢體序文，《哀江南賦》之外，《三月三日華林園馬射賦》、《傷心賦》亦皆有序。這類序區別於正文者在不用韻，而正文用韻，此亦賦與駢文之區別也。《哀江南賦》之序最富文采，其敘述作賦之意旨爲“悲身世”、“念王室”、“述家風”、“陳世德”，概括了全篇之主要內容。文章先敘述侯景之亂時他由金陵逃奔江陵，又奉命出使西魏被羈留不歸，然後敘説梁亡和自己亡國之痛云：

　　　　日暮途遠，人間何世？將軍一去，大樹飄零；壯士不還，寒風蕭瑟。荆璧睨柱，受連城而見欺；載書橫階，捧珠盤而不定。鍾儀君子，入就南冠之囚；季孫行人，留守西河之館。申包胥之頓地，碎之以首；蔡威公之淚盡，加之以血。釣臺移柳，非玉關之可望；華亭鶴唳，豈河橋之可聞？

　　　　孫策以天下爲三分，衆才一旅；項籍用江東之子弟，人惟八千。遂乃分裂山河，宰割天下。豈有百萬義師，一朝卷甲，芟夷斬伐，如草木焉！江淮無涯岸之阻，亭壁無藩籬之固。頭

會箕斂者，合從締交；鋤耰棘矜者，因利乘便。將非江表王氣，
終於三百年乎？

　　是知併吞六合，不免軹道之災；混一車書，無救平陽之
禍。嗚呼！山岳崩頹，既履危亡之運；春秋迭代，必有去故
之悲。天意人事，可以悽愴傷心者矣。況復舟楫路窮，星漢
非乘槎可上；風飆道阻，蓬萊無可到之期。窮者欲達其言，
勞者須歌其事。陸士衡聞而撫掌，是所甘心；張平子見而陋
之，固其宜矣！

文章"不無危苦之辭，唯以悲哀爲主"。全爲四、六句式，對偶工
整，用典貼切，音調諧暢，是駢體抒情之傑作。又其《思舊銘并序》
是傷悼梁觀寧侯蕭永之作。永爲梁宗室，西魏陷江陵，與庾信皆羈
留北方，後竟先死異域。庾信與其共患難又於羈旅中與之永別，內
心痛絕，因此寫此銘悼念之。序文有云：

　　河傾酸棗，杞梓與樗櫟俱流；海淺蓬萊，魚鱉與蛟龍共盡。
焚香複道，詎斂游魂？載酒屬車，甯消愁氣？芝蘭蕭艾之秋，
形殊而共瘁；羽毛鱗介之怨，聲異而俱哀。所謂天乎，乃曰蒼
蒼之氣；所謂地乎，其實摶摶之土。怨之徒也，何能感焉！

既悼念蕭永之亡，又抒發其羈旅蕭瑟之悲和慘遭國變之痛。情感
悽切，聲與淚俱。亦爲四、六句式，平仄相間，用典繁巧，詞藻哀艷，
與《哀江南賦序》爲雙絕。

　　庾信之駢文，對仗工穩，用典貼切，音韻和諧，平仄協調，四、六
句式，間以散行，具有整齊、宛轉、流暢之特點。感時傷世，皆出之
以典雅之筆、精密之思，情辭兼美，可稱中古文學獨絕。《四庫全書
總目》卷一百四十八《集部·別集類一》評之云："其駢偶之文，則
集六朝之大成，而導四傑之先路，自古迄今，屹然爲四六宗匠。"即

道出其在駢文史上之重要地位。

　　綜觀六朝之駢文，可以得出以下的認識：宋顏延之爲首之一派，“緝事比類，非對不發”（《南齊書·文學傳論》），重辭采，尚對仗，句必對偶，言必用事，唯形式之美是求。齊、梁任昉、沈約爲首之一派，號稱永明體，修辭精密，調以四聲，漸闢四、六體之蹊徑。梁、陳徐陵、庾信爲首之一派，亦稱徐庾體，緝裁巧細，以四、六句間隔作對，已形成初期之四六文。六朝駢文至徐、庾，特別是庾信之作，已發展到極致，以優美之形式，寫沉鬱頓挫悲壯蒼涼之思，一代文宗，千秋盛業，舍斯人其誰與歸？

第八章　散　文

本章所論述之散文，即我們所謂"言"類，是一種與駢文對立而近於通俗語言之文體，句法散行，不尚雕飾，是真正意義之散文。或謂西晉、南朝時期，駢文大盛，散文已經絕跡，這與事實不合，是不正確的。事物之發展，總是相反相成，文體亦不例外。西晉時期，當潘岳、陸機之作，表明駢文正式形成之時，與之相反，夏侯湛擬《尚書·周誥》作《昆弟誥》，則散文也隨之出現了。如《昆弟誥》之首節云：

> 惟正月才生魄湛若曰："咨爾昆弟淳、琬、瑶、謨、總、瞻，古人有言：'孝乎惟孝友于兄弟，死喪之戚，兄弟孔懷。'又曰：'周之有至德也，莫如兄弟。'於戲！古之載于訓籍，傳于《詩》《書》者，厥乃不思，不可不行。爾其專乃心，一乃聽，砥礪乃惟，以聽我之格言。"淳等拜手稽首。

此爲訓誡弟弟之文章。張溥云："《昆弟誥》總訓群子，紹聞穆侯，人倫長者之書也。"（《漢魏六朝百三家集·夏侯常侍集題辭》）這篇誥體文章揭開了散文反對駢文之序幕。此後，散文便在南朝與北朝分途發展。

第一節　南朝時期

南朝時期，散文逐漸興起。劉師培《中古文學史》已詳細論證。其時重要作家有晉宋之際的陶淵明、宋王微、梁裴子野、陳姚察等。

一、陶淵明

陶淵明之散文，真淳自然，無任何雕琢文飾和駢辭儷句，鍾嶸云："文體省淨，殆無長語。"(《詩品》卷中) 清張蔚然云："在六朝而無六朝習氣者。"(《西園詩麈·習氣》) 這固然是評陶之詩歌，其文亦如之。茲録其《晉故征西大將軍長史孟府君傳》一節爲例：

> 君諱嘉，字萬年，江夏鄂人也。曾祖父宗，以孝行稱，仕吳司空。祖父揖，元康中爲廬陵太守。宗葬武昌新陽縣，子孫家焉，遂爲縣人也。君少失父，奉母二弟居。娶大司馬長沙桓公陶侃第十女，閨門孝友，人無能間，鄉閭稱之。沖默有遠量，弱冠，儔類咸敬之。同郡郭遜，以清操知名，時在君右。常歎君溫雅平曠，自以爲不及。遜從弟立，亦有才志，與君同時齊譽，每推服焉。由是名冠州里，聲流京邑。

孟府君，即孟嘉，陶淵明之外祖。其妻爲陶侃之女，卒於隆安五年 (公元四〇一)，時陶淵明三十七歲，本文當即此年之後居憂期間所作。文章較長，不便備録，僅此一節，亦足見其單行散體，簡淨流暢之文風。又其名作《五柳先生傳》云：

> 先生不知何許人也，亦不詳其姓字。宅邊有五柳樹，因以爲號焉。閑靜少言，不慕榮利。好讀書，不求甚解，每有會意，便欣然忘食。性嗜酒，家貧不能常得。親舊知其如此，或置酒而招之。造飲輒盡，期在必醉，既醉而退，曾不吝情去留。環堵蕭然，不蔽風日。短褐穿結，簞瓢屢空，晏如也。常著文自娛，頗示己志。忘懷得失，以此自終。

贊曰：黔婁之妻有言："不戚戚於貧賤，不汲汲於富貴。"極其言兹若人之儔乎？酣觴賦詩，以樂其志。無懷氏之民歟？葛天氏之民歟？

此文與《孟府君傳》相同，都是倣效史書筆法，有史有贊，是一種史傳體散文。前者是傳孟嘉之家世風範及其思想品德，此文則以五柳先生自況。然又與正史列傳刻板之史實記載不同，而重在表現人物之精神面貌，成爲具有很高境界之散文。張溥云："《感士》類子長之倜儻，《閑情》等宋玉之好色，《告子》似康成之誡書，《自祭》若右軍之誓墓，孝贊補經，傳記近史，陶文雅兼衆體，豈獨以詩絶哉！"(《漢魏六朝百三家集·陶彭澤集題辭》)其所評除《感士》、《閑情》爲賦體外，其他如《與子儼等疏》、《自祭文》、《五孝傳》、《孟府君傳》、《五柳先生傳》，皆散體，而文風不同，所謂"雅兼衆體"，又能追摹前賢，"豈獨以詩絶"，亦以文絶也。

二、王微

王微(公元四一五——四五三)，據《宋書》卷六十二本傳，字景玄，琅琊臨沂(今山東臨沂)人。少好學，無不通覽。善屬文，能書畫，兼解音律、醫方、陰陽術數。曾爲司徒祭酒，轉主簿，始興王濬後軍功曹記室參軍、太子中舍人。以父憂去官。服闋，除爲南平王鑠右軍諮議參軍，稱疾不就。仍除中書侍郎，又擬南琅琊、義興太守，又吏部尚書江湛舉爲吏部郎，皆不就。年二十九卒，追贈秘書監。有集十卷，已佚。今存《雜詩》二首，見《玉臺新詠》；有文《與江湛書》、《與從弟僧綽書》、《報何偃書》和《以書告弟僧謙靈》五篇，皆見《宋書》本傳。《與江湛書》爲固辭江湛舉薦其爲吏部郎而作，其中有云：

常謂生遭太公，將即華士之戮，幸遇管叔，必蒙僻儒之養。光武以馮衍才浮其實，故棄而不齒。諸葛孔明云："來敏亂郡，過於孔文舉。"況無古人之才概，敢干周、漢之常刑。彼二三英賢，足爲曉治與否？恐君逢此時，或亦不免高閣，乃復假名不知己者，豈欲自比衛賜邪？君欲高敦山公，而以仲容見處，徒以搥提禮學，本不參選，鄙夫瞻彼，固不任下走，未知新沓何如州陵耳。而作不師古，坐亂官政，誣飾蚯蚓，冀招神龍，如復託以真素者，又不宜居華留名，有害風俗。君亦不至期人如此，若交以爲人賜，舉未以己勞，則商販之事，又連所不忍聞也。豈謂不肖易擢，貪者可誘，凡此數者，君必居一焉。雖假天口於齊駢，藉鬼説於周季，公孫碎毛髮之文，莊生縱滂濊之極，終不能舉其契，爲之辭矣。子將明魂，必靈咍於萬里，汝穎餘彦，將拂衣而不朝。浮華一開，風俗或從此而爽。鬼谷以揣情爲最難，何君忖度之輕謬。

文章全用散體。行文如其《與從弟僧綽書》所説："文詞不怨思抑揚，則流澹無味。文好古，貴能連類可悲，一往視之，如似多意。"表現了"怨思抑揚"和"好古"之文風。《宋書》本傳亦評云："爲文好古，頗抑揚。"與盛極當時之近體是全異其趣的。

三、裴子野

裴子野（公元四六九——五三〇），據《梁書》卷三十本傳，字幾源，河東聞喜（今山西聞喜縣）人。裴松之曾孫，少好學，善屬文，精通文史。始仕齊，爲武陵王國左常侍、右軍江夏王參軍。入梁，任右軍安成王參軍、諸暨令、中書侍郎等，官至鴻臚卿領步兵校尉。中大通二年卒，年六十二。曾將沈約《宋書》刪撰爲《宋略》二十卷，深受蕭琛、徐勉之推重，沈約也自嘆不逮。所著《衆僧傳》、

《方國使圖》、《續裴氏家傳》及文集二十卷,皆佚。今存《雕蟲論》、《宋略總論》諸文近十篇,皆見《全梁文》卷五十三。

《雕蟲論》是集中抨擊當時靡麗文風之作,原文云:

> 古者四始六藝,總而爲詩,既形四方之風,且彰君子之志,勸美懲惡,王化本焉。後之作者,思存枝葉,繁華蘊藻,用以自通。若悱惻芳芬,楚騷爲之祖;靡漫容與,相如扣其音。由是隨聲逐影之儔,棄指歸而無執。賦詩歌頌,百帙五車,蔡邕等之俳優,揚雄悔爲童子。聖人不作,雅鄭誰分。其五言爲家,則蘇、李自出,曹、劉偉其風力,潘、陸固其枝葉。爰及江左,稱彼顏、謝,箴繡鞶帨,無取廟堂。宋初迄於元嘉,多爲經史,大明之代,實好斯文。高才逸韻,頗謝前哲,流波相尚,滋有篤焉。

> 自是閭閻年少,貴游總角,罔不擯落六藝,吟詠性情。學者以博依爲急務,謂章句爲專魯。浮文破典,斐爾爲功,無被於管絃,非止乎禮義。深心主卉木,遠致極風雲,其興浮,其志弱。巧而不要,隱而不深,討其宗途,亦有宋之風也。若季子聆音,則非興國;鯉也趨庭,必有不敢。荀卿有言,"亂代之徵,文章匿而采",斯豈近之乎。

文章以激切的文詞抨擊當時盛行之形式主義文風,"以博依爲急務,謂章句爲專魯,浮文破典,斐爾爲功",認爲是"亂代之徵"。強調文學之社會意義,主張爲文應"既形四方之風,且彰君子之志,勸美懲惡"。這正是當時散文興起之原因。文章平實,無藻飾之痕跡,多質樸之情韻。本傳稱其"爲文典而速,不尚麗靡之詞;其製作多法古,與今文體異",即道出其文章之特點,與當時靡麗之文風完全是對立的。梁簡文帝蕭綱在《與湘東王書》中從維護靡麗文風之立場出發,謂"裴氏乃是良史之才,了無篇什之美",故"質不宜慕",也從反面説明裴子野散體文章之淳樸風格,並從其告訴人們"不宜慕"中,可以想象其時向慕者必衆。

四、姚察

姚察(公元五二三——六〇六),據《陳書》卷二十七本傳,字伯審,吳興武康(今浙江德清)人。幼有至性,六歲能誦書萬餘言。梁簡文帝即位,初爲南海王國左常侍兼司文侍郎,除南郡王行參軍兼尚書駕部郎。梁喪亂,避亂還鄉。入陳拜始興王功曹參軍,補嘉德殿學士。後歷任始興王中衛記室參軍領佐著作、散騎侍郎左通直、尚書祠部郎,以至吏部尚書等。陳亡入隋,深受器重,授秘書丞、太子内舍人。大業二年(公元六〇六)卒,年七十四。察與其子思廉撰修《梁書》、《陳書》,緣於對前朝多所忌諱,史實頗有出入、訛誤,但仍不失爲兩部重要史書。爲文尚古體散行。因爲擅長修撰史書,所以其文章是由《左傳》、《史記》發展而來。東晉南朝人修撰之史書,凡論贊皆用駢文。而姚察、姚思廉父子二人所撰之《梁書》與《陳書》,並論贊亦用散文。可見其對散文與駢文臧否態度之分明。原有集二十卷,已佚,今僅存《乞終喪表》、《遺命》兩篇(見《陳書》本傳)。《遺命》是其生前告誡家人死後要薄葬之作,其文云:

吾家世素士,自有常法。吾意斂以法服,並宜用布,土周於身。又恐汝等不忍行此,必不爾,須松板薄棺,才可周身,土周於棺而已。葬日,止粗車,即送厝舊塋北。吾在梁世,當時年十四,就鍾山明慶寺尚禪師受菩薩戒,自爾深悟苦空,頗知回向矣。嘗得留連山寺,一去忘歸。及仕陳代,諸名流遂許與聲價,兼時主恩遇,官途遂至通顯。自入朝來,又蒙恩涯。

既牽纏人世，素志弗從。且吾習蔬菲五十餘年，既歷歲時，循而不失。瞑目之後，不須立靈，置一小牀，每日設清水，六齋日設齋食菓菜，任家有無，不須別經營也。

文章內容無多大意義，不過是遺命家人要喪葬從儉。但文風樸實，絕無華詞麗藻，句法散行，更無駢偶體式。這種文體對唐代古文之勃興產生重大影響。趙翼《廿二史劄記》卷九"古文自姚察始"條即指出：

《梁書》雖據國史，而行文則自出鑪錘，直遠追班、馬。蓋六朝爭尚駢儷，即序事之文，亦多四字爲句，罕有散文單行者。《梁書》則多以古文行之，如《韋叡傳》叙合肥等處之功，《昌義之傳》叙鍾離之戰，《康絢傳》叙淮堰之作，皆勁氣鋭筆，曲折明暢，一洗六朝蕪冗之習。《南史》雖稱簡淨，不能增損一字也。至諸傳論，亦皆以散文行之。魏鄭公《梁書》總論，猶用駢偶，此獨卓然傑出於駢四儷六之上，則姚察父子爲不可及也。世但知六朝之後，古文自唐韓昌黎始，而豈知姚察父子已振於陳末唐初也哉！

他不但説明姚察之作開古文之先河，是唐古文所自出，而且説明他"直追班、馬"，並"勁氣鋭筆，曲折明暢"是從司馬遷、班固等史家發展而來。

第二節　北朝時期

北朝散文也有發展，其原因有二：一者，北朝固有文風之影響。據《北史》卷八十三《文苑傳》記載："暨永明、天監之際，太和、天保之間，洛陽、江左，文雅尤盛，彼此好尚，雅有異同。江左宮商發越,貴於清綺;河朔詞義貞剛,重乎氣質。氣質則理勝其詞,清綺則文過其意。理深者便於時用,文華者宜於詠歌。此其南北詞人得失之大較也。"北朝文學尚質,便於時用,這正是散文創作所標榜者,有利於散文之發展。二者,統治者之提倡。據《北史》卷六十三《蘇綽傳》稱:"自有晉之季,文章競爲浮華,遂成風俗。周文欲革其弊,因魏帝祭廟,群賢畢至,乃命綽爲《大誥》,奏行之。"宇文泰以政令推行文體改革,其對散文發展影響之大,可以想見。北朝散文便在此兩種因素促進下出現了新局面,産生了蘇綽、酈道元等重要作家。

一、蘇綽

蘇綽(公元四九八——五四六),據《北史·蘇綽傳》,字令綽,武功(今陝西武功)人。少好學,博覽群書,尤善算術。深得周文帝宇文泰之器重,召爲行臺中郎,除著作佐郎,拜大行臺左丞,官至大行臺度支尚書、領著作、兼司農卿。朝廷所行公文,綽多爲之條式。問以政事,則應對如流。以六條詔書,輔助宇文泰改革時政,並擬《尚書》作《大誥》,以應宇文泰擯斥浮華文之命。大統十二年(公元五四六)卒,年四十九。所著《佛性論》、《七經論》,皆佚。今唯存《大誥》、《奏行六條詔書》(見《北史》、《周書》本傳)兩文。蘇綽是北朝文章改革之發難者,他擬上古儒家經典之文體,反對當時綺靡之篇章。《大誥》之作,可爲代表。其詞有云:

> 惟中興十有一年仲夏,庶邦百辟,咸會於王庭。柱國泰洎群公列將,罔不來朝。時迺大稽百憲,敷於庶邦,用綏我王度。皇帝若曰:"昔堯命羲和,允釐百工。舜命九官,庶績咸熙。武丁命説,克號高宗。時惟休哉,朕其欽若。格爾有位,胥暨我

太祖之庭,朕將丕命女以厥官。"

完全是典誥體。其意義不在内容,而在以擬古之體式反對駢詞
麗句,文字雖然古奧,要在反對形式主義文風,受到當時人們之
重視,影響很大,本傳稱:"自是之後,文筆皆依此體。"又《奏行
六條詔書》論述君主如何治理天下,六條爲先修心、敦教化、盡地
利、擢賢良、恤獄訟、均賦役。文章很長,不便備録,僅録一條
爲例:

> 其六,均賦役,曰:聖人之大寶曰位。何以守位,曰仁。何
> 以聚人,曰財。明先王必以財聚人,以仁守位。國而無財,位
> 不可守。是故三五以來,皆有徵稅之法。雖輕重不同,而濟用
> 一也。今寇逆未平,軍國費廣,雖未遑減省,以恤人瘼,然宜令
> 平均,使下無怨。平均者,不舍豪强而徵貧弱,不縱姦巧而困
> 愚拙,此之謂均也。故聖人曰:"蓋均無貧。"然財貨之生,其
> 功不易。紡紝織績,起於有漸,非旬日之間所可造次。必須勸
> 課,使預營理。絹鄉先事織紝,麻土早修紡績。先時而備,至
> 時而輸,故王賦獲供,下人無困。如其不預勸戒,臨時迫切,復
> 恐稽緩,以爲己過,捶扑交至,取辦目前。富商大賈,緣兹射
> 利,有者從之貴買,無者與之舉息。輸稅之人,於是弊矣。租
> 稅之時,雖有大式,至於斟酌貧富,差次先後,皆事起於正長,
> 而繫之於守令。若斟酌得所,則政和而人悦;若檢理無方,則
> 吏奸而人怨。又差發徭役,多不存意,致令貧弱者或重徭而遠
> 戍,富强者或輕使而近防。守令用懷如此,不存恤人之心,皆
> 王政之罪人也。

其所謂均賦役,即"不舍豪强而徵貧弱,不縱姦巧而困愚拙",筆鋒
所向在豪强和奸巧。同時對荒於政事,"多不存意"民瘼之守令也

予以批判,是他們"檢理無方","致令貧弱者或重徭而遠戌,富强者或輕使而近防"。文章之寫作體現了散文家便於時用,有補時弊之主張,而非綺麗派所單純追求之吟詠性情。文字與《大誥》之古奧不同,而是質樸流暢、自然清晰。

二、酈道元

北朝散文,除了蘇綽之作外,還有酈道元的《水經注》。酈道元爲文之目的不在文章本身,而是爲了記述地理、山川、水利,但行文頗具文采,則是優秀之散文,與隋唐時期之古文有着傳承關係。

據《北史》卷二十七本傳,酈道元(公元四六六? ——五二七),字善長,范陽涿鹿(今河北涿鹿)人。初襲父爵永寧侯,例降爲伯。北魏宣武帝景明中爲冀州鎮東府長史,爲政嚴酷,吏人畏之。又爲魯陽太守,設立學校,崇勸學教。延昌中爲東荆州刺史,爲政威猛,如在冀州。孝明帝孝昌元年,授御史中尉,終因爲政嚴酷,得罪皇親貴族,被雍州刺史蕭寶夤所殺。平生好學,歷覽奇書,撰有《水經注》四十卷、《本志》十三篇及《七聘》和其他文章。其中除《水經注》外,其餘皆佚。《水經》相傳爲漢代桑欽所作,内容極其簡略。酈道元在其基礎上,詳考文獻,旁徵博引,采用書籍三百四十多種,同時經過自己實地考察,對一千三百多條水道之源頭、流向、經過、支津、匯合等處,都做了詳細之記載和大量之補充。"訂以志乘,緯以掌故,刻畫標致,奇幽詭勝,搜剔無遺,後來作者罕復能繼,惟柳子《永州八記》筆力高絶,萬古雲霄一羽毛……"(《四六叢話》卷三十一)要之,因水以記地,即地以記人,完成了二十倍於原書約三十餘萬字之巨著,是南北朝時期模山範水散文之佳作。如《河水注四》描寫黄河中砥柱山一段云:

砥柱,山名也。昔禹治洪水,山陵當水者鑿之,故破山以通河。河水分流,包山而過,山見水中若柱然,故曰砥柱也。三穿既決,水流疏分,指狀表目,亦謂之三門矣。……自砥以下,五户已上,其間百二十里,河中竦石傑出,勢連襄陸,蓋亦禹鑿以通河,疑此閡流也。其山雖闢,尚梗湍流,激石雲洄,澴波怒溢,合有十九灘。水流迅急,勢同三峽,破害舟船,自古所患。漢鴻嘉四年,楊焉言:"從河上下,患砥柱隘,可鐫廣之。"上乃令焉鐫之,裁没水中,不能復出,而令水益湍怒,害甚平日。魏景初二年二月,帝遣都督沙丘,部監運諫議大夫寇慈,帥工五千人,歲常修治,以平河阻。晉泰始三年正月,武帝遣監運大中大夫趙國,都匠中郎將河東樂世,帥衆五千餘人,修治河灘,事見《五户祠銘》。雖世代加工,水流漰渀,濤波尚屯,及其商舟是次,鮮不踟蹰難濟,故有衆峽諸灘之言。五户,灘名也,有神祠,通爲之五户將軍,亦不知所以也。

砥柱山,即三門山,在今天三門峽水庫中,古時以天險名世。此段文字即描寫砥柱山形勢之險要。行文清新自然,質樸流暢,其中有某些四字句式,然總體上則是優美的記述性散文。又如《江水注二》描寫長江巫峽一段云:

江水又東,逕巫峽,杜宇所鑿以通江水也。……江水歷峽東,逕新崩灘……其間首尾百六十里,謂之巫峽,蓋因山爲名也。

自三峽七百里中,兩岸連山,略無闕處。重巖疊嶂,隱天蔽日,自非亭午夜分,不見羲月。至於夏水襄陵,沿泝阻絶。或王命急宣,有時朝發白帝,暮到江陵,其間千二百里,雖乘奔

御風，不以疾也。春冬之時，則素湍綠潭，迴清倒影，絶巘多生
怪柏，懸泉瀑布，飛漱其間，清榮峻茂，良多趣味。每至晴初霜
旦，林寒澗肅，常有高猿長嘯，屬引悽異，空谷傳響，哀轉久絶。
故漁歌曰："巴東三峽巫峽長，猿鳴三聲淚沾裳！"

此寫江水中巫峽之形勢，雖然取自劉宋時盛弘之《荆州記》（見《太
平御覽》卷五十三），但經過酈道元之加工、修潤，與《水經注》之整體
風格完全一致，文風是統一的。其文筆迤邐委宛，不加修飾，樸實
自然，亦如其所寫之山水然。酈道元這類散文，對唐代柳宗元影響
很大。柳宗元之山水游記與《水經注》關於山水的描寫，有明顯的
傳承關係，可以說柳宗元之山水游記即源於《水經注》。

綜觀南朝與北朝之散文，雖然同樣主張文體散化，但卻淵源不
同，主張也略有區別，分別屬於不同的系統。南朝姚察及其子思廉
作爲歷史家，其文章源於《左傳》、《史記》，是從《左傳》、《史記》一
系發展而來。北朝蘇綽之文章源於《尚書》，是從《尚書》一系發展
而來，形成南北兩派。其他人各有依附。

迨至隋朝，隋文帝對靡麗文風極其不滿，《隋書》卷七十六《文
學傳》記載：

高祖初統萬機，每念斲彫爲樸，發號施令，咸去浮華。然
時俗詞藻，猶多淫麗，故憲臺執法，屢飛霜簡。

因此，他根據蘇綽一派之主張提倡散文，並通過政治力量加以推
行。據《隋書》卷六十六《李諤傳》記載：諤"以屬文之家，體尚輕
薄，遞相師效，流宕忘反"，於是上書文帝，請正文體，其中有云：

降及後代，風教漸落。魏之三祖，更尚文詞，忽人君之大
道，好雕蟲之小藝。下之從上，有同影響，競騁文華，遂成風

俗。江左齊、梁,其弊彌甚,貴賤賢愚,唯務吟詠。遂復遺理存
異,尋虛逐微,競一韻之奇,爭一字之巧。連篇累牘,不出月露
之形;積案盈箱,唯是風雲之狀。世俗以此相高,朝廷據茲擢
士。祿利之路既開,愛尚之情愈篤。於是閭里童昏,貴游總
丱,未窺六甲,先製五言。至如羲皇、舜、禹之典,伊、傅、周、孔
之說,不復關心,何嘗入耳。以傲誕爲清虛,以緣情爲勳績,指
儒素爲古拙,用詞賦爲君子。故文章日繁,其政日亂,良由棄
大聖之軌模,搆無用以爲用也。損本逐末,流徧華壤,遞相師
祖,久而愈扇。

李諤上書指斥"江左齊、梁"之文風"連篇累牘,不出月露之形,積
案盈箱,唯是風雲之狀",以致"文章日繁,其政日亂"。認爲爲文
應據"羲皇、舜、禹之典,伊、傅、周、孔之說"。此正是蘇綽之主張。
隋文帝認同,於是"開皇四年,普詔天下公私文翰,並宜實錄",用
政令加以推行。泗州刺史司馬幼之由於"文表華艷",被付有司治
罪。其態度之堅決、嚴厲可以概見。結果確是產生一定的效用,從
此"公卿大臣咸知正路,莫不鑽仰墳集,棄絕華綺,擇先王之令典,
行大道於茲世",散體文得到發展。但矯枉過正,最終行不通而失
敗了。《周書》卷四十一《庾信傳論》即云:"綽建言務存質樸,遂
糠粃魏晉,憲章虞夏,雖屬詞有師古之美,矯枉非適時之用,故莫能
常行焉。"齊、梁之靡麗文風固當改革,然佶屈聱牙、質木無文之
《尚書》體,豈能盛行? 相反南朝姚察一派之散文卻博得多數人之
響應,得到長足的發展,到了唐朝便導致古文之勃興與繁榮。所以
唐代散文,即古文,是從姚察一派傳承而來,而非始於韓、柳。前人
已有見於此,趙翼《廿二史劄記》卷二十"唐古文不始於韓柳"條即
指出:

《新書·文苑傳》序,唐興百餘年,諸儒爭自名家。大曆、貞元間,美才輩出,擩嚌道真,涵泳聖涯,於是韓愈倡之,柳宗元、李翱、皇甫湜等和之,唐之文完然爲一代法,此其極也。是宋景文謂唐之古文,由韓愈倡始,其實不然。案《舊書·韓愈傳》,大曆、貞元間,文字多尚古學,效揚雄、董仲舒之述作,獨孤及、梁肅最稱淵奧。愈從其徒游,銳意鑽仰,欲自振於一代,舉進士,投文公卿間,故相鄭餘慶爲之延譽,由是知名。是愈之先,早有以古文名家者。今獨孤及文集尚行於世,已變駢體爲散文,其勝處有先秦、西漢之遺風,但未自開生面耳。又如陸宣公奏議,雖亦不脱駢偶之習,而指切事情,纖微畢到,其氣又渾灝流轉,行乎其所不得不行,此豈可以駢偶少之? 此皆在愈之前,固已有早開風氣者矣。

這説明唐代散文,不始於韓、柳,早在韓、柳之前已經產生了,唐代散文是其前代創作之發展,是繼承先秦、西漢之遺風,即從姚察一派傳承而來,不過到唐代韓、柳之作達到最成熟之階段而已。

通覽漢末魏晉南北朝文學之發展過程與趨勢,是不斷向增强文學之特性方向演變。分別言之,詩歌由五言古體逐漸向講求聲律、平仄之律體演變,到唐代形成爲律詩;樂府由民間樂曲向文人以舊曲翻新調,以古題寫時事演變,到唐代產生了即事名篇之新樂府;賦由古賦向尚對偶之俳賦、重聲律之律賦演變,到唐代正式形成爲律賦;駢文由體兼駢散向言必用事、句必對偶,駢四儷六之句式演變,到唐代形成四六文;散文由《尚書》、《左傳》、《史記》之文風向渾灝流轉、行乎其所當行之古文演變,到唐代出現了韓、柳一派之古文。在這一演變過程中,庾信起着關鍵作用。除了散文之外，他的創作不僅體現了南北朝文學之統一，而且是南北朝文學向唐代文學過渡之津梁，是南北朝、尤其是南朝文學之總結，又是唐代文學之開端，他繼承了南北朝文學之傳統，又開啓了唐代各種文體和文風。其創作在文學史上之地位繼往開來。